"十四五"时期国家重点出版物出版专项规划项目　　新结构经济学丛书

新结构经济学视角下的中国知识产权战略
理论与案例

唐恒　王勇　赵秋运 ◎ 著

China's Intellectual Property Strategy
from The Perspective
of New Structural Economics

北京大学出版社
PEKING UNIVERSITY PRESS

图书在版编目(CIP)数据

新结构经济学视角下的中国知识产权战略:理论与案例/唐恒,王勇,赵秋运著.—北京:北京大学出版社,2022.8
(新结构经济学丛书)
ISBN 978-7-301-33138-5

Ⅰ.①新… Ⅱ.①唐… ②王… ③赵… Ⅲ.①知识产权保护—研究—中国 Ⅳ.①D923.404

中国版本图书馆 CIP 数据核字(2022)第 114864 号

书　　　名	新结构经济学视角下的中国知识产权战略:理论与案例 XINJIEGOU JINGJIXUE SHIJIAO XIA DE ZHONGGUO ZHISHI CHANQUAN ZHANLÜE:LILUN YU ANLI
著作责任者	唐　恒　王　勇　赵秋运　著
策 划 编 辑	张　燕
责 任 编 辑	周　莹
标 准 书 号	ISBN 978-7-301-33138-5
出 版 发 行	北京大学出版社
地　　　址	北京市海淀区成府路 205 号　100871
网　　　址	http://www.pup.cn　新浪微博:@北京大学出版社
电 子 信 箱	em@pup.cn　QQ:552063295
电　　　话	邮购部 010-62752015　发行部 010-62750672 编辑部 010-62752926
印 刷 者	涿州市星河印刷有限公司
经 销 者	新华书店
	730 毫米×1020 毫米　16 开本　20.5 印张　325 千字 2022 年 8 月第 1 版　2022 年 8 月第 1 次印刷
定　　　价	76.00 元(精装)

未经许可,不得以任何方式复制或抄袭本书之部分或全部内容。
版权所有,侵权必究
举报电话:010-62752024　电子信箱:fd@pup.pku.edu.cn
图书如有印装质量问题,请与出版部联系,电话:010-62756370

序　言

一、创新、知识产权保护与经济发展有待研究的问题

经济发展表面上看起来是收入水平不断提高，而收入水平要提高，它的基础是劳动生产力水平必须不断提升。提升劳动生产力水平主要有两个方式：一是现有产业的技术必须越来越好，每个劳动者能够生产越来越多质量越来越高的产品；二是必须有新的附加价值更高的产业不断涌现，可以把劳动力、资本、土地等要素从附加价值比较低的产业转移到附加价值比较高的产业。不管是现有的产业技术越来越好，还是附加价值越来越高的产业不断涌现，这本身都是创新。我想这就是习近平总书记提出"创新、协调、绿色、开放、共享"五大发展理念时，把创新排在第一位的原因了。

对于创新在经济发展中的关键作用，国内外学界应该达成了共识。但是，发展中国家虽然知道创新对经济发展的重要性，经济发展的绩效仍普遍不好。第二次世界大战后有两百多个发展中经济体，到现在只有两个经济体从低收入行列迈入高收入行列，一个是中国台湾，另一个是韩国。到2025年左右中国大陆很可能成为第二次世界大战后由低收入行列迈入高收入行列的第三个经济体。1960年，有101个中等收入经济体，但到2008年，我到世界银行当高级副行长兼首席经济学家的时候只有13个从中等收入行列迈入高收入行列。其中有8个或者是西欧周边的欧洲国家（希腊、西班牙、葡萄牙、爱尔兰），或者是石油生产地（以色列、毛里求斯、赤道几内亚、波多黎各），剩下的5个经济体是日本和亚洲四小龙。

从这些统计数字我们可以看到，第二次世界大战以后，绝大多数的发展中国家即使知道创新是它们经济发展的关键，也身陷低收入或中等收入陷阱。为什么会是这样的？这是个值得深入研究的问题。

知识产权保护有利于创新,这同样是大家都知道的。但是,我们也观察到,发达国家很重视知识产权保护,可是发展中国家一般对知识产权保护却不太上心,为什么不同发展程度的国家对知识产权保护的态度会不一样?这也是我们需要探索的问题。

我想从新结构经济学的视角来解释这两个现象,并且说明中国已经到了必须非常重视知识产权保护的时候了,只有这样才能实现高质量发展,实现中华民族伟大复兴的梦想。

二、创新需与产业和技术的比较优势相结合才能推动经济的可持续发展

创新很重要。从新结构经济学的角度来看,创新的方式必须与不同发展阶段的产业和技术的比较优势相结合,才能够推动经济的可持续发展。

前面谈到第二次世界大战以后,成功实现跨越的发展中经济体非常少,但是仍有13个发展中经济体实现了每年以7%或更高速度、持续25年或更长时间的快速发展。发达国家过去一百多年以来平均每年的经济增长速度是3%—3.5%,如果一个发展中经济体能够以7%或更高速度,也就是发达国家的两倍甚至三倍来发展,而且持续25年或更长的时间,那么这个经济体就能够极大地缩小同发达国家的差距。

这些经济体的成功有何秘诀?为此,2008年世界银行成立了增长与发展委员会(Commission on Growth and Development),由迈克尔·斯宾塞(Michael Spence)和罗伯特·默顿·索洛(Robert Merton Solow)两位诺贝尔经济学奖获得者领衔、二十多位在发展中经济体政府中工作并且受过良好经济学训练的学者参与共同研究。他们发现这13个成功的发展中经济体有5个特征:第一,它们都是开放经济;第二,它们都实现了宏观稳定;第三,它们都有高储蓄、高投资;第四,它们都是市场经济或正转向市场经济;第五,它们都有积极有为的政府。相关报告发表以后,委员会主席斯宾塞教授经常应邀到发展中国家演讲,发展中国家的领导人就向他请教经济发展成功的秘诀。斯宾塞教授的回答则是:这5个特征是成功的药材(ingredient),但不是成功的药方(recipe)。我们中国人知道,单单有药材没有药方还是治不了病的。

从新结构经济学的视角来看,其实这5个特征暗含了一副药方,就是在经济发展过程中,每个国家、地区、经济体必须按其发展阶段的要素禀赋结构所决定的比较优势来选择技术、发展产业。

首先,在劳动力丰富、资本稀缺的时候,发展的产业应该是劳动力相对密集的产业,采用的技术应该是多用劳动力替代资本的技术。相反,如果资本积累到一定程度,资本变得相对丰富,而劳动力相对短缺了,此时具有比较优势的产业是资本密集型产业,所用的技术就必须是用机器来替代人了。这样的产业和技术才能使企业在市场上具有竞争力。如果反其道而行之,在资本相对短缺、劳动力相对丰富的经济体发展违反比较优势的资本密集型产业,就只能在政府层面给予本国企业保护补贴,不让外国产品进来竞争,如此这个产业才能生存下去。与此同时,具有比较优势的劳动力密集型产业,由于得不到必要的资本也发展不起来,可以出口的东西就少了。所以,根据比较优势发展的经济体,一定是出口多,进口也多;违反比较优势发展的经济体则进口少,出口也少。

其次,如果一个经济体的产业都按照比较优势来发展,则该经济体各个产业的生产成本就最低,也会具有较强的竞争力,自发的经济危机就会少,这个经济体自然会比较稳定。反之,如果违反比较优势而发展,则该经济体各个产业的生产成本就会较高,不具有竞争力,整个经济当然就不太稳定。

最后,如果按照比较优势来发展产业,各个产业都具有较强的竞争力,能创造的利润增加,储蓄也就随之增加。而且,按照比较优势来投资产业、采用技术,资本回报率就会最高,自然也就会有高储蓄和高投资。

所以,开放、稳定以及高储蓄、高投资其实是按照要素禀赋结构所决定的比较优势来选择产业、发展经济的结果。

按照比较优势来发展是经济学家的语言,企业家关心的是利润,怎么会愿意遵循一个地方的要素禀赋所决定的比较优势来选择产业和技术呢?这必须有一个制度安排。在这个制度安排中,各种要素的相对价格能够反映这个经济体的各种要素的相对稀缺性。在资本相对短缺的时候,资本相对昂贵,劳动力相对便宜,企业家为了实现利润最大化就会进入能够多用便宜劳动力、少用昂贵资本的产业,即劳动力密集型产业;采用的技术也会多用廉价的劳动力替代昂贵的资本,即劳动力密集型技术。相反,一旦资本变得相对丰富,劳动力变得相对稀缺,在这种状况下,资本是相对便宜的,劳动力是相对昂贵的,企业家为了实现利润最大化,就会进入能够多用资本、少用劳动力的产业,即资本密集型产业,并多用以机器设备替代劳动力的资本密集型技术。

怎样才能形成这样的价格体系?到现在为止,我们知道只有一种制度安排可以实现,那就是竞争的市场,其中各种要素的价格能反映各种要素的相对稀缺性。竞争的市场是按照比较优势发展经济的制度前提,然而,在经济发展过程中,政府也要发挥积极的作用。按照比较优势选择产业和技术能够使得生产要素成本达到最低水平,但是产品要在国内外市场上有竞争力,则还需要有低的交易费用。交易费用的高低则取决于是否有完善的电力、交通等基础设施,是否有合适的金融安排来支持企业的投资,是否有完善的法律来规范和执行企业间的合同等,这些影响交易费用的硬的基础设施和软的制度安排只能靠政府来提供。同时,随着资本的积累,要素禀赋结构和比较优势的变化,必须要有先行的企业进入新的产业,采用新的技术,也就是进行创新,为此先行者要比后来者冒更大的风险且付出更高的成本,但无论其成功与否都会给后来者提供有用的信息,因此,政府需要给先行的企业提供一定的激励。

一个经济体的创新,包括新技术和新产业,对经济发展很重要,创新必须结合比较优势,并在有为政府的因势利导下才能在市场中形成竞争优势。过去绝大多数的发展中国家经济发展失败,最主要的原因是为了快速追赶发达国家,不顾要素禀赋结构的实际情况,拔苗助长去发展违背比较优势的产业。比如说在资本很短缺的农业经济基础上发展现代化的大规模的钢铁产业、汽车产业等资本密集型制造业,这些产业看起来很先进,技术也很好,但实际的结果是发展起来的产业没有竞争力,要依靠保护补贴才能生存。

三、经济发展程度和知识产权保护

知道了第一个道理以后,很容易就能了解为什么发达国家和发展中国家对知识产权的态度不太一样。发达国家收入水平高代表其所拥有的产业和所使用的技术都处于世界前沿,如果要实现技术创新、产业升级,必须自己发明新技术、新产业,发明的投入很大,失败的风险非常高,但当这些新的技术和产业发明出来后,别人学习的成本却非常低。因此,必须对处于世界技术和产业前沿企业的创新活动,在成功以后给予专利保护,以作为激励,不然企业不愿意做技术创新、不愿意做产业升级。没有技术创新,没有产业升级,经济就不能发展。这也就是为什么发达国家都有比较完善的知识产权保护制度。

发展中国家如果要发展好,必须按照它的比较优势选择产业和技术,早期的比较优势通常都是在劳动力用得比较多、资本用得比较少的产业和技术,是从工业革命以来发展比较成熟的产业。在产业升级的过程中,发展中国家由于收入水平跟发达国家有很大的差距,代表产业、技术的水平有很大的差距,在按比较优势发展经济时有很多台阶可以一步一步地爬,因为比较优势的提升是靠资本的积累逐步形成的。专利保护期最多也不过是20年,但很多发展中国家拥有比较优势的产业和技术跟世界前沿技术的差距不止20年,既然已经没有专利权了,把这些技术引进来用,是不需要成本的,而且,外国拥有这些技术的国家也不会要求使用这些技术的国家对其进行知识产权保护。一个国家只有产业和技术在世界最前沿的时候,其技术创新和产业升级才依靠自己,发展中国家既然和发达国家在产业和技术上有很大的差距,可以以引进技术作为创新的来源,而无须自己再进行一次"原始创新"。此外,前沿技术和产业所需要的资本密集度超过自己的比较优势,发展中国家也不应该在要素禀赋结构未具备条件的情况下,贸然去和发达国家在前沿的技术创新上竞争。因此,发展中国家既然没有自己从事原始创新的需求,也就不会有以知识产权保护来鼓励自己进行原始创新的需求。在没有知识产权保护的内外需求压力的情况下,发展中国家对于知识产权保护自然就不会上心。

四、中国已经到了需要加强知识产权保护的发展阶段

中国自1978年改革开放以来取得了国内生产总值(GDP)年均9.4%的增长奇迹,其原因之一就是利用与发达国家的技术差距以引进技术来加速技术创新和产业升级。经过四十多年的快速发展,中国已经到了若要继续保持经济的快速发展,就必须重视知识产权保护的时候,原因是什么?

2018年,中国的人均GDP达到9 608美元,是一个中等偏上收入的国家;到 2025 年左右,中国的人均 GDP 很可能会超过 12 700 美元,这是个门槛,超过这个门槛就迈入高收入国家的行列了。从新结构经济学的角度来看,像中国这种发展程度的国家的产业可以分成五大类:第一类是我们有的,但比我们更发达的国家,像德国、瑞士、日本也有的,我们还在追赶的产业,即追赶型产业。第二类是已经处于世界前沿水平的产业,即领先型产业。像家电产业的美的、格力、海尔,以及移动通信终端的华为、小米,它们的技术在世界上是领先的。第三类是转进型产业,这类产业过去有比较优势,如劳动力很密集,但现在工资水平提高了,比较优势就丧失了。第四类是换道超车型产业,这类产业技术研发的周期特别短,通常 12 个月,顶多 18 个月,研发中最主要的投入是人力资本。由于我们是人口大国,有丰富的人力资本和巨大的国内市场,也有最完备的产业,在这种换道超车型产业上我国有比较优势,可以在同一起跑线上同发达国家竞争。第五类是战略型产业,其产品的研发周期特别长,可能是 10 年、20 年,甚至 30 年,既需要投入大量的人力资本,也需要有巨大的金融资本的支持,在发展这类产业方面我国尚不具备相应的比较优势,但是,由于这类产业关乎国防安全和经济安全,即便没有比较优势,我们也必须自己发展。

这五类产业的创新方式各不相同,第二类领先型、第四类换道超车型和第五类战略型的产业,其技术和产品都有赖于我们自己研发,因此,同发达国家一样,中国必须对其实行严格的知识产权保护。对于第三类已经失去比较优势的产业,其中有些企业可以升级到微笑曲线两端附加价值高的品牌、新产品设计,这些也需要知识产权保护。至于第一类追赶型产业,一方面,虽然还能以引进技术作为技术创新、产业升级的来源,但是我们现在要追赶的产业绝大多数仍是发达国家尚具有比较优势的产业,大多数技术还在知识产权保护期内,不支付专利费就不能引进;另一方面,虽然我们也可以招商引资让拥有这些技术的企业到中国来生产,但是必须有良好的知识产权保护机制才能吸引它们来投资。在这方面,江苏太仓就做得不错,其设立的一个中德工业园,吸引了两三百家德国企业在园里设厂,原因正是在于有好的知识产权保护,这是投资环境的重要内容。所以,不管是需要自主创新的产业,还是可以引进技术作为创新来源的产业,中国都已经到了需要加强知识产权保护以有利于技术创新、产业升级的发展阶段。

总体而言,创新必须与一个经济体的比较优势相结合才能够成功。中国已经有不少产业处于世界技术前沿,即使有些产业不在世界技术前沿,也同样需要有知识产权保护。只有这样我们才能实现习近平总书记所讲的"创新、协调、绿色、开放、共享"的发展。

进入新时代,中国经济已经由高速度增长转变为高质量发展,这种发展阶段的变化也意味着中国有越来越多的产业开始接近世界技术前沿水平,甚至已经成为世界领先的产业,而这些领先型产业的技术进步则主要依靠自主创新,因此知识产权的保护对于这类产业的升级就显得尤为关键。此外,对于那些现阶段仍处于以技术模仿为主的追赶型产业,或者具有"换道超车"潜力的产业,抑或是失去比较优势需要把产业转移出去的转进型产业,甚至是涉及国防安全与经济安全的战略型产业,皆需要从动态发展的角度去考虑知识产权对这些不同类型产业的不同作用。因此,如何从国家的层面和产业的层面制定与发展阶段相适应的合理的知识产权战略,是一个具有非常重要的学术价值与实践价值的研究课题。由唐恒、王勇和赵秋运三位作者所著的《新结构经济学视角下的中国知识产权战略:理论与案例》即此方面的探索,诚挚推荐。

林毅夫

2020 年 1 月

目　录

第 1 章　绪论 ⋯⋯⋯⋯⋯⋯⋯⋯⋯⋯⋯⋯⋯⋯⋯⋯⋯⋯⋯⋯⋯⋯⋯ 1
　1.1　中国知识产权战略下的跨越与非均衡发展 ⋯⋯⋯⋯⋯⋯⋯⋯ 2
　1.2　中国知识产权战略发展面临的现实境遇 ⋯⋯⋯⋯⋯⋯⋯⋯⋯ 15
　1.3　中国知识产权战略未来发展存在的关键隐忧 ⋯⋯⋯⋯⋯⋯⋯ 19
　1.4　新结构经济学视角下知识产权战略的发展新机遇 ⋯⋯⋯⋯⋯ 23
　1.5　研究问题的初步阐述 ⋯⋯⋯⋯⋯⋯⋯⋯⋯⋯⋯⋯⋯⋯⋯⋯ 33
　1.6　全书内容安排 ⋯⋯⋯⋯⋯⋯⋯⋯⋯⋯⋯⋯⋯⋯⋯⋯⋯⋯⋯ 35

第 2 章　新结构经济学与知识产权战略理论基础 ⋯⋯⋯⋯⋯⋯⋯⋯ 38
　2.1　新结构经济学创新理论 ⋯⋯⋯⋯⋯⋯⋯⋯⋯⋯⋯⋯⋯⋯⋯ 38
　2.2　新结构经济学创新理论与知识产权战略发展 ⋯⋯⋯⋯⋯⋯⋯ 47
　2.3　用新结构经济学分析知识产权战略的尝试和探索 ⋯⋯⋯⋯⋯ 62
　2.4　新结构经济学视角下中国知识产权战略发展的
　　　 一般范式 ⋯⋯⋯⋯⋯⋯⋯⋯⋯⋯⋯⋯⋯⋯⋯⋯⋯⋯⋯⋯⋯ 68

第 3 章　知识产权战略发展的结构性分析 ⋯⋯⋯⋯⋯⋯⋯⋯⋯⋯⋯ 72
　3.1　全球知识产权战略发展的典型结构变迁 ⋯⋯⋯⋯⋯⋯⋯⋯⋯ 72
　3.2　中国知识产权战略发展的结构变迁历程分析 ⋯⋯⋯⋯⋯⋯⋯ 78
　3.3　知识产权战略发展的演变趋势、演变特征及挑战分析 ⋯⋯⋯ 104

**第 4 章　新结构经济学视角下的产业知识产权战略形成
　　　　　 机理分析** ⋯⋯⋯⋯⋯⋯⋯⋯⋯⋯⋯⋯⋯⋯⋯⋯⋯⋯⋯⋯ 119
　4.1　理论构念 ⋯⋯⋯⋯⋯⋯⋯⋯⋯⋯⋯⋯⋯⋯⋯⋯⋯⋯⋯⋯⋯ 121

4.2 要素禀赋结构驱动产业研发创新的理论机制研究 ………… 127
4.3 产业资本密集度、创新模式选择与产业创新绩效
　　的关系研究 …………………………………………………… 141

第 5 章 中国产业知识产权战略规划与实施纲要分析 …………… 159
5.1 产业知识产权战略规划现状分析 ………………………… 160
5.2 新结构经济学视角下五类产业知识产权战略实施 ……… 164
5.3 新结构经济学视角下五类产业知识产权战略
　　规划纲要分析
　　　………………………………………………………………… 210

第 6 章 因势利导的产业知识产权战略实施要点分析：
　　　企业案例 …………………………………………………… 218
6.1 追赶型产业 ………………………………………………… 218
6.2 领先型产业 ………………………………………………… 228
6.3 换道超车型产业 …………………………………………… 237
6.4 转进型产业 ………………………………………………… 246
6.5 战略型产业 ………………………………………………… 254
6.6 跨案例比较研究 …………………………………………… 265

第 7 章 新时代中国知识产权强国战略的前瞻 …………………… 281
7.1 新时代背景下知识产权强国战略的研究基础 …………… 281
7.2 新时代背景下新结构经济学与知识产权强国战略
　　的实施
　　　………………………………………………………………… 285
7.3 为世界提供中国知识产权战略经验 ……………………… 291

参考文献 ………………………………………………………………… 300

后记 ……………………………………………………………………… 313

第 1 章 绪　　论

1978 年,我国的人均 GDP 尚不足非洲撒哈拉沙漠以南地区平均水平的三分之一,但是自实行改革开放以来到 2018 年的 40 年时间,我国 GDP 的年均增长率为 9.4%,2018 年年底我国人均收入达到 9 732 美元,已经步入中等偏上收入的经济体行列。发展阶段的这种变化也意味着我国有越来越多的产业开始接近世界技术前沿水平,甚至已经成为世界领先的产业,而这些领先型产业的技术进步则主要依靠自主创新,因此知识产权保护对于这类产业的升级就显得尤为关键。此外,对于那些现阶段仍处于以技术模仿为主的追赶型产业,或者具有"换道超车"潜力的产业,抑或是失去比较优势需要把产业转移出去的转进型产业,甚至是涉及国防安全或经济安全的战略型产业,皆需要从动态发展的角度去考虑知识产权对这些不同类型产业的不同作用。因此,如何从国家的层面和产业的层面制定与发展阶段相适应的合理的知识产权战略,是一个具有非常重要的学术价值与实践价值的研究课题。本书的主要目的就是基于新结构经济学的视角,重点结合上述五大类产业的划分,来系统论述我国的知识产权战略。

习近平总书记在 2020 年 12 月 1 日中央政治局第二十五次集体学习时强调:"全面建设社会主义现代化国家,必须从国家战略高度和进入新发展阶段要求出发,全面加强知识产权保护工作,促进建设现代化经济体系,激发全社会创新活力,推动构建新发展格局。"

知识产权战略是创新驱动发展的重要制度安排,产业是创新驱动发展的核心,而服务于产业创新是知识产权战略发挥作用的关键路径。随着知识产权在产业全球化竞争中的作用日益凸显,知识产权驱动产业的发展模式已经成为全球经济发展的主流。在新时代背景下,经济转型和产业升级是我国面临的重大挑战,依托创新驱动转型升级是发展的重要手段,知识产权战略是重要抓手。在全球范围内,无论是传统产业升级还是高技术产业快速发展,都逐步转向依托核心专利技术或品牌的知识产权密集型业态的发展。知识产权制度是市场经济的产物,面对我国市场化改革进程中"市场失灵"和"政府失灵"交织的现象,迫切需要一套成熟的经济理论来引导知识产权战略不断优化,尤其是推动知识产权战略与产业创新发展的充分融合,通过有针对性地规划和实施知识产权战略来持续提升我国产业竞争力。

1.1 中国知识产权战略下的跨越与非均衡发展

1.1.1 知识产权战略助力跨越式发展

2008 年,我国正式实施国家知识产权战略。历经十余年,我国知识产权制度建设不断完善,知识产权发展环境持续优化,知识产权创造、保护、运用和服务能力不断提升,知识产权对经济社会贡献作用不断增强。其主要表现为如下几个方面:

第一,在制度建设方面。自 2008 年《国家知识产权战略纲要》实施以来,我国出台了《中华人民共和国民法总则》[①],修订完善了《中华人民共和国专利法》《中华人民共和国商标法》《中华人民共和国著作权法》《中华人民共和国反不正当竞争法》《中华人民共和国种子法》《中华人民共和国促进科技成果转化法》等知识产权相关法律,以及《专利法实施细则》《商标法实施条例》《著作权法实施条例》《计算机软件保护条例》《著作权集体管理条例》《信息网络传播权保护条例》《植物新品种保护条例》《知识产权海关保护条例》等知识产权行政法规,逐步建立了适合我国国情并与国际接轨的知识产权法律制度。

第二,在知识产权创造方面。我国知识产权数量的增长情况,从科睿唯

---

① 2020 年 5 月 28 日,第十三届全国人大三次会议表决通过了《中华人民共和国民法典》,自 2021 年 1 月 1 日起施行。《中华人民共和国民法总则》同时废止。

安发布的《2017全球创新报告:进无止境》有关我国发明专利数量的数据中可见一斑。该报告指出:过去十年,中国发明专利数量保持了22.6%的高水平年均增长率(基于DWPI①的基本专利统计)。中国新发明专利的数量从2007年的25.2万项增长至2016年的182万项,占全球总量的比重从2007年的23.3%上升为2016年的68.1%。②而同期,在世界上其他国家和地区,2007—2016年专利数量的年均增幅仅为0.3%。2008—2018年,我国的专利申请及授权数量快速增长,专利申请数量与授权数量的年均增长率分别为19.56%和21.29%。2007年,我国每万人发明专利拥有量仅为0.6件;到2017年,该指标增长至9.8件。PCT③国际专利申请量由2007年的0.5万项增长到2017年的5.1万项。首先,在商标方面,我国有效注册商标量大幅增长。截至2017年年底,我国商标累计申请量为2784.2万项,累计注册量为1730.1万项,有效注册商标量由2007年的235.3万项增长至1492万项,连续17年位居世界第一。2008—2017年,我国共核准注册地理标志商标3906项,认定地理标志产品2359个,登记公告集成电路布图设计1.5万余项。④其次,在软件著作权方面,2007年,我国著作权登记量为13.8万项,2017年上升到了274.8万项。计算机软件著作权登记量超过70万项。最后,在其他类型知识产权方面,农业和林业植物新品种授权总量由2007年的1616项增长到2017年的11039项。

第三,在知识产权保护方面。"严、大、快、同"的知识产权保护新格局正在形成,行政保护力度不断加大,保护范围不断扩大,保护速度不断加快,对各类市场主体的保护也越来越公平与透明。知识产权多元保护机制不断发展,快速审查、快速确权、快速维权协调联动得到统筹推进。2008—2018年,我国法院新收知识产权一审案件量从2.5万件上升到20多万件,年均增长20%以上。全国相继设立了3家知识产权法院⑤;南京等15地相继设立了

---

① 德温特世界专利索引(Derwent World Patents Index,DWPI)。
② "科睿唯安:2017全球创新报告:进无止境",http://www.199it.com/archives/639131.html,访问时间:2020年3月28日。
③ PCT是《专利合作条约》(Patent Cooperation Treaty)的英文缩写,是有关专利的国际条约。根据PCT的规定,专利申请人可以通过PCT途径递交国际专利申请,向多个国家申请专利。
④ "《国家知识产权战略纲要》颁布实施10周年,成就巨大举世瞩目",http://news.sina.com.cn/c/2018-06-05/doc-ihcqccin6553216.shtml,访问时间:2020年3月28日。
⑤ 即北京知识产权法院、上海知识产权法院和广州知识产权法院。

知识产权法庭①。全国法院系统全面推行知识产权"三合一"审判机制,审判标准逐步趋于统一,对侵权违法的判赔额度显著提升。2008—2017年,我国公安机关共破获22.3余万起侵犯知识产权和制售假冒伪劣犯罪案件,涉案总价值为1549.5亿元;我国海关累计查获超过23.6万批次的进出口侵权货物,涉及近15.8亿件侵权货物,涉案总价值近40.8亿元;在知识产权海关保护备案方面,海关总署累计核准5万余件。② 2018年6月,已在全国批复建立19家知识产权保护中心,快速维权中心达到17家,基本实现了知识产权举报投诉与维权援助服务网络的全国覆盖,进一步完善了知识产权维权、调解机制。知识产权仲裁调解工作深入开展,全国设立10余个知识产权专门仲裁机构,开通了中国知识产权公证服务平台。伴随国家知识产权战略的不断推进,我国知识产权保护实现了从"外在压力"向"内生动力"的升级。2012年,我国知识产权保护社会满意度仅为63.69分;2017年,该指标已经达到76.69分。③

第四,在知识产权运用方面。我国积极推动构建"平台、机构、资本、产业"四位一体的知识产权运营服务体系。北京全国知识产权运营公共服务总平台、西安军民融合特色试点平台和珠海金融创新特色试点平台均已投入运行,知识产权运营平台体系基本形成。④ 知识产权交易日趋活跃,专利、商标转让和许可数量稳步上升。新的知识产权运用模式不断涌现,知识产权收储、运营、质押、保险、托管、联盟、股权投资、拍卖等新业态方兴未艾。专利、商标、版权质押贷款发展迅速,规模突破千亿元,有效解决了一批轻资产中小企业的融资难问题。

第五,在知识产权服务方面。随着创新主体能力的不断提升,知识产权服务已从传统的代理、咨询和诉讼发展到分析预警、运营服务、金融服务等

---

① 2018年3月2日,位于郑州、天津、长沙、西安、杭州、宁波、济南、青岛、福州、合肥、深圳、南京、苏州、武汉和成都的共15家知识产权法庭全部挂牌完毕。
② "《国家知识产权战略纲要》颁布实施10周年,举世瞩目成就巨大",http://www.myzaker.com/article/5b16540077ac646498736c46/,访问时间:2020年3月28日。
③ "《国家知识产权战略纲要》颁布实施十周年——我国迈向知识产权强国步伐更坚定有力",http://zwgk.maoming.gov.cn/00712230X/201807/t20180724_197610.html,访问时间:2020年3月28日。
④ "综合运用:知识产权'金钥匙'开启创新之门",http://www.sipo.gov.cn/ztzl/zscqqgjs/mtkd/1109950.htm,访问时间:2020年3月28日。

新兴服务领域。① 各集聚发展区知识产权服务业物理集聚和功能集聚同步推动,构建智力成果权利化、商用化和产业化"生态圈",在全国形成了多个专业化服务高地。2008 年,我国共有知识产权服务法人单位 3 506 家,从业人员数量约 3.4 万人。到 2017 年年底,我国主营业务为知识产权服务的机构数量超过 2.6 万家,年均增长 25%。全国专利代理机构数量由 2008 年的 704 家增长到 2017 年年底的 1 824 家,办事机构超过 1 000 家,2017 年全行业年营业收入超过 260 亿元。备案从事商标代理业务的机构由 2007 年的 3 352 家增长到 2017 年年底的 30 571 家,其中律师事务所 9 408 家。截至 2017 年年底,全国取得专利代理人资格的人数超过 3.7 万人,执业专利代理人近 1.7 万人,分别较 2008 年增长 291% 和 185%。服务业物理集聚态势明显,自 2012 年国家启动集聚区建设工作以来,2017 年年底,国家知识产权局共批复建设了北京中关村等 14 个国家知识产权服务业集聚发展试验区,遴选了 145 家全国知识产权服务品牌培育机构。② 十余年来,我国知识产权制度不断完善,知识产权创造、保护、运用和服务水平也大幅提升。同时,在国家积极通过知识产权普及型教育以及多种形式的知识产权文化推广的影响下,社会公众的知识产权意识日益增强,尊重和保护知识产权的社会风尚逐步形成,知识产权文化基础越来越坚实。公众调查显示,超过六成的公众认为知识产权与自己的生活紧密相关,九成以上的公众表示了解知识产权相关知识,对国家知识产权战略的认知率由 2008 年的 3.70% 提升至 2018 年的 85.28%。③ 十余年来,随着知识产权战略的深入推进,我国知识产权事业取得了举世瞩目的成就,知识产权大国地位牢固确立,主要表现为:各类知识产权创造始终保持良好的增长势头;知识产权保护不断加强,整体步入良性发展阶段;知识产权运用效益日益显现,有力地支撑了经济社会发展;知识产权文化理念日益深入人心,知识产权事业发展呈现良好势头和光明

---

① "《国家知识产权战略纲要》实施十年评估报告发布",http://www.nipso.cn/onews.asp?id=46473,访问时间:2020 年 3 月 28 日。
② "2017 年中国知识产权量质齐升 知识产权服务业迎发展机遇",https://www.qianzhan.com/analyst/detail/220/180427-77a71131.html,访问时间:2020 年 3 月 28 日。
③ "知识产权战略纲要实施十年 公众认知率升至 85.3%",http://www.stdaily.com/sipo/sipo/2018-06/06/content_678150.shtml,访问时间:2020 年 3 月 28 日。

前景。① 国家知识产权战略实施十余年来，我国已经探索出具有中国特色的知识产权发展道路，知识产权对经济社会发展的贡献力日趋加大，我国的创新实力也在不断提升。世界知识产权组织发布的《2017年全球创新指数报告》显示，我国创新指数跃居全球第22位，是唯一进入25强的中等收入经济体。2018年，我国创新指数的全球排名进一步提升至第17位。②

1.1.2 结构性问题下的非均衡发展

改革开放四十余年来，利用劳动力和资源环境的低成本优势，我国经济一直保持高速增长态势，不但跃居为世界第二大经济体，而且跨越式地实现了西方曾经用200多年才完成的工业化。但长期积累的结构性矛盾日益突出，资源、环境和技术等瓶颈越来越成为制约产业结构升级和经济转型的重要因素，过去为中国出口立下"汗马功劳"的七大传统行业③逐渐失去比较优势。与此同时，越南、柬埔寨、孟加拉国等发展中国家也利用廉价劳动力招商引资，加工、生产低成本商品，不断压缩"中国制造"的生存空间。2012年年底，中共十八大明确提出实施创新驱动发展战略，其根本目的就在于强调中国未来的发展要靠科技创新驱动，推动经济发展质量变革、效率变革、动力变革，而非依靠传统的劳动力及资源能源驱动。而作为创新的重要产权制度安排，知识产权战略的实施也为创新驱动发展战略提供了必要路径和法律保障。尽管中国早在2008年就已经将知识产权上升为国家战略，经过长期努力，中国也已成为知识产权大国；但作为一个发展中国家，我国实施知识产权制度的时间并不长，仍然存在知识产权制度和应用机制不完善、知识产权数量与质量不协调、区域发展不平衡、知识产权国内法律日益完善但参与国际规则制定不够等问题，具体表现如下：

1. 知识产权治理体系不完善

知识产权治理体系现代化是知识产权体制机制改革创新的重要体现，是

---

① "申长雨在纪念《国家知识产权战略纲要》颁布实施十周年座谈会上的发言"，http://www.sipo.gov.cn/gwyzscqzlssgzbjlxkybgs/tpxw_zlbgs/1126188.htm，访问时间：2020年3月28日。

② "知识产权事业发展取得历史性成就——写在《国家知识产权战略纲要》颁布实施十周年之际"，http://www.sipo.gov.cn/ztzl/gjzscqzlgybbssszn/sznjdbd/1125030.htm，访问时间：2020年3月28日。

③ 主要包括纺织、服装、箱包、玩具、家具、鞋、塑料制品行业。

深化知识产权领域改革的基本原则,是释放创新主体科技创新能力的主要手段(朱丹,2017)。长期以来,我国政府的知识产权治理体系都是在分散管理的架构下运行的,随着我国迈入中等收入国家行列,现有治理体系与新时代我国创新驱动发展战略的要求以及政府公共服务职能的一致性越来越不匹配。分散化管理导致知识产权部门之间协调事务繁多、出台的扶持和监管政策难以统一,这就在一定程度上加重了企业知识产权方面的负担,并且影响了知识产权国际事务的开展。此外,知识产权制度是市场经济的产物,分散化的管理模式也无形中放大了政府治理的作用。例如,无论是从国家层面还是从地方层面,政府部门都制定了大量促进知识产权创造的激励政策,并通过设定目标进行考核,这推动了我国知识产权创造水平的大幅提升。但过度强调政府治理往往忽视了知识产权维护和市场治理的作用,从而导致知识产权创造与经济社会发展需要不匹配,创新驱动作用难以发挥。具体表现为如下几个方面:

首先,在社会治理方面,当前中国各行业内知识产权相关协会、商会仍存在行政化色彩较浓以及自身能力建设不足等问题,政企不分、管办一体、治理结构不健全、监督管理不到位、创新发展不足、作用发挥不够等问题突出,在维护行业知识产权的公平竞争秩序方面还难以发挥其应有的作用。

其次,在市场治理方面,受制度因素、产业阶段和文化环境的影响,目前中国多数企业的创新还只是商业模式的创新,主要停留于资本要素的竞争,少有通过基础研究、技术革新获取竞争优势,更难以产生突破性的创新成果,这是当前知识产权市场治理面临的主要困局。① 比如,虽然中国已是智能手机、笔记本电脑的世界第一大生产国,但集成电路、基础软件严重依赖进口。2015 年,中国进口单一最大金额商品就是集成电路,进口额达 2 300 亿美元,占全部进口额比重的 13.7%。特别是 90% 以上的电子计算机 CPU 芯片、4G 智能手机高端芯片被几家外国公司控制。②

最后,在设计方面,中国的专利累计数量没有达到美国的一半,而且在

---

① "知识产权保护推动产业转型",http://www.nipso.cn/onews.asp? id=43443,访问时间:2020 年 3 月 28 日。
② "知识产权保护推动产业转型",http://www.nipso.cn/onews.asp? id=43443,访问时间:2020 年 3 月 28 日。

这9万多件中国专利中,有近1/3的专利权不是我国企业的,而是国外企业的。① 2018年的"美国制裁中兴事件"进一步表明,对互联网和信息产业来说,商业模式的创新固然能够带来流量和财富,但最终比拼的还是核心技术实力。尽管依靠"汲取创新"②,中国企业能够迅速掌握先进的知识和技术、缩短研发周期,但从长期发展来看,该模式无法持续支撑中国企业在核心技术方面的自主创新能力。中国需要加强自主创新,从"汲取创新"向"领导创新"转变。③

2. 知识产权数量与质量不匹配

中国知识产权大国地位的确立很大程度上得益于知识产权规模的迅速累积,但与此同时,知识产权质量问题也一直为业界所诟病。众所周知,改革开放以来,中国经济实现了四十多年的高速增长,造就了举世瞩目的"中国奇迹"。但大家普遍认为,这种高速增长"主要来自汗水而非灵感",主要是通过要素投入而非技术进步来实现的。国家知识产权局发布的统计数据显示,在总共35个技术领域,国内在29个技术领域维持10年以上的发明专利拥有量少于国外,虽然国内专利总数量与国外相比已有显著优势,但高价值核心专利数量仍有较大的提升空间。④ 2018年的"美国制裁中兴事件"则提供了最好的例证。根据世界知识产权组织(WIPO)公布的消息,2017年中国提交的PCT国际专利申请量达48882件,排名全球第二。其中,中兴通讯以2965件国际专利申请量排名全球第二,并且这也是中国唯一连续8年获此殊荣的企业。⑤ 但从"美国制裁中兴事件"可以看出,相比普通专利数量,核心专利数量或者说高价值专利数量,才是决定企业核心竞争力的关键因素。商标领域面临同样的问题,在世界品牌实验室(World Brand Lab)发布的

---

① "知识产权保护在我国的现状与对策",http://www.zaidian.com/show/EFI3KW8UZpKiescR.html,访问时间:2020年3月28日。
② 汲取创新(Innovation Sponge)是吸收其他国家的知识、技术和最佳实践,然后迅速将其本土化的创新模式。
③ "麦肯锡《中国创新的全球效应》:科学研究缺乏创新",http://www.sohu.com/a/114826711_466951,访问时间:2020年3月28日。
④ "中国专利实力增强,但10年以上有效和国外差距大",https://www.eefocus.com/industrial-electronics/402312/r0,访问时间:2020年3月28日。
⑤ "解读中兴通讯的专利与创新",http://biz.ifeng.com/a/20180426/44970442_0.shtml,访问时间:2020年3月28日。

2017年"世界品牌500强"榜单上,中国仅有37个品牌上榜,与美国上榜的品牌数量(233个)相差甚远,大量的商标申请并没有体现出其应有的品牌价值。袁航等(2019)的研究也发现,在当前环境下,创新数量是推动中国产业结构转型升级的重要力量,由于创新质量具有较高的发展要求和较复杂的实现过程,中国的创新质量水平并不高,尚未对中国产业结构转型升级产生显著的促进作用。

3. 知识产权保护力度不到位

中国的知识产权保护制度,是伴随着改革开放建立和发展起来的。当前,我们已经构建了一个符合国际通行规则、门类较为齐全的知识产权保护制度,加入了世界几乎所有主要的知识产权国际公约,是知识产权国际规则的维护者、参与者、建设者。但中国的知识产权法律体系完善程度和保护力度仍明显低于美国,中国在打击盗版及窃取商业机密等方面存在一定的不足,被侵权者维权难度比较大。自2001年以来,中国对外支付知识产权费以年均17%的速度迅速增长,并于2017年达到286亿美元,约为美国的60%,仍与美国存在较大差距。① 此外,当前中国知识产权保护水平低于美国,中国知识产权保护指数在可比的50个国家中排名第25位,而美国排名第一。具体来看,当前中国在专利、版权、商标、商业机密、市场准入与专利商用、执法强度、国内合作与维权意识、参与国际条约情况等8个方面全面低于美国。从1991年开始,美国针对中国陆续展开的"301调查"不下6次。除了1991年的针对中国市场准入问题和2010年的中国清洁能源补贴问题,其余几次均剑指知识产权领域,而其中知识产权保护是其发起调查的重要借口。合适的知识产权保护水平是一个国家知识产权制度成功的关键。随着我国创新驱动发展战略的深入实施,知识产权保护的重要性日益突显,来自国内外的压力不断加剧,不但外资企业有要求,而且中国企业也有要求。但目前我国知识产权保护的执法力度、惩处力度依然不足,侵犯知识产权的行为大量发生,被查处的侵权行为不到十分之一,这极大挫伤了科技人员和企业自主创新的积极性。②

---

① "中美对外开放程度对比(下):资本兑换、知识产权、内容审查、移民政策",http://www.yidianzixun.com/article/0L6Eq2y6,访问时间:2020年3月28日。
② 《中国创新生态系统报告》,世界经济论坛中国理事会发布,2016年8月。

4. 知识产权与产业特性匹配不足

现阶段,中国正处于产业转型升级的关键时期,传统产业、高技术产业和战略性新兴产业等各类业态交织,尤其是在以互联网和人工智能等为代表的新一轮科技革命引发的产业变革影响下,产业创新发展面临着前所未有的挑战,不同业态对于创新表现出的诉求各不相同。首先,对于部分传统制造产业以及部分高技术产业和战略性新兴产业(如生物医药、机械等),它们基本属于追赶型产业。该类产业近年来成长速度较快,且伴随国家政策的鼓励和扶持,行业发展正迎来黄金发展期。① 但总体而言,这些产业发展不均衡,产品结构不合理,核心知识产权掌握较少,高端产品供应不足,可持续性不强。在世界药品市场中,美国、欧洲、日本三大药品市场的份额超过了80%。在机械领域,除了个别行业,我国产业整体上处于产业链和价值链的中低端。近几年,我国每年进口机械产品至少高达2 700多亿美元,而且大多是高端产品及设备。整体而言,这些传统制造行业需要进一步提升创新能力,在认清显著差距的同时,通过积极引进、消化、吸收和自主创新等多种手段,不断推动产业国际价值链攀升,加快对欧美等发达国家追赶的步伐。

其次,对于部分传统制造产业(如轨道交通、家电等),它们基本属于领先型产业,已通过积极变革和自主创新掌握了全球领先的核心科技,知识产权全球布局稳步推进,在一定程度上引领了全球前沿科技创新,产业发展正处于全球市场的开拓阶段。但随着全球新一轮科技革命的到来,这些产业的发展同样面临着新的挑战,产业创新的模式在发生深刻变革,这些产业深度融合新一轮科技革命所带来的技术发展趋势,借助自身在技术、产品和服务方面的创新优势,积极进行自主创新,并在产业发展前沿领域钻研核心关键技术,掌握知识产权,在全球范围内不断提升产业国际竞争力,持续推动创新优势转化为经济效益。

再次,对于部分高技术产业(如电子通信、人工智能等产业),它们基本属于换道超车型产业,由于这些产业本身技术更新换代的周期较短或战略

---

① 2017年,医药工业规模以上企业实现利润总额3 519.7亿元,同比增长16.6%;机械工业全行业利润总额为1.71万亿元,同比增长10.74%。

意义重大,产业创新发展的可塑性更强,一项核心颠覆性技术的研发或战略谋划就有可能决定甚至扭转全球行业发展的格局,尤其当前以人工智能、数字化为代表的新技术变革更增加了该类产业未来发展的不确定性,但同时也为追赶过程中的发展中国家赶超西方发达国家提供了良好的机遇。但在现实层面,中国上述产业的知识产权总体供给并不充分,在知识产权创造、知识产权国际化、知识产权保护和知识产权服务等方面对产业经济增长效率并没有产生显著的影响。因此,对于上述产业而言,找差距、抢时间、抓机遇开展自主研发并掌握自主产权,是未来产业发展的重中之重。

最后,对于部分传统劳动密集型产业(如服装加工制造等),它们属于转进型产业,迫切需要强化对创新的认识和重视程度,扭转原来依托劳动力、资本等传统比较优势因素的发展模式,不断挖掘产业发展潜力,由简单的加工贸易或贴牌生产主动向具备更高价值的发展模式转变,通过积极主动的品牌打造、技术与模式创新或产业转移,保持并积极培育产业发展潜力。

5. 知识产权服务对制造业转型支撑力不足

当前,中国已迈入中等收入国家行列,经过改革开放 40 余年的经济快速发展,中国已基本具备了加快向服务经济转型的经济基础、技术条件和制度环境。但在现实层面,我国服务业发展还面临着诸多矛盾和问题,主要表现在:服务供给难以适应需求的变化;服务业整体上处于中低端价值链环节;服务业国际竞争力不强;服务业发展仍面临体制机制束缚。尤其是生产性服务业①发展对当前中国制造业转型升级的支撑不够,其中,知识产权服务业发展滞后是关键要素。创新是驱动产业转型升级的核心动力,而在全球知识经济加速发展的今天,高质量的创新离不开知识产权制度的激励和保驾护航,提升知识产权服务在生产性服务业中的作用对加速我国制造业转型升级至关重要。但当前,符合市场需求的知识产权服务产业链尚未有效形成,知识产权服务和需求之间的良性互动机制尚未完全形成,知识产权价值评估体系也尚未完善,这些因素直接影响了知识产权各环节价值的有效传递,导致知识产权在助力产业价值链攀升过程中阻力重重,阻碍了产业转

---

① 生产性服务业是指为保持工业生产过程的连续性,促进工业技术进步、产业升级和提高生产效率提供保障服务的服务行业。它是与制造业直接相关的配套服务业,是从制造业内部生产服务部门中独立发展起来的新兴产业,本身并不向消费者提供直接的、独立的服务效用。

型升级的进程。

6. 对中小企业创新发展关注度不够

改革开放40余年来,集体崛起的中小企业是促进我国经济发展、推动科技创新、缓解就业压力、优化经济结构、增进城乡市场繁荣的重要力量。但随着中国经济发展进入新常态以及创新驱动战略的不断深入发展,中小企业发展尤其中小企业创新未能引起足够的重视。中国企业中具有国际竞争力的创新型企业仍为数不多。大批中小企业的创新以一般性产品创新为主,处于产业链的中低端。目前,我国中小企业有4000万家,占企业总数的99%,贡献了中国60%的GDP、50%的税收和80%的城镇就业①,而且中国发明专利的65%、企业技术创新的75%以上和新产品开发的80%以上,都是由中小企业完成的。② 但创新动力不足、创新能力不强,仍是当前中小企业面临的突出问题。③ 过去许多中小企业依托人口红利、资源红利、环境红利等优势取得了很好的发展,但在经济高质量发展的转型期,这些优势正在逐渐消失,然而过去束缚中小企业创新发展的因素却并没有得到有效的解决。比如中小企业融资难的问题一直是影响其创新发展的重要因素;在某些垄断性行业、领域,特别是自然垄断性行业,进入门槛过高,也束缚了中小企业的创新发展。对不断涌现的新商业模式,一些管理部门仍存在过度管制、限制发展的趋向。④ 此外,我国在新产品、新设备等市场准入方面,仍存在过于复杂烦琐的多环节、长周期审批核准,如在生物医药、医疗器械、新能源汽车领域,存在制约创新的市场分割和一定程度的地方保护主义。

7. 知识产权文化培育任重道远

知识产权文化是指关于知识产权的社会意识形态以及与之相适应的制度和组织机构,包括观念形态的知识产权文化(其实质是对知识产权的认知

---

① "2019中国小微企业融资研究报告:我国经济半壁江山,还需继续稳固",http://www.lygsgsd.com/webInfoDetail.jsp?id=12305,访问时间:2020年3月28日。
② "中国中小型企业数量",www.chinabgao.com http://www.chinabgao.com/k/qiye/37727.html,访问时间:2020年3月28日。
③ "人民日报:大力提升中小企业创新能力",http://opinion.people.com.cn/GB/17970391.html,访问时间:2020年3月28日。
④ "中国创新生态系统的优势、挑战与对策",http://www.sohu.com/a/140731678_760331,访问时间:2020年3月28日。

与认同的状态和程度)和制度形态的知识产权文化(也就是知识产权的制度体系)。第一,从单纯观念形态而言,自2008年《国家知识产权战略纲要》实施以来,我国知识产权文化培育有了很大的提升,但由于我国在知识产权文化培育上缺乏思想观念的积淀,不断完善知识产权文化仍将是一个长期努力的过程。第二,在制度形态的知识产权文化培育方面,我国仍有很多需要提升的地方。比如,改革开放四十多年的实践证明,虽然知识产权制度建设在我国发展较快,并且达到了国际较高的水平,但实践中该制度的运行一直受到许多因素的困扰,尤其是盗版、假冒等侵权行为的大量存在,导致制度体系很难有效地支撑知识产权文化培育。《2018年中国知识产权发展状况评价报告》显示,2013—2017年,我国知识产权环境指数的世界排名一直处于相对较低的位置。从得分变化趋势看,2013—2016年,我国知识产权环境指数的排位一直在第30位上下波动,得分则从42.54分提升至48.71分;2017年,我国知识产权环境指数得分为56.67分,较上一年度提升7.96分[①],尽管提升明显,但仍远不如我国在知识产权能力、绩效等排在前几名的其他指标上的表现,这反映出我国提升知识产权发展环境的长期性依然存在,知识产权文化培育任重道远。

8. 知识产权人才培养体系不健全

伴随知识产权战略的实施,我国知识产权专业人才队伍不断壮大,全国知识产权从业人员已超过50万人,基本形成了一支结构优化、布局合理、素质较高的知识产权人才队伍。与此同时,随着知识产权事业的发展,知识产权代理、运营、评估、金融和诉讼业务不断增多,知识产权代理公司、维权援助服务中心、金融服务中心、律师事务所、运营交易中心和管理咨询公司等一大批知识产权服务机构蓬勃发展,企业知识产权部门大量建立,涌现出以华为公司为代表的高科技创新型大企业,全社会对知识产权人才数量和素质的要求越来越高。但总体而言,当前我国知识产权人才培养体系建设尚不健全,知识产权人才培养还难以满足经济社会发展的现实需要。其主要表现为如下几个方面:

---

① "国家知识产权局:2018年中国知识产权发展状况评价报告",https://www.useit.com.cn/thread-24015-1-1.html,访问时间:2020年3月28日。

第一,知识产权人才培养的数量尚有很大缺口。随着市场主体知识产权的保护意识和运用知识产权参与市场竞争的意识不断提高,全社会对知识产权行政管理和执法、企业知识产权管理、知识产权运营、专利信息分析、知识产权国际化等各类知识产权人才的需求巨大。

第二,人才从业能力有待提升,高端人才不足。人才专门化、专业化、高端化是需要着力解决的短板。以知识产权服务人才为例,面对大型高新技术企业对于知识产权战略等方面的高端咨询服务日益高涨的需求,高层次、复合型、国际化的人才短缺的问题凸显,已成为知识产权服务机构的发展瓶颈。另外,多部委联合发文的政策较少且政策类型多以人才培训方面的政策为主。而且,知识产权人才队伍建设的顶层设计不足,多部门重视程度及统筹协调有待加强,政策类型和法制化程度有待提高。

第三,知识产权人才评价体系尚未建立。目前在知识产权人才的培养、评价发现、选拔使用和激励保障四方面中,培养与选拔使用工作取得长足进步,但在评价发现和激励保障环节仍有部门"短板"存在。尤其是在评价发现方面,企业知识产权人才评价体系尚未建立,这成为制约人才流动与发展的关键因素。此外,知识产权人才对于产业创新发展的支撑仍显不足,以人工智能为例,尽管我国人工智能制造产业的发展已经具备了非常优越的条件,比如在专利申请方面中国已成为全球人工智能专利布局最多的国家,数量略微领先于美国和日本①,但我国人工智能产业发展更多的是依赖于引进大量海外高端人才,本土培养的高层次人才十分稀缺。例如,在全球367所具有人工智能研究方向的高校中,有168所位于美国,中国仅有不到30所大学的研究实验室专注于人工智能。美国从业时间在10年以上的资深人工智能从业者的占比为71.5%,而中国仅为38.7%。②

9. 知识产权国际竞争力表现不足

知识产权国际竞争力是经济竞争力的核心要素。中国的产业结构升级,是从"世界工厂"的底端位置向"微笑曲线"两端攀登的过程。而支撑研发、

---

① "中国人工智能报告:中国最'吸金'但人才少",https://baijiahao.baidu.com/s?id=1605943600637295605&wfr=spider&for=pc,访问时间:2020年3月28日。
② "我国的人工智能领域为何会落后欧美国家?人才缺乏是主要原因",http://www.elecfans.com/rengongzhineng/739026.html,访问时间:2020年3月28日。

设计、销售、服务等微笑曲线两端环节的则是专利权、著作权、集成电路布图专有权、版权、商标、原产地地理标志等知识产权。当今世界,谁主导知识产权,谁就拥有全球价值链的利益主导权。近些年,在国际知识产权申请方面,我国取得了不错的成绩。根据《2017 世界知识产权组织国际专利报告》,全球共有 130 个国家至少有一件国际专利申请。申请量最多的是美国,其 2017 年的申请量达到 56 624 件;中国则以 48 882 件首次超过日本,排在全球第二。在全球专利申请量 50 强企业中,中国共有 10 家企业进入排名;在世界知识产权组织发布的研究机构榜单中,我国同样有 10 所大学进入排名。[①]但从竞争力表现来看,世界银行公布的数据显示,2011—2017 年,我国知识产权使用费贸易总额一直在稳步提升,在发展过程中逐渐赶超了德国和法国,但与美国和日本仍存在较大差距。尤其相较其他主要发达国家,我国的知识产权使用费进口额一直处于高位运行态势,知识产权贸易结构较为不平衡。

综上所述,我国虽然已经是一个知识产权大国,但距离知识产权强国尚有很长的路要走,在知识产权治理体系、知识产权创造、知识产权保护、知识产权运用、支撑中小企业创新、知识产权文化培育、知识产权人才培养以及知识产权国际竞争力等方面,与知识产权大国地位相比还存在不同程度的非均衡性(韩秀成,2018)。从 2015 年我国正式启动知识产权强国建设以来,面对高质量发展的新要求以及产业升级、经济转型的压力,知识产权强国建设已经进入快速发展期。面对日益严峻的内外形势,我国亟须探索新的工作思路以加速推进并改善各项知识产权工作,消除上述非均衡性,全面提升知识产权绩效。

1.2　中国知识产权战略发展面临的现实境遇

我国知识产权战略的发展尽管取得了显著成就,但也面临着非均衡发展的态势。随着经济社会发展阶段的转变,知识产权战略面临的现实国情也

---

① "国际专利申请量最多的 20 个国家,中国第二仅次于美国,增速第一!",http://baijiahao.baidu.com/s? id=1596534083309874248&wfr=spider&for=pc,访问时间:2020 年 3 月 28 日。

发生了重大变化,长期积累的结构性矛盾日益成为阻碍知识产权战略支撑创新驱动的重要因素。在新时代背景下,我国知识产权战略发展规划的制定需要进一步认清形势,明晰知识产权战略未来发展所面临的现实境遇,以引导我国知识产权战略发展切实服务经济社会发展的需要。

1.2.1 由高速度增长到高质量发展的转型

中共十九大报告指出我国进入了新时代,在该阶段,我国经济发展面临由高速增长向高质量发展的重要转变。高质量发展是我国经济发展中的一场革命性变革,其问题意识来源于我国经过四十余年的高速发展、步入中等收入国家行列后,如何通过新的发展路径和发展要求,向高收入国家迈进,实现由经济大国向经济强国的转变。新常态是高质量发展的重要理论前提,从新常态的特点不难看出,它所提及的经济结构升级和创新驱动都与知识产权密切相关,知识产权制度所赋予的创新激励效应不仅能够加速要素升级,推动创新与产业结合进而驱动产业转型,而且能够有效地提升经济发展的质量,降低我国经济运行的风险,提升发展稳定性。知识产权制度作为维护市场秩序的一种有效制度安排,是推动高质量发展的制度环境中不可或缺的关键一环。完善知识产权制度,强化知识产权的创造、运用、保护、管理和服务能力,提升知识产权的市场化、法治化、国际化程度,是推动高质量发展的重要途径。历经十年知识产权战略的实施,我国知识产权事业发展取得了重大突破,但在新发展阶段,知识产权战略发展在如何支撑经济高质量发展方面仍面临着诸多挑战。推动知识产权战略着眼于解决高质量发展过程中制约和困扰中国经济长期发展的速度与效益、速度与质量、速度与结构等诸多深层次矛盾,实现经济速度换挡、结构优化、动力转换是知识产权战略发展面临的重要现实境遇。

1.2.2 中美贸易摩擦问题的严峻性和长期性

在过去四十余年里,中美经济合作帮助两国走出困境,成为中美关系的纽带。两国的贸易往来在一定程度上促进了中国经济的高速增长,与此同时,中国制造的商品使美国的通货膨胀率保持在较低水平,美国的跨国公司从中国廉价的劳动力和巨大的市场中获利。然而,中美关系的发展始终面临着挑战,贸易摩擦不断,从 2016 年下旬至 2018 年 8 月,美国对中国发起多项贸易调查。随着中美贸易摩擦升级,美国霸权立法"301 条款"①成为美国发起单边主义措施的主要依据。事实上,自 1991 年 4 月美国依据"301 条款"对中国知识产权发起第一次调查起,截至 2018 年,美国已对华发起六项"301 调查"。尤其从 2018 年 3 月特朗普政府依据"301 条款"发动对华制裁开始,中美经济摩擦升级,对立焦点正从贸易失衡转向技术转移。从历史上看,美国从 1974 年颁布"301 条款"以来,共启动了 125 项"301 调查",中国、欧盟、日本、加拿大、韩国、巴西等多个世界贸易组织成员屡次成为调查对象。纵观从 1979 年 1 月中美两国正式建立外交关系的四十余年来,中美之间的贸易摩擦实质上反映的是双方在单边主义与多边主义、贸易保护主义与贸易开放主义、极端利己主义与合作共赢主义之间的交锋。改革开放以来,我国一直不断深化改革,扩大开放。而美国采取的措施是一脉相承的,就是千方百计限制、打压中国的经济贸易,干扰和破坏多边贸易规则,以达到保护美国国内产业、控制贸易逆差、维护美国利益的目的。随着我国经济的快速发展和综合国力的提升,以及加速推进以创新驱动战略为支撑的高质量发展,同时启动新一轮的知识产权强国战略,中美关系随着美国对华情绪的转变发生全面转向。美国 2018 年版《国防战略报告》提出,"当前美国国家安全的首要问题是国家间的战略竞争",并把中国定位为美国长期的"战略竞争对手"。该报告还提出,经济安全就是国家安全。2018 年 8 月,时任美国总统特朗普签署了《2019 财年国防授权法案》,其中包括《出口管制改革法案》和《外国投资风险审查现代化法案》两个重要法案,防范外国企业通过投资获取技术和高技术出口限制在两个法案中得到进一步强化。因此,从根本上而言,战略扼制是美国发动贸易战的本质原因,但知识产权调查是其重要内容,其决定了中美之间贸易摩擦的长期性和严峻性。

---

① "301 条款"的最早版本是美国《1974 年贸易改革法》的第 301 节,核心内容是"当美国认定自己的贸易权利遭到外国侵犯时,美国可以立即采取行动消除这些侵犯"。此外,"特别 301 条款"主要针对知识产权保护进行了规定,并赋予美国贸易代表绝对权力,当其认定某国的贸易做法对美国的知识产权不利时,美国有权单方面采取贸易制裁措施。

1.2.3 跨越"中等收入陷阱"的艰难历程

改革开放四十多年来,中国长期以要素驱动为特征的外延式经济增长模式,保持了经济的高速增长,取得了经济发展的历史性变革,实现了由低收入国家向中等收入国家的跨越:1996年以前,我国属于低收入国家,1999年巩固地进入下中等收入国家行列,2010年进入上中等收入国家行列(王丽莉等,2017)。然而,伴随我国进入中等收入国家阶段,我国经济发展面临的诸多结构性、深层次矛盾也日益凸显,与低收入国家相比,我国已经逐渐失去劳动力低成本的优势,特别是在技术要求与附加值都比较低、劳动密集型的可贸易产品及产业上的国际竞争力逐渐降低。而随着战略性、颠覆性、前沿性技术日益成为综合国力竞争的决定性力量,与发达国家相比,我国在研发创新能力方面通常也不具备比较优势,在附加值较高的、技术与资本相对更加密集的产品及产业上又受到来自发达国家的"打压"。

尽管从经济增长的角度来看,我国跨越"中等收入陷阱"之路是相当乐观的,在1990年和2016年,我国人均国民总收入分别相当于对应年份高收入门槛值的4.3%和67.5%。从中可以看出,我国人均国民总收入向高收入门槛值的收敛速度几乎是指数式的。但是,由中等收入迈向高收入,从直观上看是经济增长问题,但实际上涉及一系列结构性问题。只有解决好这一系列结构性问题,实现高质量发展,才能顺利而巩固地进入高收入国家行列,其中最关键的即持续推动技术和产业升级。① 为应对新形势,中共十八大以来,我国以创新主动适应和引领新常态,从容面对"前后围堵"的双重挤压,创新性产品和技术正在成为推动中国经济前行的强大动力,2018年中国经济保持了6.6%的中高速增长。中国经济之所以能够继续保持稳中向好的趋势,一个重要原因也正是新旧动能转换加快,以及由此带来的产业结构升级。② 但同时,由于发达国家收入分配失衡,助长保守主义、民粹主义思

---

① "林毅夫,刘培林:我国具备顺利跨越'中等收入陷阱'的条件",http://finance.sina.com.cn/china/gncj/2018-01-14/doc-ifyqqieu6364777.shtml,访问时间:2020年3月28日。

② 2018年,在世界知识产权组织等权威机构推出的全球创新指数排行榜上,中国排名第17,是唯一进入前20名的发展中国家。相关报告认为,"中国经济在优先研发和创新发展的公共政策的指引下,已经进入一个快速变化的阶段"。

潮,一些国家"逆全球化"思潮泛滥,全球范围内的贸易保护主义倾向日益凸显,贸易自由化进程面临严重威胁。一些国家试图采取贸易限制措施解决国内经济面临的问题,全球范围内的贸易摩擦明显增多。在此背景下,以中美贸易摩擦为代表的贸易争端将会对我国由中等收入国家向高收入国家迈进带来长期不利的影响。

1.3 中国知识产权战略未来发展存在的关键隐忧

1.3.1 如何实现数量与质量的均衡发展

如何实现知识产权数量与质量的均衡发展是中国知识产权战略未来亟须考虑的重要问题。当大量低质量知识产权出现在制度体系中时,知识产权制度的技术扩散功能将受到损害,知识产权滥用风险将会增加,严重时甚至可能阻碍经济发展与国家创新(张亚斌等,2007)。知识产权质量已经成为支撑国家创新驱动发展,提升国民经济水平的重要因素。目前,中国正处于由知识产权数量大国向质量强国的重要转型机遇期。在此背景之下,如何准确把握知识产权质量的基本内涵,积极应对知识产权数量增长、质量变迁的时代动因,在强化对知识产权制度与权利属性认知的基础上,发现高质量知识产权形成的制度基础,以历史视野洞察知识产权质量提升的路径机制,是未来知识产权战略发展中亟须解决的关键问题(毛昊,2018)。

总体而言,未来知识产权数量与质量的均衡发展主要存在以下隐忧:

第一,对于知识产权制度优化的忧患意识还不足。我国知识产权制度确立的时间并不长,在相当长的时间里,知识产权制度是一种舶来品,是西方国家"逼我所用"。但随着我国迈入高质量发展阶段,把知识产权制度与本土的现实国情以及国际新形势结合起来,实现从由"逼我所用"到"为我所用"的重大制度跨越,是推动知识产权数量与质量协同发展的重要制度因素。

第二,知识产权保护水平的提升任重道远。2018年是知识产权"强保护"元年,各类知识产权保护政策措施正密集落实,但知识产权"强保护"能否真正激励高质量创新,不仅取决于制度层面的完善程度,执行力度更是关键,政府角色至关重要。我国知识产权保护执法体系尚不健全,行政、司法、维权援助等建设情况将在很大程度上影响知识产权保护制度的落实效果。

第三,知识产权人才培养体系尚不完善。创新驱动的实质是人才驱动,人才是创新的第一资源。尤其在我国迈入中等收入国家行列以后,创新驱动发展对于高层次、复合型、国际化等方面的人才需求更加迫切,而传统制造业向高端制造业转型对于生产性服务业人才的需求也较以往显著提升。不完善的知识产权人才培养体系不仅弱化了知识产权数量与质量均衡发展的人力资本基础,而且将对我国由知识产权大国向知识产权强国的演变进程产生不利影响。

第四,知识产权管理模式的转变是一个难点。知识产权归根结底源于市场经济,不可否认,知识产权制度建立初期的行政管理模式有效弥补了"市场失灵"的缺陷,推动了我国知识产权事业的快速发展。但在高质量发展阶段,如何让市场更有效地发挥作用才是实现知识产权高质量发展的根本机制。然而,要从根本上解放根深蒂固的管理思想,处理好政府与市场的关系,仍需要一个长期的过程。

1.3.2 如何确保资源配置与产业转型的有效匹配

现阶段,科技资源稀缺是我国知识产权战略发展面临的基本环境,尤其随着新一轮科技革命和产业变革的方向日益明晰化,全球创新竞争日趋激烈,人才、资本、市场、知识产权等成为世界各国竞相争夺的战略资源。与发达国家相比,我国科技投入较为分散、开放共享程度低、资源使用效率低等资源配置问题极大制约了知识产权驱动作用的发挥,在关乎产业转型升级的核心、关键、共性技术领域缺乏高效的科技供给体系支撑,知识产权产出数量与质量均与发达国家有一定的差距,严重影响了我国产业转型升级的进程。

科技资源配置是从全局视野统筹创新发展的资源投入,配置效率的高低直接关乎产业转型升级的成效。建立符合科技创新规律的资源配置方式,其根本目的在于形成充满活力的科技管理和运行机制,为实施创新驱动发展战略提供保障。就本质而言,不同产业发展的成熟度存在差异,其创新的基础也千差万别,有的基础研究强但应用研究弱,有的前沿性研究突出,但前期基础研究不足,这些差异体现在知识产权层面都会对产业创新发展造成影响,或者大量依赖于国外技术;或者看似发展很好,实则受制于人。但从产业的长远发展来看,无论是基础研究还是应用研究都是产业发展所需要的。其中,基础研究是新知识、新技术、新发明的先导,是科学进一步发展的基石,基础研究能力是一个国家自主创新实力的体现。战略性产业的创新研究往往是前沿性、关键性的事关科技、经济、国力竞争的核心技术。当然还有社会公益类研究则是关系公众福祉、具有极高社会效益的非营利性研究。[①] 对于不同产业的转型升级发展,我们首先需要明确产业创新的基础情况,然后才能匹配相应的科技资源。

目前科技资源配置方面的隐忧主要体现在以下几个方面:

第一,配置主体因素。确立以市场为主的科技资源配置是业界的共识,但从全球范围来看,市场从来不是资源配置的唯一方式,甚至在产业经济高度发达的欧美国家,政府参与科技资源配置也较为常见。但究竟政府调控的范围应为多大以及如何调控很难把控。

第二,区域因素。国家层面的产业发展规划明确了产业发展的主攻领域和空间格局,但各地方应如何承接区域科技和产业分工的国家战略需求,重点围绕哪些产业的价值链或价值链环节开展布局,并采取什么样的知识产权策略以及相应的资源配置机制,目前并没有系统可行的解决方案。

第三,产业因素。产业发展阶段或产业成熟度决定了创新资源配置的根本需求,资源配置过多或过低皆会影响产业整体的资源配置效率,也会对国家总体创新资源配置效率造成影响。当前,我国产业创新发展对于处于不同发展阶段的产业的创新资源需求状况还未充分明确,知识产权产出与产业发展的阶段性需求匹配性不够,科技资源配置的主观性偏强。

1.3.3 如何实现政府和市场的高效协同

在《国家知识产权战略纲要》的引领下,我国政府部门积极推进探索与实践,并取得了很好的效果:知识产权密集型产业、知识产权军民融合、知识

---

① "完善符合科技创新规律的资源配置方式",http://news.sciencenet.cn/htmlnews/2018/4/410179.shtm,访问时间:2020年3月28日。

产权金融、知识产权权益分配机制、知识产权转化交易平台等方面的科学决策不断取得新突破;新的知识产权发展业态不断涌现;知识产权价值实现的渠道不断拓展;知识产权资产不断得到盘活;知识产权转化运用效益的内涵不断扩大;知识产权对经济社会发展的贡献水平显著提高。但不可否认的是,现行管理模式并没有完全触及知识产权制度运行的根本,政府调控显然不能替代市场机制,政府部门在应对信息不对称导致的市场失灵时主观性更强,更容易导致创新环境的扭曲和结构性问题的出现。自2016年全国推行"放管服"改革至今已逾三年,如何处理好政府与市场关系的声音仍不绝于耳,尤其是我国当前处于经济转型发展的关键时期,面对高质量发展的内在需要,面对不断加剧的贸易摩擦,知识产权制度运行的内在需求相较制度建立之初已发生重大转变,能否进一步协调好政府与市场之间的关系对于新时代我国的高质量发展至关重要。

目前,政府与市场之间实现高效协同仍存在以下几点隐忧[①]:

第一,计划管理与体制蕴含的惯性思维。理论界对计划经济体制的批判已较为深入,在长期的计划经济体制影响下,思维方式、管理方法、规范规制等方面将存在比较大的惯性。现在除《国家中长期科技发展规划纲要》外,我国仍保留着投资项目审批、基础部门投入、资源价格确定以及知识产权创造目标的指标考核等,这些在一定程度上都属于计划经济范畴,因而如何推进计划体制的深层次改革,仍然是一个难度较大的课题。

第二,市场思维及市场管理水平的制约。政府管理方式的转变不是一蹴而就的,在从计划经济转向市场经济的过程中,需要用新的理念、知识及方法来武装头脑,尤其知识产权本身是市场经济的产物,更需要对市场经济本身的运行规模有深刻的认识,才能逐步走出计划经济体制的惯性思维。要强化以市场为导向、以价值实现为目的的理念,就需要辩证地看待学习借鉴与具体应用的问题,在系统全面学习发达国家市场经济管理成功经验的基础上,更要因地制宜、因时制宜、因国情制宜地消化、吸收和利用,而不能生搬硬套。

---

① "为什么我们总是出现政府过度干预市场",http://news.163.com/14/0609/03/9U92BQRU00014AED.html,访问时间:2020年3月28日。

第三,利益格局及资源配置机制的依赖。制度层面的制约是一个更加敏感以及难以破除的因素,政府干预市场经济的一个重要影响就是形成了根深蒂固的既有利益格局。在资源配置权力和既得利益的驱动下,寻租变得更加普遍,因而如何优化权力配置与利益分配对于政府能否与市场实现高效协同至关重要。

1.4 新结构经济学视角下知识产权战略的发展新机遇

1.4.1 基于现实国情的新结构经济学理论的诞生与发展①

2016年5月17日,习近平总书记在主持召开哲学社会科学工作座谈会上做出了应该以理论创新繁荣哲学社会科学的重要指示。在这个座谈会上,著名经济学家林毅夫教授作为代表发言。他重点以经济学为例,提出中国的学者应该逐渐从单纯的"西天取经"式的研究转换到理论自主创新的建议,受到习近平总书记的高度肯定。由林毅夫教授首倡的新结构经济学即这种自主理论创新的尝试。新结构经济学以马克思历史唯物主义思想为指导,运用新古典经济学的现代研究方法,在全面总结中国本土以及其他发展中国家的发展经验与教训的基础上,更加全面系统地突出"经济结构"的重要性。具体而言,新结构经济学重点研究处于不同发展阶段的经济体经济结构的内生性、差异性与动态性,总结与弥补现有经济学理论基于主要发达国家经验所形成的缺陷与不足,旨在进一步丰富与发展现代经济学。

新结构经济学是林毅夫教授及其团队与所引领学术界同行在过去二十多年研究形成的一个关于发展、转型与运行的完整理论体系。基于中国经验的新结构经济学雏形是林毅夫、蔡昉和李周于1994年出版的《中国的奇迹:发展战略与经济改革》(以下简称《中国的奇迹》)一书,该书系统阐述了中华人民共和国成立后我国重工业赶超战略与当时中国人口多、资本少的禀赋特征之间的矛盾,揭示了扭曲价格的宏观经济政策、资源计划配置与剥夺微观主体自主权"三位一体"的计划经济体制的内生形成机制,用比较优

---

① 本部分主要参考赵秋运和王勇(2018)。

势战略对东亚奇迹进行了重新解释,分析了改革开放之后发展战略转变为比较优势战略与当时劳动力相对资本富裕的禀赋特征之间的相容,总结了发展战略渐进式转型的经验。可以说,《中国的奇迹》这本书基本上构建了关于发展、转型与运行的新结构经济学基本理论框架。基于全球经验的新结构经济学雏形是根据林毅夫教授2007年在英国剑桥大学的马歇尔讲座出版的《经济发展与转型:思潮、战略与自生能力》一书,该书以《中国的奇迹》的理论框架为基础,将基于中国经验提炼的理论推广到全球历史背景下,以发展战略遵循还是违背比较优势为出发点提出了关于发展与转型的一系列可验证的假说,如发展战略对经济增长、经济波动、收入分配、制度扭曲等的影响,并用第二次世界大战以来发展中国家的数据对各个假说进行了经验研究。

新结构经济学的一般理论成型之作产生于2009年6月林毅夫教授在其出任世界银行高级副行长兼首席经济学家一周年的一个内部研讨会上,以1994年出版的《中国的奇迹》和2007年出版的《经济发展与转型:思潮、战略与自生能力》这两本书的理论框架为基础,对第二次世界大战以后发展经济学成为一门独立学科以来的理论进展和发展中国家发展与转型的成败经验进行系统梳理,指出第一版的"结构主义"发展经济学重视政府作用而忽视市场作用,以及第二版的"新自由主义"发展经济学重视市场作用而忽视政府作用的偏颇,进而提出以"新结构经济学"作为发展经济学的第三版。这一梳理既指明了"结构主义""新自由主义"等发展经济学理论存在的问题,又从理论层面论述并在实践层面验证了新结构经济学的基本观点,即从发展中国家或地区的要素禀赋结构出发,依照比较优势,立足企业的自生能力,在有效市场和有为政府的共同作用下,推动经济结构转型升级和经济社会发展。其强调经济发展是一个产业、技术、制度等结构不断变迁的过程,在这个过程中既要有"有效的市场",也要有"有为的政府"。2011年3月,林毅夫教授应邀到美国耶鲁大学做了著名的库茨涅茨年度讲座,以"新结构经济学:反思发展问题的一个理论框架"为题阐述了新结构经济学理论的基本框架和主要观点,演讲全文发表于2011年出版的《世界银行研究观察》第26卷第2期,正式向经济学界宣告了新结构经济学的诞生。2012年,林毅夫教授在世界银行工作结束前将新结构经济学的有关论文结集为《新结构经济学:反思经济发展与政策的理论框架》(北京大学出版社,2012 年)一书,系统论述了新结构经济学的基本理论分析框架、所依赖的经验特征事实、政府在结构变迁动态机制中的因势利导作用及其应用案例等新结构经济学的核心内容。基于在世界银行的工作经验以及对广大发展中国家的观察,林毅夫教授又出版了《繁荣的求索:发展中经济如何崛起》(北京大学出版社,2012 年)、《超越发展援助:在一个多极世界中重构发展合作新理念》(北京大学出版社,2016 年)以及《战胜命运:跨越贫困陷阱 创造经济奇迹》(北京大学出版社,2017 年)等著作,对新结构经济学的理论和应用进行了深入浅出的阐述。林毅夫等人著述的《新结构经济学文集》(格致出版社,2012 年)、《新结构经济学新在何处》(北京大学出版社,2016 年)等则系统探讨了新结构经济学各个子领域的相关研究。

新结构经济学认为,经济发展的表象是收入和人民生活水平的不断提高,其本质则是产业、技术、硬的基础设施以及软的制度环境等结构不断升级的过程;在这个过程中,有效市场和有为政府共同起作用才能使结构变迁得以顺利进行。新结构经济学将"结构"引进现代经济学的理论框架中,从要素禀赋结构出发,将产业、技术和硬的基础设施、软的制度安排内生化,这种研究范式拓展了马克思历史唯物主义所提出的"经济基础决定上层建筑,上层建筑反作用于经济基础"的观点,是在对新制度经济学、发展经济学、转型经济学、政治经济学、新自由主义等不同学派加以批判和继承的基础上发展并成型的第三版发展经济学理论(见图 1.1)。通过引入不同发展阶段国家的结构差异性,新结构经济学也扩展了现代经济学中涉及经济运行的各个分支学科,包括宏观经济学、财政经济学、金融经济学、劳动力经济学、产业组织经济学等,提高了其在发展中国家"认识世界、改造世界"的能力。

第二次世界大战以后,许多发展中国家纷纷取得民族独立,急于快速追赶发达国家。在此背景下,作为第一代发展经济学的结构主义应运而生。它主张这些经济落后的发展中国家在资本短缺的要素禀赋结构条件下应尽快建立与发达国家相同的资本密集型现代化产业结构。但是,这样的企业在开放自由竞争的市场中缺乏自生能力,所以主张政府采取"大推动"的政策,克服市场失灵,优先发展这些现代化大产业。由于这些产业违反比较优势,在实践中,政府就必须给予这些企业保护补贴,同时依靠各种要素价格

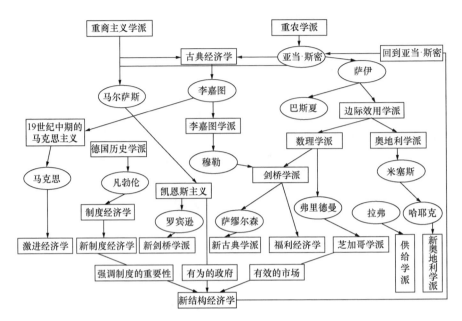

图 1.1 新结构经济学思潮的形成与演化
资料来源:赵秋运和王勇(2018)。

的扭曲对市场进行干预,实施进口替代的赶超战略,结果导致资源错配和寻租行为,政府干预过多,经济绩效普遍不理想。这些都证明结构主义理论的失败。20世纪七八十年代之后,以新自由主义为代表的第二代发展经济学理论逐渐形成。它主张发展中国家应该取消政府干预,尽快建立与发达国家同样的经济与政治制度,强调"私有化、自由化与市场化"。对于先前由赶超战略所导致的缺乏自生能力的企业,它则主张在转型过程中用"休克疗法"一次性地取消各种保护补贴而迅速地全面私有化和市场化。然而在现实中,发展中国家实施休克疗法的效果却并不理想,反而引起社会动荡和经济不稳定,导致经济绩效低下,与西方国家之间的差距进一步拉大。事实上,20世纪末大部分转型国家都出现了经济崩溃、危机和停滞。最终,第二代发展经济学理论——新自由主义也以失败收场。与这两代发展经济学理论的主张不同,中国、毛里求斯、老挝、越南和柬埔寨进行了"渐进式双轨制"改革。其一,转型发展过程中,对于部分因违背比较优势而缺乏自生能力的企业,政府依旧提供一定的保护,特别是给予那些在转型期需要保护补贴的国有企业;其二,政府局部改善工业园区和加工出口区的基础设施和制度环境,以使那些符合比较优势但又受到抑制的民营企业和外资企业进入,政府发挥因势利导的作用以促进符合比较优势的产业发展。这种"渐进式双轨制"改革在当时被主流经济学理论认为是最糟的改革方案,却被实践证明是一个务实的和正确的转型发展战略,因为这样做可以避免转型经济体由于"休克疗法"所带来的社会动荡与经济崩溃,能够更好地促进经济体的稳定有序发展。在上述观察的基础上,新结构经济学作为第三代发展经济学理论,其主张既不同于结构主义,因为后者过于忽略或贬低市场的作用;也不同于新自由主义,因为后者过于忽略或贬低政府的作用。新结构经济学既重视市场的决定性作用(有效市场),也主张充分发挥政府的因势利导作用(有为政府)。

此外,新结构经济学以要素禀赋及其结构作为出发点来探究决定一个经济体生产力水平和生产方式的技术及产业的内生性,并进一步探究与产业和技术相匹配的基础设施和制度环境。上述思路源于马克思历史唯物主义的观点,即经济基础决定上层建筑。因此,新结构经济学既在一定程度上深化了马克思主义政治经济学,将历史唯物主义的分析方式和新古典经济的分析方法有机结合;又在一定程度上拓展了西方主流经济学,弥补了现有主流理论模型所忽视的不同发展程度国家的结构差异及其原因和影响分析。两者之间的这种结合与拓展主要表现在以下两个方面:

第一,新结构经济学认为生产力水平的高低主要取决于一个经济体的主要产业(产业结构)。一个经济体如果以土地等自然资源或劳动力密集型产业为主,生产力水平则较低;如果以资本密集型产业为主,生产力水平则较高。但是,最优①的产业结构取决于该经济体的要素禀赋结构。当一个经济体经济发展水平较低时,资本相对短缺,自然资源或劳动力相对丰裕,因此发展资源密集型或者劳动力密集型的产业具有比较优势。由于生产力水平较低,而且工人和农民的工资水平低,距离生存线近,因此其谈判能力较低,在生产关系中处于不利地位;随着资本的积累,当一个经济体达到发达国家的发展水平时,劳动力和自然资源相对短缺,此时具有比较优势的是资本密

---

① 早期文献中使用的"最优产业结构""最优金融结构"等指的是给定要素禀赋结构下的一些内生的结构变量,"最优"一词容易被读者认为是在任何条件下都是''"最好"的全局最优,在以后的论述中过去用"最优"一词的地方将改为用"适宜"或"最适宜"一词。

集型产业,生产力水平较高,而且工人和农民的收入水平提高,距离生存线远,其谈判能力也随之增强,在生产关系中的地位也随之提高。新结构经济学将要素禀赋及其结构变迁与新古典经济学的分析方法相结合,分析要素禀赋结构如何决定具有比较优势的主要产业(产业结构),进而决定生产力水平和生产关系,这是对马克思历史唯物主义在分析现代经济问题上的一个拓展与应用。

第二,新结构经济学理论与现有主流经济学理论之间的本质差别在于:首先,当前的西方主流经济学理论以发达国家的结构为唯一的结构,而忽视了不同发展程度国家的结构差异及其原因和影响分析这一重要环节,而新结构经济学理论则倡导以新古典的现代经济学方法来研究经济发展过程中经济结构及其变迁的决定因素,主张在每一时点的经济结构内生决定于该时点给定的要素禀赋结构;其次,当前的西方主流经济学与马克思主义政治经济学之间基本上不存在有效的相互对话与促进功能,而新结构经济学恰好可以弥补这一缺失。西方主流经济学缺乏结构,或者说西方主流经济学以发达国家的结构为唯一参照系,这就导致西方主流经济学理论仅仅是新结构经济学的一个特例。这主要根源于新结构经济学与西方主流经济学理论的本质区别:西方主流经济学理论来源于西方发达经济体的经验和现象,以最发达经济体作为参照,为发展中经济体"查漏补缺",以此来帮助发展中经济体建立完备的类似发达经济体的工业体系,或类似发达经济体的制度安排;而新结构经济学则完全颠倒过来了,它强调从发展中经济体的经验和现象出发,总结其自身经济发展和运行的规律,根据发展中经济体自身的要素禀赋及其结构,按照比较优势把现在能够做好的产业做大做强,渐进式地实现追赶与发展。因此,新结构经济学实际上是使没有结构(或更准确地说,以发达国家的结构为唯一结构)的现代主流经济学理论成为其理论体系的一个退化特例。用现代经济学的术语和模型来表述这种差别就是:西方主流经济学理论是以给定不变的生产函数求解最优资源配置,在这种模型中发展中经济体和发达经济体只有量的差异而没有质的区别;新结构经济学则以给定的禀赋结构求解最优的生产函数及其动态变化,在这种模型中发达经济体和发展中经济体既有量的差异也有质的区别。这种范式的转变实际上是根源于新结构经济学理论与西方主流经济学理论的根本不同:西方主流经济学理论是以最发达经济体作为参照系,看发展中经济体同发达经济体相比缺什么或有什么做得不好,以此来改造发展中经济体;而新结构经济学则以发展中经济体自身有什么(禀赋条件)出发,在此基础上把现在能够做好的(比较优势)做大做强,逐步实现发展。新结构经济学的理论体系非常庞大,涵盖了经济发展过程中经济结构及其变迁现象的各方面,其中心思想可以概括为围绕发展、转型与运行的基本原理。

在发展问题上,新结构经济学的切入点是现代经济发展、收入不断提升的本质,即决定劳动生产率水平的技术不断创新、产业不断升级,以及决定交易费用等硬的基础设施和软的制度环境不断完善的结构变迁的过程。由于不同发展程度的经济体的经济结构内生决定于该经济体的要素禀赋结构,一个经济体实现快速、包容、可持续发展的最优方式是按照该经济体每一时点给定的要素禀赋结构所决定的比较优势来选择所要发展的产业和所要采用的技术。由此,在具备合适的基础设施和制度环境的条件下,该经济体将会有最低的要素生产成本、交易成本及最强的竞争力,创造出最大的经济剩余;投资会有最大的回报,积累的积极性会最高;资本禀赋增加,要素禀赋结构提升,产业结构和技术升级的速度也会最快。发展中经济体按此路径来发展,在技术变迁、产业升级和软硬条件的完善上也可以充分发挥后来者优势,取得比发达经济体更快的经济增长,实现向发达经济体收入水平的收敛。企业在经济发展过程中会自发按照要素禀赋结构所决定的比较优势来选择产业和技术的前提,是要素的相对价格必须反映要素的相对稀缺性,这样的相对价格只能存在于充分竞争的市场,因此,按照比较优势发展经济以存在充分竞争的市场为制度前提。由于经济发展不是静态的资源最优配置,而是一个技术不断创新、产业不断升级以及硬的基础设施和软的制度环境不断完善的结构变迁过程,在这个过程中必须对技术创新和产业升级的先行者给予外部性的补偿和相应的软硬条件的配备,这些工作仅能由政府来做,因此,也必须有一个"有为的"政府,经济结构才能顺利按照要素禀赋结构和比较优势的变化而变动。所以,"有效市场"和"有为政府"是经济持续发展的前提保障。

在转型或改革问题上,新结构经济学的切入点是企业的自生能力,即企业所处行业是否符合要素禀赋结构所决定的比较优势,这也是对结构主义和新自由主义指导下各国发展实践的反思。由于对一个经济体在某一时点上的产业和技术结构内生决定于该时点的要素禀赋结构缺乏认识,在第二次世界大战以后,许多发展中经济体摆脱了殖民地、半殖民地地位,出于快速追赶发达经济体的主观良好愿望,试图在资本短缺的要素禀赋结构条件下去发展与发达经济体相同的资本密集型现代化大产业。彼时第一代发展经济学理论——结构主义,为这种发展战略提供了理论支撑。但是政府想优先发展的这种产业违反了要素禀赋结构所决定的比较优势,企业在开放竞争的市场中缺乏自生能力,政府必须靠对各种要素价格的扭曲和对市场的干预,给予这些企业保护补贴,才能把这种"先进"的产业建立起来。结果导致资源错误配置和寻租行为的产生,虽然先进的产业建立起来了,但是经济发展的绩效极度低下,而且与发达经济体的差距继续扩大。由于对政府的各种扭曲和干预是内生决定于对赶超产业中不具有自生能力企业的保护补贴这一观点缺乏认识,第二代发展经济学理论——新自由主义,倡导华盛顿共识的"私有化、市场化、自由化",用休克疗法的方式一次性地把各种保护补贴取消掉,以此从政府主导的经济向市场经济转型。20世纪八九十年代,绝大多数社会主义国家和非社会主义发展中国家,遵循"华盛顿共识"的建议,用休克疗法来进行转型,结果不是新自由主义所预期的经济稍微下滑后快速的J形曲线复苏,而是L形曲线的经济崩溃、停滞及危机不断,出现了所谓的"迷失的20年"。然而,中国和少数几个国家所采用的,被主流理论认为是"最糟的"渐进式双轨制改革,本质上是一个务实的、比较好的转型策略。这种转型方式一方面给予旧的违反比较优势产业中缺乏自生能力的企业必要的转型期保护补贴,另一方面放开原来受到抑制产业的准入门槛;并在软硬条件普遍不好、政府可用资源有限的条件下,以工业园、加工出口区等方式局部改善基础设施和营商环境,以因势利导地发展符合比较优势的产业,这种方式在转型过程中能够同时取得稳定和快速发展的绩效。快速的发展则能够不断积累资本,使许多原来违反比较优势的产业逐渐变为符合比较优势,企业由不具有自生能力变为具有自生能力,旧体制遗留下来的保护补贴也就从"雪中送炭"变为"锦上添花",能够取消掉的也应加以取消,以完成从计划经济向市场经济的过渡。这种根据不同时期的比较优势变化,或创造一定程度的比较优势条件,发展符合要素禀赋特点的产业,从而实现产业结构升级的经济发展思路,就是新结构经济的现实源泉。

新结构经济学的目标是建立自成一体的理论体系,也是对新古典经济学的"结构革命",其范畴涵盖了经济发展过程中经济结构及其变迁规律的各个方面,核心理论主要围绕经济体发展、转型与运行展开。上述新结构经济学的基本主张与原理事实上在重构与拓展发展经济学、转型经济学、制度经济学、金融经济学和马克思主义政治经济学,并以此为突破口,试图更一般地、系统地运用现代经济学的方法将结构全面引入缺乏"结构"的主流理论体系之中,包括经济学的各个子领域,诸如产业经济学、金融经济学、劳动经济学、区域与空间经济学、国际经济学、宏观经济学、制度经济学、政治经济学等。所有这些领域都可以沿着新结构经济学的视角进行深入拓展,从而构成完整的新结构经济学学科体系。

1.4.2 寻求知识产权支撑创新驱动发展的理论突破

新结构经济学是关于经济结构变迁及其影响的新古典分析框架,其核心思想是经济基础和上层建筑的互动,核心原理则是结构变迁的价格理论,包括以禀赋结构的供给与需求为主要内容的静态和动态一般均衡理论。新结构经济学形成了以禀赋结构升级和生产结构升级及其他内生的经济结构安排变迁作为发展过程,以企业的自生能力作为微观基础,以要素相对价格作为分析手段,以发挥比较优势、利用后来者优势作为发展中国家的经济发展方法,以有效市场和有为政府作为政策导向的一套关于发展、转型以及运行的分析框架(林毅夫,2012a,2012b,2012c;付才辉,2015)。基于该理论分析框架,新结构经济学创新理论认为创新不仅包括总量创新水平及其进步,还包括结构及其变迁;一个经济体在某个时点上的禀赋结构决定了最优产业结构,产业结构水平决定了该经济体在该时点的最优创新结构——处于世界技术前沿内时,采用模仿创新,而处于技术前沿之上时,则采用自主创新。基于该理论,我国知识产权战略在支撑创新驱动发展过程中所面临的一系列问题和隐忧得到了很好的诠释。现阶段,在经济转型与产业升级过程中,我国不同区域发展面临的禀赋结构与产业结构千差万别,各区域创新驱动对知识产权发展的要求也不尽相同,国家及各区域知识产权战略发展需要新结构经济学理论发挥更大的作用,借助其分析框架,进一步强化知识产权对我国创新驱动发展的支撑性作用。

1.4.3 探索跨越"中等收入陷阱"的新路径

中共十九大规划了"到本世纪中叶全面建成社会主义现代化强国和实现中华民族伟大复兴"的远景目标和路线图。这意味着,持续推动产业结构升级,实现更可持续、更加包容的高质量发展,顺利跨越"中等收入陷阱",步入高收入国家行列,将是今后一个时期的主要任务。由中等收入迈向高收入,直观而言是经济增长问题,但本质上则意味着政府职能转变和产业结构的转型升级,这都离不开大国发展战略的有力支撑,其中知识产权强国战略必不可少。低收入国家的追赶以及发达国家的压制是中等收入国家经济发展过程中的重要特征,Wang和Wei(2019)曾构建"三明治"模型来描述这种经济现象:中等收入国家由于劳动力成本提高,在低端产业面临更不发达国家的竞争,逐步丧失在劳动密集型产业的比较优势;与此同时,由于资本密集型产业原本由发达国家主导,中等收入国家向高端产业升级的过程中必然受到发达国家的限制和阻击;此外,由于资本密集型产业多是高科技产业,发达国家的技术封锁会使得技术引进与模仿变得更加困难,中等收入国家越来越需要依靠自主创新实现产业升级。如果中等收入国家无法成功向高端产业迈进,就会陷入被发达国家和更贫穷国家"两头围堵"的境地,从而失去在国际分工中的竞争力。Lin和Wang(2019)还进一步从结构转型和产业升级角度,解释"中等收入陷阱"的形成机制以及对中国跨越"中等收入陷阱"的政策启示。作为支撑创新驱动战略的重要制度保障,知识产权战略实施是推动产业升级和经济结构转型的关键抓手,而新结构经济学所倡导的以创新驱动经济与产业结构变迁的"三明治"模型既能够为知识产权战略支撑我国跨越"中等收入陷阱"提供新的解决路径,同时也为新结构经济学丰富该模型应用提供了制度工具。

1.4.4 为中美贸易摩擦问题的解决提供新思路

美国发起的贸易争端并非临时起意,而是有着深刻的结构性诱因。随着中国经济的进一步发展,本土产业需要向更高的层次迈进,亟待解决制造业

"大而不强"的问题。中国需要在新一代信息技术等十大高新技术上减少对外国的依赖。

贸易战持续的时间、范围和激烈程度,主要取决于美国经济转型和贸易平衡的进程。从以往的经验来看,这将是一个相对较长的过程。基于互利共赢的理念,通过谈判解决中美贸易争端是唯一的出路。而对于我国自身发展而言,正视引发中美贸易摩擦的深层次原因,通过推动产业不断升级与经济结构转型,实现高质量发展才是破解贸易争端困局的根本路径。而对于实现高质量发展,知识产权显然是至关重要的一环,从中美贸易争端的大多数焦点来看,知识产权均被作为美国牵制我国创新发展的重要战略性资源。新时期,随着我国传统比较优势逐渐消失殆尽,在产业结构升级和经济转型的过程中,如何利用知识产权以及为配置资源而设计的知识产权战略,打造形成与比较优势相匹配的竞争优势则非常关键。新结构经济学理论框架一直强调将发挥比较优势、利用后来者优势作为发展中国家的经济发展方法,同时强调在任何给定的发展水平,市场都是实现有效资源配置的根本机制,并认为政府应在产业升级过程中对企业所面临的外部性和协调问题发挥因势利导的作用(林毅夫,2017a;林毅夫,2017b;林毅夫,2017c)。知识产权制度作为政府"软性"制度安排的重要方面,在面对中美贸易摩擦所涉及的重点产业时,新结构经济学所设计的基于产业结构升级的理论及应用模型①能够为我国知识产权战略规划和实施提供有效支撑,从而有助于提升创新资源配置的整体效率,助力知识产权强国建设加速发展,从根本上破除导致贸易争端的深层次因素。

1.5 研究问题的初步阐述

中共十九大报告对今后一个时期我国经济从高速增长向高质量发展迈进做出了新的部署。站在新时代、新起点,我国需要推动经济的高质量发展。新结构经济学作为以马克思历史唯物主义思想为指导,运用新古典经

---

① 新结构经济学设计了"增长甄别与因势利导"和五类产业因势利导等应用模型来帮助选择具有比较优势的产业,以及针对不同的产业发挥有为政府因势利导的作用。

济学的现代研究方法,在全面总结中国本土以及其他发展中国家的发展经验与教训的基础上发展而来的理论,更加全面系统地突出了"经济结构"的重要性,更符合当前中国经济发展的基本国情。当前,为有效支撑经济的高质量发展,我国已开始加速推进知识产权强国建设,并已启动知识产权强国战略纲要的制定,同时将其作为中国面向新时代知识产权事业的发展纲领。在此背景下,为了充分挖掘新结构经济学理论在中国知识产权事业发展过程中的可能应用场景,本书将重点讨论以下几点问题:

第一,在当前知识产权大国向知识产权强国转变的转型时期,面对知识产权战略实施十年来所呈现的跨越和非均衡发展现象以及新时代发展阶段我国所面临的现实境遇和未来发展所面临的关键隐忧,新结构经济学究竟如何支撑知识产权战略实施与转型,进而推动知识产权战略真正驱动我国经济社会的发展,则是最根本的问题。相较前期的知识产权战略规划,知识产权强国建设更为注重创新与经济社会发展的密切关联,但总体而言,我国知识产权强国战略实施仍处于探索阶段,并没有可借鉴的成熟模式。新结构经济学首先需要解决的是如何结合当前我国经济发展形势以及知识产权强国战略的实施基础,研究构建一套行之有效的发展范式,这是本书讨论的重要问题。

第二,产业是经济之本,中国四十余年的高速发展,与遵循比较优势的产业发展战略不可分割。新时代经济转型过程中产业结构升级的内外部压力越来越大,企业,尤其中小企业生存发展所面临的挑战也越来越严峻。面对我国禀赋结构变迁现状,如何进一步激发比较优势,利用知识产权战略助力比较优势向竞争优势转变,推动产业升级、追赶乃至赶超是本书讨论的另一核心问题。

第三,经济体制改革是全面深化改革的重点,核心问题是处理好政府和市场的关系,使市场在资源配置中起决定性作用,以及更好地发挥政府的作用。知识产权强国建设的根本目的在于深入实施创新驱动发展战略,其中深化知识产权领域的改革是关键,处理好政府与市场的关系是核心。新结构经济学一直强调经济发展本质上是一个产业、技术和硬的基础设施、软的制度环境等结构不断变迁的过程,而这个过程既需要"有效市场",也需要"有为政府"。如何将新结构经济学的上述关系理论应用到知识产权强国建设的各个环节,是本书讨论的核心问题之一。

1.6 全书内容安排

本书主要分为如下三个部分:

第一部分包括第 1 章和第 2 章。该部分阐述研究的背景以及所依托的新结构经济学的理论基础,讨论新结构经济学与知识产权战略发展之间的关系和关注要点,提出新结构经济学视角下知识产权战略发展的一般范式。

第二部分包括第 3 章至第 4 章。该部分首先以知识产权战略发展的结构性分析为基础,然后转向新结构经济学视角下的产业知识产权战略形成机理分析,深入解构要素禀赋结构、创新模式选择和产业创新绩效的相互关系,刻画经济体要素禀赋结构对产业创新的内在影响机制。

第三部分包括第 5 章至第 6 章。该部分基于中国产业知识产权战略规划与实施分析,从产业到产业内企业的中观、微观分析,结合数据和案例,对新结构经济学视角下产业知识产权战略的实施纲要与实施重点进行系统分析,探寻经济新常态下的产业知识产权战略发展的新思路。

第四部分包括第 7 章。该部分重点讨论新时代背景下新结构经济学如何有效地支撑我国的知识产权强国建设,并为世界总结中国知识产权战略发展经验。

全书的结构和章节安排如表 1.1 所示。

表1.1 全书的结构和章节安排

章节	主要内容
第1章	阐述本专著编写的基本逻辑、研究问题和内容安排
第2章	阐述新结构经济学理论应用到知识产权战略研究的理论基础
第3章	开展知识产权战略发展的结构性分析,以全球知识产权战略发展的典型结构变迁分析为基础,讨论中国知识产权战略发展的结构变迁历程,并提出知识产权战略发展的演变趋势、特征及挑战
第4章	运用国内外研发、专利及经济数据,通过事实描述、经济计量分析与国际比较,研究产业资本密集度、产业结构与研发创新之间的关系,识别要素禀赋结构驱动产业研发创新的理论机制,并以江苏省为典型区域深入揭示了产业资本密集度、创新模式选择与产业创新绩效的关系

(续表)

章节	主要内容
第5章	讨论我国产业知识产权战略规划现状以及新结构经济学视角下的我国产业知识产权战略实施情况,进而开展新结构经济学视角下的产业知识产权战略实施纲要分析
第6章	以五大产业类型内企业为对象,开展企业案例分析,讨论五大产业知识产权战略发展的实施重点
第7章	聚焦知识产权强国建设,系统梳理新结构经济学在知识产权战略方面的应用成果,打造中国经验

下面我们对每一章的主要内容做一个摘要性的介绍:

第1章重点阐述了我国知识产权战略确立以来知识产权事业跨越式发展取得的成绩,尤其重点介绍了知识产权事业发展过程中所面临的非均衡现象、现实境遇以及未来发展存在的关键隐忧;接下来,讨论了新结构经济学理论的诞生与发展,以及新结构经济学视角下我国知识产权战略发展所面临的新机遇,并提出了本书所研究的关键问题。

第2章重点围绕新结构经济学创新理论,从经济发展阶段特征与知识产权战略的演变关系、有为政府与知识产权战略的实施到五类产业因势利导方法,再到"三明治"模型和"垂直结构"产业模型以及最优知识产权保护水平,系统阐述了知识产权战略研究所依托的新结构经济学的理论基础,探索性地提出了新结构经济学视角下中国知识产权战略发展的一般范式。

第3章重点开展了知识产权战略发展的结构性分析,首先以美国、日本、韩国和德国等为对象聚焦全球知识产权战略发展的典型结构变迁;然后分别从国内、国际和产业视角重点分析了中国知识产权发展的结构变迁历程;随后在上述分析基础上,讨论了全球知识产权的演变趋势和中国知识产权的演变特征及未来发展面临的挑战。

第4章重点开展了新结构经济学视角下产业知识产权战略形成的机理分析,首先基于文献资料,运用扎根理论抽取了新结构经济学视角下影响产业升级的核心构念;其次对要素禀赋结构驱动产业研发创新的理论机制进行了研究,即从数据角度进一步就核心构念之间的相互关系进行定量分析,并运用计量经济方法对要素禀赋结构驱动产业研发创新的理论机制进行论证;最后研究了产业资本密集度、创新模式选择与产业创新绩效的关系,即基于发展前沿性和异质性两大特征,以江苏省作为典型省域样本,深入揭示了创新模式选择在产业资本密度作用于产业创新绩效中的中介与调节机制。

第 5 章重点开展了中国产业知识产权战略规划与实施纲要分析,首先介绍了目前中国在产业知识产权战略规划方面所开展的基本工作以及取得的成绩;其次分析了新结构经济学视角下中国产业知识产权战略的实施,从资源配置分析到创新能力分析,再到针对不同产业类型的典型案例分析;最后讨论了新结构经济学视角下产业知识产权战略规划纲要的实施。

第 6 章重点聚焦产业内的典型企业,开展产业知识产权战略规划的实施要点分析。具体来看,选择五类产业中的代表性企业,开展企业知识产权战略发展案例分析,深度剖析了不同产业知识产权战略实施的典型举措,并在此基础上开展五类产业知识产权战略规划的实施要点分析。

第 7 章结合前六个章节的研究,系统梳理了新结构经济学在知识产权战略方面的应用成果,进一步聚焦中国知识产权强国建设,在深入剖析知识产权强国战略的新时代背景的基础上,阐述了新结构经济学如何具体支撑我国知识产权强国战略的规划和实施。最后,放眼全球,讨论如何从更一般的意义上为世界提供中国知识产权战略发展经验。

第 2 章　新结构经济学与知识产权战略理论基础

2.1　新结构经济学创新理论①

中共十八大以来,习近平总书记把创新摆在国家发展全局的核心地位,高度重视科技创新,提出实施创新驱动发展战略。② 2018 年"中兴芯片"事件的爆发,引起了学术界和政策层关于创新战略和国家创新能力的讨论。③至今学术界对此尚未形成一致的结论。事实上,对创新或技术进步以及全要素生产率的讨论是目前主流经济学的主要话题,其中包括熊彼特增长模型在内的新增长理论已经取得了大量研究成果。新增长理论对使用世界上最先进技术的发达经济体的可持续增长的解释是富有见地的。然而,对于韩国、新加坡、中国台湾、中国香港等亚洲新兴经济体以及中国内地在 20 世

---

① 这一部分内容主要引自林毅夫、付才辉,《新结构经济学导论》,高等教育出版社 2019 年版。
② "实施创新驱动发展战略,推进以科技创新为核心的全面创新", http://theory.people.com.cn/n1/2016/0315/c402884-28199122.html,访问时间:2020 年 3 月 28 日。
③ 贾根良(2018)认为,新结构经济学强调按照比较优势发展战略,不鼓励从价值链高端和核心技术入手实施经济赶超战略,是导致"中兴芯片"事件以及我国信息技术硬件产业等受制于人、产品生产始终处在价值链低端的原因。为此,中国应该实施经济赶超战略,加大对核心技术的自主研发。

纪后 30 年里超常的经济增长和向发达经济体收敛的现象，新增长理论却未能给出一个令人满意的解释（Pack，1994；Grossman 和 Helpman，1994）。与广泛地讨论创新或技术进步的既有海量文献不同，新结构经济学创新理论主要从要素禀赋结构的角度讨论总量创新水平与创新结构及其变迁。换言之，新结构经济学认为创新或技术是有结构的，一个经济体的创新结构往往是不同类型创新方式的组合，如发明创新与模仿创新的组合。一言以蔽之，其认为创新结构也是内生于要素禀赋结构与产业结构的，这是因为不同的创新结构所需要的要素禀赋结构不同，在不同的产业结构下其作用也具有差异性，因此，一个经济体在某个时点上的要素禀赋结构决定了最优产业结构，产业结构水平决定了与世界前沿技术水平的距离，技术差距决定了该经济体在该时点的最优创新结构。具体而言，对于处于技术前沿以内的产业结构需要模仿创新，而对于技术前沿之上的产业结构则需要自主创新。

从新结构经济学创新理论而言，创新不仅包括总量创新水平及其进步，还包括结构及其变迁。例如，简单地划分，创新包含自主创新和模仿创新，自主创新是直接越过创新之前的最先进技术水平值，而模仿创新始终处于全球技术前沿内部。自主创新所需要的投入大、不确定性高，而且在不同的要素禀赋结构与产业结构阶段其回报也是不同的。模仿创新对投入的要素禀赋结构和产业结构要求相对较低，自主创新对投入的要素禀赋结构和产业结构要求相对较高。因此，一个处于要素禀赋结构和产业结构水平比较低阶段的经济体，对拓展世界技术前沿的自主创新的需求并不高，导致其回报也就较低，进而高水平的要素禀赋结构供给较低，导致其相对价格就高，投入成本大，因此自主创新的利润并不高甚至还会亏本，即这样的创新结构是缺乏自生能力的，为此，在要素禀赋结构与产业结构水平比较低的阶段，创新应该更多地偏向模仿创新。与此相反，在要素禀赋结构和产业结构水平比较高的阶段，创新应该更多地偏向自主创新。这就是说，每个经济体的最优创新结构是内生于该时点的经济发展阶段和要素禀赋结构的。如果每个时点的创新结构和水平都是最优的，那么经济具有自生能力，能够创造最大的经济剩余，带来较高的创新回报率，促进经济增长和要素禀赋结构升级。但是，如果创新结构和水平违背了由发展阶段和要素禀赋结构所决定的比较优势，那么会导致各种扭曲，创新的成本较高且回报率较低，使得经济效率或经济增长降低,缺乏效率和经济绩效的创新模式难以持续。尽管有时也可以通过扭曲的方式取得一些耀眼的技术成就和发明成果,但无法造就可持续性的创新。

具体而言,新结构经济学强调技术选择应该按照一国的经济发展阶段和要素禀赋结构来选择符合比较优势的技术发展战略。发展中国家实施经济赶超战略,不利于全要素生产率和经济增长率的提高且增加陷入经济停滞的概率(林毅夫,2003;林毅夫,2012d;林毅夫,2012e;陈斌开和伏霖,2018;王勇等,2019)。低收入国家的人力资本水平较低,如引进高收入国家的先进技术,技术和劳动力水平的错配难以促进全要素生产率和国民收入的提高(Acemoglu 和 Zilibotti,1999)。王勇等(2019)基于新结构经济学框架,从产业层面上探究经济体禀赋结构驱动研发创新的内在机制。该文发现,中国产业的发明专利申请量份额与相对资本密集度(即产业的资本密集度除以经济体的资本劳动比)呈倒 U 形曲线关系,且与到技术前沿的距离负相关。对于发达国家而言,其研发支出份额也与相对资本密集度以及到技术前沿的距离存在类似的关系。基于这些事实,该文构建了一个理论模型:当产业的资本密集度越接近经济体的资本劳动比时,产业越符合比较优势,创新产生的新技术越有利可图;当技术越接近世界前沿时,越不容易出现技术外溢。这两个因素都会激励企业进行自主研发。该文还根据产业的资本密集度与资本劳动比的差距和到技术前沿的距离,刻画了领先型、追赶型和转进型三类产业的技术发展路径。任晓猛和付才辉以发明专利与实用新型专利来表征企业的不同技术选择,应用的是 1998—2007 年中国工业企业与专利匹配数据库。该研究发现,在发展初期阶段(即低研发投入阶段),实用新型专利对企业销售收入的增长具有显著正向效应,而发明专利的显著促进效应要在发展成熟期(即高研发投入阶段)才得以显现。在趋势上,实用新型专利增长效应随着经济发展水平的提高而降低,而发明专利的增长效应在提高。杨汝岱和姚洋(2008)提出了"适度赶超"战略,认为发展中国家在产品技术上的有限赶超对一国经济增长具有促进作用。Lee(2013)和刘志彪(2011)则从技术赶超角度,提出后发经济体进入短技术周期是实现经济赶超的关键途径。王勇和张宏伟(2002)、王勇和楚天舒(2002)、王勇(2002,2008)构造了一个简单的动态随机一般均衡模型,在弗农-克鲁格曼产品周期模型的基础上假定水平创新服从高尔顿-瓦斯顿简单分支过程,并同时引入垂直创新。研究发现,上述两种创新对于促进世界贸易与各国经济增长的作用是不同的。许岩和尹希果(2017)对"因势利导"和"适度赶超"战略进行了综合,即在人力资本积累不足的情况下,实行技术赶超战略不利于经济增长,应该选择符合要素禀赋的比较优势战略;在人力资本积累丰裕的情况下,可以适度实行偏离要素禀赋结构的赶超战略。龚刚等(2017)提出,建设中国特色国家创新体系①,提升国家创新能力,能够提高跨越"中等收入陷阱"的概率。国家创新体系不仅决定了一国企业的创新绩效,也决定了一个国家技术进步的速度和方向(Lundvall,2010)。对于发达国家的企业来说,由于它们处于世界技术前沿,它们要实现技术创新只有通过自主研发。Rivera-Batiz 和 Romer(1991)、Grossman 和 Helpman(1991a,1991b,1991c)认为,技术创新是经济增长动力的内生增长模型,尽管可以解释发达经济体的经济持续增长现象,但是它忽略了发展中经济体可以通过从发达经济体引进技术来实现更快的技术创新,因而它无法解释第二次世界大战后新兴经济体向发达经济体收敛的现象,也无法解释20世纪后30年里中国经济所取得的增长奇迹。对于发展中经济体而言,要实现比发达经济体更加快速且可持续的经济增长,就必须比发达经济体有着更快的技术创新速度,因此,发展中经济体必须能够以比发达经济体更加低廉的成本来实现技术创新。内生技术变迁的增长模型虽然给出了发达经济体技术变迁的实现机制,但是对于发展中经济体的技术创新来说,是否需要像发达经济体一样通过自主创新来实现呢?至少在经验上并非如此。

对于发展中经济体来说,它们的资本相对稀缺、劳动力相对丰富,如果发展中经济体能够遵循自己的要素禀赋结构所决定的比较优势来发展的话,那么它们的企业所进入的产业应该是劳动密集型产业,企业所采用的生产技术绝大多数是比较成熟的技术,基本上不需要太多的自主创新。并且,由于这些企业并不处于其所在行业的世界技术前沿,因而企业的产品换代升级也可以通过从发达经济体引进技术的方式,或者靠模仿发达经济体技

---

① 国家创新体系涉及一个国家建立学习和创新系统的效率,尤其是在新知识、新技能、新工艺的创造、保存和转移方面。

术的方式,甚至通过在"干中学"(Learning by Doing)中积累知识来分享国际技术外溢所带来的好处,从这种意义上说,发展中经济体通过从发达经济体引进技术来提升自己的技术水平,相对于发达经济体单靠自主创新来提升自己的技术水平来说,无疑是一种成本更为低廉的技术进步方式。现实中,发展中经济体从发达经济体引进技术的途径是多样化的。发展中经济体既可以采取向发达经济体购买专利或技术等直接的技术引进方式,也可以通过从发达经济体进口高技术的商品和设备等更为间接的技术引进方式。De Long 和 Summers(1991)证明设备投资和企业长期增长之间存在显著的相关关系。Lee(1995)则强调设备进口对增长率的正向刺激作用。之所以在实证上存在这样的关系,一个重要的理论观点是大量的技术进步是隐含在资本投资中的。Fu et al.(2015)发现一个经济体越发达,发明相对于模仿在合成总量创新进而在最终生产中的重要性越大,资本相对于劳动力也更加丰富。前者决定了创新结构的相对边际收益,后者决定了创新结构的相对边际成本,一般均衡时决定了最优的创新结构。因此,最优创新结构在不同的发展阶段是不同的,从根本上是内生于其要素禀赋结构的。① 在其他条件不变的情形下,一个经济体变得越发达,创新结构中的发明相对于模仿的重要性越大,从而发明相对于模仿的需求就越大(见图 2.1)。

总之,发展中经济体要以最快的速度来提升自己的技术水平,就必须按照本国的要素禀赋及其结构所决定的比较优势从发达经济体引进适宜的技术(Atkinson 和 Stiglitz,1969)。只有这样,发展中经济体的技术创新速度才能超过发达经济体的技术创新速度,并最终使发展中经济体的技术和人均收入水平收敛到发达经济体的技术和人均收入水平。

除了国家层面,每个经济体内部的区域之间也是如此。例如,余泳泽和张先轸(2015)指出,我国区域创新竞争中呈现了一定的"R&D 崇拜"趋势,并在一定程度上扭曲了政府对创新的支持行为,部分地区主观强制推动的自主创新战略并没有取得良好的效果。适宜性创新模式选择应该与要素禀

---

① 关于要素禀赋结构与创新水平的微观企业层面的实证研究支持可参见:林炜,"企业创新激励:来自中国劳动力成本上升的解释",《管理世界》,2013 年第 10 期,第 95—105 页。林炜利用 1998—2007 年中国工业企业数据库,测算劳动力成本对制造业企业创新能力的激励弹性系数,发现企业的创新水平随着劳动力成本的上升而上升。

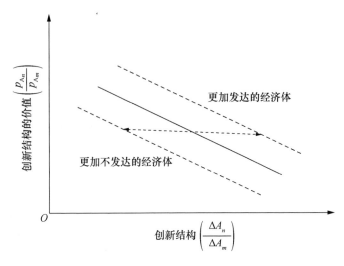

图 2.1　创新结构的需求

注：A_m、A_n 分别为创新结构中模仿与发明的需求。
资料来源：Fu et al. (2015).

赋、制度环境与经济发展阶段相匹配,只有当一个地区的经济发展水平、要素禀赋水平以及制度建设水平达到一定程度后,采取以自主研发为主的内源式创新模式才有利于提升该区域的技术进步水平,否则采取技术引进基础上的模仿性创新才是相对有效的。这一适宜性创新模式结论得到我国29个省(自治区、直辖市)1978—2011年样本的面板门限回归模型的实证验证。进一步研究发现,我国经济发展阶段、区域要素禀赋、制度环境与创新模式选择存在一定的匹配关系,也就是说,我国区域创新模式的选择存在一定的合理性,即适宜性创新模式是存在的。

在工业革命之后,发达经济体一直处于世界技术前沿,通过自主创新来拓展生产可能性边界尤为关键,但是不能据此来批评发展中经济体缺乏类似的自主创新,因为发展中经济体与发达经济体支撑最优创新的要素禀赋条件不同。对发展中经济体缺乏自主创新的批评其实割裂了创新与支撑创新的要素禀赋条件之间的关系,总量创新的水平也取决于资本积累的水平。事实上,发展中经济体并非缺乏创新,而是创新的方式或类型与发达经济体有所不同,适用于发展中经济体禀赋条件的创新或技术往往是前沿内部的模仿创新。发达经济体处于世界经济结构前沿,其创新水平或技术水平一定是最高的或最先进的,并且是自己发明的成果,但是这样最先进的自主创新或技术水平不见得适合于发展中经济体,因为后者往往不具备采纳这些前沿技术并在此基础上进行自主创新的要素禀赋条件。否则,自18世纪中叶爆发的英国工业革命之后,人类现存的各种前沿技术早已传遍世界各个角落。真实的情况是每一次工业革命浪潮下的前沿技术都是陆续次第地从要素禀赋结构水平高的经济体向要素禀赋结构水平低的经济体传播开的,而且持续时间极其漫长,今天很多落后经济体甚至尚未采纳两百多年前第一次工业革命时发明的技术。

全球各个经济体的创新结构反映了典型的经验特征事实。图2.2展现了近二十多年来全球一些经济体的研发支出占GDP比重的变化趋势比较。大体上,我们能够得到的基本结论是发展水平越高的经济体,其研发支出占GDP的比重越高:欧美发达经济体的这一比重远超新兴发展中经济体;韩国的这一比重在20世纪90年代初期远低于美国和日本,但是现阶段已经超过后者;中国同样如此,在20世纪90年代初期这一比重远低于OECD经济体的平均水平,但时下已经超过后者。专利是世界上最大的技术信息源,世界知识产权组织的有关统计资料表明,全世界每年90%—95%的发明创造成果都可以在专利文献中查到,其中约有70%的发明成果从未在其他非专利文献上发表过。一般而言,专利可分为三种类型:发明专利①、实用新型专利②

---

① 《中华人民共和国专利法》(以下简称《专利法》)第二条第二款对发明的定义是:"发明是指对产品、方法或者其改进所提出的新的技术方案。"所谓产品是指工业上能够制造的各种新制品,包括有一定形状和结构的固体、液体、气体之类的物品。所谓方法是指对原料进行加工,制成各种产品的方法。发明专利并不要求它是经过实践证明可以直接应用于工业生产的技术成果,它可以是一项解决技术问题的方案或是一种构思,具有在工业上应用的可能性,但这也不能将这种技术方案或构思与单纯地提出课题、设想相混同,因为后者不具备工业上应用的可能性。发明是指对产品、方法或者其改进所提出的新的技术方案,主要体现新颖性、创造性和实用性。取得专利的发明又分为产品发明(如机器、仪器设备、用具)和方法发明(制造方法)两大类。

② 《专利法》第二条第三款对实用新型的定义是:"实用新型是指对产品的形状、构造或者其结合所提出的适于实用的新的技术方案。"同发明一样,实用新型保护的也是一个技术方案。但实用新型专利保护的范围较窄,它只保护有一定形状或结构的新产品,不保护方法及没有固定形状的物质。实用新型的技术方案更注重实用性,其技术水平较发明而言,要低一些,多数国家实用新型专利保护的都是比较简单的、改进性的技术发明,可以称为"小发明"。授予实用新型专利不需要经过实质审查,手续比较简便,费用较低,因此,关于日用品、机械、电器等方面的有形产品的小发明,比较适用于申请实用新型专利。

和外观设计专利①。发明专利包含了较高程度的自主创新信息,而其他两类专利则较少包含自主创新而更多侧重于模仿改进。因此,专利及其类型结构可以用来度量创新结构。与研发支出相对应,用研发支出与产出比值衡量的专利结构也展现类似的结论:发展水平越高的经济体,其专利数量越大、发明专利比重越高,如表 2.1 和表 2.2 所示,2011—2016 年中美两国的专利结构差异巨大,中国发明专利比重只有 1/3 左右,而美国均超过 90%；Fu et al. (2015)基于该专利结构数据的跨国实证研究支持禀赋结构与创新总量以及最优创新结构(以专利结构度量创新结构)的理论假说:不论是创新总量水平还是创新结构,它们均随禀赋结构水平递增；如果以 OECD 样本作为最优创新结构变迁轨迹的近似,那么对最优创新结构的偏离就不利于经济增长。对于中国而言,其在 2005 年之前存在创新赶超而此后存在创新不足。因此,在新的发展阶段,由于禀赋结构的改变,中国加大创新力度,尤其是增加高价值发明专利比重的创新结构转型升级势在必行。中共十九大报告提出要加快建设创新型国家；要瞄准世界科技前沿,强化基础研究,实现前瞻性基础研究、引领性原创成果重大突破；加强应用基础研究,拓展实施国家重大科技创新,突出关键共性技术、前沿引领技术、现代工程技术、颠覆性技术创新；为建设科技强国、质量强国、航天强国、知识产权强国等提供有力支撑。②

---

① 《专利法》第二条第四款对外观设计的定义是:"外观设计是指对产品的形状、图案或其结合以及色彩与形状、图案的结合所做出的富有美感并适于工业应用的新设计。"并在《专利法》第二十三条对其授权条件进行了规定,"授予专利权的外观设计,应当不属于现有设计；也没有任何单位或者个人就同样的外观设计在申请日以前向国务院专利行政部门提出过申请,并记载在申请日以后公告的专利文件中"。相对于以前的《专利法》,最新修订的《专利法》对外观设计的要求提高了。外观设计与发明、实用新型有着明显的区别,外观设计注重的是设计人对一项产品的外观所做出的富于艺术性、具有美感的创造,但这种具有艺术性的创造,不是单纯的工艺品,它必须具有能够为产业上所应用的实用性。外观设计专利实质上是保护美术思想的,而发明专利和实用新型专利保护的是技术思想；虽然外观设计和实用新型与产品的形状有关,但两者的目的却不相同,前者的目的在于使产品形状产生美感,而后者的目的在于使具有形态的产品能够解决某一技术问题。例如一把雨伞,如果它的形状、图案、色彩相当美观,那么应申请外观设计专利；如果雨伞的伞柄、伞骨、伞头结构设计精致合理,可以节省材料又耐用,那么应申请实用新型专利。外观设计专利的保护对象,是产品的装饰性或艺术性外表设计,这种设计可以是平面图案,也可以是立体造型,更常见的是这二者的结合,授予外观设计专利的主要条件是新颖性。

② 该部分参考了 2016 年中共中央、国务院印发的《国家创新驱动发展战略纲要》,http://www.most.gov.cn/kjzc/dfzcjx/zcwj/201706/t20170629_133845.htm,访问时间:2020 年 3 月 28 日。

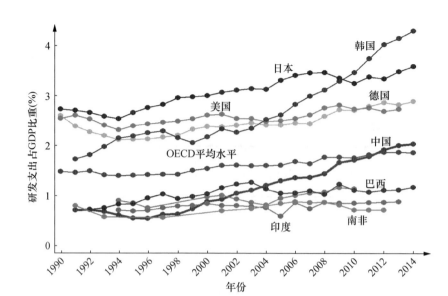

图2.2 全球一些经济体的研发支出占GDP比重的变化优势比较
资料来源:Wei et al. (2017)。

表2.1 中国的专利结构(2011—2016)

单位:万件

年份	专利申请				
	发明专利	发明专利所占比重	外观设计专利	实用新型专利	数量总计
2011	52.6412	32.2%	52.1468	58.5467	163.3347
2012	65.2777	31.8%	65.7582	74.0290	205.0649
2013	82.5136	34.7%	65.9563	89.2362	237.7061
2014	92.8177	39.4%	56.1555	86.8511	235.8243
2015	110.1864	39.4%	56.9059	112.7577	279.8500
2016	133.8503	38.6%	65.0344	147.5977	346.4824

资料来源:国家知识产权局(SIPO)。

表2.2 美国的专利结构(2011—2016)

单位:万件

年份	专利申请				
	发明专利	发明专利所占比重	外观设计专利	实用新型专利	数量总计
2011	50.3582	94.1%	3.0467	0.1139	53.5188
2012	54.2815	94.1%	3.2799	0.1149	57.6763
2013	57.1612	93.9%	3.6034	0.1406	60.9052

(单位:万件)(续表)

年份	专利申请				
	发明专利	发明专利所占比重	外观设计专利	实用新型专利	数量总计
2014	57.8802	94.1%	3.5378	0.1063	61.5243
2015	58.9410	93.6%	3.9097	0.1140	62.9647
2016	60.7753	93.6%	4.0406	0.1180	64.9339

资料来源:美国专利商标局(USPTO)。

2.2 新结构经济学创新理论与知识产权战略发展

2.2.1 发展阶段特征与知识产权战略演变

要素禀赋及其结构是新结构经济学分析问题的起点。不同发展阶段的要素禀赋及其结构的特征具有较大的差异性。一个经济体的要素禀赋及其结构在任何给定时间是既定的,但会随着时间的推移而变化。古典经济学家一般认为一国的要素禀赋仅由土地(或自然资源)、劳动力和资本构成。应该指出的是,新结构经济学还强调资本劳动比的动态变化,以及交通、信息等"硬"的基础设施和金融体系、法律制度等"软"的制度环境。这是因为,在实事求是地讨论一国经济发展时,土地(或自然资源)都是外生给定的。理论上说,也应将基础设施作为一个经济体禀赋结构的一部分。基础设施影响每个企业的交易成本和投资的边际收益。基础设施包括"硬"的(有形的)基础设施和"软"的(无形的)制度环境。其中,"硬"的基础设施包括高速公路、港口、机场、电信系统、电网和其他公共设施等;而"软"的制度环境包括制度、条例、资本价值体系以及其他社会和经济安排等。其中,知识产权制度是"软"的制度环境中的重要组成部分。

知识产权制度(Intellectual Property System)的内涵在于开发和利用知识资源。其通过对人们的知识及其他信息进行合理的产权安排,并在创造与运用知识和信息过程中对人们之间的利益关系进行调整,推动经济发展和社会进步。知识产权制度不仅为激励创新提供了基本保障,也是国际贸易的通行规则,其在营造良好创新环境和营商环境方面扮演着至关重要的角色。知识产权制度是经济发展的产物,在不同的发展阶段,知识产权制度具有一定的差异性。知识产权制度最早诞生于文艺复兴时期的意大利,其目的在于吸引更多的掌握先进技术的人才以及保护技术发明人的权利。1474年,意大利的著名城市威尼斯颁布了《威尼斯专利法》,这是世界上第一部专利法。该法律规定了专利权人的发明垄断权期限为10年;在垄断期限内,任何仿造与受保护发明相同的设施,若未经权利人同意,将受到赔偿百枚金币以及销毁全部仿造设施的惩罚。《威尼斯专利法》在确立专利制度的基本原则方面产生了重要影响。16世纪以后,为了追求财富和保持国家经济的繁荣,英国早期资产阶级鼓励发明创造,《垄断法案》便是在此背景下于1624年颁布的,它也是世界上第一部具有现代意义的专利法。18世纪末19世纪初,专利制度相继在欧洲大陆各国和美国实行。与此同时,著作权制度也诞生了。随着造纸与印刷技术的发明、应用及普及,书籍在传播科技知识和文学艺术方面的作用越来越突出。最早对著作权利进行保护的法律是英国的《安娜女王法》,它于1709年颁布。该法被誉为著作权法的鼻祖,奠定了现代著作权制度的基石。1790年,美国依照《安娜女王法》的模式制定了《联邦著作权法》。与英美强调版权的普通法系不同,其属于强调人格权的大陆法系,法国和德国是该法系的典型代表。法国的《著作权法》于1793年颁布,其在规定著作财产权的同时,也特别强调著作权中的人格权内容,成为许多其他大陆法系国家著作权法的典范。法国还是商标和商号保护制度的起源地,这些制度最初是在19世纪初建立起来的。1803年,在《关于工厂、制造场和作坊的法律》中,法国确立了对商标权的法律保护。该法明确将假冒商标按私造文书罪进行处罚。1857年,法国又颁布了《关于以使用原则和不审查原则为内容的制造标记和商标的法律》。随后,商标法和商标保护制度在欧美等国家相继制定并逐步发展起来。由此可见,知识产权及其制度是随着经济发展而逐步衍生出来的。随着科技的进一步发展,各国对知识产权越来越重视,越来越多的人认识到知识产权制度的重要性。

新结构经济学认为,对任何经济体而言,经济的持续增长有赖于技术的不断创新和产业的不断升级。发达经济体的技术和产业已经处于世界前沿,技术创新和产业升级只能依赖于自主创新,而发展中经济体则可以通过引进、消化、吸收、再创新作为新技术、新产业的来源。发展中经济体在技术创新和产业升级上的这种"后来者优势",使其有可能以比发达经济体更低的成本、更小的风险和更快的速度发展经济。但是,要充分发挥"后来者优势"的潜力,发展的产业、采用的技术需要与各个发展阶段给定的要素禀赋及其结构所决定的比较优势相适应,这样一来要素生产成本才能最低;与此同时,也要有与产业和技术相适应的"硬"的基础设施和"软"的制度环境,这样一来交易费用才能最低,才能把比较优势变为这个经济体的竞争优势。一个发展中经济体所处的经济发展阶段与发达经济体不同,产业和技术的特性也与发达经济体不同,因此与其相适应的制度结构也会不同于发达经济体。对于发展中经济体而言,制度的优劣主要取决于其能否与该经济体的发展阶段和比较优势所决定的产业、技术的特性相适应,也就是说,后来者优势是客观存在的,是外生给定的变量,而最优制度内生于该经济体的发展阶段和比较优势。由于比较优势是动态变化的,最优的制度结构也是动态变化的,因此,体制可改革性是一个经济体制度可以向最优制度调整的必要前提。当制度偏离最优制度结构时,需要进行改革以推动制度变迁(林毅夫,2017b)。根据新结构经济学的核心理论,一个经济体在既定时点上的产业和技术结构以及基础设施内生于该经济体在该时点给定的要素禀赋及其结构,与产业、技术相适应的"软""硬"基础设施也因此内生于该时点的要素禀赋及其结构。知识产权制度作为"软"的制度环境内生于经济体在每个时点的要素禀赋及其结构;经济体的要素禀赋及其结构决定了经济发展的比较优势,从而形成了相应的产业结构及知识产权结构。知识产权制度并不是凭空而来的,而是伴随着经济发展而出现的。处于不同发展阶段的国家,由于其禀赋结构不同,相应地具有不同的产业结构和经济结构,也就相应地处于不同的知识产权制度环境。

知识产权制度从17世纪发端,至今已经走过四百多年的发展历程。其间虽然有反复变化,但总体而言,知识产权制度一直随着社会的进步而发展,其作用尤其体现在对创新者权益的保障和对社会创新活力的激发等方面。对于处于低收入以及中低收入发展阶段的经济体,其要素禀赋结构一般会呈现出劳动力或自然资源相对丰富,同时资本相对稀缺的特点,因而生产也多集中于劳动密集型或资源密集型产业(主要包括农业、畜牧业、渔业和采矿业),采用传统的、成熟的技术,生产"成熟的"产品。除了采矿业和种植业,这些生产活动很少有规模经济。一般而言,这些经济体的企业规模相对较小,市场交换也往往不正规,通常仅限于在当地市场上跟熟人进行交易。这种生产和交易对"硬"的基础设施和"软"的制度环境的要求并不高,只需要相对来说比较简单、初级的基础设施即可。此阶段,知识产权策略为模仿创新型模式。所谓模仿创新,是指企业通过学习模仿率先创新者的创新思路和行为,吸取率先创新者成功的经验和失败的教训,引进、购买或破译率先创新者的专利技术或技术秘密,在此基础上改进、完善并进一步开发,以便在创新过程的中后期阶段投入主要力量生产出能够在质量、价格等方面相对于率先创新的企业更富有竞争力的产品,以此确立自己的竞争地位,获取经济利益。而在中高收入经济体,则呈现出一幅完全不同的禀赋结构图景。这些经济体相对丰裕的要素不是劳动力,也不是自然资源,而是资本,因而它们在资本密集型产业中具有比较优势,这些产业具有规模经济的特征。各种"硬"的基础设施(如电力、通信、道路、港口等)和"软"的制度环境(如法律法规体系、文化价值系统、知识产权制度等)必须与全国性乃至全球性市场活动相适应。此阶段,知识产权策略为合作创新模式,或称领先(自主)创新型模式。所谓合作创新也即企业间或企业、科研机构、高等院校之间的联合创新行为。合作创新产生的成果为共有知识产权。避免共有知识产权纠纷的最好办法是在合作研发之前,参与各方就有关问题达成一致意见并签订书面的合作协议。① 而领先(自主)创新是指创新者通过自身的努力和探索产生技术突破,攻克技术难关,并在此基础上依靠自身的能力推动创新的后续环节,完成技术的商品化,获取商业利润,达到预期目标的创新活动。

同时,在产业升级过程中,发展中经济体具有后来者优势,资本密集度从低到高的所有产业都可供选择。然而,要实现向资本更密集产业的升级,发展中经济体首先需要升级其要素禀赋结构,而这就要求其资本积累速度高于劳动力增长速度。当一个经济体在经济发展过程中顺着产业阶梯拾级

---

① 易显飞和张扬(2005)指出,为避免共有知识产权纠纷的发生,还应注意保存好与研究有关的原始研究资料,尤其是设计图纸、实验数据、研究论文手稿等。每一份资料都应有负责者签名,只有这样,在纠纷发生后,才有可能在证据充分的前提下合理解决问题。李瑞清(1998)认为,无论采用哪种技术创新模式,在市场经济的条件之下,要实现知识产权的保护最大化,应充分发挥知识产权中介服务机构的作用。

而上时,由于资本设备具有"不可分性",该经济体生产的规模效应也在扩大。随着该经济体企业规模的扩大,需要更大的市场,这反过来要求"软""硬"基础设施(比如电力、交通、金融以及其他软件基础设施)的相应变化。产业升级和产业多样化的过程也增加了企业所面临的风险。企业离世界技术前沿越近,就越难以从发达经济体引进成熟技术,也就越需要自主研发新技术和新产品,从而面对的风险就越大。在这个过程中,知识产权将会成为影响企业经营风险的重要影响因素。根据风险的来源,一个企业独有的风险可以分为三类:技术创新风险、产品创新风险和管理才能风险。在发展的初级阶段,企业倾向于使用成熟的技术为成熟的市场生产成熟的产品,此时企业发展往往处于产业价值链的低端,会有大量的知识产权使用费支出,面临的主要风险来自企业管理者的管理才能,需要管理者具备创新意识,不断提升企业的创新能力。当企业发展到了更高水平,往往会发明新技术以面向新市场生产新产品。此时除管理才能风险外,企业还会面临技术和市场风险,此时需要企业根据自身产品结构积极开展知识产权布局以规避技术流失和市场控制等方面的风险。因此,虽然技术创新、产品创新和管理才能都会影响到企业的总体风险,但三者之间的相对重要性却因产业和发展阶段的不同而大不相同,而在产业转型升级进程中,知识产权在其中所发挥的作用将会越来越突出。随着企业规模、市场范围和风险性质的变化,以及产业结构的升级,经济发展对"软""硬"基础设施的要求也会发生变化。倘若基础设施无法同时改善,各个产业的升级过程都将面临低效率问题。

2.2.2 有为的政府与知识产权战略的实施

新结构经济学认为,一个经济体的经济发展是作为经济基础的产业结构、技术结构不断升级,以及作为上层建筑的制度安排不断完善的结构变迁过程,并以此作为研究的切入点,强调在这个过程中既需要"有效的市场"在资源配置上起决定性作用,也需要"有为的政府"来克服结构变迁过程中必然存在的市场失灵,弥补市场发育不足的缺陷,主张"市场的有效以政府的有为为前提,政府的有为以市场的有效为依归"。在此基础上,新结构经济学不仅明确了政府行为的边界与类型,而且进一步探讨了在经济转型升级过程中市场不能做或不能为会出现在什么地方,以及如何来克服,让政府不会因无知而"无为"或"乱为"(林毅夫,2016;林毅夫等,2016)。"有效的市场"的重要性在于,引导企业家按照要素禀赋的比较优势来选择技术和产业,以使其生产出来的产品与国内国际市场的其他同类产品相比,具有最低的要素生产成本和最强的竞争力,从而企业能获得最大的利润,整个经济才有机会创造最大的剩余和资本积累,促进比较优势从劳动或自然资源密集逐渐向资本密集转移,为现有产业、技术升级到资本更为密集、附加值更高的新产业、新技术提供物质基础。企业家会按照要素禀赋所决定的比较优势来选择产业和技术的前提,则是有一个能够很好地反映各种要素相对稀缺性的价格体系。只有建立这样的价格体系,企业才能为了自己的利润和竞争力,按照要素禀赋所决定的比较优势来选择合适的技术和产业,而这种价格体系只有在充分竞争的市场中才会存在。所以,新结构经济学主张,一个经济体如果要发展好,就必须要有一个"有效的"市场。同时,新结构经济学认为"有为政府"是一个允许进行有条件试错的政府,是一个事前概念,它至少具有两层含义:第一层含义是"动态变迁",即指政府需要在不同的经济发展阶段根据不同的经济结构特征,克服对应的市场缺陷,弥补各种各样的市场失灵,干预、增进与补充市场。第二层含义是"改革",即政府机构与职能本身需要随着经济结构与发展阶段的变化,及时主动地进行改革,包括简政放权、取消错误干预与管制(王勇和华秀萍,2017;王勇,2013,2017,2019a,2019c)。作为市场化改革的重要组成部分,知识产权领域的政府与市场关系处理在知识产权强国建设阶段显得尤为重要。无论是在体制机制,还是在最基础的知识产权制度供给,以及配套的产业政策体系方面,新结构经济学所倡导的政府与市场的辩证关系都能够为全面打造二者协同发展的全新格局提供理论支撑。

就知识产权战略而言,政府的作用主要体现在对知识产权战略的实施给予政策性支持,扶持企业自主创新,支持企业间进行有效的知识产权合作。政府在知识产权领域不能成为市场参与者,而应是政策的制定者、市场的监督者和全局的指挥者,其战略任务主要是提供制度产品(包括法律制度、公共政策),营造良好的知识产权合作的市场环境,维护法律秩序,加强知识产权制度和政策供给,促进知识产权领域的跨区域合作以及激励企业创造,运用和保护知识产权等。可以认为,提升有为政府的作用,将会决定知识产权战略实施的最终成效。对于知识产权战略而言，市场竞争能够促进企业提升知识产权战略的高度。一个创新型企业从创业开始，其核心技术就已经受到知识产权保护。① 具体而言，在整个知识产权战略体系中，战略实施的重点是发挥企业的主体作用，企业是市场经济的主体，也是科技创新的主体，当然也是知识产权的主体。企业知识产权战略是国家战略体系中的基础战略，也是自身发展战略体系中的核心战略。构建和实施全球化的竞争战略、运营战略和一体化的管理战略，是企业知识产权战略的重点内容。

发达经济体的产业处于全球前沿，其产业升级和多样化依赖于自身通过"试错过程"所创造的新知识。相比之下，处于赶超阶段的发展中经济体则处于全球产业前沿内部，具有后来者优势。换句话说，发展中经济体可以借鉴发达经济体的现有技术和产业理念来实现产业升级。这种创新方式比发达经济体的企业所采用的成本更低，风险更小。因此，在一个致力于建设市场体制的发展中经济体，如果企业懂得如何利用后来者优势的潜力，而且政府能积极主动地在产业升级和多样化过程中提供信息、协调和外部性补偿，那么该经济体的增长速度就有望比发达经济体快得多，并达到与中高收入经济体趋近的目标。知识产权战略实施中的政府角色定位至关重要。在我国知识产权战略实施过程中，政府与市场的作用都不可或缺，且彼此互为支撑、不可替代。在知识产权发展的不同阶段，从根本性的知识产权意识培育与道德规范养成，到严苛、严谨的法律制度体系设计，再到打造系统、发达的知识产权服务体系，培育知识产权创造、保护、管理、服务、运用等各类专业知识产权人才，形成激励、监管、约束等各类知识产权政策配套齐全的知识产权保护体系，都有赖于市场与政府的密切协同与配合，通过有效市场和有为政府的共同发力确保知识产权战略实施既有充足的动力与需求，又有牢固的公共服务保障。②

---

① 这是防止抄袭、防止大公司通过挖人带走技术的必要手段。
② 知识产权制度就是对领先型企业进行补偿的重要方式。2008年6月，国务院发布《国家知识产权战略纲要》（以下简称《纲要》），标志着国家知识产权战略正式实施。自《纲要》实施以来，随着经济社会的发展，我国知识产权事业呈现出与时俱进的蓬勃发展态势。我国各类知识产权数量大幅增加，迅速成为世界知识产权大国。在国民经济支柱产业和战略性新兴产业领域，逐步形成了一批高价值核心知识产权。知识产权促进了品牌经济、特色农业发展和文化繁荣，使我国涌现出一批具有国际竞争力的知名企业。2017年，我国提交PCT专利申请100项以上的国内企业达到44家，其中华为以4 024项PCT专利申请高居全球首位。根据世界品牌实验室发布的2017年度《世界品牌500强》排行榜，我国有37个品牌上榜，上榜企业数量位居世界第五。

2.2.3 五类产业因势利导方法

根据新结构经济学理论,由于市场外部性和协调性问题的存在,产业政策应该发挥作用。产业政策是促进经济体发展的有用工具,由于政府的资源和能力有限,因而需要战略性地使用它们。然而,令人遗憾的是,世界上几乎所有政府都试图利用产业政策发挥积极作用,但大多数都失败了。原因是政府的产业政策支持了违背该经济体比较优势的行业,发展中经济体为了赶超而去支持过度先进的产业,发达经济体则是为了就业而去支持已丧失比较优势的产业。成功的产业政策应该针对具有潜在比较优势的产业①,政府一旦帮助这些企业解决外部性和协调性问题,使其减少交易成本,则这些企业将获得自生能力,相关产业也变得具有竞争能力。新结构经济学理论还强调,随着产业结构的不断升级,教育、金融、法律等"软"的制度环境也要进行相应的改进。而要实现这一正向反馈,既需要能通过价格体现要素稀缺程度和比较优势变化的有效市场以引导企业做出正确的产业和技术选择,也需要政府能够甄别具有潜在比较优势的产业,制定相应的产业政策以帮助创新型企业克服市场所产生的外部性和协调性问题,实施差异化的产业政策。

基于上述逻辑,在实际应用中,新结构经济学认为一个经济体可以根据现有产业同国际或国内前沿的差距将产业划分为五大类型,即追赶型产业、领先型产业、转进型产业、换道超车型产业和战略型产业,并提出了一个具有应用价值的"五类产业因势利导方法",用以指导不同类型产业的产业政策制定。新结构经济学同时指出,每类产业的创新方式各有特色,对于"软"的制度环境的需求也各不相同。知识产权制度是新时期经济转型和产业升级的重要软性基础设施,不同产业的知识产权制度诉求也存在较大差异,需要政府有效甄别并施以针对性的引导。

第一类是追赶型产业,即初步具备发展条件,距离国际该类产业前沿还有一定发展差距的产业,例如目前中国的汽车产业、高端装备制造业和高端

---

① 所谓具有潜在比较优势的产业,是指在经济体中,要素生产成本低,从而具有要素生产成本优势,但交易成本过高,以至于无法在本国或国际市场上竞争的产业。

材料制造业。这类产业的筛选标准首先是找到那些高速增长、要素禀赋结构类似、人均收入比本经济体高100%左右的经济体,或20年前人均收入处于同一水平的经济体,即所谓的对标经济体。在这些对标经济体中,选出在过去20年里增长迅速、可贸易、表现良好的产业的产品,或是来自收入水平相当的经济体的进口产品;然后看是否有些本经济体的私人企业已经在这些行业中(已存在或在萌芽状态),如果有,就找出限制其提升竞争力的因素和新企业进入的门槛,并采取措施予以解决;如果没有或企业很少,政府也可以筛选本经济体每年从发达经济体大量进口的产品,根据其地区比较优势,配备这些产品所属产业发展所需的基础设施,改善营商环境,或从对标经济体即第一步选取的经济体中寻求外商投资,或者启动新企业孵化项目。当然,除了上述所选取的行业,政府还需要注意私人企业的自主发现,并为在新行业里成功的私人创新企业的扩大规模和新进入提供支持。同时,对于那些基础设施差、商业环境恶劣的经济体,可设立经济特区或工业园区,以此打破企业的进入壁垒,吸引外商投资,以发展追赶型产业的产业集群。对于这类产业中的先行企业,政府也可以给予限定时期内的税收优待政策、提供直接贷款用于投资、提供外汇交易的机会等措施鼓励其快速发展。对中国而言,发展追赶型企业是发挥后来者优势最好的机会。抓住机会可以采用三种方式:第一种,并购国外具有先进技术的企业。在同一个产业里,发达经济体的企业相比中国的企业,其劳动生产率较高。发达经济体的经济增长疲软,这些企业面对的市场需求逐年下降,为中国企业提供了并购的机会。海外并购案例中最有名的就是吉利汽车收购沃尔沃。由于海外并购需要投入大量的资金且流程复杂,为此政府可以帮助这些"走出去"的企业改善融资和审批的环境。第二种,当国外企业不愿被并购时,中国企业可以到目标国家设立研发中心,提高研发的效率。第三种,招商引资。这对于追赶型产业而言尤为重要。除引入生产线,招商还可引进发达国家先进的生产技术和管理体系,从而提高劳动力的技术水平和企业的运营效率。这一过程需要政府的参与,如修建产业园为相关企业提供帮助,培养各方面的技术人员,加强知识产权保护等。

第二类是领先型产业,即技术已经处于或接近世界前沿的产业,例如目前中国的家电产业。这类产业在技术上基本已处于国际领先地位,也包括那些由于附加值较低或技术的特性使得劳动相对密集等,在高度发达经济体已经完全退出,而存在于中等发达经济体或发展中经济体的产业。这些产业若要保持领先地位,就必须自主研发新技术、新产品,否则后面的经济体很容易赶超。自主研发包括研究和开发。首先开展基础研究,再根据研究成果开发新产品,申请专利。基础研究获得的知识属于公共知识,企业从事这方面活动的积极性非常低,所以在基础研究阶段,需要政府的积极参与。发达经济体政府设立的国家科学基金、国防部各种基金,都是在支持与其优势产品密切相关的科学研究。发达经济体这么做,我国作为发展中国家,也必须这么做,如此才可在我国的领先型产业里继续保持领先。这就需要中央和地方政府鼓励设立科研基金,支持所在地领先型产业的企业与科研院校协作进行基础科研,支持企业开发新产品、新技术。中央和地方政府也可以投入资金支持相关行业的企业组成共用技术研发平台,突破共用技术瓶颈,在此基础上各个企业再各自开发新技术和新产品。在企业新技术和新产品开发取得突破后,中央和地方政府还可以通过采购,帮助企业较快地形成规模化生产,以降低单位生产成本,提升产品的国际竞争力。领先型产业需要到世界各地建立销售、加工生产、售后服务等网络,以开拓市场,在此过程中中央和地方政府也需要在人才培训、资金、法律、领事保护上给予相关企业必要的支持。

第三类是转进型产业,该类产业曾经符合比较优势,但由于要素禀赋及其结构的变化,如工资上涨等因素而逐渐丧失比较优势。对于这类产业,地方政府可以采取以下两种因势利导的政策:一是提供设计、营销方面的人才培训、展销平台等,鼓励一部分有能力的企业转向"微笑曲线"的两端,对于经营品牌的企业,则可以对其新产品开发的费用给予和高新产业研发费用一样在税前扣除的待遇;二是协助所在地加工企业抱团到内陆或出海,提供信息指导、人才培训、资金支持,以及与承接地政府合作设立加工出口园区等,帮助企业利用当地廉价的劳动力资源优势来提高竞争力,创造企业发展的"第二春"。对于另一类在我国还有比较优势但是产能有富余的产业,各地政府可以同样的方式支持这些产能富余产业中的企业以直接投资的方式将产能转移到"一带一路"沿线与我国交好、基建投资需求大的发展中国家。

第四类是换道超车型产业。科技的进步使得一些新兴产业不断涌现,此类产业的特性是产品和技术的研发周期相对较短,以人力资本投入为主,这类新兴产业给像中国这样拥有巨大科研力量和国内市场的国家提供了一个前所未有的换道超车的机会,像互联网、移动通信、手机即属此类产业。对于这类产业,其实我们跟发达国家处于同一起跑线上。各地政府可以针对此类企业发展的需要,提供孵化基地、加强知识产权保护、鼓励风险投资、制定优惠的人才和税收政策,支持国内和国外的创新性人才创业,利用我国人才多、国内市场大和硬件配套齐全的优势,推动换道超车型产业的发展。但是,对于换道超车型产业的知识产权的保护存在以下问题:其一,跨地域知识产权保护难度大。"互联网+"时代,知识产权地域性的淡化将不可避免地引发知识产权的跨地域保护问题。知识产权跨地域传播和使用使得知识产权侵权行为的影响范围扩大。其二,知识产权价值周期缩短。"互联网+"时代,企业借助互联网平台在全球范围内推广商品和服务的同时,凝结在商品和服务上的知识产权快速传播,在更短的时间内催生出相似的或者替代性的智力成果。自2014年四名北大毕业生创立ofo后,共享单车"野蛮生长",除了较早入局的摩拜、ofo,2016年全年国内至少涌现了25个相似的共享自行车或电动自行车的品牌,均通过手机应用软件提供无桩单车或电动单车租赁技术和服务。企业的智力成果在短时间内被大量模仿,在一定程度上给企业造成了更大的竞争压力。知识和技术的快速流转和更新推动新兴智力成果的不断涌现,企业知识产权在更短的时间内被替代,虽然知识产权的法定保护期限没有改变,但企业能够通过实施其知识产权创造经济收益的周期事实上在缩短。

第五类是战略型产业,此类产业关乎国防安全和未来的产业技术走向,但研发周期非常长,资金投入非常大。例如大飞机、超级计算机等这些产业不符合目前我国的比较优势,应该由中央而不是由地方财政来承担补贴。但是,这类产业落户在哪个地方,会间接地促进那个地方配套产业的技术进步和产业升级,所以,地方政府可以支持和鼓励配套产业的发展,并改善基础设施、子女教育、生活环境等软硬条件,来争取战略型产业落户当地,以实现战略型产业和当地产业转型升级的双赢。

上述五类产业需要不同的技术、创新和知识产权制度。具体而言,领先型产业符合比较优势,技术进步带来的收益较高,企业有动力进行技术变革方面的投资;但是由于企业技术已经走到世界前沿,甚至拥有了很多与发达国家站在同一条起跑线上竞争的机会,技术进步需要通过自主创新实现。在创新的过程中,该类企业应密切结合产业特性把握全球新一轮科技革命所引发的产业创新趋势,运用知识产权制度不断提升产业创新的全球竞争力。新技术、新产品的研发风险巨大,要经过多次失败才可能换来成功。知识产权保护能让企业的创新成果持续保持市场优势,弥补失败的损失,让企业愿意投入大量资源和时间进行创新。战略型产业关乎国计民生,其发展往往受制于西方发达国家的重重阻碍,尽管很多产业的创新竞争力仍然较弱,但无论是维护国内产业发展安全,还是应对外部发展形势,战略型产业都需要确立并逐步完善以领先(自主)创新模式为核心的知识产权战略,在战略确立过程中应注意以下几点:其一,应明确差距,了解战略型产业发展的技术瓶颈,通过资源整合等手段实施重点攻关,并利用知识产权制度实施全产业链条的知识产权规划和布局;其二,应利用好龙头企业的辐射引领作用,以点带线、以线带面,不断完善战略型产业的技术创新体系,为知识产权战略实施夯实基础;其三,应强化战略型产业知识产权战略实施的基础保障体系,最大限度地放松对产业创新发展的资金、人才及法律制度的束缚。对于换道超车型产业而言,在"互联网+"时代,此类产业的国际竞争异常激烈,其知识产权战略的规划也更为复杂。为了在激烈的市场竞争中争夺优势地位,换道超车型产业中的企业应当进一步提高自主创新意识,强化全球知识产权保护意识,结合企业内外部环境,明确自身定位,统筹安排各类知识产权发展规划。而追赶型产业和转进型产业通常需要建立以渐进式创新为基础的知识产权战略,其应结合产业发展阶段积极通过引进、消化、吸收的方式不断提升产业创新能力和完善产业知识产权战略规划。追赶型产业符合比较优势,技术进步带来的收益较高,企业有动力进行技术进步方面的投资;同时,由于其可以享受较多来自前沿技术的外溢,创新模式主要以学习模仿为主。随着追赶型产业的技术进一步接近世界前沿,自主研发将越来越重要,为此需要逐渐加强知识产权保护。转进型产业已经逐渐失去比较优势,技术进步带来的收益较低,企业研发的激励较弱,应通过开展更具价值含量的发展模式创新,在营销环节围绕商标设计和品牌打造等开展知识产权战略规划。

2.2.4 "三明治"模型和"垂直结构"产业模型

当前中国正在同时经历四个结构性过程：① 从低收入到高收入的经济增长与三次产业的结构转型过程；② 从计划经济向市场经济的转轨过程；③ 从封闭经济逐渐融入世界经济、贸易、金融体系的开放过程；④ 从政治、军事、外交的区域性弱国向综合国力全面提升的政治、军事、外交的世界性强国的崛起过程。

根据新结构经济学理论，随着一个经济体要素禀赋及其结构的提升，产业结构持续升级。当其达到中等收入水平时，如何依靠自己所拥有的禀赋结构来跨越"中等收入陷阱"，是一个非常关键的问题。根据 Wang 和 Wei 的"三明治"模型（见图 2.3），作为中等收入国家的中国像三明治一样"腹背受敌"：一方面，中国的增长需要从投资主导逐渐转向创新主导，向高技术产品迈进，从而需要与发达国家进行科技竞争，面临来自美国等技术水平更先进的发达国家的"压制效应"；另一方面，中国的劳动力和其他一些生产要素的价格不断提高，劳动密集型产业逐渐失去比较优势，这方面的国际分工逐渐转移到中低收入国家，从而中国面临来自越南等劳动力成本更低的中低收入国家的追赶效应。如果中国无法实现技术升级，产品技术空间将持续受到蚕食，最终落入"中等收入陷阱"。

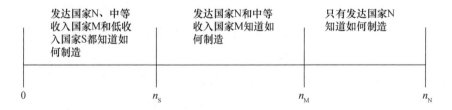

图 2.3 "三明治"效应

资料来源：Wang 和 Wei（2019）。

以上讨论对于中国具有重要的政策意义。为了防范"三明治"效应对中国的不利影响，中国应当不断增强自主创新和技术模仿能力，针对不同的产业类型，选择适当的知识产权战略不断促进产业升级，积极通过创新竞争力建立新的比较优势。在这个过程中，有为政府的作用至关重要，政府的因势利导将有助于各类产业构建最优的知识产权战略，以应对"三明治"效应。

此外,在制定产业政策时,需要全面考虑追赶效应和压制效应两个方面,而非仅仅关注来自美国等发达国家的压力。在应对追赶效应方面,需要知识产权战略保驾护航,通过强化知识产权保护以激励创新,如果产业创新无法得到产权保护,创新水平就不能有效地匹配资源禀赋的变化,导致比较优势丧失,最终可能会被落后国家赶超;在应对压制效应方面,坚定不移地积极融入国际贸易体系是中国未来经济发展的根本出路,在立足国情的基础上,积极通过变革提升知识产权战略的国际适用性将有助于缓解来自发达国家的压制效应。但是,由于地缘政治风险的存在,中国仍需要未雨绸缪,做好被世界贸易体系和技术交流体系孤立的准备。尤其是对于那些中国高度依赖进口且难以被替代的高科技产品,中国必须提前评估这些核心部件万一遭遇禁运的风险,并且做好预案(Wang 和 Wei,2019)。如果中国的增长模式不能及时从投资驱动型增长转变为创新驱动型增长,将会不可避免地延滞中国当前的四个转型进程。

同时,当进入中等收入阶段后,随着要素禀赋及其结构的提升,制造业内部需要由低端向高端升级,同时整体经济结构也将由制造业向服务业转型,而上游的生产性服务业(包括研发创新、金融服务等)作为高端制造业和消费性服务业的重要支撑性投入,此时对于产业升级与结构转型就变得格外重要(见图2.4)。由于服务业(分为上游生产性服务业、下游消费性服务业以及教育医疗等社会性服务业三类)与制造业(分为高端制造业与低端制造业两类)在可贸易度、资金需求密度和科技密度上都存在差异,所以在贸易、资本与科技的全球化过程中,不同部门受到的影响不同,并且通过投入产出表(价值链与供应链)传递到其他部门,对总体经济具有一般均衡效应。上述模型即由林毅夫与王勇等人发展出来的"垂直结构"产业模型(Lin 和 Wang,2019;李系等,2014;王勇,2017b;王勇,2018),即在不同的发展阶段,上游生产性服务业对于整体经济体的作用是不同的,只有在经济体需要更多高端制造业和消费性服务业时,才需要更多的生产性服务业。由于企业在进入生产性服务业时存在"羊群效应",因此如果政府在结构转型和产业升级中不作为,可能会延缓结构转型和产业升级的进程,也可能会导致过早地"去工业化"。其背后的政策含义是,政府应当通过税收、补贴和创新政策来协调企业间的关系,从而克服市场失灵。一方面,政府应当通过"软"

"硬"基础设施建设支持、鼓励企业进行产业升级,构建适合的知识产权制度,使得企业愿意进入生产性服务业,避免经济增长停滞。另一方面,政府应当对投机性投资保持警惕,以防某些"过热"领域(如房地产市场)吸收大量资源,造成资源从制造业部门被过度配置到服务业部门,使得"去工业化"进程过早出现,导致经济"脱实向虚"。

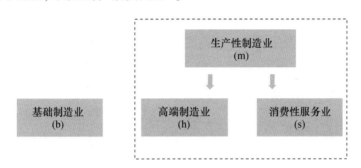

图 2.4　产业升级和结构转型
资料来源:Lin 和 Wang(2019)。

2.2.5　最优知识产权保护

创新是经济长期发展的最重要动力,而知识产权保护是促进创新的最稳定、最长效的制度安排。龙小宁(2018)认为最优的知识产权保护水平与一国的创新水平之间可能存在非线性的关系:知识产权保护水平较低时,创新者动力不足,导致创新水平较低,因而提高知识产权保护水平可以促进创新;而知识产权保护水平过高时,又可能导致现有技术的拥有者为保护既得利益而阻碍技术的进一步发展,这时降低对技术垄断者的知识产权保护水平反而可以提高创新水平。此外,上述关系也会基于一国的经济发展阶段而有所不同,一般而言,较高的经济水平会对应较高的最优知识产权保护水平。

图 2.5 描述了知识产权保护水平与创新水平之间的非线性关系在两个不同国家中的表现。在图 2.5 中,曲线 AA 对应经济发展水平较低的 A 国,而曲线 BB 对应经济发展水平较高的 B 国。可见,两国的知识产权保护水平与创新水平之间的关系都呈现出先升后降的趋势,但 A 国对应的最优知识产权保护水平 P_A^* 要低于 B 国对应的最优知识产权保护水平 P_B^*。由图 2.5

的规律可知,虽然各国均有对应的最优知识产权保护水平,但不同国家间对最优保护水平的选择是不同的。这就是发达国家与发展中国家在知识产权问题上存在大量纠纷的根本原因。对于每一经济体而言,毋庸置疑需要选择自己最优的知识产权保护水平。而一个快速增长的经济体,将持续对应图2.5中从 AA 到 BB 的变化,因此需要及时调整和选择最优的知识产权保护水平。图2.5也展示了如何得知一国的知识产权保护水平是低于还是高于其最优保护水平。如果知识产权保护水平处于最优保护水平的左侧,也即知识产权保护水平低于最优保护水平,那么保护水平的提高将导致创新水平的提高;相反,如果知识产权保护水平处于最优保护水平的右侧,也即知识产权保护水平高于最优保护水平,那么保护水平的提高将导致创新水平的降低。已有的基于我国政策实验和数据分析的多项实证研究项目,也都显示知识产权保护水平的提高带来了创新水平的提高(龙小宁和林菡馨,2018)。可见,我国目前的知识产权保护水平处于最优保护水平的左侧;换言之,现有的知识产权保护水平要低于最优的知识产权保护水平。因此,进一步提高我国的知识产权保护水平,既有可能性,也有必要性。

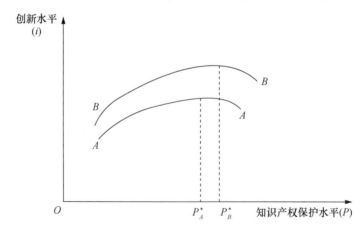

图2.5　知识产权保护水平与创新水平

资料来源:龙小宁(2018)。

2.3　用新结构经济学分析知识产权战略的尝试和探索

根据新结构经济学理论,我们在运用新结构经济学分析创新驱动发展战略以及知识产权战略时,可以从发展阶段特征、"三明治"模型、"垂直结构"产业模型、有效市场与有为政府以及五类产业因势利导的视角切入。

第一,发展阶段特征、"三明治"模型、"垂直结构"产业模型以及最优知识产权保护水平。新结构经济学认为,一个经济体在每个时点上的产业和技术结构以及"软""硬"基础设施内生于该经济体在该时点给定的禀赋,包括基础设施、人力资本、社会资本、地理位置、产业结构、金融制度、法律环境(包括知识产权制度)等,其中最重要的是随时间推移而变化的要素禀赋及其结构。对于一个处于发展初级阶段的经济体而言,其劳动资源丰富,资本资源稀缺,此时需要发展劳动密集型产业,这种产业主要以模仿技术为主,不需要太多知识产权保护。假如一个经济体按照其要素禀赋特征所决定的比较优势进行发展,其资本积累就会最快。随着资本的不断积累,资本密集型产业逐渐获得比较优势。在资本密集型产业发展的阶段,该经济体的企业也是以模仿为主,但辅之以自主创新。随着资本密集型产业的发展,该经济体步入中等收入水平,此时该经济体则需要以自主创新为主,积极发展知识产权密集型产业。现阶段,中国处于中等收入国家行列,也正处于新旧动能结构性调整、从原先的廉价劳动力和资源驱动转为技术驱动的关键阶段,而且面临着"三明治"效应的前堵后截,同时还要鼓励发展与产业相适应的生产性服务业,这就要激励全社会积极实施创新驱动发展战略,打响"中国创造"和"中国智造"的名片。改革开放四十多年来,中国经历了从"仿制就是好的"到"创造是更好的"再到如今"创新才是最好的"三个阶段,正在用实际行动践行"创新驱动发展"的理念。现阶段,中国已经由高速增长迈向高质量发展,高质量发展需要自主创新,而知识产权制度是创新驱动的重要制度保障;随着创新水平的持续提升,这就需要提升知识产权水平,以促进经济的高质量发展:

其一,培育高价值知识产权。完善高价值知识产权培育政策体系,鼓励和支持创新主体培育高价值知识产权,形成一批高质量、高水准、高价值的知识产权,保障国家经济和产业安全。健全以知识产权为重要内容的创新发展评价机制,完善考核评价机制,全面强化质量优先导向,大幅减少低质量知识产权的申请。

其二,完善知识产权转化运用机制。完善知识产权转化运用政策法规,破除制约知识产权转化运用的体制机制障碍。健全创新成果处置与分配机制,优化知识产权市场环境,探索知识产权定价议价机制,完善知识产权对外转让制度。研究制定知识产权转化运用的引导政策,推动知识产权产业化。

其三,推动知识产权密集型产业发展。完善知识产权密集型产业发展的制度环境,制定知识产权密集型产业目录和发展规划,构建符合知识产权密集型产业发展要求的知识产权保护环境及服务体系,提升知识产权密集型产业发展的竞争力。发展知识产权密集型产业集聚区,完善相关财政、金融、产业、人才等配套政策。

第二,发挥有效市场与有为政府的协同作用。知识产权制度是市场经济的产物,长期以来我国知识产权事业是在政府的主导下发展起来的;但随着知识产权大国地位的确立并迈入知识产权强国建设阶段,我国产业转型发展对于知识产权制度的市场化运作环境和能力提出了更高的要求,迫切需要优化政府与市场的关系。新结构经济学一直主张"市场的有效以政府的有为为前提,政府的有为以市场的有效为依归"。知识产权战略作为新结构经济学中的重要软性制度设置,在新时代转型发展背景下,需要政府积极通过变革以进一步完善政府知识产权治理体系,推动治理现代化中的政府职能转变以及知识产权制度与市场经济更有效地融合。政府应根据国家经济发展阶段明确知识产权战略的总体定位、重点任务和举措,并根据不同区域和产业的禀赋结构制定相应的配套政策,从而为经济转型和产业升级营造良好的制度环境,推动不同产业利用适当的知识产权制度培育新的竞争优势并实现价值链攀升。

在知识产权战略方面,有为政府主要表现在以下几个方面:

其一,着力加强总体布局和顶层设计,进一步提升知识产权在国家经济社会发展全局中的地位。政府应积极谋划知识产权战略实施的总体布局,加强横向协调和全系统联动;根据新时期、新常态的发展变化,推动知识产权深度融入国家发展战略,并着力通过强化知识产权的保护和运用,促进知识产权与我国经济社会的深度融合发展。

其二,着力推动简政放权和政府职能的转变,释放市场活力。积极对标国际,从我国发展的实际出发,推进知识产权制度完善和创新,形成更加完备、适应经济社会发展需要的知识产权法律制度,不断增强我国知识产权制度的优越性;进一步强化试点、示范等工作举措以不断提升政府服务能力,并通过优化审批程序解除制约各类创新主体,尤其是中小企业创新的各类束缚;进一步采用市场化认证(认可)手段加强企业、高校、科研院所的知识产权工作;突出质量效益导向,完善各类考核、评价和评估体系。

其三,着力提升知识产权的创造质量和运用效益。知识产权驱动作用的发挥关键在于知识产权的运用,而这有赖于高质量的知识产权创造,政府应着力扭转数量导向的工作理念,逐步强化"数量布局,质量取胜"的新理念,通过不断完善知识产权运营服务体系,提升知识产权运用能力,实现质量和效益的同步提升。

其四,着力加强和改进执法保护。发挥知识产权司法保护的主导作用,进一步推进知识产权司法审判体制改革。同时,加强知识产权综合行政执法机制建设,统一行政执法标准、侵权事实认定标准和证据规则。推进知识产权行政执法公开透明化,提高知识产权行政执法的质量和效率。另外,还需要加强知识产权司法和行政保护协同,并完善知识产权垄断监管机制,统一知识产权反垄断监管职责。当前,我国知识产权保护环境整体上还有待进一步优化。一方面,产业转型、追赶和赶超需要知识产权制度保驾护航;另一方面,伴随互联网等新型业态的不断涌现,知识产权保护面临的全新挑战也在不断加剧,这些都需要我国在产业知识产权战略规划过程中强化知识产权保护,降低创新风险,激发产业的创新活力,而政府积极有为地通过变革主导知识产权保护水平的提升至关重要。

其五,新结构经济学在讨论产业政策的时候,或者说讨论整个理论体系的时候,希望构建一个具有普遍性意义的具有国际视野的体系,而不是只关注中国问题的"中国经济学"。因此,政府应推动形成普惠包容、平衡有效的知识产权国际体系。积极通过扩大改革开放,建立多边合作交流机制,融入全球经济,不断提升我国知识产权发展的全球融合度,努力实现我国由知识产权国际规则的遵循者向参与者的转变。

其六,建立协同创新体系。我国产业创新能力整体上与欧美发达国家仍存在差距,尤其在基础创新领域差距明显,产业创新的市场化应用表现也很不足,其根本原因在于我国尚未形成政产学研良性协同的创新格局。这既影响了创新质量，又影响了创新效率。知识产权战略实施是产业创新发展的重要保障，但真正驱动产业创新发展的前提在于：形成成熟的创新生态系统，基础研究以市场前沿需求为导向，应用研究以基础研究为基础，有输入，有产出，有反馈，高校、科研院所、企业、政府部门在其中既各司其职，又密切协同。我国需要尽快围绕制约产业创新发展的共性、核心技术，构建科研院所和高校主导基础研究、企业主导实验和应用研究及后续产业化、政府主导制度和服务保障的协同创新体系。

其七，优化知识产权公共政策。推动建立分层次、分环节、协调顺畅的知识产权公共政策体系。深化知识产权领域体制机制改革，提高知识产权公共政策的统筹性和一致性。加强知识产权区域政策、产业政策协调，明确不同政策的功能定位。

新结构经济学主张因地制宜、因时制宜以及因结构制宜地进行政策设计，对于知识产权战略也不例外。在新时代高质量发展阶段，中国政府部门应以"放管服"改革为契机，积极转变政府职能，创新知识产权监管方式，提升公共服务水平；大幅度减少政府对科技资源的直接配置，推动资源配置依据市场规则、市场价格、市场竞争实现效益最大化和效率最优化；同时，进一步推动产业创新政策思路逐渐由"技术引进"向"自主创新"演进，政策类别由"政府主导"向"市场导向"演进。

第三，五类产业因势利导的方法。林毅夫(2012c)关于20世纪50—70年代中国和其他发展中国家的工业化运动失败的教训的研究指出，经济结构的转型和升级像胚胎发育和数学知识积累一样，必须是一个循序渐进的过程；一种经济结构是否合适，取决于它能否自负盈亏和维持自我生长(即新结构经济学中的"自生能力"的概念)。而新结构经济学所提出的转型升级模型与迈克尔·波特的竞争三部曲模型①的内在逻辑也完全不同。其中，最主要的区别是，行业间的绩效差异，在竞争理论看来是由其竞争结构所决定的，而在新结构经济学看来则是由其自生能力所决定的(付才辉，2015)。企业的自生能力是新结构经济学的微观分析基础，它是指在一个处于开放自由竞争的市场环境中，具有正常管理水平的企业，无须依靠政府或外部补

---

① 波特的竞争三部曲是指《竞争战略》《竞争优势》《国家竞争优势》。

助就可以预期获得一个社会可接受的正常利润水平的能力(林毅夫，2017b)。自生能力取决于企业所使用的技术和所在的产业是否同要素禀赋结构所决定的比较优势相一致。如此，当企业要素生产成本最低，且经济中的"软""硬"基础设施合适时，交易成本也会最低，从而形成最强的竞争力，企业不需要政府的保护补贴就能生存(林毅夫，2017a)；相反，如果不顾及禀赋结构约束，企业进入看上去更高的价值链环节，或者"微笑曲线"更高的位置上是不具备自生能力的(付才辉，2017)。当前，我国正大力推进以科技进步和提升自主创新能力为关键手段的经济结构调整，其中，企业是核心主体，知识产权是重要制度保障。新结构经济学所提出的五类产业因势利导的方法从中观层面为我国不同产业的转型规划了路径，但能否落实到位仍有赖于企业在创新发展过程中是否从新结构经济学视角来实践和运用知识产权制度。就根本而言，获取自生能力是企业开展知识产权创造和运用的内在动力，无论是从国家层面还是从产业层面，知识产权的运用在更大程度上都应是企业个体的运营。从这个意义上来讲，五类产业因势利导的方法不仅为我国产业转型升级提供了全景化的知识产权战略分析工具，更为重要的是，它为不同类型产业内企业的创新发展规划了知识产权发展路径。新时代背景下，提升企业自主创新[①]能力是我国由中等收入国家迈向高收入国家的重要内容，我国知识产权战略实施需要借助新结构经济学中企业自生能力的相关理论以强化知识产权制度及配套政策的供给质量，以推动知识产权战略与产业创新及企业自主发展密切融合，开拓中国现实情景下的企业自主发展新路径。

因此，利用新结构经济学理论，我们能够很好地分析知识产权战略。在跨越"中等收入陷阱"与步入高质量发展新阶段的大背景下，中国的知识产权战略作为创新驱动与高质量发展的重要战略资源，在推动中国这艘"巨轮"中的地位和作用日益凸显。上述新结构经济学的发展阶段特征、"三明治"模型、"垂直结构"模型、最优知识产权保护水平、发挥有效市场与有为政府的协同作用，以及五类产业因势利导的方法能够为我们提供分析知识产

---

① 对于自主创新也可以从狭义和广义两方面理解。狭义的自主创新就是拥有自主知识产权的创新，也即"原始创新"。广义的自主创新不仅包括"原始创新"，而且包括"集成创新"和"引进、消化、吸收、再创新"。

权战略和创新驱动发展战略的新视角。

2.4　新结构经济学视角下中国知识产权战略发展的一般范式

知识产权制度是一种激励创新及创新投资并促进创新成果向市场转化的法律制度，推动知识创新和技术创新是其重要目标。作为科技发展与市场经济充分结合的产物，知识产权制度已成为全球各国驱动科技创新、助力经济社会发展的关键制度保障。在科技强国建设背景下，知识产权制度对于我国实现高质量发展具有重要的现实意义，肩负着新的历史使命，需要在不断完善制度蕴含的基本创新动力机制、法律保障机制和利益协调机制基础上，夯实国家知识产权战略和创新驱动发展战略的实施根基，实现驱动国家经济社会发展的动能转换与产业结构升级。

作为一项关乎国计民生的重大制度安排，仅从产业层面而言，知识产权制度是上承国家战略规划、下接企业创新发展的关键战略实施对象。新时代背景下，知识产权战略是当前我国产业实现新旧动能转化及价值链攀升的重要因素。面对日益复杂的全球产业链变迁，国家知识产权战略需要全面把握不同产业创新发展的实际需求，以市场为导向并协同政府因势利导的产业政策，使产业发展动能在国家整体层面及各区域都能得到顺畅的转换。而对于产业知识产权战略的规划和实施，企业是其核心主体，无论是从技术的开发，还是从技术开发成果的有效保护及运用，抑或是从占领市场和取得市场竞争优势来看，在知识产权保护制度日益国际化的条件下，企业都需要通过知识产权制度对技术创新予以激励、指引和保护（余长林和王瑞芳，2009）。知识产权制度运用是企业实施创新战略、实现核心技术突破和技术创新的关键所在；同时，作为知识产权战略实施的基本单位和核心，企业知识产权战略实施也是检验和完善产业与国家知识产权战略的重要内容。企业自主创新和运用知识产权的能力和水平，不仅决定了企业的核心竞争力表现，也决定了我国能否顺利实现产业转型和价值链攀升。近年来，在国家及各类产业大力推进实施知识产权战略的背景下，一些行业内的龙头企业出于自身经营发展的目的，在制定自身经营战略的同时，纷纷把知识产权纳入其经营战略,制定并实施了企业知识产权战略,建立了知识产权管理规范体系,在理念上、意识上和行动上都将知识产权管理上升为企业经营活动的重要组成部分,并取得了明显的成效。可以说,企业层面的知识产权战略发展为我国知识产权战略的实施积累了大量的成功经验,需要去挖掘和推广。

不仅如此,国家知识产权战略实施的十年历程本身也是中国企业励精图治、创新发展的十年。在国家知识产权战略的制定和实施过程中,针对全国2 716家企业知识产权状况的一项调查显示:2000年以来,这些企业授权专利实施率小于30%的占一半以上。企业拥有自主知识产权的产品销售额占总销售额30%以上的企业只有1/3。① 调查显示约有80%的企业没有设置专门的知识产权管理职能部门,也没有专人来负责这项工作。90%的企业没有对所拥有的品牌进行价值评估,知识产权作为企业的重要无形资产没有得到应有的重视。② 自2008年《国家知识产权战略纲要》实施以来,中国主动走进了创新驱动的时代,涌现出阿里巴巴、腾讯、百度、华为、小米等一大批依靠创新走向世界的优秀企业。国家知识产权局发布的《2017年中国专利调查报告》针对9 344家企业的调查显示,2016年,44.8%的企业设有专门管理知识产权事务的机构或人员,60.2%的企业具有统一的知识产权管理规章制度,企业的专利实施率达到了59.2%。2016年,我国专利密集型产业增加值占国内生产总值的比重达到12.4%,各类重点产业知识产权运营基金首期募集资金达42.8亿元,知识产权贯标企业达到1.8万家,涌现出一大批知识产权示范企业和优势企业,我国的知识产权强企建设工作架构基本形成。③

作为来源于全面总结中国本土以及其他发展中国家的发展经验的经济理论,新结构经济学所突出强调的经济结构的内生性、差异性和动态性与当下我国经济发展阶段所呈现出的特征密切吻合,其提出的五类产业因势利

---

① "科技部:国产手机售价的20%支付专利费",https://www.eefocus.com/communication/167085,访问时间:2020年3月28日。
② "中国知识产权经理人职业状况调查报告",http://www.chinaipmagazine.com/journal-show.asp?id=1571,访问时间:2020年3月28日。
③ 本书主要从宏观国家层面和中观产业层面对知识产权战略进行分析,而微观企业层面我们将打算在另一本专著中进行详细论述。

导的方法不仅为我国产业转型升级提供了全景化的知识产权战略分析工具,也为我国政府如何积极有为地发挥作用指明了方向。从理论发展的角度而言,推动新结构经济学视角下的知识产权战略研究也有助于推动新结构经济学全面融入我国产业转型升级进程;尤其伴随大数据工具的开发加上知识产权数据本身的公共属性,知识产权工具在国际化比较方面具备先天优势,这也与新结构经济学理论的国际化应用场景相符。同时,新结构经济视角下中国知识产权战略的发展,不仅是借助新结构经济学的理论应用工具实现由国家到产业的一种自上而下的战略规划过程,而且是由企业到产业的一种自下而上的战略回溯过程。综上所述,新结构经济学视角下知识产权战略的发展范式主要遵循以下基本发展路径:

第一步,在产业全球化发展的大背景下,全面分析我国产业知识产权战略的发展和实施现状;然后,借助新结构经济学的五类产业因势利导的方法,基于大数据分析,全面摸清五大类型产业知识产权的发展现状。进一步地,从我国产业知识产权战略的总体发展出发,开展新结构经济学视角下产业知识产权战略规划的纲要分析。

第二步,进一步聚焦五类产业内的典型企业,借助调研和案例分析的手段,从微观角度考察企业自身在面对复杂多变的国内外竞争环境时是如何开展知识产权战略的规划和实施的。通过分析五类产业内典型企业的知识产权战略发展,挖掘可适用于其他同类型企业及其所处产业的知识产权战略的重点举措,开展五类产业知识产权战略规划的实施要点分析。

新结构经济学理论与我国知识产权战略的发展之间存在天然的契合关系:新结构经济学能够为知识产权战略驱动经济发展提供理论支撑;反过来,知识产权战略能够为新结构经济学理论融入当下中国产业发展的现实情境提供路径,尤其是在知识产权强国战略建设的大背景下,从知识产权角度拓展和丰富新结构经济学的理论应用研究,使其更加符合现实需要。借助新结构经济学的五类产业因势利导的方法以及知识产权在大数据分析方面的先天优势,新结构经济学理论能够为中国知识产权战略的发展提供一套协同有效的发展范式(见图2.6)。

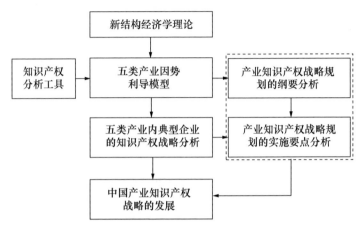

图 2.6 新结构经济学视角下中国知识产权战略的发展范式

第 3 章 知识产权战略发展的结构性分析

3.1 全球知识产权战略发展的典型结构变迁

知识产权是当代世界经济增长的原动力,知识产权制度是实现经济增长重要的制度保障①(姜南,2014;单晓光等,2016;单晓光和许春明,2009)。伴随科学技术的引领与推动,世界经济形态实现了由农业经济、工业经济向创新驱动的知识经济的演进,世界经济增长的模式正进入"资源驱动—资本驱动—技术驱动—知识产权驱动"的升级版(单晓光,2018)。自 1994 年签订《与贸易有关的知识产权协定》(Agreement on Trade-Related Aspects of Intellectual Property Rights, TRIPS)以来,以 TRIPS 为核心的国际知识产权法律制度逐步建立与完善,现已形成以 TRIPS 为基础,包括规制工业产权(专利权、商标权)的《保护工业产权巴黎公约》,迄今为止影响最大的著作权公约——《保护文学和艺术作品伯尔尼公约》,世界知识产权组织(WIPO)管理的《世界知识产权组织版权条约》和《世界知识产权组织表演与录音制品条约》,关于商标国际注册的《商标国际注册马德里协定》等条约,以及联合国教科文组织的《世界版权公约》在内的知识产权国际协调体系。2011 年,世界知识产权组织发布了《2011 年世界知识产权报告——变化中的创新面

---

① 相对于知识产权制度而言,知识产权战略实质上属于在制度的背景和框架内对如何有效地运用和实施知识产权制度的研究。也就是说,知识产权制度是知识产权战略的基础,规定了知识产权战略的性质和内容;知识产权战略是知识产权制度的综合设计规划和整体运用方式。

貌》。该报告显示,企业的战略核心已转向知识产权创造以及战略化运营管理;随着以知识产权为核心的知识市场规模的不断扩大,全球 GDP 的增速已经落后于全球知识产权交易额的增速,建设知识产权强国是增强国家实力的前提条件和必由之路。2012 年,美国发布《知识产权和美国经济:产业聚焦》。该报告显示,2011 年,知识产权经济贡献了美国 GDP 的 37%,并提供了接近 28% 的就业,已成为美国的国家核心竞争力。[①] 2013 年,欧盟发布《知识产权密集型产业对欧盟经济和就业的贡献》。该报告显示,2008—2010 年,知识产权对欧盟 GDP 和就业的贡献率分别达到了 39% 和 35%。截至 2013 年 10 月,占全球总数 83% 以上的国家与地区加入了世界知识产权组织(WIPO),其组织成员已达 186 个。随着成员数量的不断增加,知识产权制度的国际影响力也在不断增强。[②] WIPO 和 WTO 下与贸易有关的知识产权理事会等国际组织通过在国际环境下设立常设机构,为国际知识产权制度的形成、完善及国际知识产权争端的解决提供了组织保障。这些国际组织的建立不仅有力地推动了知识产权制度的国际协调,而且积极地"促进了知识产权领域的国际合作和科学、技术与文化的进步,从而在建立国际经济政治新秩序中发挥了重要作用"(古祖雪,2000)。经济全球化趋势下,知识产权已成为重要的国际治理规则,并向政治、经济、生活各领域深入发展,越来越多的国际组织都开始重视本组织所管辖内议题中涉及知识产权问题的标准和规则制定,知识产权的数量、质量、结构和地理分布从来没有像今天这样关系着一个国家的国际地位高低以及全球经济发展趋势的格局。全球知识产权治理作为一项国际公共事务,也深深嵌入国际整体格局变迁之中,成为现代世界体系中国家综合实力对比的焦点反映(左中梅等,2011;赵立新,2006)。第二次世界大战后,众多国家在不同的起点上采取了不同的知识产权战略发展模式。

3.1.1　美国知识产权战略:引领发展

20 世纪 80 年代以来,为了确立在全球的领先地位,美国主要采取了四

---

① 评论:如何迈向"知识产权强国",http://www.chinanews.com/sh/2014/07-14/6383518.shtml,访问时间:2019 年 6 月 30 日。

② "WIPO 发布年度报告:中国专利申请数量占全球总量 46.4%",http://www.sinofaith-ip.com/news_text.aspx? id=504,访问时间:2019 年 6 月 30 日。

条路径逐步推进知识产权战略的实施:一是强化法律制度基础建设。一直以来,美国将专利法、商标法及版权法等传统知识产权的立法工作与国家及企业利益的竞争紧密关联起来,通过与时俱进地强化立法修订与完善,扩大保护范围,加大保护力度,提高执法效率。随着生物、人工智能、网络技术等新兴业态的发展,美国不断拓宽知识产权的立法范围,将新兴技术、网络营销模式等纳入知识产权的保护范围,知识产权的立法框架与内涵不断拓展,这就为美国知识产权战略的实施奠定了坚实的法律基础。二是将知识产权的利益关系调整作为相关立法的重要内容。为调整利益关系,美国在促进技术创新、转移和商业化方面不断强化立法,1980—1999年,美国先后颁布实施了《拜杜法案》(1980年)、《联邦技术转移法》(1986年)、《技术转让商业化法》(1998年)、《美国发明家保护法令》(1999年)等法律,极大地推动了美国大学、国家实验室的专利申请与转移转化工作,同时加速了产学研合作并带动了一批高科技公司的诞生,在知识产权利益的权衡下,美国的创新生态环境进一步得到优化;2000年10月,美国还出台了专门针对归属联邦政府的科技成果的相关法律——《技术转移商业化法案》,该法案通过简化科技成果运用程序,进一步优化了公共财政支出对经济及社会发展的驱动作用。三是强化知识产权在技术贸易壁垒中的作用。美国通过将技术与标准相结合,设置技术贸易壁垒,控制外国产品的市场准入,规定必须缴纳专利使用费。四是将专利作为国际贸易竞争的重要工具。美国一方面积极推动 WTO 的 TRIPs 的达成,另一方面通过修订《综合贸易与竞争法》的"特殊301条款"和《关税法》的"337条款"来加强美国企业的海外维权与竞争力能力,并借助国家间的海外引渡、司法协助等方式,形成覆盖全球范围的遏制侵权网络,为美国企业争取最有利的国际经营和贸易环境。进入21世纪,信息科技的发展使知识在国民经济和社会生活中的地位越来越重要。作为知识产权制度较为完善的发达国家,美国开始全力在全球推行知识产权战略。美国专利商标局更在2010—2015财年战略计划(草案)中提出制定"21世纪国家知识产权战略",并指出制定该战略的目的在于提升美国在全球知识产权政策、保护和执法方面的领导力(杨起全和昌力之,2005)。

3.1.2 日本知识产权战略:拾级而上

日本知识产权战略的规划与实施与其国家发展理念的变化密不可分,是顺应日本国内经济社会发展需要而逐步形成的,具有鲜明的阶段性特征,其战略内涵不断升级并呈现高端化的发展态势(杨书臣,2004;闻雷,2004;梅术文和王超政,2010)。大致而言,日本知识产权战略的发展依次经历了贸易立国、技术立国和知识产权立国三大阶段。20 世纪 50—70 年代是日本知识产权战略的贸易立国战略阶段。在这个阶段,日本采取了引进、消化、吸收的知识产权战略实施路径,通过大量引进欧美国家的先进技术,并进行消化、吸收与二次开发,从而逐步在产品的加工组装与批量生产方面建立了全球性的领先优势。在创新方面,日本虽然仍大多聚焦于外观设计与模仿创新,其自主创新能力不强,但凭借先进的制造工艺,在 20 世纪 70 年代,日本的汽车与家电等产品已经遍布全球市场。20 世纪 80—90 年代是日本知识产权战略的技术立国战略阶段。在这个阶段,日本开始注重向自主研发战略的转型,其原因主要在于过去依靠引进、消化与吸收的发展战略所确立的全球贸易优势开始引起欧美国家的不满与打压,原来的贸易立国战略面临越来越大的挑战,这迫使日本开始强化在引进技术上的自主研发。在这个转型过程中,改进型的外观设计申请策略开始向创新性更强的发明创造转变,同时日本也开始更加重视专利申请的质量,强调专利对日本本土产业的促进作用。2002 年以来,日本正式进入知识产权立国战略阶段。在该阶段,日本国内产业发展面临被双重夹击的困境:一是在以信息技术为代表的高技术产业领域持续受到欧美国家的打压,竞争实力与欧美国家的差距不断加大。二是在传统的劳动密集型产业领域,来自中国以及其他亚洲新兴工业化国家和地区的竞争越来越激烈,日本产品的全球竞争优势不断受到挤压。在此背景下,日本连续十多年遭受经济疲软和产业竞争力下降的困扰。知识产权立国正是日本谋求新一轮发展的重要战略调整举措。日本希望通过强化战略层面的指引,加大对创新的保护与应用激励,以尽快摆脱被双重夹击的困境,重整日本国内产业在全球的竞争力。总体而言,知识产权立国战略的确立是技术立国战略的深化与延续,也是日本顺应发展形势所需,对知识经济发展的战略智慧所致(葛天慧,2010)。

3.1.3 韩国知识产权战略:因势利导

与美国和日本不同,在知识产权战略发展方面,韩国是后发国家崛起的典型代表。关于知识产权战略的规划与实施,韩国也为其他发展中国家提供了丰富的建设经验。韩国知识产权战略的发展历程更注重政府的因势利导作用,强调根据时局的变化及时调整发展方向。韩国知识产权战略的发展始于20世纪80年代,彼时韩国提出由"贸易立国"转变为"科技立国",重新规划了经济发展战略的方向。此后,韩国知识产权事业发展正式迈入快车道,其中主要涉及两大阶段:一是知识产权大国确立阶段。在WTO成立后,韩国确立了以赢得全球竞争优势为目标的知识产权政策体系建设规划,为此韩国开始大刀阔斧的改革,从最基础的知识产权法律的修改,到鼓励大企业通过直接投资、收购以及与跨国公司建立联盟等方式以快速获取国外先进技术,提升自身技术创新能力,通过一系列行之有效的改革实践,韩国迅速确立了全球知识产权大国的地位,其知识产权申请与授权数量均位居全球前列(王淇,2017;蒋绚,2017)。二是知识产权强国建设阶段。为进一步强化知识产权战略对经济社会发展的支撑,进入21世纪以后,韩国相继颁布了《知识产权治理:愿景与目标》(2004年)、《知识产权的战略与愿景》(2009年)等战略性文件,不断强化知识产权制度的战略性作用;2009年7月29日,韩国国家竞争力强化委员会与政府13个部门联合颁发了《知识产权强国实现战略》。至此,韩国正式提出了由知识产权大国向知识产权强国战略转移的重大决策。在强国战略的部署下,相应的知识产权政策体系也在逐步形成。总体而言,韩国知识产权战略的发展具有两大特色:一是体系性较强,以顶层战略规划引领发展,并由国家知识产权委员全面统筹推进;二是在推进过程中,制度保障既注重完备的法律体系支撑,也注重紧密贴合实际需求,从实践层面进行相关政策配套,强调知识产权战略实施与产业、金融等领域的政策协同,通过共同发力,将知识产权打造成为韩国经济社会发展和民生民享保障体系构建的重要助力器。同时,韩国也特别注重差异化的发展策略,强调对创新主体和市场主体,尤其是对中小企业的创新成果保护。此外,韩国还积极参与国际知识产权保护的合作和国际条约的制定与修改,并运用国际规则强化国际合作,比如在专利审查结果的合作开发、公有技术的联合检索等领域的国际合作等,不断扩大韩国知识产权国际事务的话语权。但与其他新兴国家一样,韩国的知识产权战略以加强国家和地区间知识产权的交流与合作为基本目的,并不谋求在国际知识产权制度构建中的主导地位。

3.1.4 德国知识产权战略:立足企业

2009年至今,欧洲深陷债务危机,德国经济却一枝独秀,作为"工业4.0"的"旗手",推动了全球第四次工业革命的大发展。德国经济增长的动力来自其基础制造产业生态系统的竞争力。作为全球知识产权保护最佳的国家之一,德国一直强调知识产权战略规划中的前瞻性与知识产权保护的严格性,这也为德国吸引了大量的外部投资,驱动了德国科技的跨越式发展。德国已将知识产权打造成为其商业生态体系的重要制度支撑。企业是德国知识产权战略的主体,通过强化知识产权制度在企业管理中的运用,德国打造了一个卓有成效的知识产权战略实施体系。知识产权战略的实施为德国企业保持强大的市场竞争力提供了重要保障。21世纪以来,通过积极改革和探索,德国形成了较为成熟的政府、企业和员工三位一体的知识产权战略实施框架,并规划形成了配套的战略管理与法律保护体系,以应对知识经济时代的全新挑战。该战略框架聚焦企业创新发展的现实需要,并将专利作为战略实施的重点,注重大企业在推进知识产权工作中的重要作用。在该战略框架的引领下,德国打造了拜耳、奔驰、宝马、西门子等一批世界领先的跨国公司。德国政府通过加大科技创新方面的投资,不断强化知识产权诉讼案处理以及健全知识产权法律体系,在立法、司法与行政等多方面为德国企业的全球化发展提供了强有力的支持。涵盖38个国家(包括28个欧盟成员国)的欧洲专利局发布的2018年报告显示,欧洲专利申请的主导地位转向了欧洲企业。根据该报告,2018年欧洲企业的专利申请增加了4.6%,其中德国制造商西门子排名第一,拥有2 493项专利。[1]

---

[1] "最新报告显示德国企业在欧洲专利申请中领先", http://eu.mofcom.gov.cn/article/jmxw/201903/20190302846452.shtml,访问时间:2020年3月30日。

3.2 中国知识产权战略发展的结构变迁历程分析

3.2.1 国内视角

1. 中国知识产权发展阶段及法制进程分析

(1) 中国知识产权发展阶段。

中国知识产权的发展大体上分为如下四个阶段：

第一阶段，从1978年改革开放到加入WTO，为"从无到有"的制度建立阶段。党的十一届三中全会后，邓小平做出了"专利法以早通过为好"的果断决策，以更好地利用外资，引进国外先进的技术、设备和管理经验，加快自身经济发展。1984年，《中华人民共和国专利法》正式审议通过。1985年4月1日，该法实施当天，相关机构就收到了3 455项国内外专利申请。从起草到正式实施，该法在我国快速应用充分表明了我国对知识产权保护工作的重视。为响应国际方面对中国市场的环境需求，我国积极完善基础层面的知识产权法律，逐步建立起相对完善的知识产权法律与政策体系，提升我国国民的知识产权意识。在这个阶段，随着知识产权保护环境的逐步优化，来自国内外的专利申请累计达到100万项。

第二阶段，从加入WTO到2008年出台《国家知识产权战略纲要》，为"从小到大"的数量增长阶段。自我国加入WTO以来，我国市场遭受的外部竞争压力不断加大，尤其在知识产权方面，欧美等发达国家频频利用其先进技术与知识产权制度打压我国企业。这一阶段，中国饱受知识产权之苦，但也正是这样的发展背景，才驱动我国政府不断提升知识产权制度在国家经济社会发展中的地位。2008年6月5日，在经过科学、严谨的研究与论证后，《国家知识产权战略纲要》正式发布，知识产权首次被纳入国家战略的范畴，我国知识产权事业发展迎来了前所未有的战略发展机遇，由制度体系的建立阶段迈入全局统筹布局与整体推进的发展阶段。《国家知识产权战略纲要》的颁布实施为中国知识产权事业的发展指明了方向，同时开启了战略发展的新征程。这一阶段，伴随知识产权战略思维的强化，我国知识产权制度得到进一步发展，尤其在与国际知识产权制度接轨方面取得了重要突破，我国知识产权事业发展也初步在国际范围内形成了一定的影响力;与此同时,全国专利申请在数量规模上进一步提升,累计已经突破 500 万项,PCT 专利申请量达到世界第六①,商标申请量位居世界第一。

第三阶段,从 2008 年《国家知识产权战略纲要》出台到 2020 年,为"由低到高"(也即质量提升与数量增长并行)的科学发展阶段。自 2008 年国家知识产权战略实施以来,我国发明专利申请量和商标注册量一直位居世界前列,逐步实现并稳固了知识产权大国的地位。但大而不强、多而不优的特征明显,保护不够严格、侵权易发且多发等一系列问题仍然突出,企业海外知识产权风险越来越高。这一阶段,我国提出为扩大创新激励的经济社会影响,强化创新驱动发展战略的内涵深度,加大对广大群众创新、创业的支持,应加快推进知识产权强国建设。2014 年,国务院审议通过《深入实施国家知识产权战略行动计划(2014—2020 年)》,明确提出了"努力建设知识产权强国"的新目标。2018 年,国务院发布《深入实施国家知识产权战略 加快建设知识产权强国推进计划》,明确了知识产权强国战略的重点任务和工作细则。这一阶段成果卓越,在知识产权制度的激励下,我国知识产权数量大幅提升。据 WIPO 组织公布的数据显示,2013 年,来源于中国和到中国申请的四种知识产权(发明专利、实用新型、外观设计和商标)数量首次上升为世界第一,中国已成为名副其实的知识产权大国;在知识产权数量增长方面,中国已成为全世界的主要源泉。与战略确立阶段不同的是,"由低到高"的发展阶段在更加重视知识产权数量增长的同时,还进一步提升了知识产权申请质量,并带动了知识产权运用能力的提升,实现了数量与质量的协调发展。这个阶段,上至国家,下至各省市区域及各类企事业单位,对知识产权的理解与运用能力均得到显著提升,知识产权创造、运用、保护和管理水平快速提高;在政府优化经济社会发展环境方面,知识产权制度的作用不断凸显;在企业管理方面,知识产权制度的战略性角色也不断增强。全球著名的科技博客 Tech-Crunch 曾在 2017 年 4 月刊登了一篇名为《中国意外成为知识产权强国》的文章,该文章的作者美国知识产权法协会前主席韦恩·索邦

---

① "我国 PCT 国际专利申请量排名世界第六位",http://www.sipo.gov.cn/docs/pub/old/zscqgz/2009/201310/t20131024_845285.html,访问时间:2020 年 3 月 30 日。

(Wayne Sobon)在文中提到"尽管中国在知识产权保护与执法方面距离全球领导者还有一段距离,但中国目前的发展显然正在逼近这个角色"。美国《外交官》杂志官方网站在2017年7月也刊文称,中国正朝着全球知识产权的领军者进发,陈旧印象中的"仿冒之国"正渐行渐远。更令人振奋的是,在《2017年全球创新指数》报告中,世界知识产权组织等机构研究指出,中国的创新能力已经位居全球中等收入经济体之首,达到了前所未有的第22位,较2013年上升了13个位次。在《2018年全球创新指数》报告中,中国再进一步,名次提升至第17位,首次进入世界最具创新性的前20个经济体之列(单晓光,2018)。在该阶段,虽然我国的知识产权事业取得了突飞猛进的发展,极大地带动了国家创新能力的提升,但严格意义上而言,我国仍只是一个知识产权大国,尚不是知识产权强国。在全球科技竞争日益白热化的阶段,我国知识产权在驱动经济社会发展方面仍存在质量偏低、动力不足等问题。建设知识产权强国已成为我国在实施创新驱动发展战略的关键阶段,应对国际竞争新形势、积极参与全球创新治理的必然选择(韩秀成和李牧,2016)。

第四阶段为知识产权强国建设阶段。在该阶段,全球新一轮科技革命和产业变革蓄势待发,我国经济社会也进入高质量发展阶段,经济转型与产业升级的压力不断加大,对创新驱动与创新引领的需求越来越迫切。作为激励创新的重要制度安排,知识产权被赋予了更多的时代发展内涵。该阶段更强调知识产权事业发展"由大到强"的转变,更突出知识产权国际化发展,并将建成兼具中国特色与世界水平的知识产权强国作为重要阶段性目标。为深入实施创新驱动发展战略,我国正积极树立新发展理念,深入实施知识产权战略,深化知识产权领域改革,努力提高知识产权创造质量、运用效益和保护效果,加快知识产权强国建设。在知识产权强国建设阶段,我国将通过进一步优化国内知识产权管理效率,提升知识产权与经济社会发展的结合度,并积极推动知识产权制度与国际接轨,增强科技国际竞争力与影响力,逐步融入并能够主导国际知识产权规则的制定,实现世界知识产权强国之梦。

总体而言,中国目前仍处于"由低到高"的战略发展阶段,同时也是向知识产权强国建设过渡的关键阶段。要真正实现知识产权强国之梦,我国仍需并将较长时间内处于该发展阶段。2018年,在博鳌亚洲论坛年会开幕式的主旨演讲中,习近平指出,加强知识产权保护是完善产权保护制度最重要的内容,也是提升中国经济竞争力最大的激励;鼓励中外企业开展正常技术交流合作,保护在华外资企业合法知识产权;希望外国政府加强对中国知识产权的保护。总书记的讲话高度概括并深刻揭示了我国现阶段加强知识产权保护和提升经济竞争力之间的关系,从国家全局高度确立了知识产权助力中国经济高质量发展的前进方向与行动指引,充分阐明了中国坚定维护、参与并建设知识产权国际规则的胸襟和立场。

（2）中国知识产权法制建设进程。

在促进国家经济发展和国际竞争能力提升方面,知识产权法制建设发挥着至关重要的作用。在全面深化改革的特定时代背景下,无论是对于建设创新型国家,还是完善社会主义市场经济体制以及推动形成全面改革开放的新格局,知识产权制度的完善都势在必行。

中国政府高度重视知识产权法制建设。1979年4月,当时主管国家宣传工作的胡耀邦同志收到一份关于起草版权法并逐步加入国际版权公约的报告;同年12月,党的十一届三中全会召开,我国知识产权法制建设逐渐拉开帷幕。回溯四十多年来的发展历程,我国知识产权法制建设始终与改革开放紧密相关。改革开放初期,邓小平同志就曾提出应该在我国建立涵盖专利制度的知识产权制度。商标法、专利法、著作权法等与知识产权相关的法律法规在改革开放的前十年里先后被颁布实施,知识产权制度框架开始慢慢形成。加入WTO前,《中华人民共和国著作权法》(2001年)、《中华人民共和国专利法》(1992年/2000年)和《中华人民共和国商标法》(1993年/2001年)被陆续修订;1997年,《中华人民共和国植物新品种保护条例》发布;体现我国的知识产权保护标准达到TRIPs要求的标志性事件是2001年《集成电路布图设计保护条例》和《计算机软件保护条例》的发布。之后,我国的知识产权法制建设进一步与国际惯例接轨,取得了优异的成绩。2008年6月5日,国家知识产权战略正式启动实施,国务院发布《国家知识产权战略纲要》,明确提出要完善知识产权制度,并首次将知识产权保护上升为国家战略要求。《国家知识产权战略纲要》不仅是我国发展知识产权事业的指南,也是建设创新型国家的纲领性文件。2015年年底,《关于新形势下加快知识产权强国建设的若干意见》由国务院印发,标志着我国正式迈入知识产权强国建设阶段。

改革开放以来,中国知识产权法制建设的历程大体可划分为如下三个阶段(曹文泽和王迁,2018):

第一阶段为深化改革、扩大开放的知识产权立法阶段。改革开放初期,尽管存在些许不同的看法,但大多数人认为,知识产权保护不仅有利于吸引国外投资,也有利于引进国外的先进技术。1978年9月,国务院下发了《关于成立工商行政管理总局的通知》,明确在国家工商行政管理总局(现国家市场监督管理总局)下设商标局,并将国家工商行政管理总局执行的"管理商标"职能在商标局进一步拓展,由商标局负责统一审查与注册本国企业使用的商标,并协助工商部门开展商品质量的监督与检查。而对于国外企业在我国的商标注册,则根据互惠原则进行办理。1982年,第十一届全国人大常委会第五次会议通过了《中华人民共和国商标法》,这开创了我国知识产权立法之先河,标志着我国知识产权法制建设步入新阶段。尽管这部法律存在很多缺陷,但在当时环境下就明确了对经营者私权的保护,是知识产权领域深化改革的重要开端。而《中华人民共和国专利法》和《中华人民共和国著作权法》的颁布相对较为曲折,比如关于专利制度对国内产业的影响,当时有很多担忧,但最终国务院形成了"为了对外开放、引进技术和发展经济,中国应当制定一部自己的专利法"的多数意见(张敏,2009)。1984年,第六届全国人大常委会第四次会议审议通过《中华人民共和国专利法》。此后,我国相继加入一系列国际公约:1985年,我国加入《保护工业产权巴黎公约》;1989年,加入《商标国际注册马德里协定》;1992年,加入《保护文学和艺术作品伯尔尼公约》和《世界版权公约》。至此,在打破已有观念的基础上,中国的知识产权保护体系基本形成。

第二阶段为建立和完善社会主义市场经济体制进行的知识产权立法阶段。1992年10月,"加快改革开放、建立社会主义市场经济体制"的宏伟目标在中共第十四次全国代表大会上提出。此时,经济全球化已成为基本共识,知识产权在国际贸易规则中的地位和作用越来越突出,发达国家普遍将知识产权作为其全球经济扩张的重要砝码。在发达国家的持续推动下,与贸易有关的问题最终被纳入乌拉圭回合的谈判计划,尽管经过多回合"交锋",但将知识产权保护与国际贸易捆绑的做法还是于1994年在《关税及贸易总协定》(GATT)部长级会议上获得通过,这就是所谓的TRIPs。同时,WTO成立,TRIPs便作为行为准则对WTO所有成员的知识产权保护进行约束。在这样的背景下,第七届全国人大常委会第二十七次会议通过《关于修改〈中华人民共和国专利法〉的决定》,其目的是创造条件以恢复我国GATT缔约国的地位,以及兑现我国在《中美政府关于保护知识产权的谅解备忘录》中做出的承诺,这是我国第一次对该法进行修改。此后,我国又颁布了《中华人民共和国反不正当竞争法》,将商业秘密列为保护对象,并先后在《中华人民共和国对外贸易法》《中华人民共和国刑法》中明确了相关知识产权要求。其间,我国还开展了针对《中华人民共和国商标法》的第一次和第二次修改、针对《中华人民共和国专利法》的第二次修改,以及针对《中华人民共和国著作权法》的第一次修改,以不断提升知识产权法制在建立和完善社会主义市场经济体制中的作用。2001年,我国正式成为WTO成员,从"复关"到"入世",在内需和外部压力的双重推动下,我国知识产权法制建设不断完善。这既为我国适应经济全球化提供了制度保障,也为社会主义市场经济体制的建立奠定了稳固的法律基础。

第三阶段为增强自主创新能力、建设创新型国家进行的知识产权立法阶段。这一阶段,基于我国现实需要对改革开放之后的知识产权立法进行主动完善是重点。其中,最具代表性意义的是2005年6月国家知识产权战略制定工作的启动。2008年6月,《国家知识产权战略纲要》正式实施。从被动接受、仓促应付转变为主动创新、扬长避短的知识产权制度建设,是一种积极的知识产权战略转变。为了推进知识产权战略的实施,我国建立了国家知识产权战略实施工作部际联席会议制度,并先后制定了《国家知识产权事业发展"十二五"规划》《深入实施国家知识产权战略行动计划(2014—2020年)》以全面推进战略纲要的落实工作,同时还出台了《中共中央国务院关于深化体制机制改革加快实施创新驱动发展战略的若干意见》《关于新形势下加快知识产权强国建设的若干意见》《中共中央国务院关于完善产权保护制度依法保护产权的意见》等文件,以确保国家知识产权战略的实施及时适应我国经济发展的现实需要。2019年,值《国家知识产权战略纲要》颁布实施十周年之际,我国又启动了面向2035年的国家知识产权强国战略纲要的制定工作,开始了我国知识产权法制建设的新征程。

2. 知识产权实施过程的评价分析

为了科学评价知识产权事业的发展,民间和政府部门开展了大量的评价工作,其中比较系统的是国家知识产权局组织开展的中国知识产权发展状况系列评价以及国务院知识产权战略实施工作部际联席会议组织开展的《国家知识产权战略纲要》实施十周年评估。

从2010年开始,国家知识产权局每年都会发布《中国知识产权发展状况评价报告》,用以综合、客观地反映我国专利、商标、版权等知识产权的发展水平和工作成效,展现知识产权对经济社会发展的支撑性作用。在此过程中,我国逐步建立起完善的知识产权事业科学发展的指标体系,为及时监测评价国家和地区知识产权的发展状况,反映地区差异,支撑国家知识产权战略实施和知识产权强国建设提供了重要的决策参考和依据。该报告根据全面普遍、客观明确和持续易得的原则,从知识产权的创造、运用、保护、环境四个维度阐述了我国知识产权的发展状况及变化趋势。[①] 同时,为确定我国知识产权发展状况在全球中的位置,找出与世界知识产权强国的差距,为我国知识产权强国建设提供参考,该报告还对全球40个科技资源投入和知识产权产出较大的国家,从知识产权能力、绩效和环境三个维度进行比较分析。在《国家知识产权战略纲要》实施十周年之际,国务院知识产权战略实施工作部际联席会议组织开展评估工作,形成了对我国知识产权战略实施的客观评价,为加快知识产权强国建设和创新型国家建设提供了重大决策支撑。

《2018年中国知识产权发展状况评价报告》公布的数据显示,2018年中国知识产权综合发展指数为257.4,比上年增长了17.91%,保持了较高的增速(见图3.1)。2010年以来,全国知识产权综合发展指数稳步上升,我国知识产权进入了一个全新的稳步发展阶段。综合来看,经过十年的战略实施,我国各类知识产权数量大幅增加,迅速成为世界知识产权大国;知识产权保护力度不断加强,正在形成"严保护、大保护、快保护、同保护"的格局;知识

---

① 全国知识产权发展状况指数以2010年为基期年份,假设2010年综合及创造、运用、保护、环境发展指数为100,并对2010—2018年的全国数据进行测算。

产权运用成效显著,一批核心知识产权有力支撑了产业向高端迈进,知识产权交易、质押融资等日益活跃;知识产权管理和服务持续改善,体制改革取得了突破性进展;知识产权对外合作进一步扩大和深化,国际影响力显著提升;全社会的知识产权意识明显增强,尊重和保护知识产权的良好社会环境日渐形成。随着我国经济社会的发展,知识产权事业呈现出与时俱进的蓬勃发展态势。《国家知识产权战略实施十年评估报告》认为2020年国家知识产权战略目标进展顺利(见表3.1),"把我国建设成为知识产权创造、运用、保护和管理水平较高的国家"这一目标已经基本实现,我国具备了向知识产权强国迈进的坚实基础。①

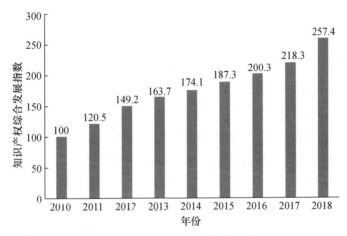

图 3.1　2010—2018 年全国知识产权综合发展指数变化

资料来源:国家知识产权局,《2018 年中国知识产权发展状况评价报告》。

表 3.1　我国知识产权发展的主要指标实现程度

序号	指标	2017 年	2020 年目标值	实现程度
1	每万人口发明专利拥有量(件)	9.8	12	预期可实现
2	PCT 专利申请量(万件)	5.1	6	预期可实现
3	植物新品种申请总量(万件)	2.4	2.5	预期可实现
4	全国作品登记数量(万件)	200.2	220	预期可实现
5	计算机软件著作权登记量(万件)	74.5	44	提前实现

---

① "我国已建设成知识产权创造、运用、保护和管理水平较高的国家",https://new.qq.com/omn/20190425/20190425A06XGB.html,访问时间:2019 年 7 月 1 日。

(续表)

序号	指标	2017年	2020年目标值	实现程度
6	知识产权使用费出口额(亿美元)	60	100	预期可实现
7	规模以上制造业每亿元主营业务收入有效发明专利数量(件)	0.72	0.7	提前实现
8	国内发明专利平均维持年限(年)	6.2	9	实现有难度
9	全国技术市场登记的技术合同交易总额(万亿元)	1.13	2.0	实现有难度
10	发明专利申请平均实质审查周期(月)	22	20.2	预期可实现
11	商标注册平均审查周期(月)	8	9	提前实现
12	知识产权质押融资年度金额(亿元)	1 117	1 800	实现有难度
13	知识产权服务业营业收入年均增长率(%)	35	20	预期可实现
14	知识产权保护社会满意度(分)	76.69	80	预期可实现

注:其中,"规模以上制造业每亿元主营业务收入有效发明专利数量"指标为2016年数据,"知识产权使用费出口额"为2016年以来累计值,"知识产权服务业营业收入年均增长率"为"十三五"时期(五年)平均增长率。

资料来源:国家知识产权局,《国家知识产权战略实施十年评估报告》。

进一步,图3.2显示了2010—2018年全国知识产权创造、运用、保护和环境发展指数的变化情况。从图3.2可知,2010—2018年我国知识产权创造、运用、保护和环境发展状况进一步改善,各项指数呈现平稳增长,具体而言,各项指标的变化趋势表现为如下四个方面:

首先,在知识产权创造方面。自2010年以来,知识产权创造指数持续上升。特别是2013年以后,增幅明显加快,2018年达到249.3,我国知识产权创造的数量、质量和效率均得到明显提升。知识产权战略实施十年来,知识产权创造水平持续提升。十年前,我国知识产权拥有量快速增长,但自主知识产权水平和拥有量尚不能满足经济社会发展的需要。《国家知识产权战略纲要》的出台使我国在知识产权创造层面的发展路线逐渐清晰。其要求"强化科技创新活动中的知识产权政策导向作用,坚持技术创新以能够合法产业化为基本前提,以获得知识产权为追求目标,以形成技术标准为努力方向",为知识产权创造找准了着力点。《国家知识产权战略实施十年评估报告》指出,历经十年发展,我国知识产权数量大幅增长,已经成为名副其实的知识产权大国。

其次,在知识产权运用方面。自2010年以来,尤其在2014年至2017年

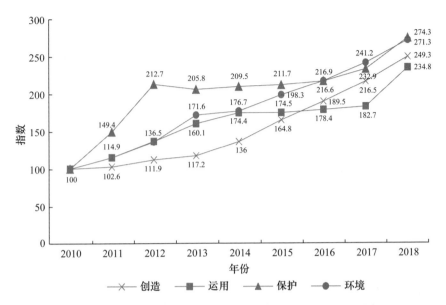

图 3.2　2010—2018 年全国知识产权创造、运用、保护和环境发展指数变化
资料来源：国家知识产权局，《2018 年中国知识产权发展状况评价报告》。

之间,知识产权运用指数增速明显放缓,但是 2018 年有了较大幅度的增长。近年来,实现知识产权的价值一直是《国家知识产权战略纲要》实施的重要目标,因为只有推动知识产权与经济社会发展的融合,强化知识产权运用,才能真正发挥知识产权的创新驱动作用。国家知识产权局、中国社会科学院等相关部门在《国家知识产权战略纲要》实施十年以来,做了一系列探索与实践:从改革利益分配机制到建设转化交易平台,再到培育知识产权密集型产业以及推动知识产权在军民融合与金融领域的拓展,知识产权的价值实现渠道得以畅通,新的知识产权运营新模式和新业态不断涌现,知识产权运用转化实现了从单一效益朝综合效益的转变,2018 年知识产权运用指数达到 234.8,知识产权对经济社会的发展做出了重要贡献。《国家知识产权战略实施十年评估报告》指出,历经十年发展,我国知识产权运用成效显著,有效驱动了经济社会发展。

再次,在知识产权保护方面。知识产权保护指数自 2012 年进入相对稳定期,2012—2016 年,知识产权保护指数在 210 上下浮动,2017 年略有提升,2018 年提升效果显著,达到 274.3,知识产权保护力度不断加大。十年来,我国知识产权保护从不断加强向全面从严转变,营造了稳定、公平、透明、可预期的市场环境,推动了经济的高质量发展,使我国成为世界经济增长的主要稳定器和动力源。《国家知识产权战略实施十年评估报告》指出,历经十年发展,我国知识产权保护不断加强,营商环境持续改善。

最后,在知识产权环境方面。伴随知识产权文化建设的不断推进和知识产权服务体系的日趋完善,我国知识产权环境指数自2010年以来逐年提高,尤其在2013年和2017年有较明显的增长,2018年知识产权环境指数为271.3,知识产权制度环境、服务环境等方面优化效果明显,社会公众及创新主体的知识产权意识进一步提高。其一,文化建设方面,无论是建立新闻发布制度、加强对重大政策的解读力度,还是组织大型活动、开展系统宣传,抑或是开展中小学知识产权教育、加强知识产权普及型教育,都为全社会形成"尊重知识、崇尚创新、诚信守法"的知识产权文化观念起到了重要作用,使知识产权意识深入人心,为营造尊重知识产权的社会氛围提供了强大助力。其二,服务体系建设方面,国家陆续出台促进知识产权服务业发展的政策措施,不断加大对知识产权服务业的规范和支持,同时促进公共服务机构建设的数量和业务覆盖面,强化知识产权在创新驱动发展中的作用。知识产权专业服务作为知识产权服务业的主体,在整个知识产权产业体系中扮演着越来越重要的角色,在促进智力成果的权利化、商用化、产业化等各个方面发挥着"催化剂"的作用。《国家知识产权战略实施十年评估报告》指出,历经十年发展,我国全社会知识产权意识明显提高,基础环境进一步夯实。

总体而言,在知识产权创造、运用、保护和环境方面的有效支撑下,我国知识产权管理能力得到持续改善。自《国家知识产权战略纲要》实施以来,我国知识产权事业取得的进步是巨大的,同时也是世界瞩目的,产业、企业等不同层面创新主体的知识产权产出与转化实施能力持续得到提升,知识产权在服务创新经济增长方面起到的作用愈发显著。在《2017年世界知识产权报告:全球价值链中的无形资本》中,世界知识产权组织提出:"中国正逐渐摆脱'世界工厂'的标签,攀上全球价值链转型升级的最前沿。"移动支付、高铁、新能源汽车、5G技术、量子通信等一系列全球领先的技术或产品,真实反映出《国家知识产权战略纲要》实施的巨大实践成效,这些技术与产品的诞生不仅为中国人带来了生产与生活的巨大变革,使其充分享受到了先进技术带来的便利,更为全球经济复苏做出了巨大贡献。知识产权战略不仅是我国经济全球化发展中的重要组成部分,其实施更有效提升了我国科技创新的全球影响力。

其一,我国部分产业技术领域持续保持全球领先的位置。我国在高铁、载人航天、可燃冰、超级计算等一批关键技术领域实现重大突破,并在全球同领域竞争中占据领先位置,这些关键技术的突破式发展为我国创新驱动发展战略与知识产权战略的实施带来了重大驱动力,也为其他产业技术领域的创新发展提供了重要经验。比如,我国发射了全球第一颗空间量子科学试验卫星"墨子号";建成了全世界最大单口径和最灵敏的射电望远镜"中国天眼";成功开发了全球日均稳定产气超过一万立方米和连续产气超一周的可燃冰开采技术;研制出时速达 350 公里的创全球商业运营速度最快纪录的"复兴号"等。未来,我国将在更多的领域取得新突破。

其二,产品与商业模式创新成为我国引领世界发展的重要突破口。改革开放四十多年来,中国在高铁装备、数字经济、移动支付等领域的创新突破取得的成绩是有目共睹的,并在全世界范围内赢得了极大的赞誉。阿里巴巴在海外首次设立的马来西亚数字自由贸易区正式投入运营;支付宝和微信分别在全球 70 多个国家和地区以及 19 个国家和地区得到广泛使用,数十万商家和国外群众享受到移动支付带来的极大便利。技术领先、时速最快的中国高铁已经在世界 100 多个国家和地区得到广泛应用,与高铁相关的装备通过技术、标准及运营维护等形式实现了全产业链的输出。与此同时,在推动产品与商业模式创新对外输出的过程中,中国还积极与世界上其他国家开展知识产权合作,目前已与世界知识产权组织的 50 多个成员国家建立了正式合作关系。中国始终坚持开放合作,在该过程中秉承知识产权严格依法保护,并将强化知识产权保护作为我国进一步扩大改革开放的核心举措,用实际行动切实履行世界知识产权责任,同时也为中国创新走出国门保驾护航。

其三,知识产权战略实施也为传统产业注入了新的发展动力。以轻工行业为例,目前该行业规模以上企业达 11 万余家,主营业务收入为 25 万多亿元。一项调查显示,越来越多的行业协会和企业重视专业知识产权管理机构的重要性,通过完善组织架构,配备专职人员,行业与企业的知识产权管理能力得到有效提升。调研数据显示:制定知识产权战略的企业占比达到

78%;100%的企业都至少拥有专利、商标或标准等不同知识产权;53%的协会对技术采取了保护措施;39%的协会建立了知识产权预警监控机制。[①]

3.2.2 国际视角

随着经济全球化不断向纵深发展,知识产权制度对于一国经济的发展越来越重要。欧美发达国家借助其知识产权优势打造的全球产业价值链格局在一定程度上阻碍了中国产业结构的变迁和经济转型。因此,基于国际视角观察我国知识产权的发展既是我国经济发展的现实需求,也是应对经济全球化的必要举措。下面我们根据《全球创新指数报告》《国家创新指数报告》和《中国知识产权发展状况评价报告》来分析中国知识产权的发展状况。

1.《全球创新指数报告》

全球创新指数(Global Innovation Index,GII)由 WIPO、康奈尔大学和欧洲工商管理学院(INSEAD)共同发布,其提供世界各地经济体创新能力及表现的年度排名。GII 自 2007 年起每年发布,现已成为首要的基准工具,为全球范围内的企业高管、政策制定者以及其他在创新方面寻求创见的人员所使用。它的目标十分简单,即确定如何找到能够更好地捕捉社会中评价创新丰富度的指标和方法,而不仅限于研究论文数量和研发支出水平等传统的创新衡量指标。制定这一目标有若干个出发点。首先,创新对于驱动经济进步和竞争力发展至关重要,对于发达国家和发展中国家都是如此。很多政府正在将创新置于其增长战略的核心。其次,创新的定义得到了延伸,它不再仅限于发明创造和所发表的科学论文。创新可以也确实具有更为普遍和横向的特性,包括社会创新、商业模式创新和技术创新。最后,在新兴市场中认可和颂扬创新被视为使人得到激励的重要因素,特别是对于下一代企业家和创新者的激励。2019 年,GII 基于 80 项指标对 129 个经济体进行排名,主要通过创新效率比进行测度,分为投入和产出两类指标。

2010—2019 年,我国的 GII 排名继续提升,牢牢确立了世界创新领先者的地位。尤为重要的是,我国在中等收入经济体中已经连续第七年在创新

---

① "《国家知识产权战略纲要》实施十年成就斐然",http://www.sipo.gov.cn/ztzl/gjzscq-zlgybbssszn/sznjdbd/1125065.htm,访问时间:2019 年 7 月 3 日。

质量上居于首位,并在专利、工业品外观设计和商标申请量以及高科技和创意产品出口方面名列前茅。同时,中国有 18 个集群进入科技集群百强,在这项衡量指标上仅次于美国。进一步,我们比较我国在 7 类二级指标①上的全球表现。2011—2019 年,我国知识与技术产出指标是 7 类二级指标中表现最为突出的,一直保持在全球前 10 位以内,近五年则稳定在第 5 位左右,这表明我国知识产权战略发展在创新方面有很好的支撑,但同时,相对于知识与技术产出,我国在创意产出方面相对落后,但总体而言,创意产出的发展态势在波动中提升较快,截至 2019 年已经位列全球第 12 位,增速显著。除了产出水平,我国在商业成熟度、市场成熟度、基础设施和人力资本与研究四个方面的表现也在不断提升,一直保持在中上游水平。制度是 7 类二级指标中表现最差的一个,尽管一直保持提升的趋势,但相较其他 6 类指标而言,该指标仍处于中游水平。

进一步,我们分析了 2012—2019 年全球创新指数中我国占优指标的变化情况。我国在专利、实用新型、外观设计申请量以及创意产品出口等方面一直保持全球绝对领先位置,商标申请量已上升为全球第一,这也是有效支撑我国保持高水平知识与技术产出的重要原因。而且,得益于以高校和企业为主体的教育体系以及丰富的知识型员工储备,我国在人力资本储备方面也形成了一定优势。除此之外,市场规模、资本要素、普通基础设施、知识的影响和高技术进出口等也是支撑我国全球创新能力的优势指标。

2.《国家创新指数报告》

《国家创新指数报告》是中国科学技术发展战略研究院编制的报告,该指数的研究工作始于 2006 年,用于对创新型国家建设进程进行监测和评价,自 2011 年以来已经发布了 8 期。该报告是国家创新调查制度系列报告之一,属于国家层面的创新能力评价报告。它借鉴了国内外关于国家竞争力和创新评价等方面的理论与方法,涉及的国家创新指数的指标体系分别从创新资源、知识创造、企业创新、创新绩效和创新环境 5 个一级指标和 30 个

---

① 7 类二级指标分别是指制度、人力资本与研究、基础设施、市场成熟度、商业成熟度、知识与技术产出和创意产出。

二级指标①进行构建。本报告选取的40个国家是全球研发投入最多的国家（其研发经费投入之和占全球总量的95%以上），分布于全球六大洲。② 在对国家创新指数的历年数据进行比较分析后发现，分析样本所涉及的40个国家总体可划分为3个集团，其中：综合排名前15位的以欧美发达国家为代表，属于第一集团，是世界范围内公认的创新型国家；位于第16位到第30位的包括其他发达国家以及少数新兴经济体，属于第二集团，我国处于该集团靠前位置；位于第三集团的是第30位以后的发展中国家。在经济全球化背景下，第一集团往往具备最强的创新能力，而第二集团创新发展面临的竞争压力最为显著。

《2018年国家创新指数报告》显示，中国国家创新指数从2000年的第38位逐渐上升到第17位，虽然在位次变化过程中存在一定的波动，但整体向上的趋势不变。特别是自2009年以来，中国没有过多地受到全球经济低迷的影响，这表明21世纪以来中国综合创新能力在不断提升。《2018年国家创新指数报告》的数据还显示出，全球创新格局基本稳定，美国、亚洲、欧洲三足鼎立态势愈发显著，发展中国家创新指数排名整体落后。中国综合创新能力国际排名第17位，已处于国际中上游的位置，是唯一进入前20位的发展中国家。从不同国家经济发展阶段的比较来看，中国人均GDP（8 123美元）在40个国家中仅高于印度和南非。然而，中国创新指数得分已接近人均GDP约为5万美元的欧洲国家。相较其他发展中国家，中国的创新能力发展水平显著领先，尤其在创新资源投入以及知识创造方面的能力实现了大幅提升。中国的创新指数得分相比于美国、日本、韩国和瑞士等创新强国还相对较低，但差距在不断缩小。在5个一级指标的表现方面，均取得了不同程度的进步（见图3.3）。

---

① 其中，20个定量指标突出创新规模、质量、效率和国际竞争能力，同时兼顾大国和小国的平衡；10个定性指标反映创新环境。

② 亚洲国家：中国、日本、韩国、新加坡、印度、以色列、土耳其；欧洲国家：奥地利、比利时、捷克、丹麦、芬兰、法国、德国、希腊、匈牙利、冰岛、爱尔兰、荷兰、挪威、波兰、葡萄牙、罗马尼亚、意大利、卢森堡、俄罗斯、斯洛伐克、斯洛文尼亚、西班牙、瑞典、瑞士、英国；北美洲国家：美国、加拿大、墨西哥；南美洲国家：阿根廷、巴西；大洋洲国家：澳大利亚、新西兰；非洲国家：南非。

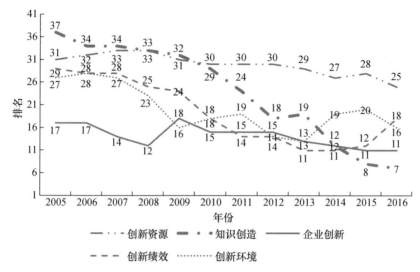

图 3.3　2005—2016 年中国国家创新指数一级指标排名变化
资料来源:《2018 年国家创新指数报告》。

第一,在创新资源指标方面。创新资源涵盖了全社会对创新的投入力度、创新人才资源的储备状况及创新资源配置结构,它是知识产权战略发展的基础,也是一个国家持续开展创新活动的基本保障。[①] 2000—2016 年,中国科技创新资源投入表现出强劲的增长态势,创新资源分指数平均增速达到 10.0%;中国研发经费增长了 17 倍,占全球总量的比重由 2000 年的 1.7% 提高到 2016 年的 16.1%;研发经费与 GDP 的比值由 0.9% 上升到 2.11%,这一比值已超越欧盟 15 国的平均水平。创新人力资源大幅增长,每万人口中研发人员数量由 7.3 人/年迅速提高到 28.1 人/年。高等教育毛入学率由 7.7% 提高到 42.7%。在国家创新指数包含的 5 个一级指标中,中国创新资源的国际排名明显落后于其他 4 个指标,处于第二集团靠后位置。这主要源于创新资源二级指标的发展较不均衡。研发经费投入规模十几年来一直处于世界前列,已稳居全球第二的位置。近几年,研发经费投入强度也稳步上升到世界中上游水平。在人力投入方面,中国的科技人力资源总量和研发人员总量已处于世界领先位置,但高等教育毛入学率和研发人力投

---

① 创新资源分指数采用研发经费投入强度、研发人力投入强度、科技人力资源培养水平、信息化发展水平、研发经费占世界比重 5 个二级指标,分别从人、财、物 3 个方面对国家创新资源配置能力进行评价。

入强度这2个指标的表现不佳,国际排名多年来一直处于落后位置,没有较明显的转变。

第二,在知识创造指标方面。知识创造水平是国家创新能力的直接体现,反映了一个国家的科研产出能力和科技整体实力①,其中知识产权产出是知识创造水平的重要指标。2000—2016年,中国科学研究能力迅速增强,知识产出效率持续提升,知识创造分指数年均增速达到15.2%;万名研究人员科技论文数增长了3.2倍。2016年,中国亿美元经济产出发明专利授权量是2000年的3.6倍。从中国5个二级指标国际排名的表现来看,与专利相关的3个指标排名靠前,与论文相关的2个指标排名落后。有效专利数量占世界比重、百万人口发明专利申请量和亿美元经济产出发明专利授权量分别位居第3位、第4位和第3位。从5个二级指标的变化趋势来看,亿美元经济产出发明专利授权量排名上升较快,2000年以来提升了12个位次;百万人口发明专利申请量的提升幅度最明显,从2000年的第35位上升到2016年的第4位。

第三,在企业创新指标方面。企业是开展创新活动的重要主体,也是国家创新体系的重要组成部分。企业创新的规模和质量,在很大程度上代表着一个国家的创新能力与水平。随着"大众创业、万众创新"相关政策的落实,中国企业的创新能力快速提升。2000—2016年,企业创新分指数②年均增速高达16.9%,居5项分指数增速之首;万名企业研究人员PCT专利申请量由2010年的22.0件/万人增加到2016年的411.1件/万人,增长了18.7倍。中国5个二级指标的排名相对均衡,除了万名企业研究人员PCT专利申请量排在第22位,处于第二集团,其他4项指标的排名均进入了第一集团。从变化趋势来看,5个二级指标中,万名企业研究人员PCT专利申请量指标进步明显,2016年排名较上年提升了5个位次,但其排名仍落后其他二级指标,是唯一处于第二集团的指标。这表明,尽管在PCT国际申请方面,

---

① 知识创造分指数选择了学术部门百万研究与发展经费科学论文被引次数、万名研究人员科技论文数、有效专利数量占世界比重、百万人口发明专利申请数、亿美元经济产出发明专利授权数5个二级指标,用来评价国家知识创造和运用水平。

② 《2018年国家创新指数报告》主要从国家角度测度企业的创新活动。企业创新分指数采用了三方专利数占世界比重、企业研发经费与增加值之比、万名企业研究人员PCT专利申请量、综合技术自主率、企业研究人员占全部研究人员比重5个指标。

中国的 PCT 申请总量已连续 4 年居世界第 3 位,但从投入产出的角度来看,PCT 申请的产出效率还相对落后。

第四,在创新绩效指标方面。创新绩效是一个国家开展创新活动所产生的成果和影响的集中表现。2000—2016 年,中国创新绩效分指数①年均增速达 10.5%。从中国 5 个二级指标国际排名的表现来看,知识密集型服务业增加值占 GDP 比重排名快速上升,2015 年后排名第 12 位,进入第一集团;高技术产业出口占制造业出口比重和知识密集型产业增加值占世界比重的表现突出,基本上一直处于第一集团(2009—2014 年,2 个指标排名稳居在前 5 位);高技术产业出口占制造业出口比重的排名在 2015 年出现回落后尚未有改变;劳动生产率和单位能源消耗的经济产出这 2 个指标的数值虽然在逐年提高,但提升幅度不明显,国际排名一直处在后 5 位。这表明,中国的创新绩效依然主要依靠高技术产业产出规模和技术产出总量的拉动,中国在转变经济发展方式和实现产业转型升级方面仍面临非常大的压力。

第五,在创新环境指标方面。创新环境是提升国家创新能力的重要基础和保障。与 2005 年相比,2015 年中国创新环境分指数所包含的 10 个指标②中,除 2 个指标得分略有下降、1 个指标得分持平外,其余指标得分均有不同程度的提升。在创新环境的二级指标中,中国排名进入前 15 位的指标有 4 个:政府规章对企业负担的影响、宏观经济环境、企业创新项目获得风险资本支持的难易程度、政府采购对技术创新的影响。知识产权保护力度、当地研究与培训专业服务状况是排名相对落后的 2 个指标。二者不同的是,知识产权保护力度指标扭转了连续两年排名下降的状况,上升了 5 个位次,而当地研究与培训专业服务状况指标仅上升了 1 个位次。

3.《中国知识产权发展状况评价报告》

作为我国针对知识产权开展的综合性评价报告,《中国知识产权发展状

---

① 创新绩效分指数采用了劳动生产率、单位能源消耗的经济产出、知识密集型服务业增加值占 GDP 比重、高技术产业出口占制造业出口比重、知识密集型产业增加值占世界比重 5 个指标,来测度和评价创新活动的产出水平及创新活动对经济的贡献。

② 创新环境分指数选取如下 10 个二级指标:知识产权保护力度、政府规章对企业负担的影响、宏观经济环境、当地研究与培训专业服务状况、反垄断政策效果、企业创新项目获得风险资本支持的难易程度、员工收入与绩效挂钩程度、产业集群发展状况、企业与大学研发协作程度以及政府采购对技术创新的影响。

况评价报告》同样进行了我国知识产权发展状况的国际比较。本着"数据可得"和"国际可比"的原则,该评价报告基于科技资源投入和知识产权产出两项指标的表现,在世界上选取了排名靠前的40个国家(包括OECD的34个国家并增加了金砖五国和新加坡)①,并通过设计指标体系开展国际层面的知识产权发展状况比较,其中指标体系涉及3个一级指标(包括知识产权能力、知识产权绩效、知识产权环境),9个二级指标(包括知识产权的创造、运用、保护、管理、国内创新贡献度、国际影响力,以及制度环境、市场环境、文化环境)和33个三级指标。

总体而言,2013—2017年,在主要国家知识产权发展状况指数方面,美国和日本得分稳居前2位,韩国、瑞士、德国、荷兰、瑞典等国家排名相对稳定,在3—9位的范围内平稳波动。我国的排名已从2014年的第20位快速跃升至2017年的第8位,平均每年提升近3个位次,知识产权发展的总体水平有了快速提升。在知识产权能力、绩效与环境3个一级指标对总指数的贡献方面,韩国和德国的知识产权环境指标表现突出,对总指数的贡献程度最高,相对而言,其知识产权能力和绩效指标的贡献程度则较低。知识产权能力指标表现较为突出的国家是瑞士、荷兰、芬兰、英国、法国等欧洲国家。与美国和日本发展模式较为相近,我国在知识产权能力、绩效和环境3个一级指标的贡献程度方面均较为均衡。2017年,我国知识产权能力指标的贡献程度依然相对偏高、环境指标的贡献程度相对较低,与排名靠前的知识产权强国相比,发展模式仍需进一步调整优化。

第一,在知识产权能力方面。2013年,我国知识产权能力指标的国际排名为第10位,2017年这一指标上升为第5位,2013—2017年,我国知识产权能力指标的国际排名实现了5年的稳步提升。在该指标排名靠前的国家中,美国、日本和瑞士一直稳居前三名。由于我国与美国、日本和瑞士三国在知识产权能力指标上的差距在不断缩小,未来一段时间内,我国知识产权能力仍将具备一定的比较优势。通过进一步考察知识产权的创造、管理、保护与运用这4个二级指标对知识产权能力指标的贡献程度,与多数样本国家知识

---

① 经测算,这些国家的研发投入总量之和占全球的98%以上,国内生产总值占全球的88%以上,发明专利申请总量占全球的89%以上,在进行知识产权发展状况的国际比较时,具有极高的代表性。

产权的保护与运用对知识产权能力指标贡献程度较高不同的是,我国知识产权的创造、管理、保护与运用对知识产权能力的贡献程度则相对均衡,4个二级指标的得分分别为70.79、87.08、76.26、70.99,较上一年度均有一定程度的提升。其中,知识产权的创造与管理指标得分的增幅较为显著,创造指标得分的增幅达到了5.63%,提高了3.36分;保护指标、运用指标的得分提升较不明显,仍待进一步提升。

第二,在知识产权绩效方面。2013—2017年,我国知识产权绩效指标的排名持续提升,从2013年的第9位提升了6个位次,于2017年超越韩国,位居第3位,而其他各国知识产权绩效指标得分变化不大。由于知识产权绩效指标水平的不断提升,我国与美国、日本和德国等国家的差距在不断缩小。根据对现有增长走势的判断,未来一段时间内,我国知识产权绩效仍将维持相对稳定的发展态势。从2017年各国知识产权绩效指标得分的二级指标贡献程度可以看出,各国知识产权绩效方面主要的短板皆在国际影响力方面。除美国外,其他主要国家均呈现对内创新贡献度高于对外国际影响力的特点。美国国际影响力的贡献度与对内创新贡献度的比例接近2∶1,体现了其知识产权极强的外延性。我国的国际影响力和对内创新贡献度对绩效指标的贡献比例约为3∶7,较2016年已有所优化。数据显示:2017年,在对内创新贡献度方面,我国较上一年度提升了2个位次,位列第3,国际影响力则一直稳定在第4的位置。从下设二级指标的表现来看,在有效发明专利数量大幅增长的前提下,2017年我国创新贡献度指标得分较上一年度提高了6.24分,增幅达9%;国际影响力指标得分也得到了一定程度的提升,提高了2.35分,同比增长11.44%,其中,知识产权许可费收入占全球的比重和PCT申请量500强国内申请人占比两项指标的提升是促进国际影响力指标提升的重要因素。

第三,在知识产权环境方面。2013—2017年,我国知识产权环境指标的世界排名一直相对较低。从得分变化趋势来看,2013—2016年,我国知识产权环境排名一直在第30位上下波动,得分则从42.54分显著提升至48.71分;2017年,得分跃升至56.67分,排名也大幅上升,知识产权环境持续明显优化。从2017年各国产权制度、市场、文化环境指标对环境指标得分的贡献程度可以看出,在我国知识产权环境指标中贡献度最高的依然是制度环境,体现出我国近年来在知识产权制度环境方面取得的积极进展。2017年,市场环境指标得分提升得最为明显,由32.80分提升至43.87分,增幅达33.75%;文化环境指标得分也有较大幅度的提升,由2016年的43.50分提升至48.79分,增幅达12.16%。

3.2.3 产业视角

产业是经济之本,也是知识产权战略实施的核心主体。改革开放以来,尤其伴随知识产权战略的深入实施,通过积极引进国外先进技术,并加大对研发经费和人力资本投入以强化自主创新等措施,我国产业创新水平快速提升,产业结构不断优化,正逐步缩小与发达国家的差距。但与此同时,我国与发达国家产业的互补性削弱,后来者优势和技术引进的空间正在逐渐缩小,实施知识产权战略的内外部环境发生了重大变化。在此背景下,考察我国知识产权战略发展与产业创新发展的匹配状况,有助于深入了解我国知识产权战略发展结构变迁的绩效表现。

1978年伊始,改革开放为我国经济发展带来了巨大的驱动力,尤其在以产业政策为典型的政府积极干预下,我国三大产业都走出了一条中国特色的快速发展之路,各产业基于自身的禀赋优势,深刻把握了全球产业发展的趋势与技术变革机遇,并在恰当的时机融入全球产业链分工体系,获得了巨大的发展红利,产业结构不断得到优化。与此同时,各产业内部结构也得到系统性优化,一方面,在劳动生产率不断提升的基础上,我国不断涌现出新的产业模式与组织形态;另一方面,产业结构也渐趋合理,国家重点打造的特色优势产业集群化发展成效显著,有效支撑了我国经济的可持续发展以及新旧动能转换。

最为明显的是,从三大产业在GDP中的比例变化来看,改革开放以来,我国产业结构实现了从"二一三"到"二三一",再到"三二一"的转变态势,第一产业与第三产业呈现出"剪刀式"的对称消长趋势,第三产业逐渐从三大产业中脱颖而出,在国民经济中逐渐占据主导地位(见图3.4)。

作为曾经的主导产业,第二产业占比总体变化幅度较小,基本在40%—50%的区间内波动,受服务业加速发展的影响,第二产业占比在2007—2016年下降幅度更大、速度更快,2016年即降至39.88%,达到历史最低水平。相

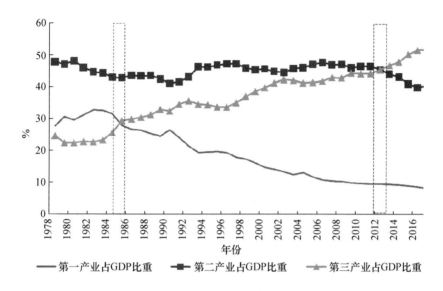

图 3.4 1978—2016 年三大产业产出结构变化趋势
资料来源:《中国统计年鉴-2017》;Wind。

较产业结构的变化,我国三大产业的劳动生产率均有不同程度的提升,但产业间差距呈扩大趋势。2014 年,三大产业劳动生产率分别达到 1978 年的 4.87 倍、11.32 倍和 4.93 倍。三大产业经济增长贡献率[①]、拉动率[②]在变化趋势上与产出结构具有一致性,20 世纪 90 年代以来,第一产业经济增长贡献率始终在低位徘徊,大多数年份甚至低于 5%,第二产业经济增长贡献率先升后降,第三产业经济增长贡献率波动上升,并于 2015 年取代第二产业成为经济增长最主要的贡献力量。经济增长拉动率方面,国际金融危机爆发后,第二、三产业拉动率当年均迅速回落,此后走势出现明显分化:第二产业拉动率由 2010 年的 6.1% 降至 2016 年的 2.5%,第三产业则基本保持在 4% 左右,成为经济增长的重要稳定器(见图 3.5)。

[①] 产业经济增长贡献率指在经济增长率中各产业部门的贡献所占的份额,即某产业部门对 GDP 增长率的贡献率 = 该产业部门增加值增量/GDP 增量。
[②] 产业经济增长拉动率 = 产业经济增长贡献率 × GDP 增速。

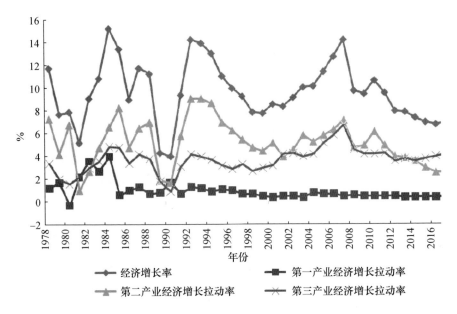

图 3.5　1978—2016 年三大产业经济增长拉动率变化趋势
资料来源：Wind。

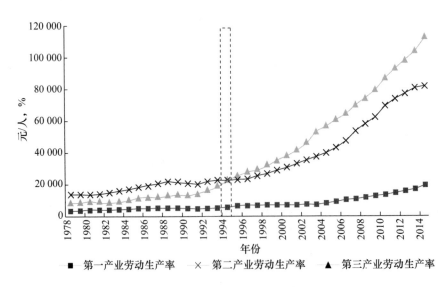

图 3.6　1978—2014 年三大产业劳动生产率变化趋势
资料来源：Wind。

从劳动生产率的变化来看,第二产业的提升最为显著(见图 3.6),但长期以来,"大而不强"仍是制约第二产业发展壮大的重要瓶颈,知识产权资源的配置效率不高是第二产业核心竞争力不足的关键因素。其中,制造业最为典型,其发展历程最为鲜明地展现了我国第二产业的整体发展形势,从其占比情况来看,改革开放以来,制造业一直发展稳定,在工业中的占比不断攀升。改革开放初期以电子、轻工产品为代表的制造业快速发展,充分利用了我国当下丰富的劳动力等资源优势;之后,我国不断深化改革开放,越来越多的产业融入全球产业链分工体系,以 IT 产品加工、服装等为代表的劳动密集型制造业辐射全球。2010 年,我国正式取代美国,成为全球第一制造业大国,制造业占全球的比重达到 18.9%。尽管我国制造业规模不断扩大并享誉全球,但从国际产业竞争格局来看,我国第二产业尤其是工业的竞争力反而有所削弱。在全球经济一体化不断深化的形势下,全球各国产业之间的竞争不断加剧,对于以钢铁、纺织等为代表的传统工业领域,由于我国技术水平相对较低且基础薄弱,且同时受到东南亚、非洲等低成本国家的竞争威胁,我国传统的劳动力等资源优势不断被挤压,传统工业领域的生存不断受到挑战;而在一些高技术工业领域,我国则严重依赖进口,尤其是一些关键设备、核心零部件和基础软件等技术,大都掌握在欧美等发达国家手上,导致我国高技术产业发展十分被动;在智能制造等新兴工业领域,我国也普遍处于劣势,高端人才匮乏、技术成果缺乏核心知识产权等一系列问题导致我国与发达国家的差距有不断扩大的趋势。与此同时,发达国家利用知识产权制度进一步就核心技术的对外扩散加以约束,以知识产权保护和国家安全为由实施技术封锁,开展贸易制裁,形势愈发严峻。从经济效益和内部结构来看,我国工业企业整体利润增势不容乐观,轻重工业的结构失衡问题依然存在。作为驱动产业转型升级的关键资源,知识产权对于提升我国产业国际竞争力、助力我国产业价值链攀升至关重要。伴随我国知识产权战略的实施,尽管我国在知识产权申请、知识产权保护方面取得了巨大进展,但不少领域的核心技术仍存在短板,知识产权质量普遍还不够高,核心专利、知名品牌比较少,知识产权与经济发展的融合不够紧密;与西方发达国家相比,我国在知识产权密集型产业发展方面仍有较大差距。最显著的表现是,2011—2017 年,与美国和日本等发达国家相比,我国知识产权使用费贸易额①及在贸易总额中的占比仍有较大差距(见表3.2)。

表3.2 2011—2017年各主要国家知识产权使用费贸易额及在贸易总额中的占比

单位:亿美元

	2011年	2012年	2013年	2014年	2015年	2016年	2017年	占比年均增速
中国	154.49	187.93	219.2	232.9	231.07	251.41	334.4	10.29%
	0.40%	0.46%	0.49%	0.50%	0.53%	0.61%	0.72%	
德国	181.16	166.98	222.59	261.56	255.66	294.71	328.97	10.36%
	0.57%	0.55%	0.70%	0.80%	0.88%	1.00%	1.03%	
法国	258.74	215.04	242.25	273	308.92	302.38	312.98	3.83%
	1.54%	1.34%	1.44%	1.58%	2.05%	2.01%	1.93%	
英国	282.24	248.86	270.5	297.12	316.82	323.65	342.29	3.36%
	1.73%	1.52%	1.61%	1.69%	1.94%	2.09%	2.11%	
日本	481.62	517.9	494.18	582.78	535.11	593.82	630.85	6.55%
	2.57%	2.73%	2.81%	3.20%	3.42%	3.84%	3.76%	
韩国	118.14	125.2	141.92	160.88	166.1	163.65	169.89	7.45%
	0.89%	0.93%	1.06%	1.20%	1.43%	1.49%	1.37%	
美国	1594.22	1630.99	1668.95	1716.98	1653.78	1713.11	1796.46	0.35%
	3.33%	3.29%	3.31%	3.27%	3.27%	3.46%	3.40%	

资料来源:世界银行。

在进出口额单项数据表现方面,相较其他主要发达国家,我国的知识产权使用费进口额一直处于高位运行态势,美国小幅高于我国,但美国在知识产权使用费出口额方面一直保持绝对的领先优势,而我国知识产权使用费出口额与其他六个国家仍有较大差距,尤其与美国差距显著。考察2011—2017年各国知识产权使用费贸易结构,我国知识产权贸易仍以进口为主,贸易不平衡异常突出。而其他国家方面,除了韩国,均为贸易顺差。尤其美国,其知识产权使用费出口额与进口额的比值始终保持在2到4之间(见表3.3)。

---

① 知识产权使用费是指居民和非居民之间经许可使用无形的、非生产/非金融资产和专有权以及经特许安排使用已问世的原作或原型的行为。贷方记录我国居民向非居民提供的知识产权相关服务。借方记录我国居民使用的非居民知识产权服务。实际值为借贷双方绝对值之和。通俗来讲,知识产权使用费是指跨境授权使用知识产权所产生的支出和收入。

表 3.3　2011—2017 年各主要国家知识产权使用费贸易结构(出口额/进口额)

	2011 年	2012 年	2013 年	2014 年	2015 年	2016 年	2017 年
中国	0.05	0.06	0.04	0.03	0.05	0.05	0.17
德国	1.45	1.61	1.56	1.44	1.53	1.60	1.58
法国	1.46	1.46	1.19	1.14	0.97	1.06	1.11
英国	1.55	1.69	1.74	1.79	1.77	1.74	1.88
日本	1.51	1.60	1.77	1.78	2.14	1.93	1.96
韩国	0.59	0.45	0.44	0.53	0.65	0.74	0.75
美国	3.42	3.22	3.29	3.09	3.07	2.68	2.50

资料来源:根据世界银行公开数据测算。

但同时也发现,我国产业在对外发展过程中对于知识产权的利用水平在不断提升。2011—2017 年,我国知识产权使用费贸易总额一直在稳步提升,并始终保持对韩国的领先,在发展过程中逐渐赶超了德国和法国。在知识产权使用费贸易额占贸易总额的比重方面,我国年均增速表现突出,接近美国增速的 30 倍。2017 年 9 月,科睿唯安在其发布的《2017 全球创新报告:进无止境》中指出,当前全球创新仍呈现增长趋势,但创新活动整体放缓;中国对全球创新活动产生了重要影响。通过对所有 12 个技术领域内创新机构数量和对应的发明专利数量的对比发现,中国以 25 家机构、44 615 个发明位列世界第一,无论是在机构数量上还是在发明数量上,都远远超过其他国家。但中国的优势主要体现在食品、饮料、烟草以及石油与天然气和家电等传统领域;在航空航天、生物技术、信息技术、制药、电信等高新技术领域有明显进步;在可替代能源汽车、化妆品和健康、医疗器械等领域,中国与其他领先国家还存在较大差距,尚需进一步追赶。

基于产业视角考察我国知识产权战略发展的结构变迁,知识产权在支撑产业转型升级方面的作用正在不断显现,推动了我国产业结构不断优化。自《国家知识产权战略纲要》实施以来,我国在载人航天、探月工程、超级计算、北斗导航、量子通信等诸多高技术领域取得了重大突破,在高铁、5G 移动通信、核电、特高压输变电等领域与发达国家处于齐头并进甚至领跑地位。但同时,在新时代发展阶段,伴随其他国家的"围追堵截",我国产业整体创新能力偏弱、竞争力不强的劣势日益凸显,这表明我国知识产权事业仍需进一步提升发展质量,优化结构,并强化与我国不同产业创新发展的匹配度。

3.3 知识产权战略发展的演变趋势、演变特征及挑战分析

3.3.1 全球知识产权发展演变趋势分析

1. 市场竞争逐渐趋于制度化

知识产权制度产生于市场经济土壤,并随着市场经济的发展不断完善。知识产权制度又作为一种重要的政策工具作用于市场经济,起到激励发明创造、维护知识市场竞争秩序、增强社会创新能力的作用。随着知识经济的发展,全球市场竞争逐渐趋于制度化,而知识产权制度的影响尤为突出。

以专利制度为例,专利制度给发明者提供了一种有效保护技术的方法,包括时间和空间上的限制性垄断权,通过给予发明人和专利权人的个体利益回报,促进更多的个体致力于技术创新,从而提升科学技术的总体社会效益。从现代工业技术发展历史过程来看,专利制度是市场经济的核心制度之一,有效地鼓励社会对发明创造投入,以法律形式缩短了金融资本获益和技术获益两类活动之间的利益差距,在经济社会发展史上产生了巨大的驱动作用,对中国改革开放以来的经济建设也具有重要意义。但近年来的一些国内外的研究也表明,专利权导致国际市场竞争更多地呈现出制度化的特征:一方面,专利权的竞争以及相应的专利制度的完善往往影响国家之间的贸易及其竞争模式;另一方面,以专利池或专利联盟形式为代表的市场竞争形式突出了专利资源与工业标准、工业联盟之间的关系,因此更加体现其制度化特征。总体而言,专利制度体系已经在相当程度上塑造了国际市场上的技术创新规范,甚至由此引发的技术创新方法体系、知识产权保护制度和执行方式已成为影响创新活动的一个制度因素,不但从研发活动的宏观层面(例如,OECD已经把专利权视为开发的重磅激励因素),而且从研发方式的微观层面影响着高技术领域的竞争范式。在商标领域,品牌影响力对企业乃至一国的影响越来越显著;伴随经济全球化,国际市场上著名的商标往往在许多国家注册,以争夺全球市场资源。从欧美国家开展的知识产权密集型产业研究结果来看,相较于专利,商标对一国经济发展展现出了更强的驱动力:2016 年,美国商标密集型产业对 GDP 的贡献率为 34.9%,专利密

集型产业为 5.1%①;欧盟商标密集型产业对 GDP 的贡献率为 35.9%,专利密集型产业为 15.2%②。

2. 企业在国家知识产权战略实施中的主体地位日益突出

全球范围内,知识产权创造行为动机越来越呈现出资本运作和法律运作的特点。知识产权资源除了对技术创新活动本身的影响,随着高技术资源在企业价值评估和财务评估中作用的增大,其也成为一种重要的评价依据,于是知识产权更多地体现其财务效用。同时,知识产权资源本身又是一种法律资产,也可能被主要用来发挥其法律效用,而非技术创新。在此前提下,作为全球性的激励制度,利用知识产权制度开拓市场、提升核心竞争力便成为全球范围内跨国企业的重要手段,这也不断强化了企业在一国知识产权战略实施中的主体地位。例如,企业购并过程中以知识产权存量为标志的无形资产水平,往往成为知识产权创造的重要动机。专利申请动机体现得尤为突出:在美国市场,通过专利回避技术来获得大量专利以抵御其他竞争者的专利诉讼;或应用这些专利主动出击,对其他竞争对手实行精确定位的专利诉讼。这些发展因素和行为动机事实上正在利用和侵蚀知识产权制度本身的社会效益,使得知识产权制度越来越多地成为一种纯粹保护私有利益的制度,而忽略了制度建设通过刺激私有利益创造社会效益的初衷。

3. 知识产权与产业之间的融合发展渐趋显著

近年来,信息技术尤其是互联网技术得到快速发展,并出现了以人工智能、大数据、云计算等为代表的新经济现象,这些以高技术为内核的经济现象的涌现给产业结构演变带来了重大影响,"互联网+产业"也成为当下经济转型与产业升级的重要手段与发展方向之一(尹锋林和肖尤丹,2018;杨延超,2018)。与此同时,数字经济蓬勃发展,共享经济与经济社会发展之间的联系愈发紧密,战略性新兴产业对于一个国家发展的重要性也日渐凸显,新的业态发展形势打破了过去传统三大产业的结构划分格局。在这个过程中,打造以知识产权的精准供给为核心的新产业竞争优势成为全球各国争

---

① "知识产权密集型产业对美国经济的贡献",http://www.nipso.cn/onews.asp?id=37457,访问时间:2019 年 7 月 3 日。

② "商标密集型行业该怎么发展?",http://www.sohu.com/a/165785744_552407,访问时间:2019 年 7 月 4 日。

相开展的重点工作,以服务产业技术发展的新生态与新体系,推动新兴业态实现更好的发展,并带动传统业态实现更加顺畅的转型与升级。新兴技术的不断突破也将加速经济社会各领域的融合发展,同时催生出更利于经济增长潜能发挥的新业态与新发展模式,新兴产业拉动全球经济增长的新动能优势正在逐渐凸显。不仅如此,新兴产业与知识产权制度之间具备天然的依存关系,这也是全球各国积极打造以知识产权战略为核心的新产业竞争优势的关键原因。比如"法国未来工业计划""美国先进制造业国家战略计划"以及"德国工业4.0"等核心理念的提出都与知识产权密不可分,同时这些战略发展理念所涉及的领域也均是围绕新兴产业展开,例如美国在增材制造(Additive Manufacturing,AM)①、复合材料、机器人等工业技术领域设立了14家创新研究院。通过强化战略引领,将知识产权制度有机嵌入其中,发达国家在智能机器人、无人驾驶汽车、工业互联网等前沿技术领域已经再次实现率先发展。新经济实际上不仅仅是一种经济现象,也不完全是一种技术现象,而是一种新的技术—经济范式的形成与发展,它具有聚合共享、跨界融合、快速迭代、高速增长四个特征。积极培育知识产权密集型产业和企业,加快构建以新经济为主导、知识产权密集型的现代产业体系,着力打造高质量发展的新经济支撑体系是未来发展的基本趋势。

4. 知识产权发展对国际竞争力的影响越来越大

由于创新活动可以提高企业乃至国家层面的生产力质量和影响力,也会提高知识产权相关产品或服务的国际竞争力,尤其对该国的对外贸易来说是一个福音。以专利为例,公司、行业性投资与国家专利权保护及其对企业专利技术创新的支持水平之间有很强的正相关关系,这类发现是企业经理人考虑进军新的国际市场时重要的决定因素。具有较强的专利保护的国家通过提供有效的激励支持创新,有利于产品通过出口贸易进入特定国家的市场,而产品进入的国家所具有的更强专利保护也会避免制造商出口产品进入市场后立即被模仿的威胁。知识产权等无形资本隐藏在我们所购买产品的外观、感受、功能和整体吸引力中,决定了产品在市场上的成功率。世界知识产权组织发布的《2017年世界知识产权报告:全球价值链中的无形资

---

① 俗称3D打印。

本》显示,2000—2014年,知识产权等无形资本份额平均占所销售制成品总值的30.4%,在2014年达到5.9万亿美元。作为用以保护无形资产的重要工具,知识产权的地位在世界经济中日益重要。由此看来,在全球化环境中,国家的生产力水平和竞争能力不仅依赖于自身的研发投入,也依赖于其贸易伙伴的研发水平和市场开放程度(Varsakelis,2001)。从促进技术创新活动的积极因素来看,知识产权制度、专利制度和相关政策体系正在国家层面和国际市场竞争层面发挥着越来越重要的作用,各国和地区的政府创新政策也成为一个重要的影响维度。但同时,受到日益激烈的市场竞争及其制度化特征的影响,以及日益增强的政府创新激励政策的影响,知识产权的发展也呈现出一些低效率甚至无效率的增长特征。

5. 专利制度保护技术创新的政府政策效应凸显

作为知识产权制度的核心组成部分,依托专利制度的专利技术业已成为国家和产业技术创新的重要标志,各国和各地方政府都在根据产业所处的发展节点逐渐加大对技术创新的政策性激励,以提升其产业全球竞争力。特别是,专利制度建设本身也具有政策特征,专利保护框架的首要政策目标就是刺激国家或地方科学技术的研究和发展,以此保证经济发展的质量与可持续发展,事实上,政策激励也在很大程度上起到这个作用。因为大多数企业一般不会孤立地去开展创新和研发活动,必须依靠一定的局部市场激励和技术竞争的发展,但是施加一定的政策激励,将会促进企业及其他经济组织相互影响,通过合作或竞争,促进科技创新的发展。特别是,专利制度的政策效应往往还会支持企业间的合作。例如,Allred和Park(2007)重点考察了专利保护对企业技术创新的影响,并进而检验国家间专利权及其变化如何影响在企业层面上对创新的投资,其收集了29个国家的10个制造行业中相互竞争的706家公司数据并进行分析,发现即使在控制各公司、行业和国家的因素之后,专利保护和政策的变化对特定公司的创新投资倾向仍有强烈的积极影响。由此可以认为,企业对专利和知识产权保护类型的政策敏感性极高,这也客观上说明了市场竞争之外的政府政策的力量。当然,专利保护的作用在不同的行业具有较大的差异性。这类研究也表明,不可能提出一种放之四海而皆准的专利政策来适应所有的行业,但总体上说,政府政策的积极影响是不容忽视的。我国在制定专利保护政策时也应有适当的借鉴。但同样不容忽视的是,在各发达国家知识产权战略的发展过程中,政府的参与始终被定位在更好地引导市场机制发挥主导作用,以弥补可能出现的各种市场失灵。

3.3.2 中国知识产权发展演变特征及挑战分析

1. 中国知识产权发展演变特征分析

首先,从大国到强国,战略目标稳步转移。

改革开放四十多年来,我国知识产权事业发展从零起步,2008年走到了将"知识产权上升为国家战略"的新的历史起点。我国需要通过大力开发和利用知识资源以转变经济发展方式,缓解资源环境约束,提升国家核心竞争力。实施知识产权战略既是全面融入全球经济的需要,也是国内经济社会发展的现实要求。但在当时,我国知识产权事业发展仍处于全面滞后的状态,知识产权制度的完善程度、核心自主知识产权的拥有量、市场主体的知识产权综合能力等均无法满足经济社会发展的现实需要。与之对应的是,我国在打造知识产权事业发展的基础环境方面还存在较多缺陷,全社会的知识产权意识还处于非常薄弱的状态,滥用、侵犯知识产权等现象在经济社会生活中时有发生,支撑知识产权事业发展的服务业还处于起步阶段,知识产权人才培养体系尚不健全,以上导致知识产权制度对我国经济社会发展的支撑力度显著不足。经过十多年的发展,知识产权保护不断加强,各类知识产权创造增长态势良好,知识产权运用效益日益显现,知识产权管理改革也获得了历史性突破,知识产权国际合作扎实推进,知识产权文化理念深入人心,知识产权事业前景光明,成为名副其实的"走出去"大国。同时,我国知识产权发展所面临的形势也发生了较大的变化,尤其是在围绕知识产权而逐渐激化的国际贸易竞争中,如何谋划好知识产权事业的未来发展路径,以应对新时期高质量发展的新要求,推动我国从知识产权大国向知识产权强国转变,成为我国知识产权事业发展面临的新课题。新时代背景下,面对我国知识产权发展中遇到的大而不强、多而不优、侵权易发多发、保护不够严格等问题,以及新一轮全球科技和产业变革的新形势,《国务院关于新形势下加快知识产权强国建设的若干意见》于2015年发布,该文件的颁布标志着我国知识产权强国建设的开端,至此,知识产权强国战略纲要的制定工作也正式启动。总体而言,知识产权强国建设是新时代背景下我国知识产权事业发展的重要转折点,"由大到强"的转变主要体现在四个方面:知识产权创造由数量积累向质量提升转变,知识产权运用由单一效益向综合效益转变,知识产权保护由逐渐加强向全面从严转变,知识产权国际规则由被动应对向主动引领转变。

其次,政府主导发展,完善市场作用机制任重而道远。

自2008年我国将知识产权保护上升为国家战略以来,政府部门共出台了1 200多项政策来推动全国和地方层面的知识产权战略实施工作。在政策工具方面,为实现建设知识产权大国这一目标,我国加强了各个方面的知识产权政策工具的综合运用,在知识产权创造和保护方面加大强度,在运用和管理方面对知识产权政策工具进行了系统的完善。如今我国已成为名副其实的知识产权大国,但在从知识产权大国向强国转变的过程中仍障碍重重,其中市场机制主导作用的发挥是关键因素。

知识产权制度诞生于市场经济,服务于市场经济,而在我国,市场机制主导下的知识产权战略发展格局尚未形成。当前阶段,我国知识产权多而不优、大而不强的重要原因就在于政府干预过多而导致的产权安排效益降低。实现从知识产权大国向强国转型的关键在于能否有效实现市场机制主导下的知识产权事业发展。在新时代高质量发展阶段,知识产权工作与经济社会发展的深度融合是我国知识产权战略转型的重要方向,也是建设知识产权强国的关键。要实现深度融合,必须遵循经济发展的市场规律,发挥市场竞争机制的功能,形成知识产权工作的市场导向机制,突出市场在资源配置中的决定性作用,处理好政府和市场的关系。同时,还需要充分发挥和提升知识产权的运用绩效,实现知识产权工作从简单化的数量增加、规模扩张向实质性的转化运用、增能提效升级,推动知识产权工作由政府外部推动向市场内部驱动转变。总体而言,市场驱动下中国知识产权战略的发展还有很长的路要走,任重而道远。

最后,供给侧结构性改革引领知识产权新发展。

供给侧结构性改革,即从提高供给质量出发,用改革的办法推进结构调整,矫正要素配置扭曲,扩大有效供给,提高供给结构对需求变化的适应性和灵活性,提高全要素生产率,促进经济社会的持续、健康发展。知识产权领域也需要"供给侧改革"。随着迈入知识产权强国建设阶段,我国正大力开展知识产权领域的改革,在很多领域呈现出新的发展特征:

第一,知识产权创造由多向优、由大到强转变。知识产权数量与质量不协调的问题一直是制约我国知识产权事业发展的重要问题,大量低质量的知识产权创造不仅造成了创新资源的浪费,更重要的是削弱了知识产权引领创新的能力。随着迈入高质量发展阶段,我国知识产权战略发展的目标发生了重大转变,如何支撑强国建设、提升知识产权创新驱动的能力已经成为新时代我国知识产权事业发展的主旋律,显然,提升知识产权质量是其中重要的一环。为此,在《关于新形势下加快知识产权强国建设的若干意见》《"十三五"国家知识产权保护和运用规划》《专利质量提升工程实施方案》等文件中均明确了推动专利"由多向优、由大到强"的质量转型举措。国家知识产权局还明确了"质量取胜、数量布局"的工作导向,在继续保持专利数量稳定增长的同时,把更多的精力放在提高专利的质量上来,稳增长、调结构、促转型,通过这些措施实现专利的高水平创造、高质量申请、高效率审查、高规格授予。自实施专利质量提升工程以来,我国开始大力培育高价值核心专利,在信息通信、航空航天、高铁、核能等领域形成了一批拥有自主知识产权的核心技术,呈现出良好的转型态势。商标方面,通过提高商标审查质量和效率以及实施商标品牌战略等举措,我国也切实提升了商标申请质量,推动了中国产品向中国品牌转变。

第二,知识产权保护从不断加强向全面从严转变。知识产权保护是营造良好营商环境的重要方面,我国的知识产权制度建设是在改革开放的过程中逐渐完善起来的。目前我国已建立起一个符合国际通行规则、门类较为齐全的知识产权制度,加入了世界上几乎所有主要的知识产权国际公约,是名副其实的知识产权大国。改革开放四十多年来,我国一直是知识产权国际规则的维护者、参与者和建设者。但随着我国改革开放程度的不断扩大以及贸易保护主义在世界范围内的抬头,知识产权保护再次成为我国知识产权事业发展中的焦点问题。为了适应不断变化的国内外形势,在知识产权强国建设过程中,我国不断强化知识产权保护对于我国经济发展的重要性(宋河发等,2016;申长雨,2014)。伴随知识产权强国建设的不断推进以及一系列举措的落实,我国知识产权保护开始呈现一些新的变化,主要体现在四个方面:其一,积极指导专利商标的综合执法,更好地打击各类侵权行为。其二,加快建立侵权惩罚性赔偿制度,真正把违法成本显著提升上去,使法律威慑作用能够充分发挥出来。其三,将快速授权、快速确权、快速维权结合起来,加快建立更加便捷、高效、低成本的维权渠道。其四,深化知识产权国际合作,推动构建更加开放包容、平衡有效的知识产权国际规则,让中国的知识产权在国外也能得到很好的保护,为中国企业"走出去"营造良好的国际环境。

第三,知识产权转化运用从单一效益向综合效益转变。知识产权运用是充分发挥知识产权价值的必由之路,也是知识产权工作的目的所在,但由于前期我国对知识产权质量问题缺乏足够的重视,我国在高端产品研发方面受制于国外,传统中低端产品在全球市场上的竞争优势也逐渐减弱,遭遇封锁的风险越来越大,产业转型升级中知识产权运用的瓶颈日益凸显。随着我国创新驱动战略的深入实施,高质量发展对于知识产权转化运用的需求越来越迫切,我国知识产权战略规划也越来越突出知识产权运用的重要性,《国家创新驱动发展战略纲要》《关于新形势下加快知识产权强国建设的若干意见》《"十三五"国家知识产权保护和运用规划》《深入实施国家知识产权战略行动计划(2014—2020年)》等一系列重要文件,都对知识产权运用工作做出了明确部署。从完善知识产权权益分配机制、搭建知识产权转化交易平台、推进知识产权军民融合、培育知识产权密集型产业、创新知识产权金融工作等方面着手,畅通知识产权价值实现渠道,培育知识产权运营新业态、新模式,盘活用好知识产权资产,实现了知识产权转化运用从单一效益向综合效益的转变。国家知识产权局公布的数据显示,2018年,我国知识产权使用费进出口总额超过350亿美元,其中使用费出口额提前完成《"十三五"国家知识产权保护和运用规划》确定的"5年累计超过100亿美元"的目标。专利、商标质押融资总额达到1 224亿元,同比增长12.3%。其中,专利质押融资金额达885亿元,同比增长23%;质押项目5 408项,同比增长29%。我国知识产权的运用效益快速提升。[1]

---

[1] "国家知识产权局2018年主要工作统计数据及有关情况发布",http://ip.people.com.cn/n1/2019/0110/c179663-30515513.html,访问时间:2019年7月5日。

第四,知识产权管理从多头分散向更高效能转变。知识产权管理是影响知识产权制度运行绩效的重要因素。一直以来,政府主导下的分散式管理是我国知识产权管理的主要模式,在这种模式下,我国逐步成长为名副其实的知识产权大国。但随着经济发展迈入高质量发展阶段,传统知识产权管理模式的弊端日益显露,无论是在打通知识产权创造、运用、保护、管理和服务全链条以有效加强技术创新成果供给方面,还是在更有效地促进各类资源向创新者集聚以增强经济发展的内生动力和活力方面,现有知识产权管理模式都很难适应经济转型和产业升级的新时代发展需要。作为知识产权管理的重要主体,我国政府一直主张在发展过程中通过改革的办法不断优化与市场之间的相互关系,积极通过"放管服"改革不断强化知识产权管理职能中市场机制作用的发挥,推动政府从知识产权的管理者、控制者向公共服务提供者转变,并推动我国政府、市场、社会等多个主体打通知识产权创造、运用、保护、管理、服务全链条,从而进一步释放创新潜力,激发市场活力,促进经济的高质量发展。为了全面支撑知识产权强国战略,我国实施了知识产权制度建立以来最大的一次行政管理体制改革。①

第五,知识产权的国际服务能力渐趋增强。在经济全球化背景下,一国经济的发展受到越来越多外部因素的影响。而知识经济的繁荣发展又推动了以知识产权制度为全球通行规则的创新竞争格局的不断演化。以欧美发达国家为代表的全球创新领先者借助其知识产权优势不断开拓其产业价值链条的全球布局,极大地阻碍了发展中国家追赶的步伐。尽管中国已成为世界第二大经济体,但由于过去发展模式过于粗放,经济质量和效益不高,发展不平衡和不充分等问题突出,中国经济发展总体"大而不强",与发达国家相比竞争力较弱。知识产权领域面临同样的问题:中国知识产权制度建设经历了从无到有、从有到优、从被动选择到主动战略化安排的发展过程,但作为国际经贸往来和技术合作的通行规则,新时期我国知识产权发展在全球化方面还有很多不足,对提升我国经济全球竞争力的支撑力度不够。随着我国不断扩大对外开放,经济高质量发展过程中产生的全球化影响越来越大;为了适应新的发展形势,我国知识产权战略发展的方向也在进行针

---

① 2018年3月重新组建了国家知识产权局,并由新成立的国家市场监督管理总局管理。

对性的调整。比如,国家知识产权局在探索与更多重点国家或地区建立专利审查高速公路项目,探索建立共同申请格式,以及对我国企业海外申请和获得知识产权有利的其他项目等,帮助外向型企业了解海外知识产权制度,适应海外知识产权规则,提升企业的海外知识产权获取能力。国家知识产权局还为外向型企业提供有关海外知识产权制度、程序、案例、服务机构、研究报告等各类知识产权信息的中文版本,依托信息平台提供"一站式"服务,帮助企业更便捷地获取海外信息,了解海外市场环境和知识产权态势等。此外,我国还积极利用"一带一路"等区域合作平台来推进知识产权国际合作,不断提升知识产权国际服务能力。

2. 中国知识产权发展面临的问题与挑战

首先,我们先来看看中国知识产权发展所面临的问题。

第一,创新激励政策可能刺激"伪创新"活动。创新激励政策是为了充分发挥知识产权制度对经济和社会发展的积极作用,实现本国家或地区知识产权数量和质量的快速增长。具体而言,它是政府依据创新发展原理配置相关社会资源并力图促使其高效运作的一系列政策,本质是为了促进企业树立知识产权创造意识,提高知识产权存量,但是知识产权创造的相关激励和资助政策可能会潜在地诱发"泡沫",诱生低质量知识产权,使得知识产权创造数量出现非理性的高速攀升,导致相对于日益膨胀的知识产权数量,知识产权质量呈现下降趋势。例如,张钦红和骆建文(2009)以上海市专利资助政策为研究对象,用非参数统计方法分析上海专利支持政策对专利申请数量和质量的影响。该研究表明,当前上海市的专利资助政策对发明专利和实用新型专利申请数量具有明显的提升作用,而对外观设计专利申请数量的提升并无统计意义上的作用;同时,该研究还发现有关专利的资助政策对各种专利的质量存在一定的消极影响。

事实上,专利政策设计及其效果已经是我国学者从事政策研究的重点领域。学术界对我国的专利申请及国家资助政策方面的问题进行了较多的研究,其中相当一部分研究肯定了专利激励政策的正面作用,如李伟和夏向阳(2011)以宁波市专利促进政策为研究对象,采用非参数检验等计量方法分析本市专利促进政策对专利增长的影响,结果表明专利资助政策与科技资助政策对专利数量增长有显著影响,二者的有效协同会促进专利申请数量的长期增长。但 Zhang 和 Chen(2012)应用以专利存续期为依据的测度方法,衡量中国专利权人所拥有的专利价值与欧美发达国家专利权人拥有的专利价值,发现我国的专利价值较低;而 Dang 和 Motohashi(2015)的研究则专门考察我国专利政策激励的特别效应,他们通过数据分析认为政策激励促使我国专利数量额外增长了30%。商标领域的事实差距则更为明显,在激励政策的推动下,截至2017年年底,我国商标累计申请量为2784.2万件,累计注册量为1730.1万件,有效注册商标量为1492万件,连续16年位居世界第一。自2001年起我国开始超越美国,成为商标申请量最多的国家。我国正逐步成为全球创新和品牌方面的引领者。但同时,商标申请量增速远高于国内生产总值增速,商标品牌价值并没有得到有效实现,商标数量的增长趋势与我国经济由高速度增长向高质量发展转变的趋势不符。

第二,知识产权数量增速快,产业布局结构不合理。《中国知识产权发展状况评价报告》显示,中国是世界上仅有的几个知识产权能力贡献接近40%的国家,而知识产权创造是其中的主要方面。以专利为例,科睿唯安发布的《2017全球创新报告:进无止境》显示,在过去的十年间,中国发明专利数量的年均增长率保持在22.6%的高水平。相比之下,世界其他国家和地区的专利增长率趋于平稳,年均增幅仅为0.3%。2016年,中国新发明专利的数量占全球总量的68.1%,比2007年的23.3%增长了2倍。在知识产权数量的显著增长下,知识产权这一无形力量推动中国经济转型升级不断迈上新的台阶。然而,我国知识产权发展模式的调整和转型压力依然较大,创新发展仍有很大的进步空间。当前,我国知识产权发展呈现出"多而不优、大而不强"的问题,知识产权结构不合理,尤其是在与产业发展的融合方面,创新布局与我国产业发展的全球化竞争实际需要匹配性差,影响了我国产业转型升级和全球产业价值链攀升。

世界知识产权组织发布的《2017年世界知识产权报告:全球价值链中的无形资本》指出,中国在全球制造业价值链中的地位近年来稳步提升,中国企业正逐步跻身于高技术附加值的上游生产商之列。比如,作为重要的无形资产,专利正在推动全球光伏产业制造价值链发生深刻的变革,中国相关专利的申请量大幅增长,中国制造商的市场份额逐渐增加。然而,中国企业在其他国家递交的光伏专利申请的比例仍然很低(不足2%)。而在智能手机领域,华为等企业提交的PCT国际专利申请大多集中在智能手机硬件本身,对图形用户界面(GUI)等方面涉猎较少。在中国关键的战略性新兴产业领域,技术创新主要为引进型创新和改进型创新,自主创新能力不强;产业发展中的核心技术主要被外方掌控,技术专利、技术标准和主导设计在很多领域受制于人;产业整体技术水平与国际先进水平仍有较大差距。我国在高铁、航空航天、卫星、大飞机等领域不断取得突破,但高性能集成电路、碳纤维、高性能合金材料等仍严重依赖进口。比如核电、高铁所需的大型铸件、高温材料性能尚不能稳定达标;航空发动机热端部件所需的功能涂料、高温合金仍需进口;大飞机用碳纤维全部进口;钛合金板、大型铝合金板等尚未实现产业化。

第三,知识产权发展目标明确,执行力不足。2008年,知识产权战略上升为国家战略,十多年来,我国与发达国家的技术差距逐步缩小,知识产权与经济社会发展之间的互动关系也在不断调整和优化。2015年,在全球新一轮科技革命引发的产业变革背景下,面对高质量发展的内在需要,我国又提出了知识产权强国建设的重大战略举措,重新明确了知识产权发展的目标定位,以进一步深入实施创新驱动发展战略。2017年,国家发改委发布了《战略性新兴产业重点产品和服务指导目录》,进一步聚焦全球产业发展的前沿领域。在知识产权与产业不断协同发展的过程中,我国产业互补性削弱、竞争性增强,后来者优势和技术引进的空间正在逐渐缩小,自主知识产权的重要性日益凸显。尽管我国根据产业发展需要及时调整优化了知识产权支撑产业发展的目标,但由于受前期制度、文化环境等因素的长期影响,我国大多数企业的创新还只是商业模式的创新,主要依靠的是资本要素的竞争,较少通过基础研究、技术革新来获取竞争优势,更难以产生突破性的创新成果。尽管在国家产业政策的激励下,我国产业的整体创新活力显著提升,产业知识产权数量大幅增加,但知识产权产出并没有与知识产权强国建设以及产业创新发展的目标定位良好匹配,知识产权战略实施还需要通过不断地探索、调整以提升执行效果。

以战略性新兴产业为例,数据显示,我国战略性新兴产业发明专利申请量从2012年的16.7万件增加至2016年的34.4万件,在全球的占比由2012

年的27.0%上升为2016年的44.3%。① 在产业专利规模扩张的同时,在影响产业发展的关键领域技术储备方面与欧美等发达国家仍存在较大的差距。在激励政策的驱动下,部分创新主体的创新动机甚至出现了扭曲,为了迎合政策而进行创新,从而切断了创新与产业发展结构性需求之间的联系。

接下来,我们分析中国知识产权发展面临的挑战。

改革开放四十多年来,中国经济持续快速增长,创造了经济增长的"中国奇迹"。但随着劳动力成本的快速上升和环境压力的日益加大,既有增长方式的可持续性面临着极大的挑战。新时代背景下,中国经济需要从高速增长转向高质量发展,提升增长质量。高质量发展的本质在于要提高技术进步对经济增长的贡献度,从要素扩张和投资拉动转变为创新驱动,从"中国制造"升级到"中国创造"。作为创新活动的重要度量指标,知识产权数量的快速增加反映了中国创新投入和产出的快速增加,这无疑是一个积极的信号。但与此同时,我国知识产权事业的发展也面临着一系列挑战。

第一,如何应对知识产权质量问题。以专利为例,与发达国家不同,中国各级政府为了鼓励技术创新,往往对专利申请进行一定的财政补贴,也将专利作为企业申请高新技术企业、高校教师课题结项乃至晋升职称的重要依据,这就使得企业或者个人将一些并不具有明显技术和经济价值的技术成果申请专利。其中的绝大多数专利,由于缺乏市场价值而被束之高阁,成为"沉睡专利"②,造成了社会创新资源的浪费。进一步,许多弱专利还会形成"专利丛林"③,成为后续创新的严重障碍。如何从制度层面加以控制,使创新资源得到合理利用,创新效率得到充分体现,同时又能充分发挥制度的

---

① "《国家知识产权战略纲要》实施十年成就斐然",http://www.sohu.com/a/234318888_697460,访问时间:2019年7月7日。

② "沉睡专利"是指专利权人已经依法取得专利权属证书,并在专利权的保护期限之内的发明专利权和实用新型专利权,在专利权人积极寻求市场进行专利转化的前提下而无法转化或不能充分转化的专利。

③ "专利丛林"的说法来源于专利丛林法则,专利丛林法则最早由美国伯克利加州大学的一位著名的专利法专家卡尔·夏皮罗(Carl Shapiro)提出。其内涵是指知识产权权利有许多重叠的地方,开发新技术的人必须在专利丛中披荆斩棘,才能获得自己所需的全部专利技术的使用许可。由于专利被累积起来,并且它们为不同人所有。所以,一些具有基础性作用并且极其重要的专利就会对此项技术的开发和产业化带来很大的负面效应,专利丛林法则使技术发展僵化,甚至会阻碍技术的革新。

引导作用,在当前大众创业、万众创新的形势下使更多创新行为得到更大的激励,这些都是专利制度制定和实施亟须解决的问题。

第二,面对新一轮科技革命与新兴业态发展,知识产权制度如何进行战略性调整。当前,新一轮科技革命加速兴起,科技创新呈现出新的产业分工格局,创新竞争格局发生深度调整。新兴业态发展对现行的知识产权制度和战略提出了新的课题,其主要表现在如下几个方面:其一,知识产权保护客体呈现扩大化趋势,要求进一步明确知识产权保护范围。例如,遗传基因、商业方法、实验数据、网络域名、人工智能作品、大数据等是否应纳入知识产权保护客体范围,这需要进一步开展研究。其二,物理类、数字类和生物类技术呈现融合发展之势,催生了会聚技术①的发展,促进了合作创新和协同创新;联盟之间的竞争越来越表现为知识产权的竞争,要求知识产权强化协同创新与治理。当前知识产权制度主要聚焦于专利、版权、商标等领域,对跨学科且涉及伦理、隐私、安全等方面的会聚技术缺乏系统研究和前瞻部署。其三,新一代信息技术同机器人和智能制造技术相互融合的步伐加快,带动各产业快速更新换代,对知识产权制度的完善和知识产权治理能力的提升带来了新挑战。

第三,如何将知识产权创造优势变为产业竞争优势,进一步提升知识产权对产业发展的驱动作用。知识产权作为产业创新的激励与保护手段,与产业发展休戚相关。知识产权制度的根本目的是保护与促进产业发展,提升知识产权对产业的引导作用,为此,应该关注以下几个方面:其一,如何促使知识产权制度发挥对产业决策的更大影响。知识产权制度作为政策工具,可以通过权利授予的调节,影响市场竞争行为,促进创新活动,但是,我国在产业政策制定过程中对于知识产权政策工具的运用并不十分成功,尤其由于缺乏知识产权布局与规划的高瞻远瞩,很多产业的科技创新经常会让外国企业捷足先登,占尽知识产权优势,大量的产业投资白白流失,导致知识产权制度对产业的引导、推动作用大受影响。其二,如何利用知识产权制度实现对产业结构的调控。知识产权制度保护创新者的垄断收益,对仿

---

① 会聚技术是 21 世纪初出现的最新技术。它是指把纳米科学和技术、生物技术、信息技术、认知科学四个科学技术领域会聚在一起的技术。

制等侵权行为进行打击,是知识产权制度作用于经济发展的行政行为。我国作为"世界工厂",在全球有形产品制造中拥有举足轻重的地位;然而由于整体创新水平不高,大多数企业尚处于产业链的下游,且处在跟踪制造的境地,最终这种创新并未给企业带来利润的大幅增加。此外,由于经济发展不充分,市场竞争不充分,我国一些企业仍然依靠着垄断的资源优势而非创新优势获得超额利润,这在一定程度上降低了知识产权制度的效用。其三,如何发挥知识产权制度对产业发展的引导作用。在知识经济时代,知识产权俨然成为产业发展核心竞争力的代名词。在产业发展之初,倘若缺乏良好的知识产权规划和知识产权制度作配合和支撑,产业的发展必然会走弯路。现阶段,我国仍存在部分产业制定者对知识产权信息所表现出来的技术与市场价值没有足够的认识,知识产权风险意识、战略意识亟待加强。我们应该利用知识产权制度对企业个体创新行为进行引导,鼓励企业开发对国家产业发展具有战略意义的新技术、新产品和新品牌。

第4章 新结构经济学视角下的产业知识产权战略形成机理分析

整个新结构经济学理论体系特别强调对不同发展阶段的差异性和内生性分析,"要素禀赋结构"是用来刻画经济发展阶段的最为重要的变量,而"产业结构"则是分析不同发展阶段经济结构的最重要的核心内生变量。要素禀赋驱动的结构转型与产业升级是新结构经济学所强调的理论机制,因此,对结构转型与产业升级的研究是整个新结构经济学理论体系中非常核心的基础内容。比如,"自生能力"是新结构经济学分析企业行为与相关政策的核心概念,而企业是否具有"自生能力"主要取决于在给定发展阶段的禀赋结构下企业所处产业的选择是否符合比较优势,这就需要首先把握好对产业结构与产业升级的理解(林毅夫,2002)。再比如,新结构金融学是新结构经济学理论体系中非常重要的一个分支,它主要研究不同发展阶段最适宜的金融制度安排以及动态演变,其分析的关键思路是,由于不同发展阶段的要素禀赋结构不同,因而由此决定的最优产业结构就不同,而不同产业所需要的金融服务的特性(包括所需贷款规模、融资风险等)也不同,进而对应的最为合适的金融体系与政策也就不同(林毅夫等,2009;杨子荣和王勇,2018)。

不仅如此,随着中国对外开放程度的不断扩大,国内产业或企业越来越多地参与到国际市场竞争中,而任何产业或企业在国际市场的竞争优势最直接也是最根本性的体现在于产品价格,而产品价格的高低不仅取决于生产要素的价格,还与需要解决的软硬基础设施瓶颈以及技术水平的交易成本密切相关;①要在开放市场中拥有竞争优势,发展中国家的那些新产业及其相应的生产企业必须具有相应的技术并且达到一定的规模,才能同在该产业中具有比较优势的发达国家的企业展开竞争。② 发展中国家或转型中国家在从封闭到开放以及从计划到市场的改革初期,存在与生产和交易相关的各种软硬基础设施的瓶颈约束,政府的赶超战略选择也导致众多产业中的生产要素配置产生扭曲,进而严重制约在国际竞争中的产业竞争优势和企业自生能力。基于这个背景,新结构经济学致力于理顺政府和市场的关系。但从动态演进的角度看,除了要素禀赋结构所决定的比较优势,目前影响产业竞争优势和企业自生能力的重要因素还应包括生产规模和技术水平,这两大因素在现代国际竞争中的重要性正在日益凸显。

知识产权保护是激励技术创新以及创新驱动发展的重要制度支撑。2017 年中国人均 GDP 达到 8 640 美元,属于中等偏上收入国家。而要从中等收入国家转变为高收入国家,中国需要推动以创新为主的发展,知识产权正是实现这一发展的重要保证。③ 经济发展表面上看起来是收入水平的不断提高,而要提高收入水平,其基础是劳动生产率水平必须不断提升。提升劳动生产率水平主要有两个方式:一是现有产业的技术必须越来越好,每个劳动者能够生产越来越多质量越来越高的产品;二是必须有新的附加值更高的产业不断涌现,可以把劳动力、资本、土地等要素从附加值比较低的产业转移到附加值比较高的产业。不管是现有的产业技术越来越好,还是附加值越来越高的产业不断涌现,本身都是创新。从新结构经济学的角度来看,只有将创新的方式与不同发展阶段的产业和技术的比较优势相结合,才能够推动经济的可持续发展。不管是对于需要自主创新的产业,还是对于

---

① 林毅夫认为,这对任何发展程度的国家都很重要。例如,非洲许多国家的工资水平只有我国的 1/5 甚至 1/10,但其在劳动密集的加工产业领域却仍然无法和我国竞争,除软硬基础设施瓶颈的存在增加了交易费用外,还因为缺乏技术和管理,致使其生产效率低下。
② 林毅夫、任若恩:《东亚经济增长模式相关争论的再探讨》,《经济研究》2007 年第 8 期。
③ 2018 年 6 月,在第六届"三江知识产权国际论坛"上发表演讲时,林毅夫表示,改革开放 40 年以来,中国经济的快速强劲增长确实让中国进入了一个新的时代。在这个新时代,发展依然是第一要务,要用发展来解决不充分、不平衡的问题。而要发展,创新是关键,并且有赖于知识产权制度的完善。

可以引进技术作为创新来源的产业,我国都已经到了通过加强知识产权保护来促进技术创新和产业升级的发展阶段。① 新结构经济学视角下的产业知识产权战略形成机理研究不仅是新结构经济学创新理论与产业知识产权战略结合的关键,也是推动新结构经济学与知识产权战略理论基础转化为新时代背景下新结构经济学与知识产权强国战略实践的核心内容,具有非常重要的理论与现实研究价值。

本部分的研究主要分为三个部分:一是基于文献资料,运用扎根理论抽取新结构经济学视角下影响产业升级的核心构念;二是从数据角度进一步就核心构念之间的相互关系进行分析,运用经济计量模型对要素禀赋结构驱动产业研发创新的理论机制进行论证;三是以江苏省为典型区域深入揭示产业资本密集度、创新模式选择与产业创新绩效的关系研究。

4.1 理 论 构 念

当前我国经济正处于由高速增长阶段向高质量发展阶段转变的关键时期,通过创新促进产业转型升级是实现从"中国制造"向"中国创造"乃至"中国智造"转变的必然选择。我国各产业存在迅速增长、趋于稳定和逐渐退出等几种不同的发展趋势,经济环境的变化对每个产业创新的影响也不相同。所以,准确识别产业不同创新趋势的产生原因和发展路径对于全面把握创新驱动发展战略具有重要的意义。

根据新结构经济学理论,发展中国家可以通过向发达国家学习模仿,以较低的成本和较快的速度实现技术进步,具有经济发展的后来者优势。然而事实是很多发展中国家采用扶持重工业优先发展的赶超战略,虽然在该

---

① 新结构经济学将像中国这种发展程度国家的产业划分为五大类:追赶型产业、领先型产业、转进型产业、换道超车型产业和战略型产业。2019 年 11 月 11 日,在第四届紫金知识产权国际峰会上,林毅夫指出,这五类产业的创新方式不同,对于第二类领先型产业、第四类换道超车型产业和第五类战略型产业,其技术和产品都必须自行研发,因此,和发达国家一样,我们必须树立严格的知识产权保护意识。对于第三类已经失去比较优势的转进型产业,当中有些企业可以升级到微笑曲线两端附加值高的品牌、新产品设计,这些也有赖于知识产权保护。至于第一类追赶型产业,虽然还能以引进技术作为技术创新产业升级的来源,不过我们现在要追赶的产业绝大多数已经是发达国家还具有比较优势的产业,大多数技术还在知识产权保护期里,不支付专利费就不能引进。

产业上的确存在较大的技术模仿空间,但并未实现快速发展(林毅夫等,2006;林毅夫,2014;陈斌开和伏霖,2018)。新结构经济学对此做出如下解释:在给定经济体的资本、劳动力和自然资源等要素禀赋结构的条件下,如果一个产业的要素密集度偏离经济体的要素禀赋结构,就需要过多使用稀缺要素,导致生产成本过高,使得企业缺乏自生能力,即使存在技术上的后来者优势,也无法获得快速的经济增长(Lin,2009;林毅夫,2010)。可见,经济体的要素禀赋结构对于选择合适的产业与技术至关重要,但现有的创新理论文献并未充分考虑要素禀赋结构的作用。本节首次在新结构经济学的框架下,从禀赋驱动的产业转型升级角度出发,研究具有不同资本密集度的异质性产业在经济发展过程中各自最优的创新发展路径。

与本节相关的文献主要包括以下三类:第一,新结构经济学视角下的产业结构变迁系列文献。新结构经济学认为,推动结构转型的主要驱动力是经济体要素禀赋结构的变化。具体而言,随着经济体资本劳动比(要素禀赋结构)不断上升,资本相对劳动力的价格下降,使得资本密集型产业逐渐取代劳动密集型产业,推动产业升级与经济增长(Ju et al.,2015;Lin et al.,2019),且产业升级的速度与贸易伙伴国技术进步、贸易自由化速度(王勇,2018)、收入分配等有关(王勇和沈仲凯,2018)。进一步地,要素禀赋结构变化也会影响政府实施产业政策和产业结构的变迁(徐朝阳和林毅夫,2010)。上述文献大都假设所有先进技术已经存在且免费可得,并没有讨论发展中国家对于新技术的研发创新过程。

第二,内生经济增长理论文献。该文献的基础理论以水平创新(Romer,1990)和垂直创新(Aghion & Howitt,1992)为主。基于这两大基础模型,已有大量文献探究了具有不同规模、研发能力和生产率的企业或产业的异质性创新机制(Klette & Kortum,2004;Akcigit & Kerr,2018;Acemoglu et al.,2018;Aghion et al.,2018;Herrendorf & Valentinyi,2018)。另外,也有文献从异质性资本的角度,研究包含新技术从而具有更高劳动生产率的新型资本如何内生地被研发生产出来并且逐渐淘汰旧式资本,进而获得可持续的长期经济增长(Boldrin & Levine,2009)。对于发展中国家,当其技术水平和世界前沿差距较大时,经济体应主要依靠模仿实现技术进步;当技术水平接近世界前沿时,应进行自主创新(Acemoglu et al.,2006)。但以上文献基本上都在模型中假设单要素或单产业,忽略了要素禀赋结构对不同产业创新的差异化影响,也不能有效地解释发展中国家在不同产业上的技术变迁事实。

第三,国内有关创新的相关研究。国内大量研究发现,中国在学习模仿发达经济体的过程中,如果所引进的技术符合比较优势,模仿成本较低,就能够实现较快的经济增长(林毅夫和张鹏飞,2005;潘士远和林毅夫,2005;潘士远,2008)。引进技术的效果在地区之间的差异较大,对经济发展的效果也不同(吴延兵,2008;唐未兵等,2014)。但这类文献并未细致研究不同产业的创新发展。只有从更基本的产业层面出发,才能够更深入地分析创新对地区生产率的作用机制,进而提出行之有效的政策建议。

4.1.1 资料收集

扎根理论最早是由社会科学学者巴尼·格拉泽(Barney Galsser)于1967年提出的,是一种定性分析的方法。① 它是一种将原始资料自下而上进行汇集、分析、归纳,引导出扎根理论的研究方法。扎根理论最核心的过程是将原始资料进行扎根,也就是所谓的编码。扎根理论数据登录过程主要有三种编码过程:开放式编码、主轴性编码和选择性编码。开放式编码是将收集的原始资料分解为基本单位,仔细观察、不断比较,逐步地对原始资料进行概念化和范畴化,用概念和范畴准确地反映原始资料的内容。主轴性编码是在完成开放式编码之后,运用典范模式将资料重新组合,将不同的范畴联系起来,进一步总结不同范畴的含义,找出主范畴。选择性编码是选择核心范畴,在主轴性编码形成的主范畴上进一步提炼,找出核心范畴;同时找出各个范畴之间的联系,为最终理论的形成做铺垫。

鉴于学者们基于新结构经济学或在相关领域已经产出了大量有关产业资本密集度、创新模式选择与产业创新绩效的相关成果,在上述三类相关文献的基础上,本部分进一步通过文献资料研究法获取原始资料,以"新结构经济学""禀赋结构""比较优势""有为政府""产业结构""产业升级""产业转型""创新驱动""技术结构""技术引进""发明专利""自生能力""生产性

---

① GLASER B G. The discovery of grounded theory[M]. New York: Aldine Publishing Company, 1967.

服务业"和"产业政策"等为主要关键词,在中国知网(CNKI)和维普中文科技期刊收录的文献中进行检索。通过检索,剔除重复论文,根据主题、引用量、下载量和发表时间进行筛选,选取其中有代表性的233篇文献。通过对有关内容进行编码和提炼,归纳产业转型升级发展路径中的关键构念。

4.1.2 数据分析

本研究对样本论文资料进行整理和归纳,总结出新结构经济学视角下的产业知识产权战略形成机理的4个关键要素——禀赋结构、产业结构、研发创新和制度安排①,具体编码过程如下:

(1) 开放式编码。开放式编码是对原始资料逐字逐句分析整理,将相关的概念归为一类范畴,对每一类范畴抽取若干原始文字进行编码。由于初始概念存在大量重复或者相近的含义,因此通过归纳、合并,将初始概念归类,得到了78个原始概念,归纳出18个不互相重复的范畴。有些影响因素虽然只被少量的文献提及,但是这些因素对推动新结构经济学视角下的产业知识产权战略形成也起到了一定的作用。初始的范畴和概念如表4.1所示。

表4.1 开放式编码范畴及概念

编号	范畴化	概念化
000001	经济发展水平	发展阶段、收入水平、高质量发展等
000002	区域结构	区域自然资源结构、区域资本结构、区域劳动结构、区域技术水平、区域金融结构等
000003	产业结构	三次产业、领先型产业、追赶型产业、换道超车型产业、转进型产业、战略型产业等
000004	生产要素类型	自然资源、资本、劳动
000005	要素密集度	劳动密集度、资本密集度
000006	要素稀缺程度	要素生产成本
000007	产业发展阶段	产业多样性、产业转型、产业升级、产业价值链等
000008	产业创新结构	创新投入、创新模式、模仿创新、自主创新等
000009	产业发展比较优势	要素禀赋结构
000010	产业发展后来者优势	后来者优势、技术优势、竞争优势等

---

① 制度安排也即其他禀赋,在产业结构升级过程中主要是为了降低交易费用。

(续表)

编号	范畴化	概念化
000011	产业生产要素	产业劳动、产业资本等
000012	生产效率	资源配置效率、企业生产率、劳动生产率等
000013	研发创新目标	技术追赶、技术赶超、技术模仿、技术改进、技术突破
000014	研发创新能力	自主创新能力、模仿创新能力、知识吸收能力、知识产权制度、技术知识等
000015	自主创新	发明创新、垂直创新等
000016	模仿创新	水平创新、技术引进消化吸收、学习模仿、技术引进、实用新型、外观设计等
000017	其他禀赋	组织制度、行政法律制度、经济法律制度、知识产权制度、产权制度、专利制度、最优专利制度等
000018	政策	产业政策、货币政策、金融政策

（2）主轴性编码。在得到了范畴之后，进一步发现不同范畴之间的逻辑关系，对开放式编码中的 18 个范畴进行归类，形成了不同的关系类别，进一步总结归纳成为 8 个主范畴。这 8 个主范畴分别是经济体禀赋结构、要素禀赋结构、产业异质性、产业发展优势、产业发展要素、研发创新战略、研发创新模式和制度安排。"经济体禀赋结构"主范畴包括经济发展水平、区域结构和产业结构；"要素禀赋结构"主范畴包括生产要素类型、要素密集度和要素稀缺程度；"产业异质性"主范畴包括产业发展阶段和产业创新结构；"产业发展优势"主范畴包括产业发展比较优势和产业发展后来者优势；"产业发展要素"主范畴包括产业生产要素和生产效率；"研发创新战略"主范畴包括研发创新目标和研发创新能力；"研发创新模式"主范畴包括自主创新和模仿创新；"制度安排"主范畴包括其他禀赋和政策。相关的主范畴及其包含的子范畴如表 4.2 所示。

表 4.2 主轴性编码主范畴

主范畴编号	主范畴	子范畴编号	子范畴
000100	经济体禀赋结构	000001	经济发展水平
		000002	区域结构
		000003	产业结构
000200	要素禀赋结构	000004	生产要素类型
		000005	要素密集度

(续表)

主范畴编号	主范畴	子范畴编号	子范畴
000300	产业异质性	000006	要素稀缺程度
		000007	产业发展阶段
		000008	产业创新结构
000400	产业发展优势	000009	产业发展比较优势
		000010	产业发展后来者优势
000500	产业发展要素	000011	产业生产要素
		000012	生产效率
000600	研发创新战略	000013	研发创新目标
		000014	研发创新能力
000700	研发创新模式	000015	自主创新
		000016	模仿创新
000800	制度安排	000017	其他禀赋
		000018	政策

(3) 选择性编码。选择性编码也就是所谓的核心编码。本部分所有的子范畴和主范畴可以归纳聚合成为4个核心范畴:禀赋结构、产业结构、研发创新和制度安排。这4个核心范畴可以代表所有的子范畴和主范畴。相关的核心范畴及其子范畴如表4.3所示。

表4.3 选择性编码核心范畴

核心范畴编号	核心范畴	主范畴编号	主范畴
010000	禀赋结构	000100	经济体禀赋结构
		000200	要素禀赋结构
020000	产业结构	000300	产业异质性
		000400	产业发展优势
		000500	产业发展要素
030000	研发创新	000600	研发创新战略
		000700	研发创新模式
040000	制度安排	000800	制度安排

4.2 要素禀赋结构驱动产业研发创新的理论机制研究①

4.2.1 中国专利数据处理与事实描述

本小节企业经营信息来自中国工业企业数据库,样本区间为1998年到2013年②。该数据库包含了规模以上全部国有与非国有的工业企业数据,2011年之前的标准为主营业务收入500万元人民币以上,2011年后调整为2000万元人民币以上。数据清理和企业的资本存量计算③采用 Brandt et al.(2012)和杨汝岱(2015)的方法。本文衡量创新主要使用国家知识产权局的中国专利数据库中的企业层面专利申请变量④,样本区间为2002年到2013年。我们将中国工业企业数据库和中国专利数据库按照企业名称进行文本匹配,具体方法参考 He et al.(2018)。虽然我们的样本只包含了规模以上的工业企业,但从加总的角度来看,样本区间内规模以上企业的专利申请量占整个工业企业的82%,发明专利申请量占所有工业企业的86%,因此本小节的样本对于产业层面的研究而言具有较好的代表性。为了研究产业创新和要素禀赋结构之间的关系,我们使用2002年制造业中的每一个二位码子产业的相对资本密集度(用该产业的资本劳动比除以整个制造业的资本劳动比来衡量,横坐标)与该子产业的发明专利申请量占制造业总发明专利申请量的份额(以下简称"发明专利申请量份额",纵坐标)做散点图,如图4.1所示,对两者进行二次函数曲线拟合,呈倒U形关系。图4.2显示的是2013年的情形,倒U形曲线关系依旧存在。

为了检验这种倒U形曲线关系的稳健性,我们去除了离群值,结果如图4.3和图4.4所示,发明专利申请量份额和相对资本密集度之间的倒U形曲

---

① 本节内容重点参考王勇、樊仲琛、李欣泽. 禀赋结构、研发创新和产业升级. 新结构经济学工作论文,NoC2020006。
② 去除数据质量较差的2010年和未统计固定资产原值的2009年。
③ 本文使用永续盘存法,设资本积累的起点为1986年,折旧率为每年10%。
④ 相比发明专利申请量,授权量存在以下问题:第一,申请到授权之间存在时间滞后,且滞后时间从1到10年不等,造成了断尾偏差,且不能反映当年的创新。第二,Aghion et al.(2018)论述,从申请到授权之间可能会受到行政和游说等无关创新的因素影响。

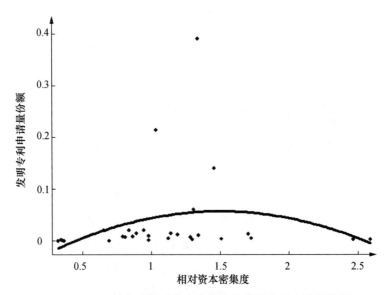

图 4.1 2002 年产业相对资本密集度和发明专利申请量份额

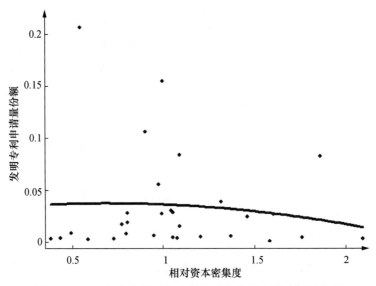

图 4.2 2013 年产业相对资本密集度和发明专利申请量份额

线关系依然存在。

进一步控制了产业和年份的固定效应后①,相对资本密集度和发明专利

---

① 对发明专利申请量份额用相对资本密集度的一次项、二次项回归,控制固定效应,得到拟合值和残差。将拟合值和残差相加,得到控制固定效应后的发明专利申请量份额。

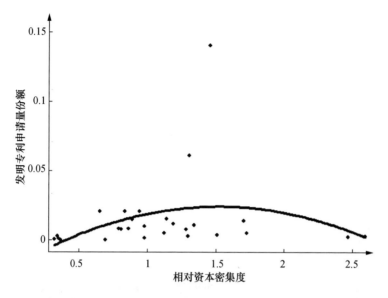

图 4.3 去除离群值后,2002 年产业相对资本密集度和发明专利申请量份额

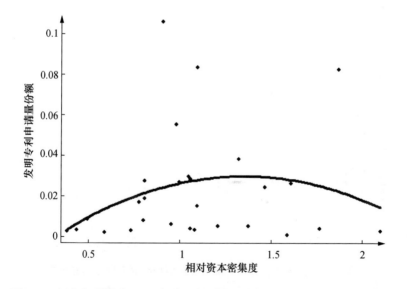

图 4.4 去除离群值后,2013 年产业相对资本密集度和发明专利申请量份额

申请量份额之间仍有倒 U 形曲线关系,且拟合效果更好(见图 4.5 和图 4.6)。

与技术引进吸收更为相关的是实用新型专利,实用新型专利申请量份额

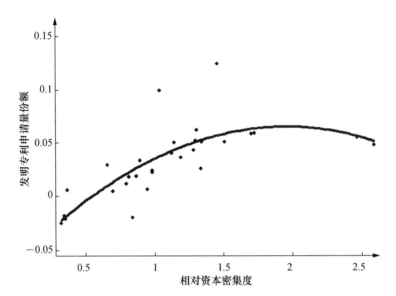

图 4.5 控制固定效应后,2002 年产业相对资本密集度和发明专利申请量份额

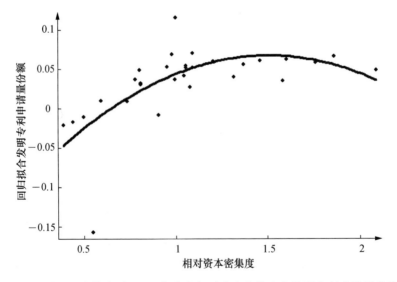

图 4.6 控制固定效应后,2013 年产业相对资本密集度和发明专利申请量份额

与产业的相对资本密集度之间也存在倒 U 形曲线关系(见图 4.7 和图 4.8)。

此外,我们还发现,"计算机、通信和其他电子设备制造业"的资本密集

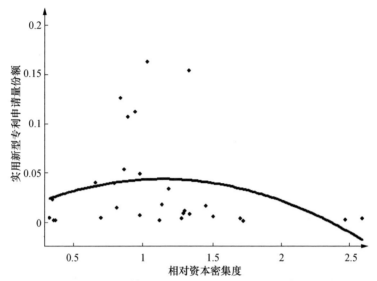

图 4.7 2002 年产业相对资本密集度和实用新型专利申请量份额

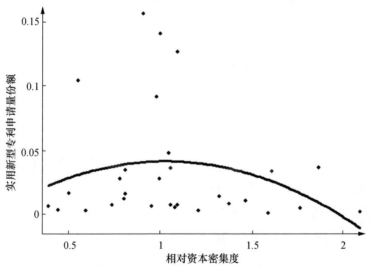

图 4.8 2013 年产业相对资本密集度和实用新型专利申请量份额

度的相对偏离度①随时间推移先减小后增大,而发明专利申请量份额则先增加后减少,呈现倒 U 形曲线动态发展趋势(见图 4.9)。

---

① 参考 Ju et al. (2015)中实证部分的设定,子产业 i 在 t 年的产业资本密集度(即产业的资本劳动比)记作 k_{it},经济体在 t 年的禀赋结构(即经济体的资本劳动比)记作 K_t,相对偏离度 $Dev = \dfrac{|k_{it} - K_t|}{K_t}$。

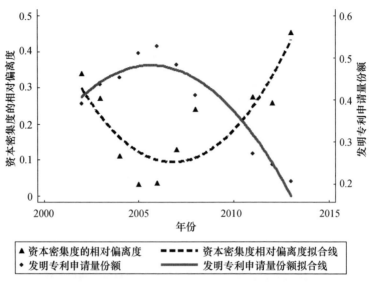

图 4.9　计算机、通信和其他电子设备制造业

"专用设备制造业"的资本密集度的相对偏离度随时间单调减小,而发明专利申请量份额随时间持续增加,经历了倒 U 形曲线中的上升阶段(见图 4.10)。

与前两个产业不同,"电器机械和器材制造业"的资本密集度的相对偏离度随着时间先增大后减小,而发明专利申请量份额则先减少后增加(见图 4.11)。从这三个具体产业可以看出,产业资本密集度和禀赋结构越接近,该产业的发明专利申请量份额就越大。

为了分析我国不同省份的产业技术的差异,我们首先可以考察不同省份在各子产业上与国内前沿技术水平之间的距离。给定一个子产业,我们用该产业上劳动生产率最高的省份作为该产业的国内前沿技术水平,它与一个省在该产业上的劳动生产率的比值就是该省在这个产业与国内前沿技术水平的距离。以湖北省为例,图 4.12 和图 4.13 分别显示了 2002 年和 2013 年该省在各个制造业二位码子产业上的相对资本密集度与各子产业同全国前沿技术水平的距离之间的关系,用二次函数曲线拟合,呈 U 形关系。

第 4 章　新结构经济学视角下的产业知识产权战略形成机理分析　133

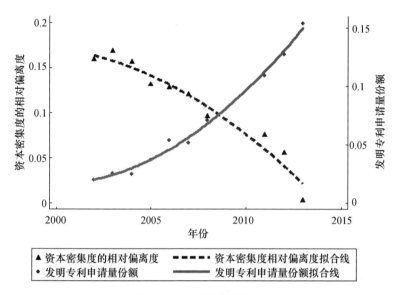

图 4.10　专用设备制造业

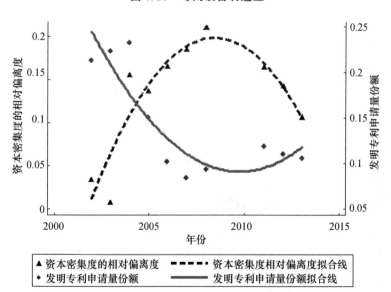

图 4.11　电器机械和器材制造业

4.2.2　中国专利定量事实

基于第一小节的探讨,本小节进一步控制相关变量进行回归分析,发现如下定量事实:(1)产业的增加值份额、利润份额和相对资本密集度均呈倒

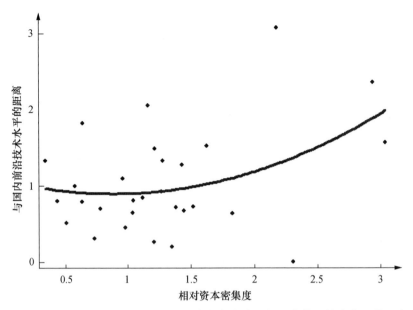

图 4.12　湖北省 2002 年产业的相对资本密集度及与国内前沿技术水平的距离

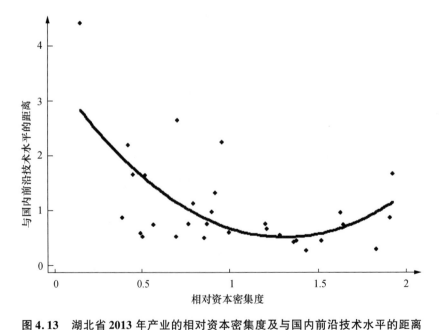

图 4.13　湖北省 2013 年产业的相对资本密集度及与国内前沿技术水平的距离

U 形曲线关系；(2) 产业的增加值份额、利润份额均和发明专利申请量份额正相关；(3) 发明专利申请量份额和相对资本密集度呈倒 U 形曲线关系，且和与前沿技术水平的距离负相关。

首先,我们将增加值份额和利润份额分别对相对资本密集度进行回归,计量模型如式(4-1):

$$y_{pit} = \alpha_0 + \alpha_1 k_{pit}^2 + \alpha_2 k_{pit} + \alpha_3 X_{pit} + D_p + D_i + D_t + u_{it} \quad (4-1)$$

其中,被解释变量 y_{pit} 代表 p 省份 i 产业在 t 年的利润份额或增加值份额,解释变量 k_{pit}[①]、k_{pit}^2 分别表示 p 省份 i 产业在 t 年相对资本密集度的一次项和二次项。X_{pit} 代表 p 省份 i 产业在 t 年的控制变量,包括产业内政府补贴占销售收入的比率,出口交货值占工业销售产值的比率和国企产值占产业总产值的比率。在以下的回归中均控制了省份(D_p)、年份(D_t)和产业(D_i)的固定效应。

表 4.4 列示了产业绩效(增加值份额、利润份额)对于相对资本密集度的回归结果。其中第(1)列和第(2)列的结果表明相对资本密集度的二次项系数显著小于 0,一次项系数显著大于 0,这说明中国的产业存在增加值份额和资本密集度的倒 U 形曲线关系。加入控制变量,该结果依然显著。第(3)列和第(4)列显示利润份额和相对资本密集度之间也存在显著的倒 U 形曲线关系。

表 4.4 产业绩效和相对资本密集度

	(1) 增加值份额	(2) 增加值份额	(3) 利润份额	(4) 利润份额
相对资本密集度	0.087***	0.089***	0.083***	0.084***
	(0.010)	(0.010)	(0.013)	(0.014)
(相对资本密集度)^2	-0.049***	-0.048***	-0.044***	-0.043***
	(0.005)	(0.005)	(0.007)	(0.007)
产业控制变量	不控制	控制	不控制	控制
常数	0.011***	0.010***	0.008***	0.012***
	(0.003)	(0.005)	(0.004)	(0.007)
时间固定效应	控制	控制	控制	控制

---

① 相对资本密集度 $k_{pit} = \frac{K_{pit}/L_{pit}}{K_{pt}/L_{pt}}$,$K_{pit}$ 和 L_{pit} 分别代表 p 省份 i 产业在 t 年的资本存量和劳动力数量,K_{pt} 和 L_{pt} 代表 p 省份在 t 年的制造业总资本存量和总劳动力数量。

(续表)

	(1) 增加值份额	(2) 增加值份额	(3) 利润份额	(4) 利润份额
省份固定效应	控制	控制	控制	控制
行业固定效应	控制	控制	控制	控制
观测值	8 832	8 832	8 831	8 831
调整 R^2	0.294	0.303	0.127	0.129

注:括号内为稳健标准差,$^{***}\ p<0.01$,$^{**}\ p<0.05$,$^{*}\ p<0.1$,增加值份额、利润份额和相对资本密集度均做 $\ln(x+1)$ 处理,以减小过大极端值的影响。

其次,我们将发明专利申请数份额分别对增加值份额和利润份额进行回归,计量模型如式(4-2):

$$\text{Patent}_{pit} = \alpha_0 + \alpha_1 y_{pit} + \alpha_2 X_{pit} + D_p + D_i + D_t + u_{it} \quad (4\text{-}2)$$

其中,被解释变量 Patent_{pit} 是 p 省份 i 产业在 t 年的发明专利申请量份额。表 4.5 列示了发明专利申请量份额分别对增加值份额、利润份额的回归结果。第(1)列和第(3)列分别直接使用 p 省份 i 产业在 t 年的发明专利申请量份额对增加值份额、利润份额进行回归,均控制了省份、年份和产业的固定效应。增加值份额和利润份额的系数均显著为正,这说明产业的相对绩效与专利申请量份额之间呈显著的正相关关系。在第(2)列和第(4)列的解释变量加入和回归(4-1)相同的控制变量后,增加值份额和利润份额的系数仍显著为正。

表 4.5 发明专利申请量份额与产业绩效

	(1) 发明专利申请量份额	(2) 发明专利申请量份额	(3) 发明专利申请量份额	(4) 发明专利申请量份额
增加值份额	11.825*** (0.462)	11.598*** (0.460)		
利润份额			4.301*** (0.761)	4.209*** (0.748)
产业控制变量	不控制	控制	不控制	控制
常数	1.508*** (0.018)	1.451*** (0.086)	1.763*** (0.028)	1.720*** (0.086)
时间固定效应	控制	控制	控制	控制

	（1）发明专利申请量份额	（2）发明专利申请量份额	（3）发明专利申请量份额	（4）发明专利申请量份额
省份固定效应	控制	控制	控制	控制
行业固定效应	控制	控制	控制	控制
观测值	8 764	8 764	8 763	8 763
调整 R^2	0.574	0.576	0.531	0.535

注：括号内为稳健标准差，*** $p<0.01$，** $p<0.05$，* $p<0.1$，增加值份额、利润份额和发明专利申请量份额均做 $\ln(x+1)$ 处理，以减小过大极端值的影响。

再次，我们将发明专利申请量份额对相对资本密集度和与国内前沿技术水平的距离进行回归，计量模型如式（4-3）：

$$\text{Patent}_{pit} = \alpha_0 + \alpha_1 k_{pit}^2 + \alpha_2 k_{pit} + \alpha_3 X_{pit} + \text{distance}_{pit} + D_p + D_i + D_t + u_{it}$$

(4-3)

考虑研发中存在的外溢效应，我们使用产业劳动生产率（产业的增加值/劳动力数量）与国内前沿的劳动生产率之间的差距衡量技术外溢的空间。将 p 省份 i 产业在 t 年的劳动生产率记作 y_{pit}，i 产业在 t 年的国内前沿劳动生产率记作 $\overline{y_{it}}$，差距定义为 $\text{distance}_{pit} = \ln(\overline{y_{it}}/y_{pit})$。各省份与世界前沿技术水平的距离等于与国内前沿技术水平的距离加上国内前沿技术水平与世界前沿技术水平的距离。国内前沿技术水平与世界前沿技术水平的距离由于对各省份来说都相同，所以技术外溢空间使用产业技术与国内前沿技术水平的距离衡量即可。回归均控制了省份、年份和产业的固定效应。

表4.6列示了发明专利申请量份额相对于相对资本密集度和与国内前沿技术水平的距离的回归结果。第（1）列显示产业相对资本密集度的二次项系数显著为负，一次项系数显著大于0，说明倒 U 形曲线存在；与国内前沿技术水平的距离系数显著小于0，说明与前沿技术水平距离越大，外溢效应越明显，越不需要自主研发。第（2）列增加了和回归（4-1）相同的控制变量，结论依然成立。考虑到发明专利的研发周期较长，企业看到当期资本密集度后开始从事研发到申请专利之间可能存在一定的时滞，因此第（3）列和第（4）列的解释变量分别是第（1）列和第（2）列的一阶滞后项，得到的结果十分稳健。根据二次函数对称轴计算公式 $k^{\max} = -\dfrac{\alpha_2}{2\alpha_1}$，发明专利申请量份额

极值点大约取在 $k=1$ 处,说明资本密集度越接近制造业资本劳动比的产业,发明专利申请量份额越大。

表 4.6 发明专利申请量份额和相对资本密集度、技术差距

	(1) 发明专利申请量份额	(2) 发明专利申请量份额	(3) 发明专利申请量份额	(4) 发明专利申请量份额
相对资本密集度	2.091***	2.118***		
	(0.268)	(0.270)		
(相对资本密集度)^2	-1.119***	-1.097***		
	(0.132)	(0.132)		
与前沿技术水平的距离	-0.221***	-0.226***		
	(0.020)	(0.020)		
滞后一期相对资本密集度			2.146***	2.162***
			(0.298)	(0.300)
(滞后一期相对资本密集度)^2			-1.157***	-1.135***
			(0.147)	(0.148)
滞后一期离前沿技术差距			-0.192***	-0.195***
			(0.023)	(0.023)
产业控制变量	不控制	控制	不控制	控制
常数项	1.578***	1.574***	1.559***	1.599***
	(0.093)	(0.124)	(0.104)	(0.162)
时间固定效应	控制	控制	控制	控制
省份固定效应	控制	控制	控制	控制
行业固定效应	控制	控制	控制	控制
观测值	8 764	8 764	7 005	7 005
调整 R^2	0.514	0.520	0.520	0.525

注:括号内为稳健标准差, *** $p<0.01$, ** $p<0.05$, * $p<0.1$,发明专利申请量份额和相对资本密集度均做 $\ln(x+1)$ 处理,以减小过大极端值的影响。

最后,我们将产业离国内前沿技术水平的距离对相对资本密集度及其二次项做回归,得到式(4-4):

$$\text{distance}_{pit} = 1.850 + 0.261 k_{pit}^2 - 1.276 k_{pit} + D_p + D_i + D_t + u_{it} \quad (4\text{-}4)$$

与国内前沿技术水平的距离同相对资本密集度之间存在正 U 形曲线关系,对此的一个可能解释是,劳动过于密集或者资本过于密集的产业,因为不符合当地禀赋比较优势,所以当中的企业也不具备自生能力,因此在给定技术条件下的劳动生产率比较低,与该产业前沿技术水平地区的距离较大。

反之，与自身禀赋结构越是一致的产业则越符合当地的比较优势，因此拥有较高的劳动生产率，与前沿技术水平地区的距离就越小。

以上回归结果有可能受到产业划分的规模的影响，比如若某产业的划分标准较广泛，包含了较多子类，即使该产业不符合要素禀赋比较优势，也可能因为涵盖范围大、企业数量多而拥有较多的专利。为此，我们进行了一个稳健性检验，将产业的发明专利申请量用企业数量进行平均，再使用平均后的发明专利申请量计算份额作为被解释变量，其余解释变量和表4.6相同。表4.7列示了回归结果。企业的平均发明专利申请量份额仍然和相对资本密集度存在倒U形曲线关系，且同与国内前沿技术水平的距离呈负相关，这说明我们之前发现的定量事实是稳健的。

表4.7 企业的平均发明专利申请量份额和相对资本密集度、技术差距

	（1）发明专利申请量份额	（2）发明专利申请量份额	（3）发明专利申请量份额	（4）发明专利申请量份额
相对资本密集度	1.917***	1.922***		
	(0.346)	(0.347)		
(相对资本密集度)^2	-0.914***	-0.897***		
	(0.173)	(0.173)		
与前沿技术水平的距离	-0.146***	-0.150***		
	(0.026)	(0.027)		
滞后一期相对资本密集度			1.816***	1.810***
			(0.389)	(0.391)
(滞后一期相对资本密集度)^2			-0.851***	-0.834***
			(0.194)	(0.194)
滞后一期与前沿技术水平的距离			-0.102***	-0.105***
			(0.030)	(0.030)
产业控制变量	不控制	控制	不控制	控制
常数项	1.459***	1.500***	1.441***	1.478***
	(0.121)	(0.157)	(0.136)	(0.200)
时间固定效应	控制	控制	控制	控制
省份固定效应	控制	控制	控制	控制
行业固定效应	控制	控制	控制	控制
观测值	8 764	8 764	7 005	7 005
调整R^2	0.426	0.428	0.430	0.431

注：括号内为稳健标准差，*** $p<0.01$，** $p<0.05$，* $p<0.1$，发明专利申请量份额和相对资本密集度均做 $\ln(x+1)$ 处理，以减小过大极端值的影响。

4.2.3 发达国家专利定量事实

专利是研发的结果,我们同样关心研发的投入。为了避免使用中国数据分析时可能存在的遗漏政策扭曲变量等问题,我们在这部分使用跨国数据中的产业信息进行回归。研发支出数据来自 OECD 统计数据库,资本存量、劳动力和增加值来自 WIOD 数据库,产业按照 ISIC Rev.4 的二位码划分,包含了 33 个国家①从 2005 年到 2014 年的信息,样本中主要是发达国家。我们将产业的研发支出份额对相对资本密集度及与世界前沿技术水平的距离进行回归,计量模型如式(4-5):

$$rd_{cit} = \alpha_0 + \alpha_1 k_{cit}^2 + \alpha_2 k_{cit} + \alpha_3 distance_{cit} + D_c + D_i + D_t + u_{it} \quad (4-5)$$

被解释变量 rd_{cit} 是 c 国 i 产业在 t 年占本国研发支出的份额;$distance_{cit}$ 是 c 国 i 产业在 t 年与世界前沿技术水平的距离,定义与上节相同。回归中控制了国家、产业和时间固定效应。

表 4.8 列示了回归结果。第(1)列显示研发支出份额和相对资本密集度存在倒 U 形曲线关系。第(2)列加入技术差距,其系数为负,说明与前沿技术水平的距离越大,研发支出就越少。第(3)列和第(4)列使用滞后一期的解释变量,仍然得到相同的结果。

表 4.8 跨国研发支出和相对资本密集度、技术差距

	(1) 研发支出份额	(2) 研发支出份额	(3) 研发支出份额	(4) 研发支出份额
相对资本密集度	0.132***	0.102***		
	(0.036)	(0.037)		
(相对资本密集度)²	-0.043***	-0.034***		
	(0.018)	(0.019)		
与世界前沿技术水平的距离		-0.019***		
		(0.003)		
滞后一期相对资本密集度			0.161***	0.126***

---

① 这 33 个国家为:澳大利亚、奥地利、比利时、加拿大、瑞士、中国、捷克、德国、冰岛、西班牙、爱沙尼亚、芬兰、法国、英国、希腊、匈牙利、爱尔兰、意大利、日本、韩国、卢森堡、拉脱维亚、墨西哥、荷兰、挪威、波兰、葡萄牙、罗马尼亚、斯洛伐克、斯洛文尼亚、瑞典、土耳其和美国。

(续表)

	(1) 研发支出份额	(2) 研发支出份额	(3) 研发支出份额	(4) 研发支出份额
(滞后一期相对资本密集度)^2	−0.056***	−0.045***	(0.043)	(0.045)
	(0.022)	(0.023)		
滞后一期与世界前沿技术水平的距离				−0.019***
				(0.004)
常数	0.006	0.041***	−0.005	0.033**
	(0.011)	(0.013)	(0.013)	(0.015)
时间固定效应	控制	控制	控制	控制
国家固定效应	控制	控制	控制	控制
产业固定效应	控制	控制	控制	控制
观测值	3 043	3 043	2 489	2 489
调整 R^2	0.441	0.446	0.431	0.436

注:括号内为稳健标准差,*** $p<0.01$,** $p<0.05$,* $p<0.1$,研发支出份额和相对资本密集度均做 $\ln(x+1)$ 处理,减小过大极端值的影响。

4.2.4 结论

本部分结合中国工业企业数据库和中国专利数据库,基于新结构经济学理论框架,分析了要素禀赋结构、研发创新及产业升级的内在逻辑,探究了经济体禀赋驱动产业创新的内在机制,研究发现:中国制造业子产业的发明专利申请量占整体制造业的份额和相对资本密集度呈倒 U 形曲线关系,且同与前沿技术水平的距离负相关。这一事实说明,当产业的资本密集度相对禀赋结构过小或过大时,产业的发明专利申请量份额都较小。但是,具体而言,产业的资本密集度如何影响产业创新绩效,将是我们下一节所考虑和研究的。

4.3 产业资本密集度、创新模式选择与产业创新绩效的关系研究

在上述部分的基础上,我们主要探究禀赋结构、创新模式选择与产业创

新绩效之间的关系。要素禀赋变化能够对产业结构转型产生影响(郭凯明等,2020;欧阳志刚和陈普,2020),但同时该影响也具有较大的不确定性(林青宁和毛世平,2018;魏玮和郝威亚,2015),尤其对于经济转型经济体,禀赋结构的变化所带来的高研发投入强度并没有带来相应的产业技术进步(李宾和曾志雄,2009)。相反,我国地方政府在一定程度上陷入的"R&D崇拜",部分扭曲了政府对创新的支持行为,一些区域主观强推的自主创新发展模式并没有取得良好效果(余泳泽和张先轸,2015)。2013年以来,我国研发经费总量一直稳居世界第二,同时研发投入强度也稳步提升,已经接近欧盟15国的平均水平。伴随着研发经费投入强度的不断提升,我国专利数量快速增长:2018年,我国专利申请量为154万项,占全球总量的46.4%,远超美国的59万项、日本的31万项,连续8年位列世界第一。2019年,我国国际专利申请量位列全球第一,我国首次超过美国,成为全球国际专利申请量最多的国家。但同时,我国很多区域的创新资源配置效率并不高(付丽娜等,2020),区域主导产业产值与专利布局存在一定程度的偏离,区域很多产业技术"低端锁定"的局面并没有得到有效改观(王磊和魏龙,2017;袁嘉琪等,2019)。

2020年11月30日,在主持召开的中共中央政治局第二十五次集体学习中,习近平总书记强调"创新是引领发展的第一动力,保护知识产权就是保护创新。要研究实行差别化的产业和区域知识产权政策,完善知识产权审查制度。促进创新要素自主有序流动、高效配置",习近平总书记从国家全局的高度出发,指出各地创新发展与知识产权工作应注重差异性。事实上,尽管遵循禀赋的丰富程度配置资源、开展技术创新在学界已逐渐形成共识(李飞跃,2012;李清彬等,2010;唐晓燕,2011),但在实践层面,随着传统要素禀赋结构下的经济增长红利逐步消退(任保平,2015),我国很多地方官员在晋级激励下出现了"委托—代理问题",在技术进步路径选择中忽视区域的要素禀赋,呈现出一定的"自主创新崇拜"趋势(高煜和赵培雅,2019)。研究发现,尽管我国大部分工业行业的技术选择都受到区域要素禀赋的影响,但仍有不少行业存在"技术选择悖论",尤其随着产业资本密集度的提升,出现"技术选择悖论"的现象更多,工业行业的技术选择行为违背了区域比较优势(覃成林和李超,2012),导致各种扭曲行为并使得生产效率或经济增长速度降低(林毅夫和张鹏飞,2006)。

从既有研究来看,虽然在经济发展过程中创新模式选择的影响在不断明晰,但对于在产业资本密集度作用于区域与产业创新绩效的过程中,创新模式选择究竟发挥何种作用,以及产生多大影响,既有文献并未充分揭示。尤其是,经济收敛在我国不同产业部门间存在较大差异,从区域层面开展研究得出的结论可能针对性不足(戴觅和茅锐,2015;张志强,2014;卫平和范佳琪,2019);对于经济转型特征较为显著的区域,创新模式选择的影响也有待深入研究。目前,现有研究大都以全国为研究对象,有关局部区域内部创新模式选择的作用机制的研究并不多,而以浙江、江苏、山东等为代表的区域发展在我国改革开放的整个进程中具有非常鲜明的代表性。伴随改革开放的进程,这些区域的产业资本密集度与创新结构均发生了重大变化,不仅呈现出鲜明的转型发展特征,而且区域内各产业部门之间的异质性较大,迅速增长、趋于稳定和逐渐退出等不同发展业态并存,关注这些特征对于丰富创新模式选择的内在影响机制研究非常必要,也有助于更好地指导区域内部非均衡发展下的创新模式选择实践。基于此,本部分以江苏省为典型样本,研究了产业资本密集度作用于产业创新绩效过程中创新模式选择的内在影响机制与影响力,并考察了区域以及产业异质性在其中的影响。

4.3.1 理论分析与研究假设

1. 产业资本密集度作用于产业创新绩效过程中的创新模式选择影响分析

对于区域产业创新发展而言,采取何种创新模式是决定能否有效发挥区域禀赋优势的重要条件。大量研究已经证实,建立在区域比较优势基础上的渐进式创新推动了中国产业创新能力的提升,以及区域和国家经济的快速发展(唐未兵等,2014),但随着经济发展过程中因供需失衡、资源错配等一系列结构性矛盾凸显而导致的要素价格扭曲,技术进步方向越来越偏向于资本(也即采用非适宜技术),诱致企业热衷于通过资本运作和规模扩张牟取短期暴利,而忽视了对人力资本的培育和自主研发水平的提升。其中,技术创新模式在要素价格扭曲和技术进步偏向之间扮演了重要的中介作用,技术创新模式中对外引进的比例越高,则其技术进步方向越偏向于资本

(白雪洁和李爽,2017)。能否选择适宜的创新模式,将会对产业创新能力的提升产生影响,从而在要素资源影响区域与产业创新绩效过程中产生间接促进或抑制效应(张鹏等,2015;姚惠泽和石磊,2019)。综上,我们提出以下研究假设:

假设1:创新模式的选择在产业资本密集度影响产业创新绩效的过程中发挥中介作用。

假设1a:激进式创新在产业资本密集度影响产业创新绩效的过程中发挥中介作用。

假设1b:渐进式创新在产业资本密集度影响产业创新绩效的过程中发挥中介作用。

进一步,国内外学界一直存在模仿创新抑制论和自主创新相对有效论等观点,基于本国实际选择适宜的创新模式的观点逐渐占据主流(张平和李秀芬,2017)。无论是模仿创新还是自主创新,都会对区域经济和产业创新绩效产生正向促进作用,只是在不同的阶段,不同创新模式影响的显著性不同而已(梁丽娜和于渤,2020)。在区域经济发展初期,模仿创新可以通过技术外溢效应提升创新效率和技术进步水平(Keller,2004;Sawada,2010;袁江和张成思,2009),而随着区域经济的发展,激进式的自主创新模式对产业技术进步的促进作用会逐渐凸显(Chu et al.,2014;侯建等,2018;高煜和赵培雅,2019;任晓猛和付才辉,2020)。从长期来看,技术进步是动态的,无论是渐进式创新还是激进式创新,都能有效地提升产业创新绩效,关键在于模式选择的适宜程度。如果忽视创新模式与区域要素禀赋的动态匹配,而是通过赶超战略采取自主创新模式或是引进最先进的技术;抑或忽视区域要素禀赋结构的变化,仍采取过去的模仿创新,通过技术引进、消化、吸收的方式来推动技术进步,都将降低该区域的经济效率并造成不必要的损失,导致TFP增长率提高缓慢(张月玲等,2015;王威和綦良群,2013)。综上,我们提出以下假设:

假设2:创新模式的选择在产业资本密集度正向影响产业创新绩效的过程中发挥正向调节作用。

假设2a:激进式创新在产业资本密集度正向影响产业创新绩效的过程中发挥正向调节作用。

假设 2b：渐进式创新在产业资本密集度正向影响产业创新绩效的过程中发挥正向调节作用。

假设 3：创新模式的调节作用是产业资本密集度正向影响产业创新绩效的关键因素。

假设 4：伴随产业的创新发展，激进式创新在产业资本密集度正向影响产业创新绩效中的正向调节作用逐步得到强化，而渐进式创新的正向调节作用则逐步减弱。

2. 创新模式选择影响的产业异质性分析

除了受区域要素禀赋结构的影响，不同区域之间行业特征的差异也会影响创新模式的选择（刘冬冬等，2017；张江雪等，2015），区域内产业之间发展特征的差异越大，采取激进式创新的风险越高。尤其，相较于中西部地区，东部沿海经济发达省份在取得高速发展的同时，经济发展已经呈现出较为显著的梯度性，区域内各产业在资本密集度、规模水平、创新能力以及技术水平等发展特征方面均存在较大的差异，不同产业的技术进步轨迹也很不均匀（宋高燕和邓宏图，2018）。考虑到我国要素禀赋非均衡分布以及传统产业与新兴产业并存的状况，各区域与各类产业的技术进步路径及方式不可采取"一刀切"的战略（余泳泽，2012）。综上，我们提出以下假设：

假设 5：在产业资本密集度正向影响产业创新绩效的过程中，区域内产业之间的差异性会削弱区域激进式创新的正向调节作用，而增强渐进式创新的正向调节作用。

4.3.2 研究设计

1. 数据说明

本部分实证研究对数据的基本要求有以下两点：一是样本所在区域经济发展在国内具备前沿性特征，能够为其他区域经济发展提供借鉴；二是样本所在区域经济发展有较为显著的转型发展特征，经济发展的梯度性较强。鉴于此，我们选取了 2003—2018 年《江苏统计年鉴》中的规模以上工业企业按制造业的分类数据。首先，2003—2018 年，江苏省 GDP 一直稳居全国前三名。其次，图 4.14 和图 4.15 分别就 2003—2018 年江苏省三大地区的区域生产总值和工业生产总值进行了比较，从图中可知，无论是总体经济发展还是工业部门经济发展,江苏省均呈现出较为显著的梯度性;从省内各地区对比来看,苏南地区的工业集中度更高,工业发展水平有明显优势,江苏省整体工业发展存在一定程度的异质性。

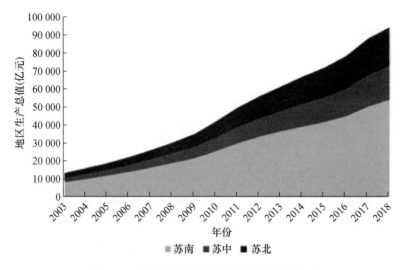

图 4.14　江苏省三大地区区域生产产值分布

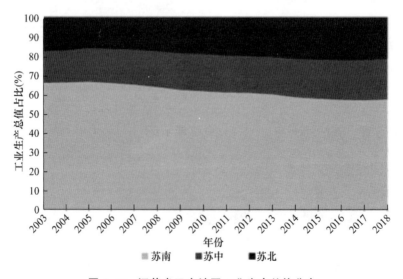

图 4.15　江苏省三大地区工业生产总值分布

进一步,图 4.16 从统计意义上对产业资本密集度与创新模式选择(相关指标考察标准见下文"研究变量"部分)的关系进行考察。其中,图 4.16

横轴表示产业资本密集度,根据分位数将数据库中产业资本密集度分成低、中、高3组,纵轴为各水平状态下不同创新模式所占的比重。根据图4.16可知:① 随着产业资本密集度的不断提升,激进式创新所占的比重在不断提升,渐进式创新所占的比重则在不断下降,激进式创新份额在趋近渐进式创新;② 从高产业资本密集度的不同创新模式所占的比重来看,渐进式创新仍占据主导地位。可以看出,所选取的基于行业分类的江苏省规模以上工业企业数据展现出了显著的转型发展特征。

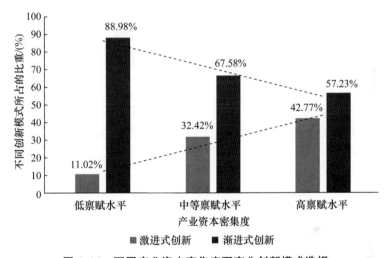

图4.16 不同产业资本密集度下产业创新模式选择

最后,鉴于分析区间样本所属行业代码变化以及数据缺失等客观因素,为保证数据的有效性,我们进行了一般性的筛选和处理,剔除了部分产业数据,共选定了26个制造业部门。专利数据来源于江苏省专利信息服务中心知识产权公共数据库。

2. 研究变量

(1) 被解释变量:产业创新绩效。现有研究较多采用新产品产值、新产品产值率或相应新产品销售指标来表征产业创新绩效,但比率指标一般反映了产业对新产品的重视程度,缺乏对新产品产值或销售绝对值的刻画,占比增加也不能说明产业是否实现了本质提升(刘飊和孟勇,2020),因此,我们选择产业新产品产值(Npov)作为创新绩效的衡量指标。

(2) 解释变量:产业资本密集度。产业资本密集度的提高很大程度上反映了要素禀赋结构的升级状况,而产业资本密集度通常也是衡量区域和产业要素禀赋的常用指标(黎峰,2014),因此,本部分采用产业资本密集度(Clr)作为核心自变量,具体通过产业资本劳动比来测算。

(3)中介与调节变量:创新模式。模仿创新和自主创新是创新模式中常用的概念,但从更具象的新产品角度而言,激进式创新和渐进式创新从对现有产品或方法的改进或颠覆程度来界定创新模式(Christensen,2000),其对本研究目标的刻画更为准确。用专利申请数量而非创新投入、研发费用等作为创新规模的代理变量是学术界常用的做法(Liu and Qiu,2016),对于创新模式,很多学者基于专利法对不同专利申请的审查严格程度,将具备更高审查要求(新颖性、实用性和创造性)的发明专利申请作为激进式创新模式的代理变量,而实用新型和外观设计专利申请不会因新颖性和创造性的不足而受到审查,因而被作为渐进式创新的代理变量(Liu et al.,2015)。因此,我们采用发明专利申请数量作为激进式创新(Rinno)的衡量指标,将实用新型和外观设计专利申请数量之和作为渐进式创新(Iinno)的衡量指标(张陈宇等,2020)。

(4)控制变量。本研究在统计模型中纳入了产业规模、研发投入、资产利用效率及销售国际化水平四个产业层面的控制变量。其中,产业规模(Insca)用产业工业销售产值表示;研发投入(R&D)以滞后一期的产业研发经费内部支出表示;资产利用效率(Aseff)以产业流动资产周转次数表示;销售国际化水平(Intsal)以产业出口交货值表示。

3. 模型选取

为选取合适的计量模型,我们运用伍德里奇检验(Wooldridge Test)和似然比检验对数据进行了分析。结果表明,数据中存在一阶自相关(AR1)且存在异方差,考虑可行的广义最小二乘法(Feasible Generalized Least Squares,FGLS)能够对异方差进行较好的修正,且需要的自由度最小,针对短面板数据更加有效(张苏秋和顾江,2020),我们选取了FGLS方法对模型进行估计。同时,为了去除自变量与调节变量之间的共线性,我们在模型分析中将产业资本密集度、激进式创新和渐进式创新变量进行中心化处理。进一步,我们在回归中控制了行业和年份的固定效应,以避免回归结果受到遗漏重要解释变量产生的偏误的影响。

4.3.3 结果与分析

1. 描述性统计分析

在对上述模型进行回归分析之前,对各变量所做的描述性统计分析结果如表 4.9 所示。样本产业新产品产值平均为 523.290 亿元,标准差达到 1 039.430,不同产业的新产品产值差异较大。渐进式创新指标的平均值为 3 234.930,激进式创新指标的平均值为 1 756.740,前者是后者的 1.84 倍,产业更依赖于渐进式创新;渐进式创新指标的标准差为激进式创新的 1.99 倍,选择渐进式创新模式在不同产业间引致的差异更大。

表 4.9 变量描述性统计表

变量	变量符号	观测值	均值	方差	最小值	最大值
产业创新绩效	Npov	411	523.290	1 039.430	0.000	7 962.750
产业资本密集度	Clr	416	93.070	128.930	7.457	1 243.490
激进式创新	Rinno	416	1 756.740	3 671.970	0.000	27 414.000
渐进式创新	Iinno	416	3 234.930	7 321.960	0.000	65 780.000
研发投入	R&D	390	29.340	46.730	0.005	283.350
资产利用效率	Aseff	416	2.708	1.041	1.080	7.610
产业规模	Insca	416	3 255.710	4 206.980	9.700	19 977.110
销售国际化水平	Intsal	408	652.350	1 675.010	0.050	11 458.940

2. 模型检验结果

(1) 中介效应分析。

按照 Baron 和 Kenny(1986)的方法,检验创新模式的中介作用。根据表 4.10 的模型 1、模型 2、模型 4 和模型 6 可知,激进式创新在产业资本密集度作用于产业创新绩效的过程中发挥部分中介效应;根据模型 1、模型 3、模型 5 和模型 6 可知,渐进式创新在产业资本密集度作用于产业创新绩效的过程中发挥部分中介效应,假设 1a 和假设 1b 得到支持。从模型 1 到模型 6 可以发现,在没有纳入创新模式调节作用的情况下,产业资本密集度对产业创新绩效的影响均为显著负向作用。

表 4.10　创新模式的中介效应分析

变量	模型 1 产业创新绩效	模型 2 激进式创新	模型 3 渐进式创新	模型 4 产业创新绩效	模型 5 产业创新绩效	模型 6 产业创新绩效
Clr	-0.288***	-1.336***	-6.343***	-0.223***	-0.272***	-0.222***
	-0.095	-0.365	-1.384	-0.085	-0.090	-0.083
Rinno				0.032***		0.026**
				-0.012		-0.011
Iinno					0.006**	0.004**
					-0.002	-0.002
R&D	10.290***	50.750***	91.970***	8.808***	9.686***	8.635***
	-1.590	-7.071	-17.740	-1.777	-1.666	-1.824
Aseff	-44.930**	-156.000**	-98.520	-36.780**	-44.130**	-37.390**
	-19.240	-66.740	-134.700	-17.610	-18.510	-17.360
Insca	0.087***	0.177*	-0.197	0.079***	0.089***	0.082***
	-0.019	-0.098	-0.217	-0.017	-0.020	-0.018
Intsal	0.244*	-0.614***	-1.232***	0.260**	0.243*	0.256**
	-0.134	-0.087	-0.178	-0.129	-0.134	-0.130
时间固定效应	控制	控制	控制	控制	控制	控制
产业固定效应	控制	控制	控制	控制	控制	控制
N	382	383	383	382	382	382
R^2	0.950	0.869	0.458	0.950	0.951	0.950

注：括号内为稳健标准差，*** $p<0.01$，** $p<0.05$，* $p<0.1$。

(2) 调节作用分析。

尽管模型 1 到模型 6 表明产业资本密集度对产业创新绩效的影响具有负向效应，但当分别在模型 7 和模型 8 中纳入激进式创新和渐进式创新的调节作用时（见表 4.11），结果显示，产业资本密集度对产业创新绩效的影响转变为正向，尽管在统计意义上尚不显著，而两类创新模式均在产业资本密集度作用于产业创新绩效的过程中发挥了显著的正向调节作用。进一步，模型 9 同时考虑了激进式创新和渐进式创新的调节作用，产业资本密集度对产业创新绩效的影响由模型 7 和模型 8 中的非显著正向作用转变为显著正向作用，且影响系数得到大幅提升，这表明江苏省在要素禀赋投入过程中应同时关注不同创新模式的灵活运用。综上，结合模型 7 和模型 9，假设 2a 得到支持；结合模型 8，假设 2b 得到支持；结合模型 6 到模型 9，假设 3 得到支持。

表 4.11 创新模式的调节作用分析

解释变量	被解释变量:产业创新绩效			
	模型 7	模型 8	模型 9	模型 10
Clr	0.164 -0.197	0.089 -0.165	0.362* -0.216	0.613* -0.318
Rinno	0.011 -0.014	0.009 -0.012	-0.002 -0.014	0.006 -0.017
Iinno	0.005** -0.002	0.007** -0.004	0.007* -0.004	0.013*** -0.004
Clr·Rinno	0.0003** 0.000		0.0002** 0.000	0.000 0.000
Clr·Iinno		0.0001* 0.000	0.000 0.000	0.0002*** 0.000
R&D	9.222*** -1.784	8.363*** -1.929	8.996*** -1.938	9.926*** -1.910
Aseff	-41.350** -16.800	-42.920** -17.630	-45.970*** -17.670	-25.840*** -7.401
Insca	0.071*** -0.018	0.090*** -0.018	0.078*** -0.019	0.035** -0.015
Intsal	0.278** -0.134	0.251 -0.133	0.272** -0.136	0.328*** -0.121
时间固定效应	控制	控制	控制	控制
产业固定效应	控制	控制	控制	未控制
N	382	382	382	383
R^2	0.952	0.948	0.950	0.940

注:括号内为稳健标准差,*** $p<0.01$,** $p<0.05$,* $p<0.1$。

进一步,相较于模型 8,在模型 9 中渐进式创新的调节作用虽然仍为正向,但统计意义上已变得不显著,这表明从总体区域产业创新发展的角度来看,相对于渐进式创新,激进式创新的调节作用在凸显。为进一步检验该结论,我们将样本按时间维度划分为四个阶段,开展了分段回归(见表 4.12),结果显示:相对渐进式创新,伴随着产业转型升级进程,自主创新的调节作用用确实得到凸显,而渐进式创新的调节作用在不断减弱,甚至由显著正向转变为显著负向。但从模型 11 到模型 14 的分析结果来看,虽然随着时间的推移,激进式创新的正向调节作用始终保持着统计意义上的显著性,表现出较好的稳定性,但从影响系数来看,激进式创新的调节作用并没有随着时间推移而逐渐强化,反而有逐渐弱化的趋势,假设 4 得到部分支持。

表 4.12 调节作用的分阶段分析

解释变量	被解释变量:产业创新绩效			
	模型 11	模型 12	模型 13	模型 14
年份分组	2003—2006	2007—2010	2011—2014	2015—2018
Clr	15.940***	0.362*	0.362*	0.570*
	-0.488	-0.216	-0.216	-0.343
Rinno	0.225***	-0.002	-0.002	0.039
	-0.060	-0.014	-0.014	-0.041
Iinno	0.233***	0.006*	0.007*	-0.006
	-0.021	-0.004	-0.004	-0.006
Clr·Rinno	0.004***	0.000 2**	0.000 2**	0.001***
	-0.001	0.000	0.000	0.000
Clr·Iinno	0.003***	0.000	0.000	-0.000 8***
	0.000	0.000	0.000	0.000
R&D	2.419***	8.996***	8.996***	-0.409
	-0.861	-1.938	-1.938	-2.500
Aseff	8.545***	-45.970***	-45.970***	132.700***
	-2.532	-17.670	-17.670	-50.210
Insca	-0.046***	0.078***	0.078***	0.584***
	-0.008	-0.019	-0.019	-0.051
Intsal	0.194***	0.272**	0.272**	-3.036***
	-0.016	-0.136	-0.136	-0.285
时间固定效应	控制	控制	控制	控制
产业固定效应	控制	控制	控制	控制
N	76	382	382	104
R^2	0.996	0.950	0.950	0.994

注:括号内为稳健标准差,*** $p<0.01$,** $p<0.05$,* $p<0.1$。

为了考察产业异质性对调节作用的影响,在模型 9 的基础上,模型 10 进一步考虑了除控制变量外的其他异质性特征(去除了行业虚拟变量),结果显示,产业资本密集度对产业创新绩效的影响系数在模型 9 的基础上得到进一步提升,表明提升对区域产业异质性的关注度有助于强化产业资本密集度对产业创新绩效的影响。

在对调节作用的影响方面,模型 10 的结果显示,激进式创新的显著正向调节作用虽然仍为正,但并不显著,而渐进式创新的调节作用由模型 9 的正向不显著变为正向且显著,假设 5 得到支持。这表明产业之间的异质性对创新模式在产业资本密集度作用于产业创新绩效过程中的正向调节作用具有重要影响,当充分考虑了产业之间的异质性后,相较于激进式创新,渐进式创新对江苏省制造业创新绩效的提升影响更为显著,反映出当前江苏省制造业创新发展对于创新模式的需求仍一定程度上处于渐进式创新主导的阶段,而对于制造业转型升级,应充分考虑不同产业的创新基础与异质性,辩证地看待产业自主创新,进行科学施策。

3. 异质性分析

为了深入了解创新模式的调节机制,检验上文结论在面对区域和产业异质性时的适用性,首先,我们进一步测算了2003—2018年苏南、苏中和苏北地区的禀赋结构水平,选取中位数作为分类依据,开展了苏南地区以及苏中和苏北地区的区域异质性分析。表4.13的结果显示,只有苏中和苏北地区的产业资本密集度对产业创新绩效有显著正向影响(模型15和模型18)。在调节作用方面,激进式创新均显著正向调节了苏南地区以及苏中和苏北地区产业资本密集度对产业创新绩效的正向影响(模型16和模型19),但渐进式创新只对苏中和苏北地区产生了显著的正向调节作用(模型20)。

表4.13 区域异质性分析

	被解释变量:产业创新绩效					
	苏南地区			苏中和苏北地区		
	模型15	模型16	模型17	模型18	模型19	模型20
Clr	−0.056	0.836***	0.486	1.649*	27.150***	3.494***
	−0.089	−0.257	−0.471	−0.884	−5.195	−1.090
Rinno	0.022**	−0.027*	0.020***	−0.092***	0.871***	−0.156***
	−0.010	−0.014	−0.007	−0.012	−0.184	−0.013
Iinno	−0.001	0.000	−0.013	0.013***	0.014***	0.092***
	−0.005	−0.006	−0.011	−0.002	−0.001	−0.019
Clr·Rinno		0.0005***			0.016***	
		0.000			−0.003	
Clr·Iinno			0.000			0.001***
			0.000			0.000
R&D	4.987***	4.722***	4.799***	4.876**	3.071*	3.179
	−0.964	−1.503	−1.005	−2.243	−1.838	−2.528
Aseff	5.940	11.210	4.126	−32.220***	−34.080***	−36.810**
	−15.600	−13.700	−13.080	−10.090	−8.742	−14.460
Insca	0.082***	0.106***	0.086***	0.002	−0.011	−0.004
	−0.014	−0.013	−0.013	−0.028	−0.023	−0.032
Intsal	1.212***	0.581***	1.116***	0.233	0.302**	0.395**
	−0.165	−0.102	−0.174	−0.150	−0.123	−0.162
时间固定效应	控制	控制	控制	控制	控制	控制

（续表）

	被解释变量:产业创新绩效					
	苏南地区			苏中和苏北地区		
	模型15	模型16	模型17	模型18	模型19	模型20
产业固定效应	控制	控制	控制	控制	控制	控制
N	116	116	116	86	86	86
R^2	0.987	0.988	0.988	0.961	0.964	0.958

注:括号内为稳健标准差,*** $p<0.01$,** $p<0.05$,* $p<0.1$。

进一步,按照《高技术产业(制造业)分类(2017)》的标准,我们将分析样本划分为高技术产业和非高技术产业两大类,进行了比较分析。表4.14的结果显示,产业资本密集度只显著正向影响了非高技术产业的创新绩效。对于高技术产业,激进式创新显著正向影响了产业创新绩效,而渐进式创新则为显著负向影响;在调节作用方面,两类创新模式的作用均不显著。对于非高技术产业,无论是激进式创新还是渐进式创新,均显著正向影响产业创新绩效,且均在产业资本密集度影响产业创新绩效的过程中发挥了显著正向调节作用。

表4.14 产业异质性分析

	被解释变量:产业创新绩效					
	高技术产业			非高技术产业		
	模型21	模型22	模型23	模型24	模型25	模型26
Clr	-33.840**	-29.750**	-34.260***	0.019	0.837***	1.021***
	-13.620	-14.100	-13.300	-0.051	-0.205	-0.193
Rinno	0.113**	0.087*	0.135**	0.058***	0.007	0.036***
	-0.048	-0.047	-0.056	-0.010	-0.012	-0.011
Iinno	-0.066***	-0.045**	-0.076***	0.005***	0.005***	0.022***
	-0.018	-0.022	-0.030	-0.001	-0.002	-0.004
Clr·Rinno		-0.001			0.0006***	
		-0.001			0.000	
Clr·Iinno			0.000			0.0004***
			0.000			0.000
R&D	1.748	3.908	0.644	3.108***	2.877***	2.623***
	-3.150	-3.379	-3.384	-1.123	-0.998	-0.899

(续表)

	被解释变量：产业创新绩效					
	高技术产业			非高技术产业		
	模型21	模型22	模型23	模型24	模型25	模型26
Aseff	54.730	279.100	-24.860	-0.745	-15.590**	-10.830**
	-269.200	-305.700	-319.700	-5.088	-6.837	-4.966
Insca	0.264***	0.253***	0.278***	0.074***	0.074***	0.082***
	-0.055	-0.057	-0.053	-0.010	-0.009	-0.008
Intsal	-0.076	-0.052	-0.087	0.573***	0.485***	0.504***
	-0.133	-0.133	-0.132	-0.093	-0.099	-0.071
时间固定效应	控制	控制	控制	控制	控制	控制
产业固定效应	控制	控制	控制	控制	控制	控制
N	75	75	75	307	307	307
R^2	0.967	0.969	0.966	0.947	0.961	0.953

注：括号内为稳健标准差，*** $p<0.01$，** $p<0.05$，* $p<0.1$。

4. 稳健性检验

通常对估计结果的稳健性检验有两个方法：一是采用另外一种估计方法对原模型再进行一次估计；二是选择一个与原模型中某一解释变量相关的变量，用这个新的变量来代替原来的解释变量来进行估计。考虑到相比渐进式创新，激进式创新会引发更大的不确定性，加大了企业协调各部门间的难度，因此激进式创新产生的协调成本会高于渐进式创新。我们采用主营业务成本作为激进式创新的替代变量，对模型的稳健性进行检验（见表4.15和表4.16）。

表4.15 稳健性检验一

解释变量	被解释变量：产业创新绩效				
	模型27	模型28	模型29	模型30	模型31
Clr	-0.201**	0.921**	0.041	1.105***	0.997***
	-0.097	-0.390	-0.162	-0.413	-0.348
Rinno	-0.069***	-0.073***	-0.064***	-0.067***	-0.085***
（主营业务成本）	-0.018	-0.018	-0.020	-0.019	-0.015
Iinno	0.005**	0.006***	0.006*	0.007**	0.012***
	-0.002	-0.002	-0.003	-0.003	-0.004

(续表)

解释变量	被解释变量:产业创新绩效				
	模型 27	模型 28	模型 29	模型 30	模型 31
Clr・Rinno		0.000 4***		0.000 4***	0.000 2**
(主营业务成本)		0.000		0.000	0.000
Clr・Iinno			0.000	0.000	0.000 1*
			0.000	0.000	0.000
R&D	11.160***	10.710***	10.400***	9.983***	11.500***
	−1.649	−1.467	−1.990	−1.734	−1.849
Aseff	−30.640	−25.950*	−32.340	−26.800*	−18.240***
	−20.920	−15.630	−20.150	−14.970	−6.258
Insca	0.116***	0.094***	0.117***	0.095***	0.077***
	−0.016	−0.020	−0.016	−0.020	−0.013
Intsal	0.267**	0.342***	0.268**	0.338***	0.384***
	−0.124	−0.130	−0.125	−0.131	−0.122
时间固定效应	控制	控制	控制	控制	控制
产业固定效应	控制	控制	控制	控制	未控制
N	382	382	382	382	382
R^2	0.958	0.960	0.958	0.960	0.941

注:括号内为稳健标准差,*** $p<0.01$, ** $p<0.05$, * $p<0.1$。

表 4.16 稳健性检验二

解释变量	被解释变量:产业创新绩效			
	模型 20	模型 21	模型 22	模型 23
年份分组	2003—2006	2007—2010	2011—2014	2015—2018
Clr	8.934***	1.105***	1.105***	3.066***
	−0.722	−0.413	−0.413	−0.540
Rinno	0.306**	−0.067***	−0.067***	−0.036*
(主营业务成本)	−0.128	−0.019	−0.019	−0.022
Iinno	0.233***	0.007**	0.007**	0.015***
	−0.006	−0.003	−0.003	−0.005
Clr・Rinno	−0.000 4**	0.000 4***	0.000 4***	0.001***
(主营业务成本)	0.000	0.000	0.000	0.000
Clr・Iinno	0.003***	0.000	0.000	−0.001***
	0.000	0.000	0.000	0.000
R&D	5.144***	9.983***	9.983***	−4.837
	−1.004	−1.734	−1.734	−4.663

(续表)

解释变量	被解释变量:产业创新绩效			
	模型20	模型21	模型22	模型23
年份分组	2003—2006	2007—2010	2011—2014	2015—2018
Aseff	11.460***	−26.800*	−26.800*	126.300***
	−2.603	−14.970	−14.970	−47.590
Insca	−0.329**	0.095***	0.095***	0.623***
	−0.128	−0.020	−0.020	−0.075
Intsal	0.134***	0.338***	0.338***	−1.998***
	−0.010	−0.131	−0.131	−0.228
时间固定效应	控制	控制	控制	控制
产业固定效应	控制	控制	控制	控制
N	76	382	382	104
R^2	0.996	0.960	0.960	0.991

注:括号内为稳健标准差,*** $p<0.01$,** $p<0.05$,* $p<0.1$。

稳健性检验结果显示,激进式创新仍发挥显著的正向调节作用(模型28和模型30),不同的是,在充分纳入了产业之间异质性的模型31中,该正向调节作用依然显著。虽然在只考量了渐进式创新调节作用的模型29以及同时考量两类创新模式调节作用的模型30中,渐进式创新调节作用为正向,但在统计意义上不显著。但是,在充分纳入了产业之间异质性的模型31中,该调节作用转变为显著正向。此外,从模型27到模型31中产业资本密集度对产业创新绩效的影响系数变化来看,假设3依然成立。

从模型30和模型31的结果来看,尽管激进式创新的调节作用在充分纳入了产业异质性的考量后依然显著,但影响系数有较大幅度的下降,且显著性也有所降低;同时,渐进式创新的调节作用由模型30的正向但不显著转变为模型31的正向且显著,假设5依然成立。从按时间维度的分段回归结果来看,与上文分析结果一致。

4.3.4 结论与政策建议

本部分以江苏省为研究对象,考察了产业资本密集度、创新模式选择对产业创新绩效的共同作用机制。研究结论主要有:其一,在产业资本密集度影响产业创新绩效的过程中,创新模式(包括激进式创新和渐进式创新)的选择发挥了部分中介作用。其二,创新模式的调节作用是产业资本密集度正向影响产业创新绩效的关键因素。其三,在产业资本密集度正向影响产业创新绩效的过程中:① 创新模式选择发挥了正向调节作用;② 伴随产业的创新发展,相较渐进式创新正向调节作用逐步减弱的趋势,激进式创新的正向调节作用展现了较好的稳定性;③ 区域内产业之间的异质性削弱了激进式创新的正向调节作用,增强了渐进式创新的正向调节作用;进一步,产业资本密集度、创新模式选择作用于产业创新绩效的过程中存在区域与产业技术异质性。基于此,我们提出如下政策建议。

(1) 进一步强化创新在区域和产业研发投入规划中的重要作用。在各地制定和实施"十四五"规划的过程中,应科学分析本地经济发展和产业结构水平,在明确产业资本密集度与产业创新绩效基本关系的基础上,全面、科学地把握创新模式选择过程中的区域和产业异质性,不断强化创新模式选择与本区域发展现状的动态契合度,引导创新资源科学、有序流动,促进创新资源优化配置,加速区域经济转型和产业升级进程。

(2) 继续提高欠发达地区以及非高技术产业的对外开放水平,加大资金投入力度。对于欠发达地区和非高技术产业,应坚持扩大改革开放,通过渐进式模仿创新吸纳外部先进技术,同时应继续通过加大资金投入力度不断提升禀赋结构水平,推动产业资本密集度继续发挥对产业创新绩效的促进作用。对于非高技术产业,在继续强化渐进式创新的同时,应逐步强化自主创新能力建设,通过整合渐进式创新和激进式创新能力,促进产业技术水平不断提升。

(3) 加速发达地区以及高技术产业自主创新能力建设。重点围绕本区域经济发展计划以及高技术产业发展规划,加速推进实施自主创新发展战略。应面向国家以及本区域经济社会发展需要,统筹衔接基础研究、应用开发、成果转化、产业发展等各环节,推动创新模式由模仿创新逐步向自主创新转化,加速构建面向发达地区以及高技术产业的自主创新能力建设体系,引领区域和产业创新发展。

第5章 中国产业知识产权战略规划与实施纲要分析

进入21世纪以来,伴随新一轮科技革命的兴起,世界产业竞争局面愈演愈烈,发达国家纷纷推行创新驱动发展战略,并将知识产权作为其战略要素的重要组成部分(杨书臣,2004)。如美国提出"先进制造伙伴计划",将知识产权战略深度融入国家创新战略,布局下一代的"美国制造",捍卫美国产业的全球竞争力。德国则发布"工业4.0战略",将知识产权作为提升产业智能化、应对时代新挑战的重要手段。改革开放四十多年来,我国产业创新取得了重大发展,但"多而不优,大而不强"仍是我国产业面临的最大症结。以制造业为例,虽然我国已经成长为世界制造大国,但与美、德、日、韩等发达国家相比,距离制造强国还有很长的距离。伴随全球新一轮的产业变革,为了适应新形势下高质量发展的需要,我国正在不断强化产业层面的知识产权规划,包括工具和机制设计以提升知识产权对创新驱动发展的支撑作用。但总体而言,战略实施过程中仍存在诸多问题,尤其是对当下我国产业创新发展的阶段性特征把握不到位,导致知识产权战略规划与不同产业发展之间的现实需求匹配性不足。本章将在分析我国产业知识产权战略规划现状的基础上,进一步结合新结构经济学的五类产业开展产业知识产权战略实施分析,并最终分析得出面向五类产业的知识产权战略规划纲要。

5.1 产业知识产权战略规划现状分析

5.1.1 产业战略发展中的知识产权规划现状

战略规划是实施知识产权战略的基本前提,改革开放四十多年来,我国产业科技创新与发展经历了技术引进(1979—1998)、发展高科技(1999—2004)、自主创新(2005—2011)和创新驱动发展(2012年至今)四个阶段,其中每个阶段都离不开国家层面产业战略规划的指引。尤其是进入知识产权战略实施周期,以知识产权为关键要素的战略规划量呈显著上升趋势(见图5.1)。

以"十三五"时期为例,我国针对不同产业领域出台了一系列规划文件,既有高技术产业和战略性新兴产业,也有传统产业,比如《"十三五"生物产业发展规划》《信息通信行业发展规划(2016—2020年)》《轻工业发展规划(2016—2020年)》《机器人产业发展规划(2016—2020年)》《促进新一代人工智能产业发展三年行动计划(2018—2020年)》《纺织工业发展规划(2016—2020年)》以及《新材料产业发展指南》等,在这些产业战略规划中无不将创新和知识产权作为产业转型升级的重要因素。[①] 从原则、方针、目标到实施重点举措,知识产权战略已经全面融入我国各类产业发展与转型升级的进程。在创新文化培育、自主知识产权打造、严格知识产权保护、知识产权运营和服务体系建设、政府与市场关系优化、产业政策转型、产业集群发展、创新链和价值链协同以及产业全球化发展等方面,产业发展战略规划聚焦了产业创新发展过程中的诸多知识产权问题,为推动我国产业结构优化升级提供了重要的制度保障。

5.1.2 产业知识产权战略实施亮点工作分析

1. 专利导航试点工程

近年来,随着经济的快速增长、创新能力的持续增强,以及全社会专利

---

① 以最具代表性的《"十三五"国家战略性新兴产业发展规划》为例,它聚焦新兴产业,明确了我国产业未来5年的行动纲领。

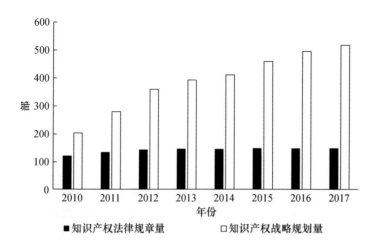

图 5.1 2010—2017 年中国知识产权法律规章和战略规划数量趋势
资料来源：作者根据相关文献整理所得。

意识的不断提高,我国已成为专利申请大国,但从专利运用的角度来看,我国离国际先进水平还有很大差距。尤其在推动我国实体经济的发展方面,知识产权仍有较大的发力空间。① 在产业结构升级过程中,不同产业面临着不同的知识产权问题和特点。应聚焦产业发展面临的关键问题,找准发力点,采取有针对性的发展策略,精准发力。2013 年 4 月,为了推动专利制度与产业创新驱动发展能力有机结合,更好地支撑创新发展战略与知识产权战略实施,国家知识产权局启动了专利导航试点工程。该工程聚焦产业创新发展,强调专利信息利用在产业发展决策中的重要作用与引导力,旨在通过实施更精准的专利信息服务,推动产业实现更科学、更高效的创新规划与决策,从而实现更合理的产业布局与更优化的产业结构。专利导航工程有助于发挥知识产权制度在创新资源配置方面的能力,进一步提高创新资源的利用效率,并通过将创新资源与产业关键技术发展规划密切衔接,助力产业加速实现技术突破与竞争优势打造,从而不断提升我国产业在全球产业价值链中的地位。

目前,围绕国家重点发展的高端装备制造、新能源新材料、生物医药、节

---

① 第一个发力方向是以"一带一路"倡议下的全球化视野部署和保护知识产权,第二个发力方向是以产业特点和诉求为基础精准规划和运用知识产权。

能环保等战略性新兴产业,我国已在全国17个园区、13个行业协会和115家企业开展了专利导航试点工作①,成功组建了91个产业知识产权联盟,在对市场信息与专利进行综合分析的基础上,成功掌握了重点行业的知识产权布局和竞争态势。此外,我国还制定了知识产权重点支持产业目录,通过将知识产权与产业前沿技术充分结合以推动产业转型升级,知识产权与产业融合发展的工具与手段越来越丰富,成效也越来越显著。例如,苏州工业园区是我国首批国家专利导航产业发展试验区,作为我国园区建设的佼佼者,苏州工业园区聚焦园区重点发展的纳米产业,通过实施专利导航的"四大工程",实现了专利创造与纳米产业创新发展内需的高度融合,并通过开展精准专利布局,为培育园区纳米产业核心竞争力提供了重要保障。在开展专利导航试点工作的过程中,苏州工业园区积累了丰富的经验:一是聚焦专利信息分析与纳米产业运行决策深度融合、专利价值实现对纳米产业发展效益充分支撑两个方面,完善了专利导航产业创新发展的工作机制;二是通过开展相关产业专利布局、市场竞争态势等数据分析,为产业内企业的创新发展,尤其是企业的专利创造与布局指明了方向,有效地提升了企业研发与创新效率,专利产出质量也显著提升,专利管理过程中的风险得到有效管控,管理效益明显改善。

2. 知识产权区域布局试点工作

近年来我国知识产权事业发展虽然取得了巨大成就,但知识产权资源多而不优、与创新资源结合不够紧密、对产业发展的支撑作用有待提升、与经济社会的发展融合不够紧密等问题亟待解决。为此,国家知识产权局自2013年开始探索知识产权区域布局这项全新工作,即从知识产权的资源属性入手,以区域为载体,通过摸清全国和地方的知识产权"家底",明确区域性知识产权资源、创新资源和产业发展的协调匹配关系,形成以知识产权为核心的资源配置体制机制,切实促进知识产权工作与经济社会发展的深度融合。

---

① 专利导航试点工程确定了六大重点任务,包括建立专利导航产业发展工作机制,优化产业的专利创造,鼓励专利的协同运用,培育专利运营业态发展,完善专利运用服务体系和构建专利导航发展的政策支撑体系。

知识产权区域布局工作的核心目标就是要在区域层面把握创新要素和创新资源的集聚与流动规律,进而实现资源的优化整合,为高端产业和传统产业提供高水平的技术供给,为产业区域的合理分工和梯次转移提供布局方案。可以说,知识产权区域布局工作是知识产权实施创新驱动发展战略的重要发力点。同时,区域发展优势是可以创造和改变的。在信息化和互联网时代,各地发展的地理区位制约已不明显,内陆地区、边远省份同样会催生出独特的发展优势,传统的区位中心、枢纽地区也有可能错失机遇,落后于时代。而要实现这些目标,离不开知识产权资源等创新要素的保障和支撑,也离不开对产业、研发、科教、人才等要素的优化整合。通过知识产权区域布局工作,全面梳理分析本地的知识产权资源、创新资源、产业资源等发展要素,明确资源配置导向目录,在全国甚至全球范围内为地方经济创新发展所需的资源寻找匹配路径和方案,是积极培育创新链、打造高端产业链、建设资源集聚的优质发展环境的重要政策工具。知识产权区域布局通过建立以知识产权为核心的资源配置体系,注重加强知识产权资源与创新、产业发展资源间的互动、匹配与耦合,贯通知识产权的创造、运用、保护、管理、服务各环节,形成各层级政府科学管理知识产权、精准支撑决策需求、有效发挥知识资源价值的工作模式,具有基础性、创新性、长期性的特征,是实现知识产权治理体系和治理能力现代化的有效支撑,也是知识产权事业科学发展的助推器。以宁波市为例,2017年4月,国家知识产权局成立由保护协调司、宁波市人民政府和导向目录编制团队组成的联合工作组,以宁波为试点,编制导向目录范本,包括全产业①和细分产业②两部分。2018年5月,《宁波市以知识产权为核心的产业发展与资源配置导向目录》《宁波市汽车零部件产业以知识产权为核心的资源配置导向目录》及相关研究报告最终

---

① 全产业导向目录以国民经济行业分类中的大类产业为对象,在分析全球产业发展趋势和国内区域产业分工的基础上,结合特定区域的资源条件、产业基础、技术创新能力以及知识产权资源配置现状等,编制面向大类产业创新发展的资源配置解决方案。

② 细分产业导向目录以国民经济行业分类中的四位数产业为分析和规划单元,在细分产业的技术、重点区域、重点企业层面,围绕细分产业的技术模块、产业附加值、知识产权建立分析模型,编制面向细分产业的资源配置解决方案。

形成。除宁波外,其他试点地方导向目录编制工作也有探索和亮点。①

5.2 新结构经济学视角下五类产业知识产权战略实施

5.2.1 产业知识产权战略实施环境、过程与效果分析

1. 产业知识产权战略实施环境分析

创新环境是提升国家创新能力的重要基础,也是产业知识产权战略实施的基本保障。《2018国家创新指数报告》数据显示:中国创新环境分指数得分为85.0分,在5个一级指标中得分最高。国际排名在连续2年下降后显著回升,从2015年的第20位提高至2016年的第16位。在创新环境的二级指标中,知识产权保护力度排名相对落后,但在2016年,知识产权保护力度扭转了连续2年排名下降的状况,大幅提升5个位次。

《2018年中国知识产权发展状况评价报告》针对知识产权环境的评价也发现,2013—2017年,尽管我国知识产权环境指数的世界排名一直在第30位上下波动,但得分则从2013年的42.54分显著提升至2016年的48.71分,2017年更跃升至56.67分,知识产权环境持续优化。进一步考察2010—2017年各国产权制度、市场、文化环境指标对本国总体知识产权环境得分的贡献程度发现,文化环境对得分的贡献明显不足的情况没有得到根本改观。从知识产权局网站的历年访问量走势来看,公众对于知识产权的关注度不太乐观,强化知识产权文化环境建设迫在眉睫(见图5.2)。而从历年针对知识产权保护的满意度调查结果来看,公众对于国内知识产权保护的满意度水平总体呈上升趋势,但从分值来看,满意度基本上处于低位水平,公众对于知识产权保护环境的改善抱有更大的期待(见图5.3)。

---

① 广西初步探索制定了地理标志精准扶贫导向目录,为知识产权服务精准扶贫探索了经验;广州选择现代中药产业初步形成了专利导向目录,突出了资源配置的思想,实现了对招商、人才引进等产业发展的支撑;深圳选择工业机器人产业,在导向目录范本的基础上,在知识产权与市场需求、关联行业、企业战略的关系等方面进行了创新性探索。

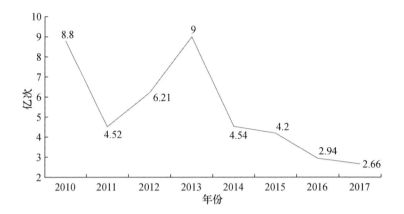

图 5.2 2010—2017 年知识产权局网站访问量变化情况
资料来源:《2018 年中国知识产权发展状况评价报告》。

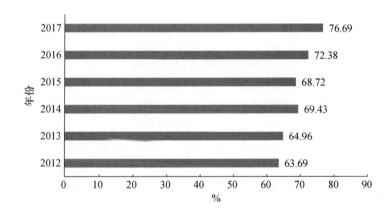

图 5.3 2012—2017 年知识产权保护满意度变化情况
资料来源:《2018 年中国知识产权发展状况评价报告》。

美国商会全球知识产权中心发布的《国际知识产权指数》(第 5 版),从产业视角分析知识产权保护对于商业、投资决策的短期和长期影响。该报告共对全球 45 个经济体的知识产权保护环境进行分析,美国以总分 32.62 分排名第一位,其后依次是英国、德国、日本、瑞典、法国、瑞士、新加坡、韩国和意大利,中国知识产权保护环境总得分为 14.83 分,低于平均分(15.39 分),排名第 27 位。该报告认为,中国在知识产权保护方面加强了执法,扩大了范围,但其存在法律保障不足、知识产权事件频发等一系列问题。① 总体而言,我国在知识产权战略实施环境方面还存在很大不足,尤其与欧美等发达国家存在一定差距,在知识产权制度建设、文化环境营造和市场环境改善等方面还有很多工作需要做。

2. 产业知识产权战略实施过程分析

随着制造业分工格局的悄然变化,以及制造业转型升级的迫切需要,我国正加速强化知识产权战略对产业转型升级的支撑性作用。自2015年以来,我国制造业正在由产业链下游向中上游转移,制造业内部结构由传统的劳动密集型向高端装备制造、信息通信设备、智能制造等资本、技术密集型调整。从欧美发达国家产业结构变迁的成功经验来看,创新发挥了至关重要的作用。而创新的实现,在要素层面依靠的是研发,包括研发经费和研发人力资本;在制度层面依靠的是激励机制(其中知识产权制度是核心),要素与制度的互动是产业创新资源禀赋支撑知识产权发展的重要内容。总体而言,我国在研发经费和研发人力资本等关键要素供给层面与欧美发达国家相比尚存在较大的差距。研发层面的要素供给状况一定程度上影响了我国知识产权发展与产业结构变迁之间的相容性,在现实层面更多地体现为创新质量供给不足。更通俗地说,近些年我国知识产权发展所呈现出的规模增长并没有展现出应有的创新驱动力,规模增长背后的研发投入结构合理性和效率仍然不足,这在一定程度上影响了我国产业转型升级的进程。

(1) 在研发投入方面。

其一,就研发投入总量而言。2017年,中国全社会研究与试验发展投入17 606.1亿元,比上年增长12.3%,居世界第二位。自2013年以来,中国已经连续4年研发投入强度突破2%,达到中等发达国家水平,但与欧美日韩等发达国家仍有一定差距(见图5.4)。而且,"十五""十一五"和"十二五"科技发展规划研发投入强度目标均没有实现,但是差距在逐步缩小(见图

---

① 专利和版权制度改革扩大了保护范围并加强了执法;各级政府和执法机构对知识产权的认可和维护程度提高;在学术界和个人范畴,知识产权意识得到强化,知识产权的价值逐渐凸显。而影响中国知识产权指数的因素——侵犯知识产权事件的数量仍处在高位;对知识产权法规的诠释仍不完善,与国际标准脱节;在许多情况下,确保侵权后专利权人获得适当补救的能力仍面临挑战;市场准入和知识产权商业化仍存在障碍;法律保障不足,特别是在商业秘密方面。

5.5)。在行业层面,研发投入的规模也存在较大差异,直接影响了产业知识产权创造水平的提升。2016年公布的数据显示,我国规模以上工业企业研发经费分行业差距悬殊,计算机、通信电子设备制造业研发经费高达1963.6亿元,相当于排名靠后25个行业研发经费之和。高技术产业面临同样的问题,2016年,高新技术产业研发经费内部支出主要集中在电子及通信设备制造业,其研发经费内部支出是排名第二的医药制造业的3.6倍。再比如,根据欧盟公布的2016—2017年全球前2500家研发投入企业排行榜,我国上榜企业数量仅次于美国,位居第二,可见高研发企业在数量上已成气候。但中国企业研发支出规模普遍偏低,很少超过20亿欧元,平均研发投入强度(研发支出/主营业务收入)为4%,在各国中仅处于中等水平,与美国企业平均12.4%的研发投入强度相比仍有较大差距。行业层面,在我国百强研发企业中,IT软硬件行业合计占比约为24%,与全球百强企业相当,但生物医药行业占比不足5%,与世界领先水平差距明显,国内各产业之间也存在较大差异。

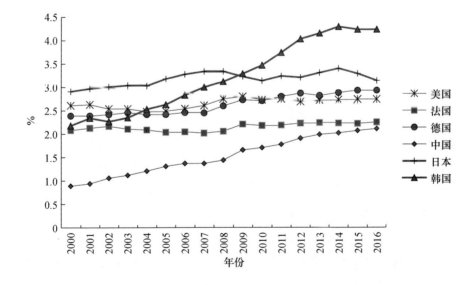

图5.4 2000—2016年各主要工业国研发投入强度
资料来源:世界知识产权组织。

其二,就研发投入结构而言。基础研究经费主要来源于政府、企业、高校和其他非营利机构等。由于基础研究不能直接产生经济效益,政府一般

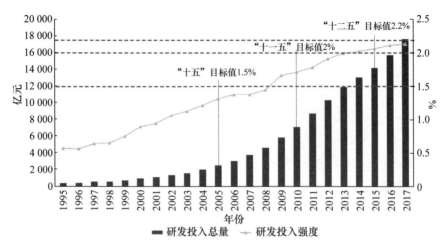

图 5.5　1995—2017 年我国研发投入总量和研发投入强度趋势
资料来源：《2018 年中国研发经费报告》。

是基础研究的投入主体，如我国的基础研究经费超过 70% 是来自政府财政性投入资金。事实上，近年来发达国家企业对基础研究的投入也越来越大，企业经费在基础研究投入中的占比不断上升。在研发投入活动的类型方面，各主要国家（地区）对基础研究、应用研究和试验发展的投入各有侧重。2015 年，美国将研发投入总额的 17% 用于基础研究，资金达 839 亿美元。这一比例在法国更高（24%），其他主要国家用于基础研究的研发投入占比如下：韩国 17.2%、英国 16.9%、印度 16.0%、日本 11.9%。尽管中国在研发投入的数量和强度方面都取得了很大进步，但中国在研发投入的结构方面还有短板，基础研究和应用研究的占比较低，尤其是基础研究，2015 年其投入占比仅为 5% 左右，而同期欧美等发达国家多为 15%—20%，差距明显（见表 5.1）。而 2015 年中国政府为科研机构和高校提供了约 77.7% 的科研经费，企业经费只占 11.7%。企业对基础研究的投入强度与美国企业存在巨大的差距。企业对基础研究投入的不足也削弱了我国基础研究成果转化为领先技术的能力。企业是科研成果和专利技术的应用主体，企业对基础研究投入不足会影响基础研究的市场引导作用，导致研究成果脱离市场需求，难以转化成可应用的产业技术，降低研究成果的转化效率。[①]

[①] "中美贸易战背后：探讨我国研究创新能力不足的原因——基于科研投入的角度"，http://blog.ceconlinebbs.com/BLOG_ARTICLE_256163.htm，访问时间：2019 年 8 月 10 日。

总体而言,研发投入数量及其结构的差异,直接影响了不同产业在专利全球布局方面的表现。2017年,依托大量的研发投入,我国在视听技术、电子通信以及数字通信等技术领域的专利布局数量已经超过美国。但同时,在绝大部分的制造业技术领域,我国与美国的差距依然显著(见图5.6)。

表5.1 2015年主要国家的研发投入结构

单位:10亿美元

国家	研发投入	基础研究		应用研究		试验发展	
		投入	占比	投入	占比	投入	占比
美国	496.6	83.9	16.9%	97.3	19.6%	315.3	63.5%
中国	408.8	20.8	5.1%	44.2	10.8%	344.2	84.2%
日本	170.0	20.2	11.9%	33.8	19.9%	108.3	63.7%
韩国	74.1	12.7	17.2%	15.4	20.8%	45.9	61.9%
法国	60.8	14.8	24.4%	22.9	37.6%	21.1	34.7%
印度	50.3	8.0	16.0%	11.2	22.3%	11.8	23.5%
英国	46.3	7.8	16.9%	20.0	43.3%	18.4	39.8%

资料来源:黄辰.我国R&D经费的内部结构及国际比较[J].今日科苑,2018(05):50—58.

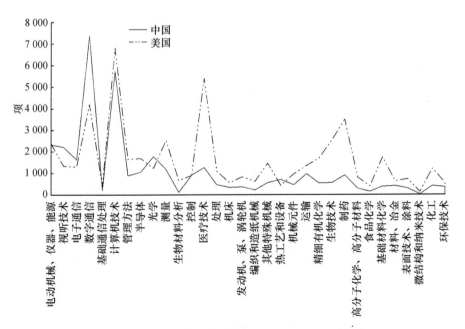

图5.6 2017年中美核心技术领域的PCT专利申请数量对比
资料来源:《中美对比系列报告之二:中美专利全方位对比,追赶中的中国专利》。

（2）在研发人力资本方面。

其一，就人才数量而言，世界经济论坛发布的《2017年全球人力资本报告》研究了全球人力资本的发展情况，该报告显示，全球人力资本平均开发利用率仅为62%，无论是发达国家还是发展中国家，处于不同发展阶段的经济体都尚未充分实现人力资本对经济的贡献潜力。该报告对全球130个经济体的人力资本利用水平进行了详细分析和排名，排名前三的分别是挪威、芬兰和瑞士，中国位列第34，人力资本利用水平相对较低。总体而言，我国科技人才储备水平在全球尚处于较低水平，尤其与美国和欧盟国家相比，还存在一定差距。尽管我国科技人才总量在2014年（152.4万人）已经赶超美国（125.3万人），仅次于欧盟28国（176.2万人），但在科技人才密度方面差距明显。以研发人员为例，在每百万人研发人员拥有量方面，与中国相比，日本、韩国、新加坡一直保持着5倍左右的领先优势，美国和德国则保持着4倍左右的领先优势。进一步结合《全球创新指数报告》公布的数据（见表5.2）来看，2011—2019年，我国教育水平尽管存在较大波动，但总体上升态势显著①，这为我国创新人才的培养奠定了较好的基础。我国知识型工人的增长情况就能充分说明这一点，我国的该指标从2011年的居全球第30位上升到2016年的居全球首位，并已连续四年保持全球第一，体现出我国在知识型人才储备总量方面有绝对优势。

表5.2 2011—2019年全球创新指数相关指标排名

相关指标	2011	2012	2013	2014	2015	2016	2017	2018	2019
2.1 教育	51	67	20	1	2	4	8	13	13
2.3.1 全职研究人员	—	53	46	50	47	46	45	47	46
5.1 知识型工人	30	27	28	29	20	1	1	1	1
5.3.5 研究人才在企业中的占比	—	—	—	—	—	9	9	9	12
6.3.3 ICT服务出口在贸易总额中占比	22	25	60	89	86	85	77	78	75

注："—"表示当年报告中无中国相关排名数据。
资料来源：《全球创新指数报告》。

---

① 《全球创新指数报告》主要采用教育支出在GDP中的占比，中小学生人均政府支出在人均GDP中的占比，预期受教育年限，阅读、数学和科学PISA量表得分以及学生教师比5个指标来评价教育水平。

其二,就人才结构而言,中国企业的研究人员数量一直呈现增长趋势。相比 2000 年,2013 年我国企业研究人员占全部研究人员的比例从 50.9%增长至 62.2%;教育机构和政府部门的研究人员数量尽管有所上升,但是其所占比例呈下降趋势。① 国外方面,OECD 统计数据显示,美国商业企业研究人员占全部研究人员的比例在 2009—2013 年一直高于中国(见图 5.7)。《科学与工程指标 2016》报告显示,美国科学家与工程师在企业工作的比例为 70.1%;在教育部门和政府部门工作的比例分别为 18.9% 和 11%。② 从数据比较来看,美国科技人力资源在企业集聚的效应更强。

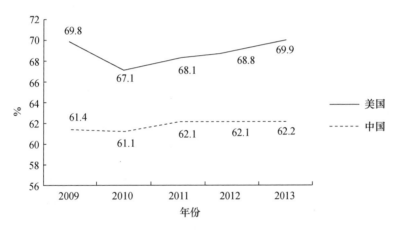

图 5.7 企业研究人员占全部研究人员的比例(2009—2013)
资料来源:OECD,Main Science and Technology Indicators。

其三,从单位劳动产出的角度来看:2015 年,我国单位劳动产出仅为世界平均水平的 39.58%,不及美国和日本的 10%(见表 5.3)。这表明我国劳动者整体素质、劳动组织效率等存在较大的提升空间,高生产效率的新兴行业在产业体系中的比重有待提高,科研投入转化为创新应用的效率不高,产业发展的创新驱动力不够强劲。

---

① OECD. Main Science and Technology Indicators[EB/OL]. [2016-10-17]. http://www.oecd.org/sti/msti.htm.
② National Science Board. Science and Engineering Indicators 2016[R]. Arlington, VA: National Science Foundation, 2016.

表 5.3　世界及部分经济体单位劳动产出

单位:美元/人

年份	世界平均水平	美国	日本	欧元区	印度	中国
1996	14 453	73 880	65 648	54 768	1 340	1 535
1997	14 792	75 782	66 174	56 470	1 372	1 652
1998	14 946	77 219	65 019	57 809	1 425	1 772
1999	15 180	79 411	65 700	59 144	1 524	1 885
2000	15 606	81 720	67 568	60 767	1 555	2 018
2001	15 601	82 459	67 759	61 469	1 574	2 172
2002	15 707	84 392	68 897	62 105	1 599	2 347
2003	15 864	86 318	70 124	62 885	1 669	2 561
2004	16 241	88 776	71 556	64 444	1 751	2 801
2005	16 497	90 072	72 209	64 992	1 872	3 088
2006	16 906	90 542	73 183	66 391	2 039	3 459
2007	17 310	91 773	74 157	68 007	2 218	3 912
2008	17 359	91 242	73 637	67 745	2 314	4 290
2009	16 963	92 560	70 477	64 946	2 503	4 674
2010	17 449	95 069	73 631	66 586	2 731	5 146
2011	17 711	95 724	74 108	67 559	2 909	5 586
2012	17 883	96 062	75 510	67 083	3 024	5 990
2013	18 107	97 748	75 958	67 164	3 189	6 423
2014	18 285	98 116	75 376	67 867	3 370	6 866
2015	18 487	98 990	76 068	68 631	3 559	7 318

注:以 2005 年为基准进行了不变价调整。
资料来源:国家统计局网站,中国民生银行研究院整理。

进一步,我们考察了人力资本的应用情况。综合世界工业化先行国家以及新兴工业化国家和地区的工业化发展模式来看,发展高新技术产业,采用 ICT(信息、通信、技术)等手段重点加快传统产业的改造与转型升级的步伐成为新技术革命的突破口和新一轮经济增长的主要动力。经过改革开放四十多年的发展,我国已成长为世界第二大经济体,已迈入中等收入偏上水平国家行列,正处于由劳动密集型向资本密集型和知识密集型的转型期,需要加大发挥生产性服务业①的支撑作用。当前,在新旧动能转换的背景下,数

---

① 生产性服务业依附于制造业而存在,贯穿于企业生产的上游、中游和下游诸环节中,以人力资本和知识资本作为主要投入品。把日益专业化的人力资本和知识资本引进制造业,有助于降低制造成本和交易成本,提高企业生产效率,有助于加速第二、三产业的融合。知识性是生产性服务业的重要特性。生产性服务业以先进科技、专业人才为主要生产要素,技术和知识含量较高。软件、信息传输、研发等行业的服务过程和服务活动以脑力劳动和智力型服务为基础,以现代高技术特别是信息技术为重要支撑,以知识的生产、应用和传播为服务过程,注重以知识提高服务的科技含量,具有高知识和高技术密集度的特征。

字化正加速向全领域、全区域渗透,如何借助云计算、大数据、人工智能等新兴技术应用实现数字化转型成为全社会关注的焦点,实施制造强国战略,利用好 ICT 技术强化生产性服务业发展至关重要。但从我国 ICT 服务出口额在贸易总额中占比的全球表现来看,除了 2011—2012 年全球排名居第 20 位左右,其余年份均在第 80 位左右,由此表明我国在 ICT 服务领域的竞争力不足,亟须提升人力资本支撑。《中国 ICT 人才生态白皮书》发布的数据显示：2017 年,我国信息技术产业人才总体需求缺口达 765 万人,预计到 2020 年将达到 1 246 万人,需求缺口的增速接近 20.8%,超过了行业 15% 的增速平均值。未来,ICT 人才需求缺口的 70% 将集中在云计算、大数据、物联网、人工智能等新兴领域,且呈现出人才需求类型多样化、需求结构多元化的特点。

总体上看,我国产业创新发展在人力资本支撑方面还有很多不足,尤其以高素质人才为核心要素的生产性服务业发展落后导致我国产业在转型升级过程中阻力重重。我国产业创新能力与知识产权发展仍然偏重于生产制造环节,在全球产业链分工体系中仍处于中低端水平,生产性服务业的国际竞争力较弱,仍有很大的发展潜力和空间。在发达国家,有一条"两个 70%"的经济规律,即服务业增加值占 GDP 的 70%,生产性服务业占服务业增加值的 70%。一些发达国家依靠研发设计与知识产权的领先优势,主导着全球生产网络和产品价值链,显著提升了产业发展质量和资源配置效率,获取了较大的超额经济利益。而在我国,据商务部发布的数据,2018 年,中国服务贸易出口额为 1.77 万亿元,同比增长 14.6%,创下自 2011 年以来的出口最高增速;服务贸易进口额为 3.47 万亿元,同比增长 10%;全年服务贸易逆差额为 1.7 万亿元,较 2017 年增加了 908.6 亿元。其中,逆差较大的是技术专利权的使用费和许可费,是亟待补齐的"短板"。2014 年,国务院出台的《关于加快发展生产性服务业促进产业结构调整升级的指导意见》(以下简称《意见》)指出,研发设计、信息技术服务、电子商务、服务外包、人力资源服务和品牌建设等是生产性服务业的重要组成部分之一。《意见》所提出的要大力发展的研发设计等生产性服务业均与知识产权密不可分。从其所部署的一系列知识产权政策措施来看,核心就是发挥知识产权的作用,支撑创新驱动发展战略的实施,从而加快产业转型升级。

（3）在投入与产出效率方面。

我国研发投入总量与投入强度持续提升，正处于研发投入高速增长时期的中游，提升空间仍然巨大。我国的人才规模尽管一直保持领先优势，但人才结构很不合理。2017年，最能衡量核心技术能力和创新能力的国内发明专利申请量和授权量占全部专利的比重不到40%和20%，每百万人中研究人员数量为1 000人左右，远低于高收入国家4 000人左右的水平。① 在产业层面，高质量知识产权产出布局存在较大差异，以四方专利②为例，根据WIPO公布的35个分类标准，我国2015—2017年公布的四方专利已覆盖全部35个技术领域。按WIPO公布的产业分类标准，电气工程领域以3 422项的公开量，成为四方专利布局最密集的领域，占比高达61%；然后为化学、仪器仪表、机械工程及其他，占比依次为17%、10%、8%、4%（见图5.8）。按照年份分布来看，专利布局与整体一致，化学领域布局热度有所下降，年度占比从2015年的20.4%下降至2017年的16.1%。在电气工程领域内部，数字通信系统、计算机技术、通信三大领域的专利占比依次为34.4%、25.3%、13.7%，占比总计73.4%，通信领域的专利占比随时间变化呈现出一定的上升趋势。

其一，从四方专利申请量居前10位的申请人名单来看，企业是四方专利布局的主体。从专利申请集中度来看，排名前3位的华为技术有限公司、小米科技有限责任公司、中兴通讯股份有限公司的四方专利量占总量的44.3%。并且，华为技术有限公司2015—2017年四方专利共计1 507项，占总量的26.9%，明显高于第二位的小米科技有限责任公司。因此，四方专利主要掌握在少数企业手中。

其二，从申请主体经营范围来看，主要是通信、互联网企业，侧面反映出上述领域的企业具备较强的技术发展水平及专利布局能力，同时反映出市

---

① "我国研发经费投入强度创新高？读懂背后含义"，http://www.gov.cn/shuju/2018-02/14/content_5266739.htm，访问时间：2020年3月28日。

② 中国四方专利的定义为在中、美、日、欧四方申请，且第一申请人为同一中国申请人的发明专利。即，只要四方专利族中基本专利的第一申请人的地址信息中出现中国，则判定其为中国四方专利，计数一次。四方专利的数据统计是基于知识产权出版社有限责任公司（Intellectual Property Publishing House Co., Ltd.）数据库对中国四方专利技术领域（根据WIPO公布的35个技术领域分类标准）统计得来的。

第5章 中国产业知识产权战略规划与实施纲要分析 175

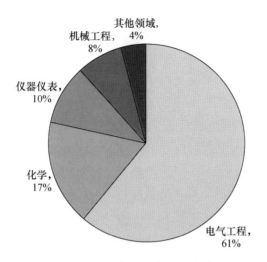

图 5.8 2016 年四方专利技术分布

资料来源:知识产权出版社数据库。

场竞争的激烈程度。四方专利在省市分布方面也高度集中,四方专利布局的主体省市与中国专利创新实力突出省市高度吻合。排名前3位的广东省、北京市、上海市的四方专利量占总量的74.3%。

总体而言,我国企业拥有自主知识产权核心技术的并不多,技术创新仍主要依赖于引进、模仿国际先进企业的技术。此外,企业的研发创新能力显著分化,绝大多数企业的研发创新能力较弱。① 而且,中国高新技术企业前1000强的专利质量明显低于美国和日本等发达国家。这一问题在所有高新技术企业中更为突出:80 000多家高新技术企业申请的发明专利占所有专利的比重仅为41.2%,有效发明专利数占全部有效专利数的比重更是

---

① 《中国企业创新能力百千万排行榜(2017)》数据显示,全国现有的80 000多家高新技术企业中,多达94.1%的企业申请专利数不足100项,申请专利数超过500项的企业所占比重只有0.64%,申请专利数超过1 000项的企业更是只有0.24%。有效专利的不均衡程度更加严重,高达97.3%的企业的有效专利数不足100项,有效专利数超过1 000项的企业占比仅为0.1%。中国高新技术企业前1 000强申请的发明专利数占所有专利数的比重为59.2%,有效发明专利数占全部有效专利数的比重为41.3%。相比之下,美、日等发达国家的发明专利占比明显偏高。数据显示,2014年和2015年美国授权的发明专利占全部授权专利的比重分别高达92.2%和91.5%,日本授权的发明专利占全部授权专利的比重也分别达到了87.9%和85.6%。

只有 24.5%。①

综上,知识产权在驱动我国产业转型,尤其制造业升级方面的作用还未充分发挥,而创新资源的配置是重要因素。随着我国迈入高质量发展阶段,不同区域、不同产业创新发展面临的情况千差万别,但创新资源的配置效率远没有与创新发展的实际需要相匹配,知识产权在产业与企业间的布局并没有很好地支撑产业价值链的提升以及企业竞争力的打造。产业结构调整是一个持续永恒的动态过程,既有确定性,又有难以把握的特点,这就要求政府与市场必须有效互动,根据经济发展、技术进步、国际环境的新变化而不断进行调整;需要以长远眼光和全球视野进行产业结构调整,抓住全球新一轮结构调整和国际产业转移的新机遇,选择合理的主导产业、支柱产业和新兴产业,加快发展知识密集型服务业等"短板"产业,形成独特和完整的产业结构体系、技术分工体系、产品结构体系。一般而言,主导产业的演变通常呈现出"劳动密集型—资本密集型—资本技术密集型—知识技术密集型"的发展趋势,同时,也与一国的资源禀赋、产业基础、历史背景等高度相关。这方面,美国、英国、德国等国的成功经验,日本的经验教训,以及韩国和新加坡的做法,都值得分析和借鉴。②

3. 产业知识产权战略实施效果分析——以智能制造业发展为例③

(1) 知识产权创造。

截至 2017 年 8 月 31 日,智能制造装备全球专利总量为 26 228 项。从 20 世纪 60 年代发展至 2015 年,智能制造装备全球年度专利申请量稳步增

---

① 以规模以上工业企业为例,研发投入强度较高的行业为电子、医药和装备制造业。但与美国相比,我国各行业研发投入强度仍有很大的提升空间:2015 年美国制造业平均研发投入强度高达 4.4%,而 2016 年我国制造业平均研发投入强度也只有 1% 左右;即便是研发投入强度领先的电子业(1.8%)、医药业(1.7%),与美国 2015 年的水平相比仍有不小的距离,在装备制造能力上仍在努力追赶。

② 以德国为例,第二次世界大战后,以大规模内需为主导的恢复性建设使得能源工业、钢铁工业、建筑业、机械工业、化学工业和汽车工业成为德国当时的支柱产业。到 20 世纪 80 年代末 90 年代初,受新科技革命的影响,德国重点发展了以生物技术、海洋开发及新能源、新材料等为标志的新兴产业。20 世纪 90 年代中期以后,德国加大对计算机和信息技术的投入力度,使德国的互联网及电子商务发展在欧洲遥遥领先。进入 21 世纪后,随着全球变暖加剧、极端天气及自然灾害频发,德国工业又开始走向绿色发展之路,将重点放在新能源发展领域和可再生能源领域。

③ 国家知识产权局学术委员会. 产业专利分析报告(第 63 册)——智能制造[M]. 北京:知识产权出版社,2018.

长,并在2015年达到峰值。其中,中国在全面发展期的专利申请数量是非常可观的,可见,为响应国家智能制造战略,重塑实体经济领域的竞争力,国内对智能制造装备的技术研发达到了火热的程度(见图5.9)。

智能制造装备技术涉及数控机床智能化、控制器智能化、机器人智能化、系统智能化四个细分技术领域,其中,数控机床智能化技术牢固占据着智能制造装备技术中的主要地位,也是国内外共同研发的重点。中国虽然起步较晚,但2005年以后也进入了全面发展期,并一直维持着高速增长的势头。2010年,我国数控机床智能化技术的专利申请量首次超过国外申请量,跃居世界首位;2015年,我国数控机床智能化技术的专利申请量更是超过国外申请量的两倍有余。在另外三个技术分支——控制器智能化、机器人智能化和系统智能化技术方面,国外均在20世纪70年代开始申请相关专利,积累了一定的技术实力,专利申请量稳步上升并趋于平稳,而我国在相关领域的技术投入明显不足,尽管控制器智能化和机器人智能化技术的专利申请量有显著增加,与国外的差距越来越小,但在系统智能化技术方面,仍与国外存在较大的差距。

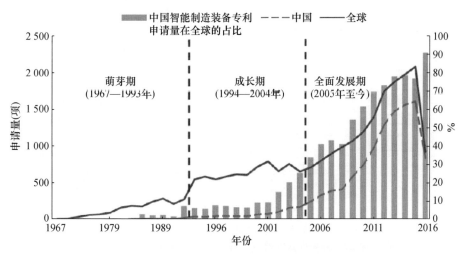

图5.9 中国及全球智能制造装备专利申请总量态势

资料来源:《智能制造产业专利分析评议报告》。

(2) 知识产权全球布局。

伴随我国对外开放程度的不断提高以及经济全球化格局的不断深化,国家之间竞争的重点正越来越聚焦于全球产业价值链的争夺,而其中产业知识产权(尤其是专利)的全球化布局至关重要。公开数据显示,2013—2015年,从主要国家已公示专利申请的行业分布情况来看,美国和日本在通信、计算机技术与半导体领域布局了大量专利,其中美国18.82万项、日本16.71万项,接近中国9.58万项的两倍。① 日本在机床、发动机、机械零件、光学以及测量等领域布局的专利数量显著多于中国和美国;美国除了在ICT领域布局了大量专利,在生物技术、医学技术与药物领域更是一枝独秀,而且专利申请数量超过中国和日本之和;相比较而言,中国在基础材料化学、精细材料化学、食品化学等领域布局更多。

截至2017年8月31日,在智能制造领域,从智能制造装备技术的主要原创国日本、德国、美国和中国的全球专利布局情况来看,日本的主导优势较为明显,是全球智能制造装备技术的主要发源地和目的地,且在各主要国家的智能制造装备技术领域已形成较为严密的专利布局;同时,美国和德国也较为重视其他主要海外市场。而中国智能制造装备技术仍主要集中在国内,对于海外市场特别是美国的专利布局明显不够重视(见图5.10)。

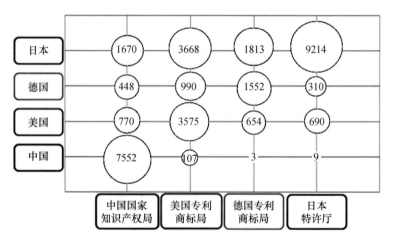

图5.10 智能制造装备技术主要原创国及目标国专利布局
资料来源:《智能制造产业专利分析评议报告》。

反观各国在中国的专利布局情况,并与中国国内申请情况进行比较后发

---

① "美国为何对中国科技进步如此警惕?",http://m.sohu.com/a/243379396_257489,访问时间:2019年8月28日。

现,日本、德国、美国在中国的专利布局时间较早,并且专利布局的力度不断增强。在对日本、美国、德国在中国进行布局的专利申请人进行分析后得出,日本以发那科公司、安川电机株式会社和欧姆龙商社为主要技术输出企业,美国以费希尔-罗斯蒙特公司、罗克韦尔自动化有限公司和霍尼韦尔国际公司为主要技术输出企业,德国则以西门子股份公司、库卡机器人有限公司和罗伯特-博世有限公司为主要技术输出企业。可见,上述三国进入中国的主要申请人均为各国的行业巨头,这反映出中国市场对于各行业巨头有着强大的吸引力。对中国而言,智能制造装备技术的专利申请以国内高校作为创新主体,企业的专利布局力度尚有所欠缺。另外,从日本、美国、德国进入中国的技术分布可以看出,日本和德国以数控机床智能化技术为主,而美国的系统智能化技术则占据主要地位。

(3) 全球化竞争格局。

综合来看,在制造业发展路线方面,美国、德国为原发模式,作为发达经济体,具有基础科学研究、世界一流技术等比较优势,制造业的发展采取"研发与生产—出口—进口"的路线;日本、韩国、中国为后发模式,作为后发的制造业大国,制造业的发展采取出口导向战略,通过"引进—国内生产—出口"的赶超型发展路线,实现制造业现代化。其中,我国智能制造产业的发展,依托已经建立的制造业产业规模优势,增长空间巨大。数据显示,2010年,中国制造业产值达到1.955万亿美元,在全球制造业总产值中所占的比例为19.8%,超过美国1.952万亿美元的总产值,此后中国制造业产值一直高居全球第一。随着制造业智能化的升级改造,我国智能制造产业呈现较快的增长。2017年,中国智能制造产业产值规模将近1.5万亿元,预计到2020年产值规模将超过3万亿元。①

在肯定行业发展潜力的同时,也应看到我国智能制造行业的全球竞争力表现与欧美等发达国家仍存在较大的差距,产业知识产权战略实施短期内很难取得成效。我国制造业整体创新能力不强,装备制造业的产品和核心技术在国际上缺乏竞争力。"世界制造业竞争力指数"和世界500强企业排

---

① "我国智能制造在制造业中所起到的地位将会越来越重要",http://www.chinazjph.com/chanyequshi/3625.html,访问时间:2019年9月4日。

名均显示,中国与发达国家在制造业上的差距还比较明显。2015年世界500强企业排名中,美、德、日、韩各国制造业上榜企业数量在本国所有上榜企业中的占比均接近或超过50%,中国还不到30%。在高端制造业的出口方面,自实施知识产权战略以来,中国相关出口额基本保持小幅增长,但与德国等传统制造业强国相比仍有不小差距。数据显示,2009年至2011年期间中国高端制造业出口增速明显,由436.44亿美元上升至754.69亿美元,年均增长率高达30%以上,但主要依靠的是市场规模优势;而德国依托其制造业强劲的知识产权优势在高端制造业出口方面占据了领先地位,其出口额从2007年的761.49亿美元上升至2016年的1 162.39亿美元(见图5.11)。

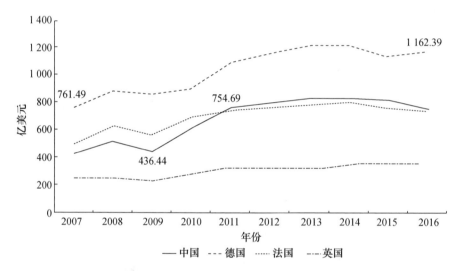

图5.11 中国与欧洲三国高端制造业出口总值动态比较
资料来源:联合国Comtrade数据库。

我国传统制造业在智能化过程中,需要大幅度依赖国外的先进制造设备、关键零部件和关键材料等;同时,在智能控制技术、在线分析技术、智能化嵌入式软件、高速精密轴承等先进技术方面自给率低,对外依赖度高。此外,国产智能装备的性能和稳定性难以满足装备制造业智能化发展的需求,约90%的工业机器人,70%的汽车制造关键设备,40%的大型石化装备、核电等重大工程的自动化成套控制系统、大功率变频技术严重依赖进口。这些核心技术及设备的缺失,增加了建设成本,加大了我国推行智能装备制造的难度。

长期来看，发展智能制造业符合我国产业发展战略，尤其契合当下我国大力倡导的产业转型升级及知识产权强国战略。尽管我国智能制造业的发展尚处于起步阶段，但通过持续推进产业知识产权战略深入实施，加速制造业的智能化升级，提高产品质量和定制化程度，中国智能制造行业发展就可以朝"微笑曲线"的更高端发起挑战，甚至实现换道超车，获取更高的利润率。

5.2.2 产业创新能力与新结构经济学五类产业分析

在实践应用领域，目前民间存在各种指标测量创新，复杂的指标设计除了参考研发投入（含总额及占比）和发明专利数，也会同时参考客观的研发相关数据和主观的中高阶层主管问卷评价；简单的指标设计就仅参考研发投入或专利数量，作为指标构建。2018年，亿欧智库发布的《中国产业创新指数》以企业样本数据为基础来开展产业创新评价，它将企业的研发经费投入占比平均值标准化后，作为代表指数的二级指标——创新投入，将企业发明专利数平均值标准化后，作为代表指数的二级指标——创新产出，然后，再将这2个二级指标相乘取几何平均得到创新指数。此外，从2004年开始，中国高技术产业创新能力评价课题组参考国内外相关产业经济研究成果和类似的综合评价项目，研究建立了由20个二级指标构成的评级指标体系，从高技术产业的发展能力、获利能力、偿债能力、产业贡献、运行能力、企业效率、创新能力、创新效果等八个方面对各地区高技术产业的创新能力进行评价。

综合来看，基于创新过程和创新构成要素的产业创新评价是目前理论界和实务界的主流，但从效果来看，很多指标设计受主观因素影响较大，科学性不足，应用效果不佳。尤其考虑到产业创新形式的多样化，比如技术和技能创新、产品创新、流程创新、管理创新（含组织创新）和营销创新，现有总括性的评价模式很难反映产业创新的真实水平；评价方法选择和应用也比较单一，每种评价方法各有优缺点，因此如何综合运用相关评价方法对产业创新能力进行评价有待进一步深入研究。

1. 产业创新能力①评价方法的设计思路与特征分析

(1) 知识产权密集型产业发展带来的启示。

现阶段,知识产权被提升到了国家经济发展的重要战略位置,几乎所有产业的创新活动都离不开知识产权制度的支持,大量理论研究和实证分析文献都证实了知识产权制度对国家经济增长的重要性。知识产权在我国战略管理中的角色也逐渐由外围向中心转移,只要提及创新,就必然绕不开知识产权;只要讲到转变发展方式,就必然会提及知识产权。尤其是自2012年美国首次提出"知识产权密集型产业"相关概念,并聚焦研究知识产权密集型产业对经济的贡献以来,知识产权密集型产业受到越来越多国家的关注。

---

① 关于产业创新能力,中西方学者的研究各有侧重。从根源上讲,产业创新理论起源于西方,它奠定了产业创新能力评价的基础。中国学者则更多地聚焦于产业创新能力评价体系的构建和方法应用。Freeman(1987)指出,不同的产业,其产业创新的内容是不一样的。如化学产业主要是流程创新,仪器仪表产业主要是产品创新,电力产业主要是市场创新等。在西方产业创新理论的基础上,国内学者针对产业创新能力进行了较为系统的研究,从内涵界定、评价体系到方法应用都做了大量的研究工作,在实践应用层面也做了很多的探索。关于产业创新能力的概念,业界有很多研究。国内学者方面,吴秀娟等(2009)认为产业创新能力是将知识转化为新产品或新工艺并获得经济社会效益、推动产业发展的能力,由创新投入能力、成果产出能力、制造能力和支撑能力等构成。杨楠(2012)认为产业创新能力是产业基于自身的经济技术实力以及专利技术的获取,通过强化核心技术并获得竞争力的综合能力,由实施能力、投入能力、产出能力和核心能力等构成。包英群(2016)认为产业创新能力是产业通过技术创新提升产业竞争力的综合能力,由创新投入能力、产出能力和支撑能力等构成。此外,还有学者以高技术产业为研究对象,对其创新能力进行界定。廖湘岳和刘敏(2014)基于知识和技术角度,认为高技术产业创新能力是产业利用自身的知识和技术优势,将其转化为新工艺或新产品的能力,由知识创新能力、技术创新能力和市场能力等构成。李丹和王欣(2016)认为高技术产业创新能力是高技术企业通过与其他创新主体的合作,进而提升产业竞争力的能力,由投入能力、获取能力、产出能力和支撑能力等构成。董慧梅等(2016)认为高技术产业创新能力是基于企业创新主体,产业通过投入创新资源,最终产出所能达到的最大边界。范德成和杜明月(2017)认为高技术产业创新能力是将知识和技术转化为新产品或新工艺,促进自身可持续发展的能力,由创新投入、创新产出和创新环境等能力要素构成。对于产业创新能力评价体系,国内学者大都基于创新过程视角展开研究,比如张倩男和赵玉林(2007)、范德成和杜明月(2017)基于创新投入能力、产出能力和支撑能力(环境)构建了高技术产业创新能力评价体系。吴忠涛等(2014)则从上述三个维度构建了战略性新兴产业创新能力评价体系。还有部分学者基于创新构成要素的视角来开展评价,董爱军(2011)以信息产业为研究切入点,按照产业创新的主要内容设计以技术自主创新能力、技术创新投入能力、技术创新产出及衍生能力、产业链、产业集聚创新能力为支撑功能的信息产业创新能力指标体系。王珊珊等(2014)在新的时代背景下提出要开展开放式创新,认为创新投入能力、创新资源整合能力、创新产出能力和创新扩散能力这4个维度构成开放式创新能力。张冀新和胡维丽(2018)从研发创新、转化创新、产品创新、载体创新4个维度及创新价值链3个环节,构建战略性新兴产业创新能力评价指标体系。在评价方法的选择方面,主要集中在主成分分析法、因子分析法、层次分析法,也有学者采用了模糊评价法、熵值法、变异系数和灰色关联分析法。

近年来,美国、欧盟、中国等世界主要经济体围绕知识产权密集型产业的认定及其对经济社会发展的贡献纷纷开展研究。2016年9月26日,美国专利商标局与美国经济和统计管理局发布《知识产权与美国经济:2016年更新报告》,这是美国继2012年发布《知识产权与美国经济:产业聚焦》后第二份聚焦知识产权密集型产业的报告;10月25日,欧洲专利局和欧盟知识产权局联合发布《知识产权密集型产业及其在欧盟的经济表现》,这是欧盟继2013年发布《知识产权密集型产业对欧盟经济及就业的贡献》后第二份聚焦知识产权密集型产业的报告;10月27日,我国国家知识产权局首次发布《专利密集型产业目录(2016)》(试行),同时发布《中国专利密集型产业主要统计数据报告(2015)》。从研究结果来看,知识产权密集型产业所展现出的发展特征集中体现了知识产权这一创新要素的核心驱动作用,主要包括以下几点:

第一,高创新性。作为技术和知识高度密集的产业,高创新性是知识产权密集型产业的显著特征,这在一定程度上得益于该类产业显著高的研发经费投入和人员投入,导致知识产权密集型产业在产品创新率和工艺创新率方面都处于较高水平。在高创新性的支撑下,相较其他产业,知识产权密集型产业往往表现出更高的创新产出水平;而相较版权、地理标志、植物新品种等知识产权类型,高创新产出在商标和专利方面表现得尤为突出,对经济社会的贡献度也更大,同时它们也是市场化主体对创新进行保障的主要知识产权类型。近些年来,我国产业创新取得了举世瞩目的成绩,截至2017年年末,我国商标注册申请量连续16年位居世界第一,商标累计注册量达到1 700万件,总量占全球的40%。科睿唯安发布的《2017全球创新报告:进无止境》指出,中国新发明专利数量占全球的近七成。但同时我们也发现,在世界范围内知名的中国品牌数量还不多,绝大部分知识产权密集型产业的专利密集度仍远远落后于欧盟和美国。[①] 中国知识产权密集型产业在创新性方面还很不足,在创新水平和强度方面都还有较大的提升空间。

第二,高控制力。由于高创新性,知识产权密集型产业能够创造大量的高技术产品,高技术产品本身因其蕴含的技术成本、智力成本和资金成本能够获得很高的附加值。而在知识产权制度的激励下,知识产权密集型产业

---

① 田力普.国内外知识产权最新形势分析[J].知识产权,2014(01):3—7。

能够展现更高的创新性以及对创新产品的垄断性或控制力,这也是知识产权密集型产业能够获取超额利润、展现高贡献度的重要原因。而从表征各国知识产权国际控制水平的PCT专利申请表现来看,2005—2016年,尽管中国在"万名企业研究人员拥有PCT专利申请量"指标上的表现与美国、德国、日本等国家的差距在不断缩小,但仍存在较大的赶超空间。我国正处于产业转型升级的关键阶段,面对不断深入发展的经济全球化格局,知识产权密集型产业发展迫切需要通过积极的知识产权布局,在产业国际竞争中展现更高的控制力,这也是推动我国产业价值链攀升、扭转欧美等发达国家技术封锁的重要突破口。

第三,高贡献度。知识产权密集型产业对经济社会发展具有高贡献度。2012年,美国首次提出"知识产权密集型产业"相关概念,便是聚焦其对经济社会的贡献度。随后欧盟、中国等全球主要经济体围绕知识产权密集型产业的研究也均定位于考察其贡献水平。相关报告显示,2014年,美国知识产权密集型产业创造的产值为6.6万亿美元,占GDP的比重达到了34.8%,同时创造了4 550万个就业机会,占美国就业总量的30%。2011—2013年,欧盟经济总产出的42%以及总就业岗位的38%来自知识产权密集型产业。① 2014年,我国专利密集型产业增加值占GDP的比重为12.45%;2010—2014年,专利密集型产业平均每年可提供2 631万个就业机会,占全社会年平均就业人员总数的比重为3.4%,专利密集型产业初步显现出对经济社会发展的强劲拉动作用,但相较于欧美等发达国家,我国知识产权密集型产业的高贡献特征还未充分显现。

第四,高成长性。知识产权密集型产业具备持续显著的研发投入强度和高智力密集度,这也是有效支撑其高创新水平、高控制力和高贡献度的重要因素。比如,2000—2013年,美国制造业平均研发投入强度为3.1%,而知识产权密集型制造业的这一比例为6.4%左右,非知识产权密集型制造业的这一比例仅为0.9%。2010—2014年,中国专利密集型产业研发投入强度达到1.3%,远高于所有工业产业0.7%的平均水平;在研发人员投入强度方面,

---

① "《知识产权与美国经济:2016更新版》研究报告述评",http://www.nipso.cn/onews.asp?id=37457,访问时间:2019年9月5日。

相较于非专利密集型产业,中国专利密集型产业的领先优势由2010年的2.4%扩大到2014年的4.3%。总体而言,在高投入强度的支撑下,知识产权密集型产业显现出显著的成长性特征,尤其体现在对一个国家经济增长的持续强劲驱动上。数据显示,美国知识产权密集型产业产值占GDP的比重从2010年的34.8%上升到2014年的38.2%,知识产权密集型产业总的商品出口额从2010年的7 750亿美元上升到2014年的8 420亿美元,占2014年总出口额的比重达52%。知识产权密集型产业对欧盟总的经济活动贡献由2008—2010年的39%上升到了2011—2013年的42%,出口额占比由90%提升到了93%。2010—2014年,中国专利密集型产业增加值占GDP的比重由2010年的9.17%提升到2014年的12.45%,年均实际增长16.6%,是同期GDP年均实际增长速度(8%)的两倍以上;同期出口交货值占到了总出口交货值的45.3%,出口交货值占销售产值的比重达到20%,是非专利密集型产业的2.2倍。①

第五,高关联性。知识产权密集型产业的联系效应和带动效应大,其具有"种子"功能,能加快我国产业的整体进步,催生新兴产业,使主导产业、关联产业和基础产业的体系更加成熟。尤其是对于高技术产业和战略性新兴产业,知识产权密集型产业能够有效推动产业技术层面和战略层面作用的综合发挥。知识产权密集型产业的发展能够加速我国技术创新产业化,形成产业集聚效应。同时,其还能有效提升我国产业创新的竞争力和控制力,除了能够有效地支撑经济社会发展,在关乎国家长期发展和社会经济安全的关键领域也能够发挥重大引领和带动作用。当前我国产业结构有待优化,"结构趋同—产能过剩—恶性竞争—资源浪费"问题突出;创新能力和核心竞争力弱,关键核心技术储备不足。从国际来看,贸易摩擦和壁垒加剧。截至2017年,中国已连续23年成为全球遭受反倾销调查最多的国家,连续12年成为全球遭受反补贴调查最多的国家。一些发达国家构筑技术壁垒,严格控制高端技术向中国出口。中国知识产权密集型产业发展的影响力还未充分显现。在此背景下,我国知识产权产业的发展需要密切关注国家有

---

① "《知识产权与美国经济:2016更新版》研究报告述评",http://www.nipso.cn/onews.asp?id=37457,访问时间:2019年9月5日。

关高技术产业和战略性新兴产业发展的重大部署,不断推动知识产权密集型产业引领产业中高端发展和经济社会高质量发展。

从知识产权密集型产业所呈现出的发展特征来看,知识产权密集度能够很好地表征产业的创新能力。而现有对知识产权密集型产业的界定也表明知识产权密集度指标的应用价值。此外,知识产权本身是创新过程中的重要构成要素。它既是创新过程中的核心产出,也是创新价值实现的核心投入。与现有产业创新能力的评价体系比较而言,知识产权密集度指标既很好地规避了主观评价因素的影响,同时又很好地实现了对客观科学数据的集中体现。

(2)产业创新能力评价方法的设计思路。

为了更全面地评价我国产业创新能力,产业发展环境是必须考察的因素。而其中经济全球化发展是我国产业发展所面临的重要挑战,尤其伴随着我国对外开放程度的不断扩大,越来越多的国内产业将面临来自国外竞争者的挑战。这一点从改革开放四十余年来中美之间的贸易争端可见一斑。过去四十余年以来,中美建立在各自比较优势之上的贸易和投资合作为各自经济的发展发挥了重要作用。与此同时,以美国为首的发达经济体从来没有放弃借助其在技术创新领域的优势打压中国,通过"301调查""337调查"以及技术封锁等各种手段为其全球产业经济扩张服务。随着我国经济实力的不断增强,这种打压之势愈发强烈,特朗普所奉行的"美国优先"更是加剧了这一趋势。2017年8月,特朗普授权美国贸易代表对中国发起源自美国《1974年贸易法》的"301调查",就中国政府在技术转让、知识产权、创新等领域的实践、政策和做法是否不合理或具歧视性,以及是否对美国商业造成负担或限制做出调查,正式拉开了中美贸易摩擦的序幕。在2018年3月调查结果公布后,美国对价值500亿美元的1333件中国高科技产品加征了25%的惩罚性关税。紧接着,中国对从美国进口的价值500亿美元的106种产品进行了关税报复。更为明显的是,2018年3月,特朗普政府宣布将对每年从中国进口的价值600亿美元的商品征收关税,并限制中国对美科技产业投资。

在上述背景下,针对我国产业创新能力的评价还应具备全球视野,才能有效地表征产业创新能力的真实水平。目前,学术界和实务界使用较多的是国际参照系标准,即选择最优参照系,进行比较,进而检验产业创新能力的相对水平。但由于各国基本国情以及产业发展战略均有所差异,大国和小国、工业先行国和工业后发国对产业结构的要求也不尽相同。因此,选取国际参照系至多能够为我国产业创新能力评价提供参考,不能成为其评价的基本依据。此外,为了进一步平衡知识产权密集度指标在表征创新质量属性方面的不足,评价方法还选取知识产权控制强度作为知识产权密集度指标的进一步拓展(具体评价指标体系见表5.4,以专利为对象)。

表5.4 产业创新能力指标体系

一级指标	二级指标	测算方法	指标解释和判断基准
产业创新能力	绝对专利密集度水平	产业专利密集度 $=\dfrac{\text{某年底产业(企业)授权发明专利存量}}{\text{该产业(企业)该年从业人员平均人数}}$	绝对专利密集度主要是考察产业专利密集度的国内表现水平,采取小类国民经济产业与所属大类产业的专利密集度进行比较
	相对专利密集度水平		相对专利密集度主要是考察产业专利密集度的国际表现水平,采取小类国民经济产业与对标国外产业①的专利密集度进行比较
	专利控制强度水平	国外来华专利控制强度 $=\dfrac{\text{产业国外来华专利总量}}{\text{本国居民专利总量}}$ 国外高被引专利控制制度 $=\dfrac{\text{产业第}n\text{年有效专利中被引次数前10\%的国外申请人的数量}}{\text{产业第}n\text{年有效专利中被引次数前10\%的专利总量}}$	国外来华专利控制强度和国外高被引专利控制强度分别从数量和质量维度测算国内专利的控制水平

---

① 国内小类国民经济产业与对标国外产业的专利密集度比较数据,采取产业内典型企业专利密集度数据为样本,以解决国内外产业分类标准存在的差异问题。

（3）创新能力比较及特征分析。

从表 5.5 可以看出，创新能力排名前十的产业分别为生物药品制造、航天器制造、制药专用设备制造、通信系统设备制造、机械化农业及园艺机具制造、计算机外围设备制造、电子工业专用设备制造、建筑材料生产专用机械制造、化学药品原料药制造和家用电力器具专用配件制造。其中，追赶型产业占据一半，战略型和领先型产业各一个，换道超车型产业三个。仅从排名前十位产业的创新能力的表现来看，追赶型和换道超车型产业的创新能力表现更强。

表 5.5 产业创新能力评价排名

产业类型	行业代码	产业名称	绝对专利密集度水平	相对专利密集度水平	专利控制强度水平	产业创新能力排名
追赶型	2760	生物药品制造	1	10	13	1
战略型	3742	航天器制造	3	6	5	2
追赶型	3544	制药专用设备制造	2	11	9	3
换道超车型	3921	通信系统设备制造	4	16	18	4
追赶型	3572	机械化农业及园艺机具制造	13	1	2	5
换道超车型	3913	计算机外围设备制造	5	17	29	6
换道超车型	3562	电子工业专用设备制造	10	2	32	7
追赶型	3515	建筑材料生产专用机械制造	18	3	6	8
追赶型	2710	化学药品原料药制造	7	12	17	9
领先型	3857	家用电力器具专用配件制造	6	26	23	10
战略型	3732	非金属船舶制造	11	8	7	11
战略型	3741	飞机制造	8	7	28	12
换道超车型	3922	通信终端设备制造	9	18	15	13
换道超车型	3962	半导体分立器件制造	14	4	25	14
追赶型	2740	中成药生产	15	14	3	15
追赶型	2720	化学药品制剂制造	12	13	21	16
转进型	1921	皮革服装制造	17	22	8	17
战略型	3731	金属船舶制造	26	9	10	18
追赶型	3513	建筑工程用机械制造	27	5	22	19
领先型	3853	家用通风电器具制造	19	28	12	20
换道超车型	3912	计算机零部件制造	20	19	26	21
领先型	3855	家用清洁卫生电器具制造	16	27	31	22
转进型	1932	毛皮服装加工	29	24	1	23
领先型	3852	家用空气调节器制造	21	29	19	24
领先型	3859	其他家用电力器具制造	23	31	14	25
领先型	3854	家用厨房电器具制造	22	30	20	26

(续表)

产业类型	行业代码	产业名称	绝对专利密集度水平	相对专利密集度水平	专利控制强度水平	产业创新能力排名
转进型	1810	机织服装制造	30	25	16	27
转进型	1942	羽毛(绒)制品加工	33	23	4	28
换道超车型	3971	电子元件及组件制造	31	21	24	29
追赶型	3571	拖拉机制造	34	34	11	30
换道超车型	3972	印制电路板制造	24	15	30	31
领先型	3851	家用制冷电器具制造	28	33	27	32
领先型	3856	家用美容、保健电器具制造	25	32	33	33
换道超车型	3911	计算机整机制造	32	20	34	34

进一步对比所有 34 个样本产业的创新竞争力表现,如图 5.12 所示,追赶型产业整体表现最好,生物药品制造、制药专用设备制造、机械化农业及园艺机具制造分别位列第 1、第 3 和第 5。其中生物药品制造和制药专用设备制造两个产业的"绝对专利密集度水平"表现较好,分别位列第 1 和第 2,但"相对专利密集度水平"和"专利控制强度水平"表现一般。这反映出这两类产业创新的国际竞争力偏弱。

而机械化农业及园艺机具制造行业则相反,其"绝对专利密集度水平"表现一般,"相对专利密集度水平"和"专利控制强度水平"分别位列第 1 和第 2。这表明当前我国传统农机制造行业在应对全球化竞争方面已经展现出一定的创新竞争力。但同时也看到,农机制造的重要组成部分拖拉机制造领域的创新能力还是比较弱,其创新能力排到了第 30 位,除"专利控制强度水平"表现一般外,其余两个指标在所有 34 个样本产业中均表现最差,这也反映出当前我国传统制造行业在追赶西方发达国家过程中所面临的现实状况,即产业之间的创新基础差异性较大,这也为整体层面产业知识产权战略的规划和实施提出了挑战(见图 5.13)。

换道超车型产业的整体表现次之。其中,通信系统设备制造、计算机外围设备制造和电子工业专用设备制造创新能力排名分别为第 4、第 6 和第 7 位。但除了电子工业专用设备制造行业的"相对专利密集度水平"表现较好(排名第 2),通信系统设备制造和计算机外围设备制造的创新能力高排位主要得益于产业的绝对专利密集度水平,而上述三个产业的"专利控制强度水平"均表现较为一般。这反映出当前我国在换道超车类型的产业领域国内创新较为活跃,但与国外同类型产业比较而言,创新能力还不足,尤其是在创新的市场控制力表现方面尤为欠缺。比如,在所选择的9个换道超车类型的产业中,仅通信终端设备制造和通信系统设备制造的"专利控制强度水平"指标表现稍好,分别位列第15和第18,其余产业均排名20名开外。除此之外,换道超车型产业面临与追赶型产业同样的问题,即产业间创新基础差异较大,其中电子元件及组件制造位列第29,印制电路板制造位列第31,计算机整机制造排在所有样本产业的最后一位(见图5.14)。

战略型产业关乎国家安全,在各类优惠政策的扶持下,产业创新能力表现不错,且整体较为均衡。其中航天器制造表现最好,创新能力排名第2位。在所有4个战略型产业样本中,除了金属船舶制造的"绝对专利密集度水平"和飞机制造的"专利控制强度水平"表现较差,战略型产业在国内和对标国外的创新活力以及创新竞争力方面均有不错的表现(见图5.15)。

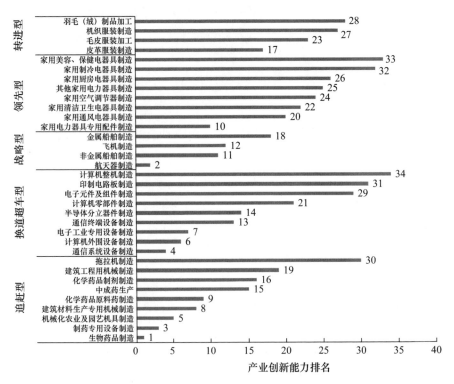

图5.12 产业创新能力排名

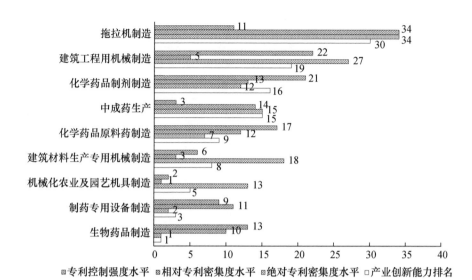

图 5.13 追赶型产业创新能力排名

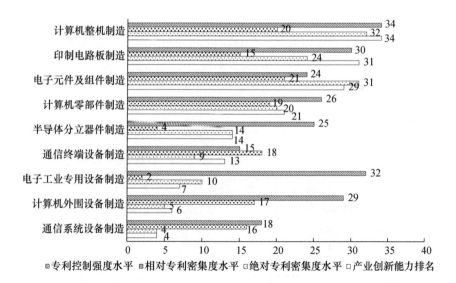

图 5.14 换道超车型产业创新能力排名

家电行业是我国为数不多的在全球范围内具备一定竞争力的领域,在新结构经济学中被界定为"领先型产业"。短短几十年,我国已经在该领域确立了相当大的竞争优势,尤其是成长起来的以海尔、美的、格力为代表的民族企业,以消费需求为导向积极变革创新,逐渐走到了全球家电行业的领

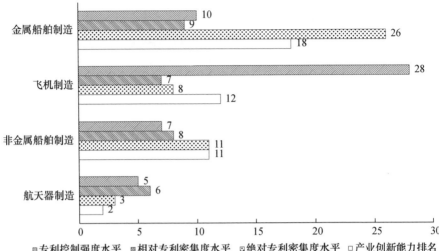

图 5.15 战略型产业创新能力排名

军位置。但从技术角度而言,过去相当长时间内,欧洲及美国、日本等发达国家占据着家电产业价值链的顶端,以西门子、松下、三洋、三菱等为代表的家电制造巨头积累了大量的技术,在专利申请布局方面也走在了我国前面。因此,从这个层面来看,中国家电行业的真正崛起还需要国内家电企业在知识产权领域深耕细作,不断巩固创新竞争力的根基。从8个样本产业的创新能力表现来看,得益于较强的国内创新活力,家用电力器具专用配件制造产业的创新能力排名最好,位列第10;而家用通风电器具制造和家用清洁卫生电器具制造产业的创新竞争力在同领域中表现突出(见图5.16)。

转进型产业是典型的劳动密集型产业,从该角度而言,相较其他四类产业类型,其对于技术创新的诉求可能相对较低。4个样本产业的指标表现(见图5.17),也在一定程度上印证了这一说法。相较高技术产业的发明创造,商标所带来的品牌效应更能带动服装行业的发展。作为我国传统优势制造产业,转进型产业需要突破一般技术创新的概念范畴,更多地通过品牌创新、模式创新来引领产业发展。

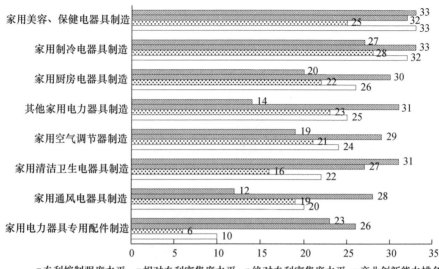

图 5.16　领先型产业创新能力排名

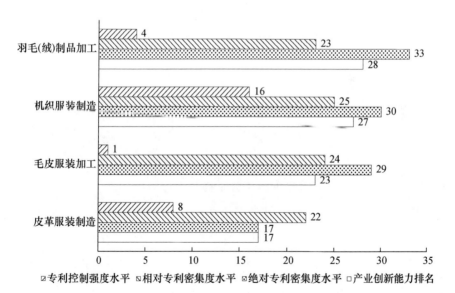

图 5.17　转进型产业创新能力排名

进一步分析各产业创新能力和产业成长性表现的匹配状况,创新能力较强的产业在成长性方面的表现也较为突出,这反映出我国产业创新与产业经济发展之间具备较强的关联性。

2. 新结构经济学五类产业知识产权战略实施案例分析

(1) 追赶型产业——生物医药产业。

首先,就总体发展态势而言,生物医药产业是我国七大战略性新兴产业之一,从全球范围内看,我国生物医药产业正呈爆发式增长,年复合增长率达到16%①,位列全球第一。目前,我国生物医药产业主要包括四大部门:化学制剂、生物制品、现代中药和医疗器械。根据工信部发布的2017年1—9月医药工业主要经济指标完成情况来看,医药工业主营业务收入完成22 936.45亿元,相较2016年同期增速10.09%,其中前述四部门的产值分别为:化学制剂10 177.78亿元、生物制品2 562.61亿元、现代中药6 140.73亿元、医疗器械2 167.21亿元。受我国医药市场需求推动的影响,2011—2017年,我国医药制造业利润总额由1 494.3亿元上升至3 314.1亿元,同比增速维持在10%以上。与此同时,我国政府也将生物医药作为重点发展领域,并作为国民经济支柱产业加快培育,"重大新药创制"科技重大专项等科技计划继续实施,将为医药工业创新能力、质量品牌、智能制造和绿色发展水平提升提供有力的政策支持。未来我国生物医药产业还将持续增长,发展潜力巨大。

其次,就知识产权战略成效而言,主要表现在如下三个方面:其一,政策红利推动创新环境不断优化。近几年生物医药产业重磅政策不断推出,包括相关产业"十三五"规划、"健康中国2030"、中国加入人用药品注册技术要求国际协调(ICH)、药品上市许可人(MAH)制度试点落实、精准医疗战略规划、《关于深化审评审批制度改革鼓励药品医疗器械创新的意见》、分级诊疗战略等。同时,国家"双创"计划加速落实,促使国内生物医药产业新成立企业数量在2016年达到巅峰。但生物医药产业仍为追赶型产业,其主要表现如下:一方面,从鼓励仿制药到鼓励创新转变。国家政策对自主创新的鼓励力度正不断加大,从"十一五"时期的以仿制为主,到"十二五"时期的自主创新,再到"十三五"时期的实现蜕变。正是基于强有力的产业创新扶持政策(如《"十三五"国家科技创新规划》等),我国生物医药产业在部分高精尖

---

① "中国生物医药产业发展蓝皮书:五大生物技术领域将成为未来产业发展重点",http://www.chinazjph.com/dongcha/1329.html,访问时间:2019年9月22日。

领域(如 PD-1 抗体药物、CAR-T 新型靶向疗法、IDO 抑制剂等领域)已实现与全球领先地区处于基本同步状态。另一方面,从"技术落后"到"紧跟国际步伐"。我国积极通过政策调控大力加强产业配套资源投入、完善体制机制建设,以此推动重点领域集中式快速发展,紧跟国际步伐。从产业细分领域来看,政府出台了《医药工业发展规划指南》等明确未来发展重点领域,包括基因治疗、免疫治疗等技术;从体制机制来看,随着《"十三五"深化医药卫生体制改革规划》等文件的出台,医药卫生领域的审批流程加快,尤其在临床急需治疗领域;从配套资源来看,随着《促进生物产业加快发展的若干政策》等文件的出台,生物医药产业资源投入逐渐增加,特别是在创新药、精准医疗等领域,资源投入力度巨大。

其二,投入强度提升,加速资源集聚。在研发投入年增长率方面,2015—2016 年,中国生物医药领域研发投入与上一财年相比增长了 27.5%,远超过全球 9.8%的年增长率。根据火石创造数据库资料显示,截至 2018 年 6 月底,我国生物医药领域共有发明专利申请 1 102 163 项,发明专利授权 397 663 项。① 从近五年我国生物医药领域的专利数量来看,专利授权量在小幅波动中缓慢增长;而 2013—2017 年我国生物医药领域专利申请数量总体保持稳定增长(见图 5.18)。

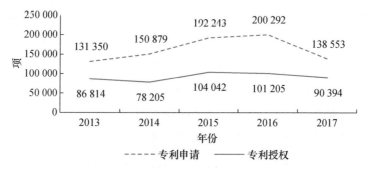

图 5.18 2013—2017 年我国生物医药专利申请和专利授权数量

最后,就产业创新竞争力而言。尽管近年我国生物医药产业取得了快速发展,但总体而言,其创新竞争力还很弱。目前,从全球范围来看,全球生物

---

① "我国生物医药产业创新状况摸底:上市公司成为创新主体",https://med.sina.com/article_detail_100_2_49270.html,访问时间:2019 年 9 月 27 日。

技术公司总数已达4 000多家,其中大约76%集中在欧美等发达国家,欧美地区的销售额占全球生物技术公司销售额的90%以上,而亚太地区的销售额仅占全球的3%左右。美国是生物技术产业的龙头,其开发产品的市场销售额均占全球70%以上。美国公司主导了世界专利药市场,跨国企业在全球医药市场中的地位日益攀升,现代医药产业的集中度逐年上升,跨国企业的垄断程度不断加大。其主要表现如下:第一,在研发投入强度方面,尽管我国增速较快,但目前仅在2%左右,同期美国在15%左右,日本则超过了20%。在企业层面,我国生物医药企业的研发投入与跨国制药企业仍有较大差距。2017年,罗氏集团的研发投入达到了115亿美元,且连续两年超过了100亿美元;默沙东研发投入为99.82亿美元;诺华研发投入为89.7亿美元。2017年,我国生物医药企业研发投入最高的恒瑞医药,研发投入为17.59亿元,还不足罗氏集团研发投入的3%。总体来说,我国生物医药产业在研发投入方面仍需要较大幅度的提高。第二,在产业创新方面,我国创新能力整体不足,以仿制药为主。2015年,中国仿制药市场规模达8 436亿元;2010—2015年,仿制药市场复合增长13.26%,占整体药品市场的60%以上,占化学药品市场的95%。我国在全球新药研发格局中处于第三梯队:2015年,全球创新药市场规模近6 000亿美元,其中中国市场规模不足100亿美元,中国对全球医药创新的贡献大约为4%。当前,全球生物医药产业正呈现集聚发展态势,其中美国、欧洲、日本等发达国家和地区占据主导地位,这些发达国家和地区持有94%以上的专利,尤其是美国占有世界近六成生物医药专利。此外,由于未形成产学研协同体系,院企合作不足,据统计,目前我国的生物医药成果转化率约为5%①,生物医药基础研究和产品研发存在严重的脱节,导致生物医药整体创新水平不高。第三,在效益方面,中国制药工业销售净利润率徘徊在10%左右,全球领先者则在20%左右。

(2) 换道超车型产业——人工智能行业。

首先,就总体发展态势而言。全球范围内越来越多的政府和企业组织逐渐意识到人工智能在经济和战略上的重要性,并从国家战略和商业活动上

---

① "生物医药成果转化率仅5%,医药创新成果转化有待加强",http://news.sina.com.cn/c/2018-05-17/doc-iharvfhu3533672.shtml,访问时间:2019年10月3日。

涉足人工智能行业。全球人工智能市场将在未来几年经历现象级的增长。据 Sage 预测,到 2030 年人工智能将为全球 GDP 带来额外 14% 的提升,相当于 15.7 万亿美元的增长。近年来,中国人工智能产业发展迅速。从融资规模来看,《中国人工智能产业白皮书》指出,2014—2017 年,中国人工智能领域投资出现快速增长,其中在被外界视为人工智能元年的 2017 年,投资总额达到了 450.7 亿元,同比增长 306%。同年,中国人工智能企业融资总额达到了全球融资总额的 70%,由此中国也超过美国,成为人工智能领域获得投资最多的国家。从市场规模来看,自 2015 年开始,中国人工智能市场规模逐年攀升。截至 2017 年,中国人工智能市场规模已达到了 216.9 亿元,同比增长 52.8%。2015—2020 年,中国人工智能市场的市场规模复合年均增长率为 44.5%。但从全球范围来看,人工智能产业的发展仍处于起步阶段。在 2018 年的世界人工智能大会上,由 Gartner 和信通院联合编制的《2018 世界人工智能产业发展蓝皮书》指出,人工智能仍处于早期采用阶段,仅有 4% 的被调研企业已经投资并部署了人工智能技术。在 Gartner 的人工智能技术成熟度曲线中,仍旧有许多技术拥堵在期望膨胀期,若要过渡到生产实施阶段,仍旧非常困难(见图 5.19)。在此背景下,发展中国家与发达国家总体上处于同一起跑线,通过积极的战略谋划和深耕创新,发展中国家有很大机会实现对发达国家的赶超。

其次,就知识产权战略的成效而言。其主要表现在如下几个方面:其一,政策先行,实施顶层谋划。从 2009 年至今,中国通过积极制定产业政策有效引导了我国人工智能产业的发展,从政策涉及的关键内容来看,国家层面政策早期关注物联网、信息安全、数据库等基础科研,中期关注大数据和基础设施,而 2017 年后人工智能成为最核心的主题,知识产权保护也成为重要主题。综合来看,中国人工智能政策主要关注以下六个方面:中国制造、创新驱动、物联网、互联网+、大数据、科技研发。在重点战略规划部署方面,中国自 2013 年就开始围绕人工智能颁布了《关于推进物联网有序健康发展的指导意见》《国务院关于积极推进"互联网+"行动的指导意见》《国务院关于印发促进大数据发展行动纲要的通知》以及《国民经济和社会发展第十三个五年规划纲要》等重要政策文件。在被媒体称为人工智能元年的 2017 年,中国发布了最具纲领性作用的《新一代人工智能发展规划》,明确

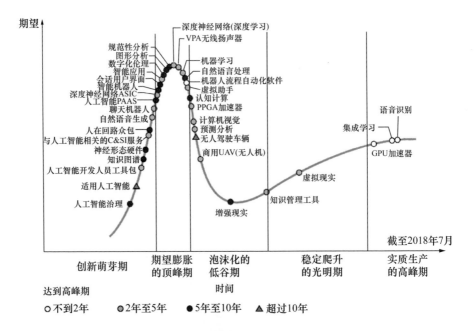

图 5.19　人工智能技术成熟度曲线(2018)

资料来源:"Gartner:2018 人工智能技术成熟度曲线",https://www.cnblogs.com/dhcn/p/10362927.html,访问时间:2019 年 10 月 19 日。

了未来中国人工智能产业的发展方向和重点领域。

其二,创新人才储备初具规模。国际人工智能人才投入高度集中于美国、中国、印度、德国、英国等少数国家。2017 年,国际人工智能人才投入总量达 204 575 人,密集分布于北美、西欧、北欧、东亚、南亚、西亚地区。美国在人工智能人才投入量方面独占鳌头,累计高达 28 536 人,占据世界总量的13.9%;中国的人工智能人才投入量列居第二,累计达 18 232 人,占据世界总量的 8.9%;印度、德国、英国分别以 17 384 人、9 441 人和 7 998 人列席第三、四、五位。此外,国际人工智能人才投入集中在高校。全球累积 147 914位国际人工智能人才投入于高校,占据人才总量的 72.3%。高强度人才投入的高校院所集中在中国,清华大学成为全球国际人工智能人才投入量最大的载体。

其三,专利申请布局空前高涨。在人工智能产业知识产权战略规划的引领下,近十几年来,在中国进行专利申请的年度增长率明显更高,尤其是最近两年,几乎呈现直线上升的趋势(见图 5.20)。人工智能的技术研发在我国达到了空前的热度,这对全球申请总量的增长也起到了极大的促进作用。中国已经成为全球人工智能专利布局最多的国家,数量略微领先于美国和日本,三国占全球总体专利公开数量的74%。全球专利申请主要集中在语音识别、图像识别、机器人和机器学习等细分方向。中国人工智能专利持有数量前30名的机构中,科研院所与大学和企业的表现相当,技术发明数量分别占比52%和48%。企业中的主要专利权人表现差异巨大,尤其是中国国家电网近五年的人工智能相关技术发展迅速,在国内布局的专利技术量远高于其他专利权人,而且在全球企业排名中位列第四。中国的专利技术集中在数据处理系统和数字信息传输等领域,其中图像处理分析的相关专利占总发明数量的16%,电力工程也已成为中国人工智能专利布局的重要领域。

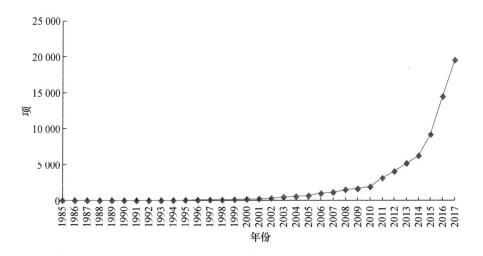

图 5.20 中国人工智能专利申请年度变化趋势
资料来源:作者根据相关数据整理所得。

最后,就产业创新竞争力而言。相较于其他技术领域,中国人工智能产业的发展占据了更为有利的位置,在人才和技术储备、市场成长潜力和规模等方面都具备一定的优势。但与美国等少数国家相比,仍有许多关键环节存在不小差距。以硬件环节为例,中国半导体产品的国际市场占有率仅为4%,远落后于美国全球占有率50%的能力,在数据、研究能力及范式以及商业化方面与美国也存在较大差距(见表5.6)。最典型的事实是,中国集成电路主要依赖进口,规模已经超过石油,成为进口金额最大的产品。

表5.6 中美人工智能产业关键指标比较

关键环节	衡量指标	中国	美国
硬件	半导体产品国际市场占有率(2015)	占全球4%	占全球50%
	FPGA芯片制造商融资(2017)	3440万美元(占全球7.6%)	19250万美元(占全球42.2%)
数据	手机用户数量(2016)	14亿(占全球20%)	4.2亿(占全球5.5%)
研究能力及范式	人工智能专家数量	39 200人(占全球13%)	78 200人(占全球26%)
	AAAI大会演讲数量占比(2015)	占全球20.5%	占全球48.4%
商业化	人工智能公司数量占比(2017)	占全球23%	占全球42%
	人工智能公司所获投资(2012—2016)	26亿美元(占全球6.6%)	172亿美元(占全球43.4%)
	股权投资机构对创业企业投资额(2017)	占全球48%	占全球38%

资料来源:德勤公司发布的研究报告。

在人工智能人才方面,尽管我国在人才储备总量方面具备一定优势,但从《中国人工智能发展报告2018》公布的数据看,中国等发展中国家的杰出人才比例显著偏低。美国在人工智能杰出人才投入量上依旧遥遥领先,高达5 158人,占据世界总量的25.2%,是排名第二位的英国的4.4倍;英国、德国、法国、意大利分列第二、第三、第四、第五名,杰出人才投入量大体相当。中国杰出人才投入量为977人,排名第六,相对于其全球第二的人才总量而言,杰出人才占比过低。在全球人工智能杰出人才最多的高校排行中,中国没有高校进入前十。斯坦福大学杰出人才投入量达79人,全球领先;麻省理工学院、伦敦大学学院、华盛顿大学、圣保罗大学紧随其后。清华大学排名第15,上海交通大学排名第33,与其国际人工智能人才总量相比,排名大幅下滑。企业方面,高强度人才投入的企业集中在美国,中国仅有华为一家企业进入前20。据牛津大学2018年对中美两国从事算法研究的人才与全球先进国家的对比显示,中国目前在算法研究方面的人才仅占全球人工智能底层技术研究的13.1%,而美国算法人才的占比为26.2%。从开设人工智能专业院校的数量来看,中国仅有不到30所大学的研究实验室专注于人工智能,该数字远远无法满足人工智能企业的用人需求。从人工智能从业经验来看,美国半数以上的数据科学家拥有10年以上的工作经验,而在中国超过40%的数据科学家工作经验不足5年。

在专利申请布局方面,同其他产业类似,我国人工智能产业在国际专利布局方面同样存在差距。从PCT申请的数量来看,在人工智能领域,美国仍然是技术输出的"领头羊",其申请量占到总量的41%;欧洲地区的申请量共计4 137件,超过日本,位列第二;虽然中国近年来在人工智能领域的研究比较活跃,在国内的专利申请数量激增,这给中国提供了换道超车的机会,但是PCT申请的数量相对较少,仍然没有形成较大规模性的技术输出。

(3) 领先型产业——家电行业。

首先,就总体发展态势而言。家电行业是我国国民经济中重要的支柱性消费品产业,在过去的四十余年中,家电行业在扩大内需、促进就业、保障民生、出口创汇等方面取得了巨大成功,是我国具有较强国际竞争力的产业之一。现阶段,我国家电行业抓住消费升级的契机,向创新要动力,向结构调整要助力,向消费升级要潜力,转型升级成效显著。中国家电企业积极进行转型升级,坚持自主创新,改变增长方式,取得了积极成果。中国家电产品质量全面提升,中高端产品的比例增加,产业集中度不断提高,产业结构得到有效调整,还通过大众创新、个性化定制等创造了新的消费需求。尤其是最近几年,家电行业通过努力进行供给侧改革,实施增品种、提品质、创品牌的"三品"战略,在品种、品质和品牌方面进步显著。科睿唯安《2017全球创新报告》显示,2016年家电领域全球创新排名前十的企业中,5家中国企业的专利数量合计比上年增长19.02%,大大高于日本(-37.57%)、韩国(-8.13%)和德国(9.04%),全球家电领域的创新活动中心已经来到了中国。中国在家电行业已经处于全球领先的地位。

其次,就知识产权战略成效而言。目前,中国家电企业加大创新投入,家电专利总量快速增长。2016年,中国家电领域的专利数量居全球第一;在家电领域全球创新前十的企业中,中国企业占有 5 席,包括美的、格力、海尔、九阳和海信,其中美的、格力、海尔分列前三位;家电领域全球专利数量排名前十的企业中,中国企业合计专利数量连续两年居首位,在前十名企业发明专利总量的份额达 73.13%(见图 5.21)。

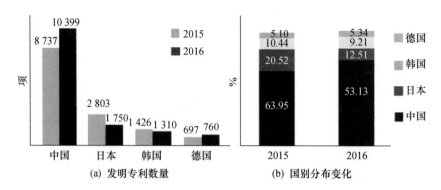

图 5.21　2015—2016 年全球家电前十名创新企业发明专利数量及国别分布变化
资料来源:中国家用电器协会(2017)。

2012—2016 年,厨房电器子领域发明专利亚洲排名前十位的创新机构中,中国有 5 家企业上榜,其中,美的集团以 10 526 项发明专利居首位,比居第二位的国际某企业的发明专利数量多 7 859 项,海尔集团居第三位,九阳、格力分列第五和第七(见图 5.22)。在国际专利布局方面,中国家电行业也未雨绸缪,取得了不错的成绩。以海尔为例,其发明专利数量占家电行业发明专利总量的 61.2%,有近 9 000 项海外专利覆盖全球 25 个国家和地区,数量高出榜单第二名近一倍。

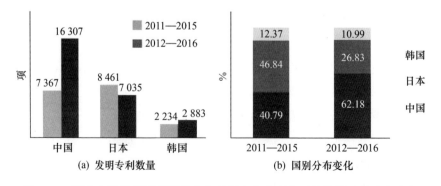

图 5.22　厨房电器子领域亚洲前十名创新企业发明专利数量及国别分布变化
资料来源:《家用电器行业实施"三品"战略蓝皮书》(2017 精华版)。

最后，就产业创新竞争力而言。经过四十余年的发展，中国家电行业在品牌建设方面取得了长足进步。尤其是最近几年来，经过行业转型升级，不断实施"三品"战略，国内品牌实力有了明显提升。国内品牌的国内市场份额不断增加，在高端产品领域与外资品牌的差距也在明显缩小，品牌自信得以树立和强化，并加紧布局全球市场，为在更大的市场中竞争做好准备。

现阶段，中国家电品牌已经具备了一定的竞争实力，呈现出群体性崛起的势头。特别是海尔、美的、海信等家电品牌巨头，依托庞大的本国市场，在全球范围内进行资源整合和市场拓展，在全球市场的活力、实力和地位越来越突出。从家电业务规模来看，海尔、美的等中国综合家电品牌已经或正在进入全球性家电品牌"第一阵营"。中国家电品牌已经具备与国外一流品牌在全球家电市场竞争的实力。尤其在全球大家电市场，海尔、美的的零售量份额已居前列。根据国际市场调查机构欧睿国际发布的全球大型家电市场数据，海尔已连续9年零售量份额居全球首位，2017年零售量占有率达10.5%。近几年来，凭借自身持续良好的经营业绩、大手笔的全球并购，以及强化自主品牌建设，中国家电品牌在全球家电市场上开始拥有更大的话语权。海尔将老牌美国通用家电品牌GE、新西兰国宝级品牌斐雪派克收入囊中，美的把东芝家电、美国吸尘器品牌Euraka吸尘器归于旗下同时又与德国家电品牌AEG、韩国酷晨进行品牌合作，海信收购东芝电视，将有助于中国家电品牌进入国外家电主流市场和渠道。

随着国内外家电行业发展环境的根本性变化，中国家电在全球家电行业中的地位进一步提升，中国已经成为在全球具有重要影响力的家电大国。全球家电行业调整和老牌外资家电品牌的退出，给中国家电行业的全球拓展带来了良好的发展机遇。随着中国家电消费不断升级，以及中国家电品牌不断提升自身实力，中国将成为全球家电的领导者。

（4）转进型产业——服装行业。

首先，就总体发展态势而言。纺织服装业是我国传统优势产业之一，在国民经济中处于重要地位。服装行业系典型的竞争性与劳动密集型产业，行业集中度低，市场竞争激烈。我国服装行业从改革开放后开始萌芽，相较欧美几百年的服装产业发展积淀而言，我国服装行业还处于成长期。改革开放以来，我国各服装品牌/公司纷纷创立，与欧美战后繁荣的景象遥相呼应。而后，随着2004年李宁、七匹狼等企业的上市，服装企业资本化拉开序幕，而下游零售额的同比增速也保持在20%以上的高水平。借助资本的力量，众多企业开始在多品牌方面谋划布局，百花齐放的格局开始呈现，无论是通过收购FILA（斐乐）进军中高端时尚的安踏，还是通过自主培育扩充品类的海澜之家、太平鸟，抑或是抓住线上发展红利的韩都衣舍，都在行业繁荣发展之时迅速壮大（见图5.23）。

从产业链来看，我国服装行业处于纺织服装产业链中下游。从目前我国中游服装行业终端收入来看，内销品牌零售企业占比约为40%，外销加工制造企业占比约为60%，但内销品牌企业占比逐渐提升。从价值链来看，过去十几年，我国服装行业取得了快速发展，但主要体现为代加工生产，利润空间固定且处于较低水平，导致行业附加值并不高。近年来，随着行业下游消费的升级，居民对于服装产品的消费由价格导向趋向于品牌化，我国品牌类服装企业面临较好的发展机遇，行业附加值将随之提高。而随着传统零售渠道转型和线上的冲击，服装行业在2013—2014年增速明显下滑，而接下来的两年里由于终端需求遇冷，行业再转入深层的调整转型期。2016年至今，呈现出弱复苏态势。

其次，就知识产权战略成效而言，主要表现在如下两个方面：其一，品牌战略实施引领科技发展。2016年5月，国务院办公厅发布《关于开展消费品工业"三品"专项行动营造良好市场环境的若干意见》，提出对消费品工业"增品种、提品质、创品牌"的"三品"战略，从供给侧和需求侧提高供给质量和效率。2016年9月，工信部发布了《纺织工业发展规划（2016—2020年）》，提出围绕提升产业创新能力，大力实施"三品"战略，推进纺织智能制造，加快绿色发展进程，促进区域协调发展，提升企业综合实力等重点任务。此后，中国纺织工业联合会还发布《纺织工业"十三五"科技进步纲要》，为行业提供了系统科学的发展蓝图与路径。以此为统领，结合各分行业特点与现状，工业和信息化部及国家发展和改革委员会先后发布了《化纤工业"十三五"发展指导意见》和《产业用纺织品行业"十三五"发展指导意见》。棉纺、服装、印染、家纺、毛纺、麻纺、长丝织造、针织、纺机等行业也发布了"十三五"发展指导意见。在各项发展规划与政策的指导下，我国纺织行业转型升级步伐加快，以健康、稳健的节奏继续向着纺织强国建设迈进。其二，以

第 5 章 中国产业知识产权战略规划与实施纲要分析

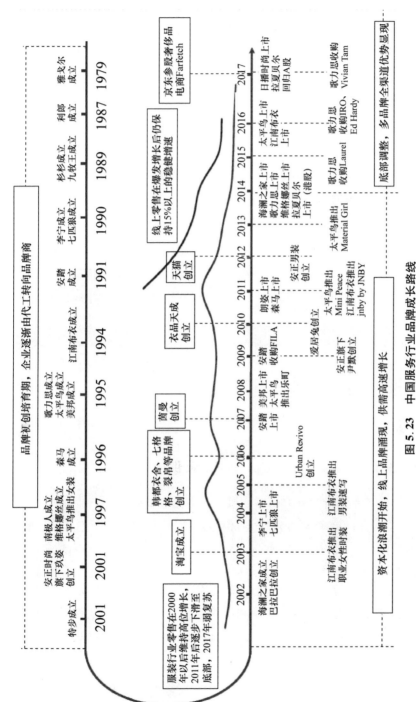

图 5.23 中国服务行业品牌成长路线

资料来源：中信建投证券研究发展部整理。

品牌促转型初见端倪。随着我国服装行业进入品牌化转型阶段,本土品牌的竞争力正在逐渐提升,根据麦肯锡发布的《2017年中国消费者调查报告》,我国消费者在服装和鞋类偏爱国产品牌的占比达到42%,略偏爱国产品牌的占比达到34%。尤其是运动服饰行业,品牌效应正逐渐显现。2009年运动服饰行业率先进入转型期,之后休闲服装、中高端男女装、鞋类、户外、家纺也开始针对行业存在的问题以及企业内部问题纷纷调整布局。2015年以来运动服装、中高端男女装、家纺、休闲服装行业复苏态势明显,公司层面的转型效果出现分化,部分优质龙头企业凭借资本、战略、执行等,在调整过程中脱颖而出(见图5.24)。

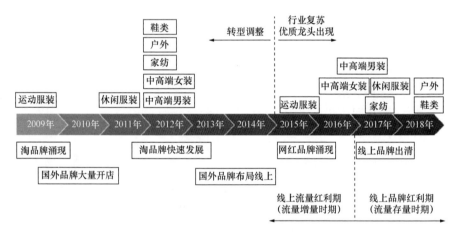

图 5.24 我国品牌服装企业转型十年
资料来源:服装产业网,华泰证券研究所。

最后,就产业创新竞争力而言。服装行业处于纺织服装行业的中下游,相关产品直接面向商业流通领域,消费品属性更强。但我国服装行业整体上自主设计和创新能力较弱、产业信息化程度较低、供应链整合能力偏弱,造成大多数企业仍处于加工制造环节,难以分享价值链中的高附加值业务,行业竞争仍呈现单一化特征,总体竞争也较为激烈。从细分行业看,服装行业包括男装、女装、正装、运动服、休闲服、户外产品等多个子行业,由于行业发展所处的阶段、客户群体、消费习惯及品牌建立的基础等方面存在区别,各细分子行业之间行业竞争状况及集中程度的差异也较大。比如,目前国内女装市场容量大,竞争也尤为激烈,生产企业多达2万多家,呈现"多、小、散"的局面,市场集中度较低,前十大品牌的市场占有率约为20%左右。由于我国女装品牌化起步较晚,在品牌、设计、技术、工艺、营销等方面与国际女装企业差距大,导致市场占有率和品牌认知度相对较低,女装市场主要由外资企业把持,主要包括丹麦 Bestseller 集团(旗下女装品牌包括 ONLY、VEROMODA)、法国的 ETAM 集团(主打品牌 ETAM)、韩国的衣恋集团(女装品牌系列包括 E-land、Roem、Rrich)。我国运动服饰行业品牌建设相对较好,但运动服饰市场行业集中度在各细分子行业中更高,前十大品牌的市场份额接近60%。其中,国际品牌阿迪达斯和耐克的资金、资源及品牌优势显著,呈现寡头垄断格局,在一线城市的高端运动鞋服市场占据主导地位。而国内运动品牌运营商主要包括安踏、李宁、特步、361度、匹克、贵人鸟等,大部分集中于福建晋江、石狮、惠安产业集群地,销售市场主要在二、三、四线城市,通过集中的营销网络布局、有针对性的定价策略以及市场营销推广,在该市场占据了相对大的市场份额。但由于国内企业在产品及经营模式上存在高度趋同,同质化竞争现象也较为明显。①

(5)战略型产业——卫星导航与位置服务行业。

首先,就总体发展态势而言,卫星导航产业在国家战略大格局中具有重要的地位和作用。近年来,以我国自主研发的北斗导航系统为基础的卫星导航与位置服务产业规模持续扩大,产值持续增长,发展态势良好。2017年,我国卫星导航与位置服务产业总体产值达2 550亿元,较2016年增长了20.4%。其中,核心产值(涉及卫星导航技术直接相关的芯片、器件、算法、软件、导航数据、终端设备等领域)达到902亿元,占产业总产值的35.4%;而在产业核心产值的贡献率方面,北斗导航系统的贡献率最高,达到了80%,以各类应用集成系统、各种应用数据及软件以及基于位置的运营服务等所衍生或直接带动形成的关联产值达到1 648亿元。相较于全球市场,国

---

① 从欧美服装品牌发展的历程来看,19世纪80年代中后期到20世纪70年代为各个品牌的创立期,欧美作为高端品牌的主阵地,诞生了丰富的风格独特的品牌。到了20世纪80年代,随着战后经济的复苏和消费水平的提高,各公司与经济比翼齐飞,并纷纷选择登陆资本市场强化力量。同时,以 LVMH 等为代表的时尚集团也拉开了多品牌并购的序幕。而2000年以来,在高端品牌增速有所放缓的背景下,并购重组、国际化和年轻化成为海外服装公司寻求增长的路径。我国品牌服装的发展与欧美相比,每个发展阶段的时间均有所缩短,正因为如此,在高端品牌的文化积淀、市场培养方面与欧美相比有所不足。

内卫星导航设备营销总规模占比逐年提高,已接近15%。在市场发展方面,在交通运输与车辆监管等传统行业以及综合安防、智慧城市、精准农业等领域的市场需求驱动下,国内卫星导航与位置服务市场需求总量持续提升,国内卫星导航与位置服务产业市场保持平稳增速。统计数据显示,2017年,我国销售的具有卫星导航定位功能的智能手机数量为4.91亿台,而国内导航定位终端产品总销量则突破6.1亿台。在其他设备方面,汽车导航前装和后装市场终端销量分别突破了740万台和700万台,专业高精度接收机终端销量突破14万台(套),各类监控终端销量在500万台左右。国内外主流厂商对北斗导航系统相关产品的认可为产品的市场化应用提供了重要支撑。自进入规模化推广应用以来,主流产商纷纷量产兼容北斗导航系统的芯片,极大地扩大了北斗导航系统在平板电脑、可穿戴设备及智能手机等消费电子产品中的应用规模。据统计,在国内销售的智能手机中,已有超过50%兼容了北斗导航系统应用。未来,随着与信息产业、移动互联网、移动通信、汽车电子、大数据等产业交叉点的协同创新越来越受到关注,"北斗"将会催生出越来越多的新应用模式。在穿戴式设备、新零售、无人驾驶、综合安防和智慧城市建设等应用领域,"北斗"的市场潜力巨大。

其次,就知识产权战略成效而言。随着我国知识产权战略的深入实施,以"北斗"为核心的卫星导航与位置服务行业在专利申请布局方面不断取得突破。从申请趋势来看,自2010年以来,我国北斗导航相关产业的专利申请量逐年上升,在2016年达到了峰值,超过1万件。据工信部电子知识产权中心对美国、欧洲和日本等102家专利授予机构的著录项目统计,截止到2017年12月,中国卫星导航专利申请总量已突破5万件,跃居全球首位。与此同时,国内北斗卫星导航相关企业的海外专利布局进度也逐步加快,海外地区的申请量呈现快速增长态势。通过积极进行专利申请布局,我国卫星导航与位置服务产业已经在导航体制、射频单元、信号处理等关键技术领域拥有一定量的核心专利并逐步建立起比较优势,北斗导航系统自主知识产权品牌效应日益显现。当前,我国卫星导航与位置服务行业领域的知识产权正逐渐转化为北斗导航系统参与全球竞争的重要资源,为实现北斗导航系统"走出去",服务"一带一路"沿线国家和地区提供了日益坚实、可靠和有效的保障。

根据欧洲全球导航卫星系统管理局(GSA)发布的《全球导航卫星系统(GNSS)市场报告》(第五版),2016 年全球 GNSS 产业产值折合为人民币大约为不足 9 000 亿元。而《2016 中国卫星导航与位置服务产业发展白皮书》显示,2016 年我国卫星导航与位置服务产业总体产值已突破 2 000 亿元大关,达到 2 118 亿元,较 2015 年增长 22.06%。其中,包括与卫星导航技术直接相关的芯片、器件、算法、软件、导航数据、终端设备等在内的产业核心产值达到 808 亿元,北斗导航系统对产业核心产值的贡献率已达到 70%(曹冲,2018)。

最后,就产业创新竞争力而言。在美国、欧洲长期主导卫星导航与位置服务产业链的背景下,近十来年,我国卫星导航与位置服务行业在自主研发方面取得了不错的成绩,尤其是在产业链中游形成了一定的竞争优势。但由于技术水平与国外的客观差距以及企业海外专利布局意识较弱等因素的影响,我国卫星导航与位置服务产业的基础技术研发还需加强。比如,国外企业在卫星导航整个产业链进行了广泛的专利布局,并在接收机芯片(如 SIRF、Trimble)、地理信息(如 TOMTOM、谷歌)以及卫星导航应用等核心技术上重点布局,拥有卫星导航产业的核心技术,抢先占据了产业链的优势位置。而我国企业在卫星导航产业的基础技术(如接收机的基带处理和 RTK 运算)领域的自主研发能力还不够。根据卫星导航定位协会的统计数据,2017 年,我国北斗卫星导航产业链上游和中游在全产业链的产值占比分别为 11.27% 和 51.92%。由于市场竞争进一步加剧,芯片、板卡、核心器件、终端设备的价格出现下降,虽然产业链上游和中游的总体产值较 2016 年均有所提升,但是相关产值增速持续放缓。我国卫星导航与位置服务产业的产值目前主要集中在中游,体现了产业链上游技术发展尚未成熟、下游应用服务水平有待提升的现状,这说明我国卫星导航与位置服务产业目前仍处于发展的初级阶段。以芯片为例,作为卫星导航产品的核心部件、产业链的源头,芯片在北斗卫星导航产业链中具有重要地位。芯片的优劣直接决定了终端产品的重量、体积、性能和成本,并间接影响了下游产业的推广。同时,芯片的国产化将消除北斗卫星导航产业链的后门隐患,有利于北斗卫星导航产业的长期自主发展。因此,国产北斗卫星导航芯片的研制和发展将直接影响到整个北斗卫星导航产业的发展。在下游应用方面,我国卫星导航与位置服务产业对于民用领域的渗透还有待提升。比如,尽管我国前装车载导航渗透率正不断提升,已接近20%。但与发达国家高达75%以上的前装车载导航渗透率相比,我国还存在非常大的提升空间(见表5.7)。

表5.7 2014—2017年卫星导航与位置服务产业链的各环节产值占比

单位:%

产业链环节		2014年		2015年		2016年		2017年	
上游	基础器件	15	8	14	5	13	5	11.27	4.17
	基础软件		5		2		2		2
	基础数据		2		7		6		5.1
中游	终端集成	64	49	61	47	56	42	51.92	36.79
	系统集成		15		14		14		15.13
下游	运营服务	21		25		31		36.81	

资料来源:中国卫星导航定位协会,《2018中国卫星导航与位置服务产业发展白皮书》。

除了在基础领域研发和下游应用方面竞争力不足,我国卫星导航与位置服务行业的集中度也偏低。此外,由于产业发展时间相对较短,产业规范和技术标准还不完善,产业内企业之间的良性竞争格局还未形成。而上述因素都在很大程度上影响了产业整体科技资源的配置效率和产业整体竞争力的提升。

5.3 新结构经济学视角下五类产业知识产权战略规划纲要分析

产业知识产权战略规划是知识产权战略实施过程的重要内容,改革开放四十余年来,我国充分发挥劳动力资源丰富和市场需求潜力巨大等优势,通过对内放权搞活和对外扩大开放,产业发展取得了举世瞩目的成就。但总体而言,我国产业发展仍处于转型升级的过渡阶段,不同产业创新发展的差异性较大,知识产权战略规划的针对性不强,创新驱动发展面临的压力越来越大。从当前我国产业创新发展的现状来看,新结构经济学的五类产业分类很好地展现了不同产业创新发展的差异性。面对我国产业创新发展总体竞争力偏弱,新动能规模较小,传统产业转型动力不足,高技术产业与战略型新兴产业竞争乏力,产业主要领域关键核心技术缺失,大而不强、大而不优等问题,我们需要结合不同产业类型制定知识产权战略规划,以实现知识产权战略实施与产业创新发展需求的有效匹配,真正推动知识产权战略发挥创新驱动作用。

5.3.1 工作思路和主要目标

1. 工作思路

依托新结构经济学视角下中国知识产权战略的发展范式,以新结构经济五类产业分类为核心,以中国产业知识产权战略发展现实为基础,针对追赶型产业、领先型产业、换道超车型产业、转进型产业和战略型产业创新发展的不同特性,制定知识产权战略规划。

2. 主要目标

引导不同产业根据要素禀赋及其结构开展创新活动,选择最优创新模式,规划知识产权布局,助力创新驱动发展,实现创新效益最大化。

5.3.2 主要原则

1. 即时性原则

产业发展是动态的,知识产权战略规划纲要的制定能够反映一段时间内产业知识产权发展的基本方向,但随着要素禀赋及其结构的变化,产业结构会同步发生变化,产业对于创新结构的需要以及知识产权制度的安排都会发生改变,规划也需要进行同步调整。

2. 重点性原则

该规划给出了不同产业类型的知识产权规划重点,包括知识产权基础较弱的产业可能涉及的复杂知识产权活动。由于区域不同,产业的要素禀赋及其结构也会有差异,各区域应根据本地五类产业的具体要素禀赋及其结构选择最优的知识产权管理策略。

5.3.3 主要任务①

1. 完善知识产权法律制度

完善知识产权法律制度主要表现为如下两个方面：一方面，加快知识产权法律法规建设。以制造业产业转型和竞争力提升为导向，深入研究欧美等发达国家知识产权制度在制造业发展方面的先进经验，加快推动专利法、著作权法、反不正当竞争法及配套法规、植物新品种保护条例等法律法规的制定修订工作。尤其对于追赶型产业、转进型产业和换道超车型产业，应尽快完善知识产权法律制度，破除制约我国产业实现转型、追赶甚至赶超的制度约束。

另一方面，健全知识产权相关法律制度。以新一轮科技革命和产业变革趋势为契机，研究完善"互联网+"、电子商务、大数据等新业态和新领域的知识产权保护规则；研究实质性派生品种保护制度，制定关于滥用知识产权的反垄断指南；完善商业秘密保护法律制度，明确商业秘密和侵权行为界定，探索建立诉前保护制度。尤其对于换道超车型产业、领先型产业和战略型产业，更应积极探索填补本领域内现有国内外知识产权法律制度尚未涉及的空白地带，以在制度创新方面掌握主动权。

2. 提升知识产权产出质量

提升知识产权产出质量主要表现为如下三个方面：首先，优化产业创新模式结构。创新结构内生于要素禀赋结构所决定的产业结构，目前我国正处于跨越中等收入陷阱的关键时期，既存在不同区域的禀赋和产业结构差异，也存在同一区域内部产业之间的禀赋差异，针对不同产业应选择适宜的创新结构，才能确保创新规模与创新质量的有效匹配。例如，对于领先型产业，支撑其创新发展的禀赋结构已经达到最优，这类产业应紧跟新一轮科技革命和产业变革的大潮，积极开展自主创新和全球知识产权布局。对于换道超车型产业，支撑其创新发展的禀赋结构正逐渐逼近最优，这类产业应在有效利用外部技术的基础上，突出自主创新并不断强化知识产权全球布局。

---

① 部分内容参考了《"十三五"国家知识产权保护和运用规划》《知识产权人才"十三五"规划》。

战略型产业关乎国计民生,在确保国家安全或条件允许的前提下,鼓励企业在引进专利技术的基础上,进行消化、吸收、再创新,同时应加大投入力度,将提升自主创新能力、掌握核心自主产权作为产业自主创新的主要手段。对于追赶型产业,我国发展相对落后,要更多地通过引进、消化、吸收的方式开展创新,同时应积极通过加大投入力度、优化政策环境等方式激励产业内不同创新主体积极开展自主创新,培育自主创新的文化土壤。转进型产业作为丧失传统比较优势的特殊产业类型,应通过高质量产品和优质服务的供给积极开展品牌创新。

其次,优化创新资源配置效率。强化专利导航和知识产权区域布局等产业知识产权战略规划工具的应用,通过深入了解不同产业的创新资源禀赋状况和技术发展动向,引导产业开展知识产权创造,提高知识产权产出与产业创新发展的匹配度。

最后,优化公共服务和环境供给。进一步提升知识产权审查服务能力,健全知识产权申请、注册审查质量管理机制。同时,通过强化服务监管,全面提升专利代理行业的服务能力;尽快推动知识产权激励政策由数量导向向质量导向转变。

3. 强化知识产权保护水平,推动服务产业转型升级

追赶型产业、转进型产业和战略型产业这三类产业的知识产权基础相对薄弱,其当前知识产权战略规划应首先突出利用知识产权保护促进国内营商环境的优化,激励产业内各创新主体不断提升创新能力,开展知识产权规划、申请和布局,不断积累知识产权基础。同时,应加强知识产权"双轨制"保护,发挥司法保护的主导作用,完善行政执法和司法保护两条途径优势互补、有机衔接的知识产权保护模式,并加大对知识产权侵权行为的惩治力度。

其次,加快服务产业国际开拓。换道超车型产业和领先型产业是我国具备赶超潜力和已经建立领先优势的两类产业,相对于其他三类产业,其知识产权发展已经具备较强的基础,服务全球化发展将是其未来发展的重点。强化国际知识产权保护不仅有助于为产业内企业走出国门保驾护航,规避可能出现的贸易争端,降低风险,而且有助于其建立和巩固产业全球竞争力。同时,针对上述两类产业应进一步完善国际知识产权保护体系,重点围

绕优化知识产权全球布局以及建立互惠、双边和多边等合作关系来不断提升国际知识产权保护能力。

最后,落实对外贸易法中知识产权保护的相关规定,适时出台与进出口贸易相关的知识产权保护政策。

4. 提高知识产权运用效益

根据新结构经济学理论,五类产业一般属于制造业,技术驱动是知识产权作用于其创新发展的基本方式,但由于不同产业之间发展阶段的差异,技术驱动发挥的作用大小各异。针对追赶型产业和战略型产业,其本身知识产权基础相对较弱,正处于技术累积的阶段,技术驱动作用还未充分发挥,应突出以技术为主线的知识产权运用,重点通过完善以知识产权运用为导向的激励政策体系,推动产业提升知识产权效益。转进型产业作为低端制造业,本身对于技术驱动的要求不高,随着劳动力、资源等比较优势的丧失,其知识产权运用将重点转向以商标运营为核心的品牌价值打造。换道超车型产业和领先型产业本身对于技术驱动的要求很高,但发展阶段决定了两类产业技术驱动效应已得到有效发挥,在此前提下,服务产业参与全球化竞争将是其知识产权运用的焦点,知识产权运用将以产业技术实力为基础,重点围绕优化全球知识产权布局,开展技术标准化高端运用以及打造品牌全球影响力而展开。

5. 支撑生产性服务业发展

当今世界,新一轮科技革命和产业变革与我国的结构调整和产业转型形成了历史性交汇。我国抓住这一重要机遇,适时提出了一系列战略计划,旨在加快推进智能制造,深度推进信息化和工业化融合("两化"融合),努力实现从制造大国到制造强国的转变。生产性服务业是"两化"融合的核心,是全球产业竞争的战略制高点,是引领产业向价值链高端提升、实现产业发展弯道超车的关键环节和根本途径。其主要表现为如下三个方面:

首先,强化知识产权服务业集聚。规模化、集聚化是生产性服务业的重要发展趋势,尤其以金融、信息和设计为主导的核心集群,通过资源共享、知识外溢和专业化分工,形成产业集聚优势。知识产权服务业是生产性服务业的重要组成部分,其有关金融、信息以及知识产权全过程的服务能够有效地驱动我国经济转型和产业升级的发展进程。为此,应进一步强化落实知识产权服务业集聚区的建设工作,以推动生产性服务业和制造业的深度融合为基础,在自由贸易试验区、国家自主创新示范区、国家级高新区、中外合作产业园区、国家级经济技术开发区等建设一批国家知识产权服务业集聚区,以点带面,推动全面发展。同时,针对不同区域,加强分类指导,引导知识产权服务资源的合理流动,与区域产业深度对接,促进经济提质、增效、升级。

其次,强化企业知识产权保护。鼓励生产性服务业企业创造自主知识产权,加强对服务模式、服务内容等创新的保护;加快数字版权保护的技术研发,推进国家版权监管平台建设;扩大知识产权基础信息资源的共享范围,促进知识产权协同创新;加强知识产权执法,加大对侵犯知识产权和制售假冒伪劣商品的打击力度,维护市场秩序,保护创新积极性。

最后,强化知识产权专业人才培养。通过实施更加积极有效的人才政策、优化人才培养模式、强化职业教育水平等举措提升高端、复合型知识产权实务人才的培养力度,促进知识产权人才集聚,鼓励知识产权人才发展,不断提升知识产权人才在生产性服务业中的比例。同时,加强政府引导,及时发布各类知识产权人才需求导向等信息,建设大型专业人才服务平台,促进人才供需均衡。

6. 支撑知识产权国际化发展

全球化竞争是未来产业发展的必然趋势,无论是转进型产业、追赶型产业、换道超车型产业、领先型产业,还是战略型产业,为了应对不断加剧的外部挑战,产业创新发展都必须具备全球视野。尤其对于转进型、换道超车型及领先型产业,推动知识产权国际化发展不仅能够为企业走出国门、开拓国际市场提供知识产权制度保障,而且能够支撑产业价值链的不断攀升,加速产业转型实现追赶甚至赶超,从而获得更多的发展自主权。其主要表现在如下四个方面:

首先,全方位开展知识产权的国际交流与合作。进一步加强涉外知识产权事务的统筹协调,加强与经贸相关的多边或双边知识产权对外谈判、双边知识产权合作磋商机制及国内立场的协调等工作;重点围绕转进型、换道超车型及领先型三类产业的创新合作方式、丰富合作手段、拓展合作领域,为我国产业创新发展争取外部资源,创造良好的国际发展环境;加强国内、国际执法合作,完善从生产源头到流通渠道、消费终端的全链条式管理。

其次,强化知识产权国际化发展的服务保障。加强涉外知识产权事务中全局性和战略性的政策研究,根据国际知识产权制度的发展态势,适时调整知识产权的国际合作政策。同时,完善海外知识产权服务体系,研究发布海外知识产权环境信息,跟踪相关产业领域的国际知识产权动向,引导建立海外知识产权案件信息提交机制,加强对重大知识产权案件的研究,建立海外知识产权的风险预警机制,支持企业开展知识产权的海外并购和维权行动。

再次,积极推动开展知识产权的国际布局与运用。引导企业开展海外知识产权布局,鼓励企业将专利转化为国际标准;促进知识产权管理体系标准、认证国际化;支持企业广泛开展知识产权跨国交易,推动有自主知识产权的服务和产品"走出去";重点在换道超车型、领先型及战略型三类产业超前部署,掌握一批核心技术的专利,并进行合理的海内外布局,形成核心竞争力。

最后,强化国际化知识产权人才培养。服务于国家外交大局和"一带一路"倡议、企业"走出去"等,不断加大国际化人才选拔和培养力度,强化我国驻国际组织、主要国家和地区外交机构中涉及知识产权事务的人力配备,加强国内外知识产权人才的双向交流和培训,增强知识产权人才的国际交流实务能力,发挥知识产权国际化人才在技术进出口、海外诉讼、资源引进和国际谈判等方面的重要作用,为提升我国知识产权的外交地位和海外竞争力护航。此外,鼓励高校、科研院所开展知识产权国际学术交流,鼓励我国知识产权人才获得海外相应资格证书。

5.3.4 保障措施

1. 加强组织变革与协调

在新时代背景下,各地应积极开展知识产权管理制度变革,以"放管服"改革为契机,加快转变政府职能,加大简政放权力度,创新知识产权监管方式,提升公共服务水平,降低知识产权各环节的交易成本,推动创新链与产业链和价值链的顺畅对接。减少政府对科技资源的直接配置,推动资源配置依据市场规则、市场价格、市场竞争实现效益最大化和效率最优化。降低影响高质量发展的知识产权法律、制度束缚,加大知识产权保护,不断优化营商环境。同时,各地区要依据本地区所处的发展阶段及所具有的要素禀赋及其结构,结合本规划提出的目标任务和原则,落实规划的各项重点工作,要做到因地制宜、因时制宜。

2. 加强人才培养

聚焦科技、经济、贸易、文化等国家经济社会的发展需要,以服务产业创新发展为中心,完善企业、高校和科研机构知识产权"人才链",尽快完善我国知识产权人才培养体系。通过进一步深化人才发展体制机制改革,创新人才政策制度,打通人才培养、使用、评价、流动、激励全链条,营造有利于人才成长和发展的良好环境,稳定、持续、创新地推进各级、各类知识产权人才队伍的规模扩大、结构优化和层次提升,不断提高知识产权人才培养体系与我国经济发展阶段的匹配度,以有效支撑我国产业转型与全球化竞争的现实需要。

3. 加大研发投入

以区域要素禀赋及其结构为基础,明确规划重点,加强财政预算与规划实施的相互衔接,鼓励社会资金投入知识产权各项规划工作,促进知识产权事业发展。同时,统筹各级、各部门与知识产权相关的公共资源,突出投入重点,优化支出结构。

第6章 因势利导的产业知识产权战略实施要点分析：企业案例

创新是市场机制作用下驱动企业发展的核心要素。作为企业长期保持活力的源泉，企业创新越来越受到学界和政府的重视。如今国内许多产业存在创新能力不足的问题，生产成本的上升倒逼产业转型升级和企业创新。企业的生命力源于持久性的竞争优势，而持久性的竞争优势源于高附加值的差异化战略。知识产权要素包括高质量专利技术所提供的差异性产品和优质服务，以及营销中累积的良好品牌信誉等，是企业获得差异化优势的根本来源。而企业知识产权战略的核心，就是促进技术创新，加快创新成果产权化和产业化，提高企业产品和服务的附加值，打造以知识产权为主的核心竞争力，获取市场竞争优势。在此前提下，以典型案例为切入点，考察产业知识产权战略在企业层面的实施，有助于更充分地了解不同产业知识产权战略实践的示范要点。本章内容不仅能够与第5章中国产业知识产权战略规划与实施纲要分析形成有益互补，更重要的是从实践维度给出了如何更有效地支撑因势利导的产业知识产权战略规划。

6.1 追赶型产业

6.1.1 江苏恒瑞医药股份有限公司

江苏恒瑞医药股份有限公司(以下简称恒瑞)始建于1970年，是一家从事医药创新和高品质药品研发、生产及推广的医药健康企业,是国内最具创新能力的大型制药企业之一,也是目前国内最大的抗肿瘤药和手术用药的研究和生产基地之一。目前该公司已有两种创新药——艾瑞昔布和阿帕替尼获批上市,一批创新药也正在临床开发中。此外,该公司生产的注射剂、口服制剂和吸入性麻醉剂等多个制剂在欧洲、美国和日本上市,实现了国产注射剂在国外市场的规模化销售。通过深入了解恒瑞近50年的发展历程,发现在恒瑞知识产权战略的形成和发展过程中,以高新园区为载体的"新型政商关系"发挥了重要作用。

1. 以高新园区为依托,迈入恒瑞时代

从各国生物医药产业的空间分布来看,生物医药产业的核心区域大多都在本国科研机构密集、经济高度发达的地区聚集。产业园区由于能够获得政府在财政税收等多方面的支持,能够吸引集聚技术、资金、人才、风险投资等创新要素,导致发达国家在生物医药产业发展模式上几乎都是以生物产业园区的形式达到集群效应的。例如在美国,形成了华盛顿、旧金山、圣迭戈、波士顿、北卡罗来纳五大生物医药园区,而产业园区的集聚发展,也成为美国生物医药产业获取竞争能力并促进产业发展的重要模式。

恒瑞起步于江苏连云港。连云港医药产业起步较晚,自1967年以来相继成立连云港中药厂、连云港制药厂(恒瑞前身)、东风制药厂、连云港生物化学制药厂4个专业制药厂,医药工业才开始萌芽。连云港医药产业发展初期,仅有1家10多人的小型企业(只有10多口大缸的中药作坊),直到20世纪80年代末,连云港市的医药产业总产值也仅为3 000多万元。1979年连云港成立专门的医药管理局,1983年改名为连云港市医药工业公司,政府由此开始重视医药产业的发展。随着1984年连云港成为第14个沿海开放城市,连云港经济开发区开始进入大开发、大建设时期。在政府部门的推动下,连云港于1995年在苏北启动建设全国第一个星火产业带——苏北星火产业带,并享受一系列的配套和扶持政策(赵志强,2004),连云港医药产业由此开始迈入快速发展阶段。连云港研发中心就是在此背景下于1994年在连云港经济技术开发区成立的。该研发中心最初承担恒瑞的仿制药开发工作,能完成小试、中试、生产一系列工作,全球第一个在晚期胃癌治疗方面被证实安全有效的小分子抗血管生成靶向药物阿帕替尼就是连云港研发中心开发出来的。1997年,连云港制药厂更名恒瑞医药,正式迈入恒瑞时代。

2. 全面融入"新型政商关系"圈,享制度创新红利

与美国等西方国家以市场为主导的科技园区建设不同,中国国家高新区是政府主导下的科技园区建设,培育形成了一种新型政商关系,属于中国特色的制度创新。在理论上,这种"新型政商关系"可以被认为是一种"嵌入性"的社会制度设计,类似管委会这种政府功能性派出机构设计,包括政府搭建的各类平台或合作网络,比如各类要素聚集平台、创新创业孵化平台以及技术合作和资源合作网络等,都是政府对经济系统行之有效的"结构性嵌入"。这种政府的"结构性嵌入"能够更有效地拟合在整合资源方面市场客观存在的"结构洞",而且政府的"行为嵌入"可以有效地纠正自由市场的盲目性和信息不对称等造成的市场失灵。①

恒瑞显然认识了这一点,自1994年连云港研发中心成立以来,恒瑞先后在上海、成都、苏州、南京、济南和厦门成立了6家研发中心,而每家研发中心无不设立在国家高新区或特色产业园区(见表6.1)。比如,上海研发中心于2000年投资建立,此时的恒瑞刚刚完成在上海证券交易所上市,在此设立研发中心一方面是对标此地聚集的各大跨国药企研发中心,正式聚焦自主创新战略;另一方面则是看中了上海闵行经济技术开发区优越人才引进政策所带来的丰富人才资源。2018年9月3日,上海研发中心由闵行经济技术开发区迁入上海张江高科技园区也是受园区集聚政策驱动的影响。2018年,恒瑞设立济南研发中心,除了考虑到将自身研发版图向北方扩展以及享受济南高新区优越的政策支持,还与2017年国家食品药品监督管理总局药品审评中心与山东省食品药品监督管理局签署战略合作协议不无关系。2017年6月,双方签署战略合作协议,以加快推进药品审评审批制度改革,通过总局与省局技术审评优势互补,推进药品审评能力建设。恒瑞在此时建立济南研发中心,抢占政策先机的目的不言而喻。

---

① 比较各国,政府主导的科技园区建设发展不快和不成功的先例很多,即便是市场自发形成的科技园区(除硅谷外),目前能与中国国家高新区发展成效比肩的园区也不多。通过设立特殊的政府功能组织(管委会等派出机构),由政府为市场搭建或组织起整合资源的平台并执行特定的促进政策,而这些资源和政策完全作为要素或给养注入市场或商业部门的经济运行,这样的制度和机制设计并没有完全陷入政府干扰市场或与市场争利的困境,也避免了市场自由选择的盲目性和经济主体整合发展资源的市场失灵问题。

表 6.1 恒瑞研发中心的基本信息

研发中心	成立时间	所处位置	简介	产业发展定位/竞争力
连云港研发中心	1994 年	连云港经济技术开发区	1984 年 12 月经国务院批准设立的首批国家级开发区。	以临港产业为主导,着力培育和壮大新能源、新材料、新医药"三新"产业。
上海研发中心	2000 年	上海闵行经济技术开发区	创建于 1983 年,1986 年 8 月被国务院批准为国家级经济技术开发区。	形成了以机电产业为主导,以医药医疗产业(以血制品、常用药物为代表)和轻工产业(以食品、饮料为代表)为辅的三大产业。
		上海张江高科技园区	成立于 1992 年 7 月,是国家级高新技术园区;2018 年 9 月 3 日,由闵行经济技术开发区迁入张江高科技园区。	形成了"医产业"集群,涵盖医药、医疗、医械、医学的医疗健康产业和"E 产业"集群,基于互联网和移动互联网的互联网产业。
成都研发中心	2011 年	成都高新技术产业开发区	1990 年,获准正式成立;1991 年,被国务院批准为全国首批国家高新技术产业开发区。	初步形成了电子信息、生物制药和精密机械制造三大产业。
苏州研发中心	2015 年	苏州工业园区	1994 年 2 月经国务院批准设立的国家级经济技术开发区、国家级高新技术产业开发区。	与上海张江、北京中关村同列国内生物医药产业园区第一方阵。全球生物医药领域前 20 强企业中,10 家有项目落户该园区。
南京研发中心	2016 年	南京江宁高新区	成立于 1994 年,是国家级南京高新区"一区两园"的重要组成部分。	形成了以生物医药、高端智能智造为主导产业的发展格局。
济南研发中心	2018 年	济南高新区	1991 年经国务院批准设立的首批国家级高新技术产业开发区。	形成了以电子信息、生物医药、高端装备制造和现代服务业为主导产业的发展格局。
厦门研发中心	2018 年	厦门生物医药产业园	为加快海沧区"海西先进制造业基地"建设,区委、区政府把生物医药产业作为重点发展的新兴产业,大手笔规划"厦门生物医药产业区"。	建设形成了海沧生物医药产业"一十百千"的跨越式发展格局。

资料来源:作者根据相关文献整理所得。

自此,恒瑞逐步确立了以研发布局为引领,以高新园区为依托,以竞争力打造为核心的国际化知识产权战略格局。

3. 以研发布局为引领,开启自主创新之路

根据发展战略,恒瑞一直推行以创新支撑销售、以销售反哺创新的良性互动机制,每年研发费用占销售额的 10%—15%。2013—2017 年,公司每年的研发投入分别为 5.6 亿元、6.5 亿元、8.9 亿元、11.8 亿元和 17.6 亿元,2018 年公司累计投入研发资金 26.7 亿元,比上年同期增长 51.8%,研发投入占销售收入的比重达到 15.3%。在研发布局不断扩大的支撑下,恒瑞的自主研发体系不断完善。其发展主要分为如下三个阶段:

第一阶段,1970—1992 年,恒瑞仅从事简单的常用医疗外用擦剂配置与销售,生产治疗常见病的基础药品,没有自己的品牌药品,主要从事科技含量不高的医药原料加工,成片剂销售到苏北、鲁南市场。该阶段因缺乏资金及利润率比较低,很少投资于研发及品牌药,无相关专利技术,知识产权欠缺。

第二阶段,1993—1995 年,恒瑞确立了"做大厂不想做的,小厂做不了的"发展策略,开启了一系列的创新行为,最终选择抗肿瘤药品作为突破口,通过银行贷款 120 万元(当时恒瑞的战略资金仅有 8 万元),去北京科研单位购买新药异环磷酰胺,并成立"药物研究所"对该生产工艺进行研究。1995 年,国家药政部门批准抗肿瘤新药异环磷酰胺上市,恒瑞首次拥有了自己的品牌仿制药,并在随后几年促进了恒瑞的快速增长,带动了市场销售和产品竞争力的显著提高,利润也开始增长。至此,恒瑞进一步确立了以抗肿瘤药作为主攻方向,实现了向仿制药制造的成功转型。

第三阶段,1996—2010 年,在系列品牌仿制药成功上市后,恒瑞开始了实质产品的自主研发与申请专利行为。2000 年,恒瑞在上海设立了药物研发中心;2005 年,恒瑞药开始申请 PCT 专利,同年在美国设立研发中心,开始雇佣国外优秀研发团队和经过训练的国际药业研究员;2008 年,恒瑞设立知识产权部门。该阶段中,恒瑞逐步建立了集中管理模式的专利管理制度和流程,主要以项目负责制的模式推进日常专利管理工作,专业的专利人员负责专利检索、专利分析、专利申请等多项工作。研发、生产、销售部门则与专利事务部直接沟通,恒瑞逐渐建立起了较为完善的知识产权管理体系。事实上,大连研发中心研发的阿帕替尼是恒瑞自主创新转型的一个见证。2000 年,恒瑞开始走自主研发的道路,阿帕替尼是其最早研发的药物之一。

恒瑞之前上市的第一个创新药艾瑞昔布采用的是合作研发的模式，即委托一些研发团队完成恒瑞的项目，做成了再谈合作和后续的开发，做不成，就当风险投入。而阿帕替尼是恒瑞引入研发模式的一个代表，即与海外公司合作筛选化合物，然后恒瑞进行持续不断的开发。从 2004 年药理毒性研究开始到 2014 年 12 月成功上市，阿帕替尼在国内进行了长达十年的研究开发。阿帕替尼的化合物专利最先于 2002 年在中国提出申请，继而又提交 PCT 国际专利申请，并陆续在中国、美国、日本以及欧洲获得授权，为药品的后续研发及上市提供了绝对的专利保护。不仅如此，在研发过程中，恒瑞继化合物专利之后，又陆续申请了相关的外围专利。其中，由于该化合物在使用过程中存在稳定性、生物利用度方面的问题，在发现将其制备成相应的盐能够解决这一问题后，恒瑞又重点对其盐类专利进行了保护，包括有机盐、无机盐及成盐方法。为了进一步巩固保护的范围，恒瑞对适应证及联合用药也进行了比较全面的布局。上海研发中心的成立也是恒瑞聚焦自主创新战略的重要举措，恒瑞全球研发总裁张连山用"发动机"来形容上海研发中心对于恒瑞做创新药的意义，其很多核心治疗领域的新药开发都在这里孕育。

表 6.2 列示了恒瑞各研发中心的主要工作功能。

表 6.2　恒瑞各研发中心的主要工作功能比较

研发中心	成立时间	主要工作
连云港研发中心	1997 年	从事药品产业化研制、开发，包括创新药、仿制药及国际市场产品注册研究等工作。
上海研发中心	2000 年	负责寻找新化合物等创新药物研究的上游工作。
美国研发中心	2005 年	从事新药临床研究、新药技术项目引进或转让，并负责向美国 FDA 申报和注册药品。
成都研发中心	2011 年	主要从事高活性、激素、造影剂等药物研发。
日本研发中心	2014 年	负责高端制剂的注册申报、分装销售等。
苏州研发中心	2015 年	主要负责公司自主创新的化学、生物药品以及生物类似药品的研发。
南京研发中心	2016 年	承接上海研发中心继续进行创新药筛选，包括原料药成盐、晶型筛选、制剂剂型筛选等。
济南研发中心	2018 年	主要从事制剂开发的相关工作。
厦门研发中心	2018 年	从事创新药及高端注射剂的研发和生产。

资料来源：恒瑞公司官网。

4. 以园区为支点,知识产权全球化战略全面展开

作为"新型政商关系"的载体,高新园区在对接国际创新资源方面起到了重要作用。① 随着研发能力的巨大提升以及获得的巨大创新成果,恒瑞在 2000 年前后已经逐渐明确了打造"中国人的跨国制药集团"的总体发展目标。2005 年,恒瑞设立美国创新药研究中心,承担前沿靶点等创新药研究,同时也承担简略新药申请(ANDA)、原料药(API)美国市场准入及销售业务,这标志着恒瑞国际化战略的起点,不仅为进军美国市场提供了技术基础,也表明恒瑞在研发体系打造上从对标国内"进阶"到放眼全球。而 2014 年,日本研发中心的成立,则是恒瑞国际化战略"开花结果"的年份。在园区国际化资源对接的支撑下,经过多年的发展,恒瑞打造了一支拥有 3 000 多人的研发团队,其中包括 2 000 多名博士、硕士及 100 多名外籍雇员。几年来,公司先后承担了 36 项"国家重大新药创制"专项项目、23 项国家级重点新产品项目及数十项省级科技项目,申请了 752 项发明专利,其中 272 项为国际专利。2011 年至今,恒瑞进一步完善了系统的创新及知识产权管理体系,规范与夯实了研发人员管理、新技术专利跟踪机制、整体研发专利预警系统、合作网络、专利转化与应用等子系统等的管理,制定了专利全流程管理规范,形成了从研发立项到运营管理的高价值专利全流程培育机制。恒瑞围绕科技创新和国际化两大战略,紧跟全球医药前沿科技,加快药品研发创新和国际市场开拓,其知识产权战略有力地支持了创新及国际化道路。

2011 年和 2012 年,恒瑞两类注射剂药分别获得美国 FDA 认证及欧盟 EDQM 认证。2015 年,恒瑞在核心战略上有了新进展。除了从美国特萨罗

---

① 《国家高新区创新能力评价报告 2018》数据显示,2017 年,国家高新区当年实际利用外资金额达到 3 242.1 亿元,占全国实际使用外商直接投资金额(8 776 亿元)的比重为 36.9%。世界 500 强在高新区投资的企业数也在不断增长,2017 年,国家高新区共拥有世界 500 强的投资企业数 3 111 家,自 2010 年起,平均每年增长率达 15.9%。同时,高新园区也加速汇聚了全球创新人才和国际创新资源,是国际创新资源的高地。该报告指出,121 个高新区建立了标识性专项人才计划。其中排名前 4 位的人才政策是:建立灵活的人才引进政策,培养技术创新支持人才,试行企业科技人员个人所得税返还,鼓励科技企业设立知识产权股。在政策激励下,2017 年,国家高新区拥有"千人计划"人数 4 962 人、外籍专家 16 427 人;自 1996 年以来,国家高新区留学归国人员从 0.3 万人增长至 12.6 万人,国家高新区内留学生创办企业数达到 36 798 家。截至 2017 年年底,国家高新区内共有外资研发机构 3 426 家,较 2016 年增加 659 家,同比增长 23.8%,成为国家高新区链接国际创新资源的重要平台。

(Tesaro)公司引进的止吐药已获美国FDA批准,恒瑞于9月将具有自主知识产权的用于肿瘤免疫治疗的PD-1单克隆抗体项目以7.95亿美元的价格与美国因塞特(Incyte)公司达成了合作开发协议。2018年1月4日,恒瑞将具有自主知识产权的用于治疗免疫系统疾病的JAK1抑制剂SHR0302有偿许可给美国阿库提斯(Arcutis)公司。交易的分阶段里程碑付款不超过2亿美元,并约定恒瑞享有一定比例的销售提成。2018年1月8日,恒瑞将具有自主知识产权的BTK抑制剂SHR1459和SHR1266(美国代号分别为"TG-1701"和"TG-1702")有偿许可给美国TG公司。恒瑞潜在可获得约3.47亿美元的首付款和里程碑款,外加销售提成。两项重磅在研产品licence out交易充分说明恒瑞强大的研发实力受到国际认可。2018年,恒瑞有56个创新药在临床开发中。在创新药开发上,恒瑞已基本形成了每年都有创新药申请临床试验,每2—3年都有创新药上市的良性发展态势。

工业园区、经济技术开发区、高新园区等建设已经成为吸引高科技工业、促进经济发展的重要手段。政府部门以园区内企业为对象,通过人才、资金、税收、服务等各类资源的高效供给,使园区内企业的研发创新能力、知识产权规划布局能力得到有力支撑,吸引了越来越多的致力于通过科技创新实现发展的企业。在生物医药领域,恒瑞是其中的典型代表,同时也是引领行业创新发展的佼佼者。

6.1.2 雷沃重工股份有限公司

雷沃重工股份有限公司(以下简称雷沃重工)成立于1998年,是国内农业装备龙头企业,也是全球知名的机械装备制造企业,业务范围涵盖农业装备、工程机械、车辆、金融+互联网四大业务板块,拥有完善的核心零部件产业链。雷沃重工坚持走"全球研发、全球制造与分销"的发展模式,在海外多个国家设有研发中心、制造基地及营销服务网络。自1998年成立至今,雷沃重工已累计向市场投放各类产品200余万台。除了旗下雷沃收获机械、拖拉机等业务持续领跑国内,雷沃阿波斯农业装备还在农业"种""管""收""储""运"全环节提供全程机械化解决方案。同时,雷沃重工还积极致力于通过工业互联网技术实现智能制造、智能管理、智能服务,为全球现代农业生产、城市生活建设和资源产业提供互联、高效、可靠的整体解决方案。

1. 充分发挥龙头企业集聚效应,打造国内创新共同体

雷沃重工充分发挥自身作为龙头企业的创新聚集效应,通过打造政产学研金服用"北斗七星"创新共同体,带动创新型产业集群建设。在创新平台建设方面,雷沃重工建设国际级创新平台5个、省级创新平台9个。借助这些技术创新平台,雷沃重工已经承接国家、省部级科技创新重大专题项目61项,主持、参与近90项国家及行业标准的制定和修订,并申请专利1 916项。尤其在国家和省级科技创新或研发计划项目的支撑下,雷沃重工在多个研究领域获得了技术突破,为行业技术发展做出了突出贡献。在产学研方面,雷沃重工与中国农业大学、上海交通大学、吉林大学、山东大学、农业农村部南京农业机械化研究所等30余家国内高校、科研单位和企业开展科研联合,全方位拓展企业的创新途径。为了有效支撑创新体系的运行,雷沃重工每年拿出销售收入的3%—5%作为研发创新经费。在创新共同体的带动下,雷沃重工先后开展了智能化动力换挡拖拉机、高性能大型联合收割机和大型高端智能化农机具等一批国内空白、国际先进农机装备的研发,并实现了动力换挡等大量关键、瓶颈技术的突破。

2. 战略布局全球资源,打造全球研发体系

雷沃重工于2008年首次提出全球化战略目标,自此开始推行其国际化战略。经过三年的准备,2011年成为雷沃重工全球化战略见效的起始年。同年,雷沃欧洲技术中心正式挂牌成立,成为国内首家在国外建立海外研发中心的机械装备制造企业。雷沃欧洲研发中心主要定位于全新动力换挡拖拉机研发,以此为平台在全球范围内招贤纳士,并集中在德国、意大利、法国、美国等几个传统农机强国范围内,寻求优质资源进行收购。2013年,借鉴欧洲研发中心的成功做法,雷沃重工建立日本研发中心,主要负责工程机械和水田机械的研发。从2014年起,雷沃重工又在欧洲接连并购了意大利国宝级品牌ARBOS(阿波斯)、全球高端农具品牌MaterMacc(马特马克)和欧洲果园专用型高端拖拉机品牌Goldoni(高登尼),在欧洲区域完成了海外全价值链运营平台搭建,构筑起"中国+欧洲+日本"的全球研发体系。为了配套全球研发体系,雷沃重工在国内也建造了规模大、功能全、能力强的农机试制试验中心,努力提高关键核心零部件的制造能力和试制实验能力。在全球研发体系的支撑下,雷沃重工的创新能力得到了质的提升,尤其是在

高端农业装备领域核心技术的研发方面,扭转了过去我国该领域长期被国外垄断的局面。比如,雷沃阿波斯拖拉机是雷沃重工中欧研发团队历时5年,累计投入超过2亿欧元,成功开发的具有完全自主知识产权的动力换挡产品,申报专利101项,其中海外专利16项,获得各类国内外专利30余项。2017年,雷沃阿波斯拖拉机获得德国工业设计"红点奖"、中国农业机械科技进步一等奖、中国机械工业科学技术一等奖等多项国内外奖项。2017年,雷沃重工获批"国家级工业设计中心",标志着雷沃重工历时10年打造的全球化研发体系获得重大成功。

3. 全球范围内"借脑纳智",为新旧动能转换提供人才支撑

人才是科技创新的核心资源,雷沃重工一直致力于打造专家型研发创新团队,不断强化创新人才的培育。截至2019年年底,雷沃重工拥有研发人员2 000余人,其中:国外专家型人才60多人,国内专家级工程师20人,高级工程师217人,形成了完善的技术创新人才梯队。除了技术创新团队,雷沃重工还搭建起包含40名企业家的管理团队、500余名国际化人才、1 500余名管理人才、1 500余名营销人才、3 000多名高级技能人才在内的共近9 000人的人才体系,人才数量和结构均领先于国内同行。雷沃重工开展海内外高端人才引进工程,不断整合国际高端人力、技术资源,在全球范围"借脑纳智",先后引进了"千人计划"人才安德鲁·贝多斯提、泰山产业领军人才赵春江等国内外高端科研人才。①

4. 紧跟时代步伐,推动信息化与传统制造整合

国家以及山东省都出台了针对智能农机装备的发展规划与支持政策。作为农机行业的龙头企业,雷沃重工对行业发展有着敏锐的洞察力,早在2012年就开始着手布局智能农机和智慧农业②。2018年4月10日,雷沃重工与百度签署战略合作协议,双方将以实现自动驾驶量产为目标,在自动驾驶技术及大数据分析等业务领域展开深度合作。这是雷沃重工深刻把握行业发展趋势采取的又一重大行动。现阶段,雷沃重工成功突破动力换挡等

---

① "'深耕'科技创新,雷沃重工打造企业基层创新'雁阵'",http://m.lovol.com/news/11527_for_leiwoxinwen_text.htm,访问时间:2020年4月1日。

② 中共十九大报告提出实施乡村振兴战略,2018年中央"一号文件"则对实施乡村振兴战略进行了全面部署,其中明确指出要大力发展数字农业。

国内智能农机瓶颈技术,发布了农机行业首个智慧农业解决方案(iFarming)。

各级创新平台和工业设计中心的设立是政府部门推动企业创新和工业发展的重要举措,以平台或设计中心为载体,企业不仅能够充分发挥自身优势,而且可以通过承接政府部门的重大科技专项,整合其他优势资源,实现技术突破以及知识产权的积累和市场开拓,在实现自身发展的同时带动我国整体产业的不断发展。雷沃重工作为传统制造工业企业,其发展经验在同类产业领域具备典型性,值得复制和推广。

6.2 领先型产业

6.2.1 海尔集团控股有限公司

海尔集团控股有限公司(以下简称海尔)是一家全球领先的美好生活解决方案服务商。公司创立于1984年12月26日。在张瑞敏时代企业管理思想和经营的哲学指引下,海尔顺应时代发展潮流,从资不抵债、濒临倒闭的集体小厂发展成为物联网时代实施多元化发展战略的生态型企业。集团旗下拥有海尔、卡萨帝、GEA、斐雪派克、Candy、AQUA、统帅等智能家电品牌,日日顺、海尔消费金融、COSMO Plat、顺逛等物联网服务品牌,以及海尔兄弟等文化创意品牌。在互联网和物联网时代,海尔从传统制造企业转型为共创共赢的物联网社群生态,率先在全球创立物联网生态品牌。海尔围绕"智家定制"(即智慧家庭定制美好生活)为战略原点,构建食联生态、衣联生态、住居生态、互娱生态等物联网生态圈,满足全球用户不断迭代的个性化家居服务方案的需求。胡润研究院携手汇桔网联合发布了《进击的IP新时代——2018中国企业知识产权竞争力报告》,其中披露了"2018中国企业知识产权竞争力百强榜",海尔超过华为位居榜单第一。根据世界权威市场调查机构欧睿国际发布的国际全球大型家用电器品牌零售量数据,2017年海尔大型家用电器零售量占全球市场的10.6%,连续九年蝉联全球第一。同时,冰箱、洗衣机、酒柜、冷柜的零售量继续蝉联全球第一;智能空调销量占全球市场的30.5%,连续两年位居全球互联空调(包括智能空调)第一。在三十多年的发展历程中,海尔确立的以品牌为核心的知识产权战略发展极大地驱动了其全球化发展。

1. 以质量求生存,差异化品牌战略初见成效

改革开放四十余年来,海尔就是伴随着改革开放的大潮不断发展壮大的。改革开放的每一个阶段都为海尔的生存与发展提供了宝贵的机遇。

在生存阶段,1984年的海尔之所以能"起死回生",是因为改革开放提供了"引进国外设备与技术"的机遇。海尔创立之初是一个资不抵债的集体所有制街道小厂。1984年10月,党的十二届三中全会通过了《中共中央关于经济体制改革的决定》,启动工业经济改革,强调学习国外先进技术和搞活企业。海尔抓住机遇,引进了德国利勃海尔电冰箱生产技术和优质管理,并确立了以质量为核心的差异化名牌战略,揭开了海尔品牌战略的序幕。1985年,青岛电冰箱总厂把76台存在各种缺陷的电冰箱统统砸掉了,这一砸"砸"出了品牌。同年,中国电冰箱市场出现了"爆炸式增长",新成立了200多家冰箱厂,仅浙江就有60多家,"抢购风"使厂家加大产量,但质量却频频出现问题。海尔并没有随波逐流,而是坚持以质量创品牌的战略思路,不断地进行商标管理和战略创新,服务于海尔的战略发展需求。海尔的商标规划和注册始终走在企业战略发展的最前沿,始终秉持"有品牌才有企业,有品牌才能创名牌"。1985年1月,当海尔申请注册了"琴岛-利勃海尔"商标,并先后注册和形成了以"海尔兄弟"图标为代表的第一代原创商标。海尔的差异化品牌战略很快就收到了成效,在1987年世界卫生组织进行的招标中,海尔电冰箱战胜十多个国家的冰箱品牌,第一次在国际招标中中标。海尔的发展逐渐引起了政府和社会各界的关注,品牌效应进一步放大。国内方面,1988年,国内电冰箱总产量达757.6万台,尽管海尔当年的电冰箱产量只有15.2万台,却以2%的市场份额拿到了中国电冰箱行业的第一枚质量金牌。

2. 从多元化品牌转型到开启自有品牌的全球化

在发展阶段,海尔于1992年建立了家电行业的第一个工业园——青岛海尔工业园,这主要源于改革开放提供了"开放资本市场"的机遇,带来了建设工业园的金融支持。而青岛海尔工业园也成为海尔集团推进多元化战略、国际化战略的策源地,它也是海尔集团从名牌战略向多元化战略转变的

重要举措。1991年12月,海尔合并了青岛电冰柜总厂和青岛空调器总厂,成立海尔集团。以此为契机,在海尔集团首席执行官张瑞敏的带领下,海尔率先在国内家电行业提出多元化发展战略。当时不少家电业同行、媒体、专家不赞同多元化,家电行业的专业化与多元化之争成为当时的热门话题,但海尔义无反顾地走上了多元化的发展道路,跨行业、跨地区兼并了国内18家亏损企业。为了应对多元化战略的发展,海尔将企业名称变更为"青岛琴岛海尔集团公司",产品品牌也同步过渡为"琴岛海尔",实现了企业与产品商标的统一,这形成了海尔第二代标识。1993年5月,海尔将企业名称简化为"海尔集团公司",将英文"Haier"作为主识别文字标志;又将商标中文"海尔"及吉祥物"海尔兄弟"进行商标辅助推广,这为企业国际化奠定了形象基础。事实证明,正是海尔所坚持的多元化品牌转型让其在大浪淘沙的历史进程中发展壮大。进入2000年,牡丹、金星、燕舞、水仙、春兰……这些耳熟能详的国产家电品牌先后销声匿迹。根据国家信息中心的统计,有竞争力的彩电品牌已经从20世纪90年代的50多个逐渐减少到10个左右;空调品牌从110个减少到8个;电冰箱品牌从75个减少到10个;洗衣机品牌从80个减少到了7个。

在国内市场扩张兼并的同时,2001年,中国加入WTO,不少人在讨论"狼来了",认为国内市场竞争将更加激烈。但张瑞敏却提出"国门之内无名牌""下棋找高手",海尔必须走出去,"与狼共舞"。其实早在1990年,海尔产品就通过了美国UL认证,海尔走向国际市场的思路已经开始付诸实施。同时,海尔人迅速意识到:现有标识无法与海尔的多元化、国际化经营的商标和产品的品牌定位相匹配。青岛海尔集团董事长梁海山谈道:"国际化和全球化这两个概念是不一样的,全球化其实就是当地化,必须实实在在地融入当地。中国企业的全球化是'出口型'的全球化,即贴牌出口创汇,这些企业走出国门统一的名字都叫'中国造',而'中国造'在西方是被诟病的,海尔坚持做自有品牌的全球化。"①

3. 全面深化品牌全球化,重塑企业价值链

在国际化阶段,伴随改革开放背景下的"入世""走出去"等政策的影响,

---

① "青岛海尔:三十余年激荡与变革 引领正在发生的未来",https://www.sohu.com/a/227991826_115433,访问时间:2020年4月1日。

海尔的自有品牌全球化战略进入快速发展期。作为最早"走出去"的企业之一,海尔在海外市场成功探索出了"走出去、走进去、走上去"的"三步走"海尔模式①。1999 年,海尔在美国南卡罗来纳州建立海尔美国工业园,生产家电;2001 年,海尔开始第一次跨国并购,收购了意大利的一家电冰箱制造工厂,成为中国第一家到欧洲家电制造腹地收购工厂的企业。海尔认为,参与全球竞争才会有世界名牌。1998—2008 年,海尔以出国创牌,而非出口创汇的观念确定了企业的战略定位。为进一步提高企业标识的国际化认同度,参考国际知名品牌的商标管理经验和成功做法,海尔将中文和英文商标进行重新设计和全球商标注册。在这一时期,海尔根据产品系列和海内外市场的拓展,进行了大量的具体产品商标的注册和保护,形成了 1000 多项的二级和三级产品商标,并根据出口和商标的品牌价值评估,进行海外商标布局,为海尔的国际化战略提供了强有力的品牌法律基础支撑。正如海尔张瑞敏所提出的"没有成功的企业,只有时代的企业",海尔的商标战略也随着企业管理模式的创新而不断地创新。海尔规划并开创了海尔、卡萨帝、统帅等多个品牌并行推进的局面。特别是 2007 年创立并于 2008 年注册的"卡萨帝"商标,中英文均是海尔首创用词,具有全球唯一性,海尔根据卡萨帝的定位规划进行了全类别和全球的商标注册,如今已成为高端家电的引领品牌,其在高端白色家电产品中的市场占有率超过 60%。

海尔不仅依靠自身品牌力量逐年开拓海外市场的销售网络、研发和制造基地,更是通过差异化的国际并购,实现了海外资源的快速扩展和整合。2011 年 10 月,海尔宣布收购三洋电机在日本和东南亚部分地区的白色家电业务,这一次具有里程碑意义的多国并购不仅进一步完善了海尔在东南亚市场的布局,更是通过差异化的文化融合和机制创新模式,将海尔"创业创新"的品牌文化基因成功输送给并购来的组织和员工。通过并购,海尔在日本和东南亚为主的市场推出了 AQUA 主品牌并注册了 AQUA、爱科雅等系列商标,实现了 Haier 和 AQUA、爱科雅等品牌在日本和东南亚市场的融合发展。仅仅一年后,海尔再次成功收购新西兰国宝级家电品牌 Fisher &

---

① 即先以缝隙产品进入欧洲、美国、日本等传统家电强国,并带动发展中国家市场的快速布局;再通过满足当地用户主流需求的本土化产品进入当地市场的主流渠道,并最终实现中高端创新产品的市场引领。

Paykel,有力夯实了高端家电产品的研发能力。2016年6月7日,由海尔集团控股41%的青岛海尔股份有限公司与美国通用电气共同宣布双方就青岛海尔整合通用电气家电公司的交易签署所需的交易交割文件,这标志着具有百年历史的美国家电标志性品牌——通用电气家电正式成为青岛海尔的一员。至此,海尔共在全世界190个国家和地区注册了4 800多项商标,其中,国内45个类别全部注册完成,国内有效商标1 200项,海外已获得注册的商标2 200多项。海尔在进行商品商标注册的同时,还进行营销商标Eco-life、Insprive-Living等的全球注册,并统一商标在广告、企业形象宣传中的使用,形成海尔所独有的服务及营销标志(见图6.1)。

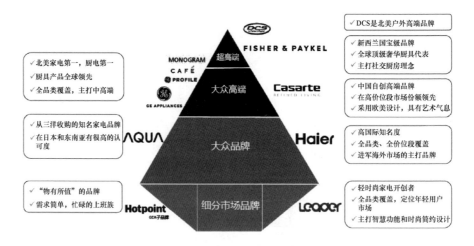

图6.1 青岛海尔品牌集群

注:(1)市场份额数据来自Euromonitor(2017);(2)排名数据不含商用电器或代工生产。

资料来源:青岛海尔股份有限公司。

对海尔而言,最重要的是在全球化路径下满足当地用户需求的能力。这让海尔从用户价值培育、产品研发制造的源头开始,深入当地市场,实现研发、制造、营销的三位一体本土化运作,最终实现创造全球化品牌的目标。至今为止,该布局已经大见成效。截至2018年,海尔已在全球建立起十大研发中心、108个制造中心、66个营销中心、143 330个销售网点,共覆盖全球160多个国家和地区,全球化布局的框架已搭建完毕。据欧睿国际统计,在海外,中国白色家电品牌产品的市场份额只有2.89%。而在这2.89%的品牌产品中,海尔占据了86.5%的比例,这也意味着,海外每销售10台中国品牌的白色家电,就有8台是海尔的。海尔已经成为中国出口家电品牌的龙头企业,已经跳出通过"中国制造"换取外汇的模式,而是依托品牌建设,深深根植于海外市场。伴随时代的发展,海尔也在不断深化其品牌全球化战略。2018年,海尔集团董事局主席、首席执行官张瑞敏提出,海尔要创建物联网时代生态品牌。在传统时代,海尔打造产品品牌;在互联网时代,海尔致力于平台品牌;而在物联网时代,海尔要创建生态品牌。生态品牌就是以用户最优体验为标准的迭代、升级、增值。按照这个标准,平台首先要满足用户的最佳体验,不断进行用户交互与迭代升级,构建生态系统,最终实现生态圈内利益相关方的增值。

4. 以全球开放式创新体系支撑品牌价值

一直以来,海尔以"世界就是我的研发部"定位全球研发布局和用户战略,让全球的最先进资源为企业所用、为用户所用,利用全球的资源为用户提供最优解决方案,体现了海尔品牌全球化过程中一直秉承的协同创新理念。为了满足用户的需求,海尔建立了线上线下融合的开放式创新平台,形成自驱动的创新生态系统:依托在全球的十大研发中心,以及根据用户痛点随时并联的N个研发触点,海尔形成了"10+N"开放式创新体系,真正实现了"用户需求、创新资源在哪里,研发就在哪里"。同时,这十大研发中心并不是割裂的,而是并联和协同的。十大研发中心通过合作构建起一个全球化的创新研发平台,把各区域优势能力整合到一起,共同为用户提供颠覆性的解决方案。比如,HOPE是海尔打造的开放式创新平台,也是海尔与全球伙伴交互创新需求、协同寻求优秀解决方案的网络平台。依托HOPE平台[①],海尔打通了用户与资源之间的壁垒,把用户、企业和资源都纳入同一个交互生态圈。而汇聚了6 000余名跨领域专家、创新者的创新合伙人社群,

---

① HOPE(Haier Open Partnership Ecosystem)成立于2009年10月,是海尔研发成立的开放式创新团队,目前已经成为海尔旗下独立的开放式创新服务平台。HOPE平台是一个创新者聚集的生态社区,一个全球范围的庞大资源网络,也是一个支持产品创新的一站式服务平台。HOPE把技术、知识、创意的供方和需方聚集到一起,提供交互的场景和工具,促成创新产品的诞生。自成立以来,HOPE平台支持海尔各个产品研发团队和超前研发团队创造了众多的颠覆性产品,如控氧保鲜冰箱、净水洗衣机、传奇热水器、固态制冷酒柜、小焙烤箱等,受到消费者喜爱,在市场上迅速成为畅销产品。

可以通过社群内不同角色人群的有效协作,进行零距离交互,持续产出跨界及颠覆性的创新成果。目前,HOPE 平台可触及的全球一流资源节点达 380 万家,注册用户 40 多万人,平均每年产生创意超过 6 000 个,支撑着海尔在产品和技术上的持续引领。在开放式创新体系的支撑下,海尔的品牌价值不断得到提升。截至 2017 年年底,中国企业在全球专利布局上,海尔专利质量第一,海外布局第一。通过自主研发和海外并购,截至 2019 年年底,海尔累计申请专利 2.5 万余项,其中发明专利 1.5 万余项,海外发明专利数量近万项,覆盖全球 25 个国家和地区。2017 年,海尔申请专利 7 000 余项,发明专利占比超过 60%,专利质量引领行业。

5. 实现以专利和标准相结合的自主创新发展之路

在海尔看来,"有创造无创新、有创新无专利、有专利无标准、有标准无应用"都不是真正的自主创新。要实现从制造优势到创造优势的转变,必须依赖于有价值的专利和标准的充分结合,并着眼于市场应用,只有这样才能发挥出自主创新的巨大作用。海尔一直是中国家电行业标准的引领者,也是参与国际标准制定工作的领军企业之一。自 1984 年引进德国全套标准、建立起完整的标准体系开始,海尔的标准化战略始终配合于集团整体战略的发展,以满足用户需求为中心,通过持续创新,实现了从"标准引领""平台引领"到"生态引领"的"三步走"的发展战略。截至 2018 年 6 月,在国内标准方面,海尔已经主导国家标准 106 项、行业标准 36 项、团体标准 20 项,共计 162 项,主导国内标准数量位居家电企业第一;在国际标准方面,海尔已经参与 56 项国际标准,在参与过程中提出国际标准制定和修订提案 90 项,中国家电领域 80% 的国际标准制定和修订提案及国际标准专家来自海尔。在参与标准制定方面,海尔遥遥领先于竞争对手。例如,2015 年海尔冰箱主导制定国际 IEC 保鲜标准,成为中国家电业第一个参与制定国际标准的企业。2018 年 6 月 7 日,国家标准化管理委员会公布 393 项国家标准和 7 项国家标准外文版,其中与智能家电相关的标准共有 10 项,均由海尔作为主要起草单位主导参与。至此,海尔已经走出了一条以专利和标准相结合的自主创新发展之路,并在行业内发挥着引领作用。

知识经济时代,传统的、基于强边界的单元型企业与资源配置方式严重影响了资源配置的效能与效率,阻碍了创新与发展的步伐。海尔乘改革开放不断深化的东风,以国家战略指导自身发展,通过"引进来"和"走出去",实现了自身科技资源禀赋的极大提升,企业创新结构也发生了根本性的转变,突破了限制企业全球发展的技术瓶颈。通过不断探索新动能、打造新动能,实践以新要素市场化配置人才、资金、设备等科技资源,海尔确立了差异化名牌战略,不断提升知识产权战略在支撑企业发展中的作用和影响,成为全球家电行业的领导者。

6.2.2 深圳市大疆创新科技有限公司

深圳市大疆创新科技有限公司(以下简称大疆),于2006年由香港科技大学毕业生汪滔等人创立,是全球领先的无人机飞行平台和影像系统自主研发和制造商之一,客户遍布全球一百多个国家和地区。通过持续的创新,大疆致力于为无人机工业、行业用户以及专业航拍应用提供性能最强、体验最佳的革命性智能飞控产品和解决方案。大疆的知识产权战略表现如下:

1. 潜心技术积累,从容开展知识产权布局

2006年,大疆创立之初,无人机市场还是专业级、军事级无人机的天下,大疆看到了消费级无人机的广阔前景,潜心研发技术,在技术积累到一定程度后开始进行专利布局。如此一来,既没有过早地暴露自身对市场的前瞻性认识,又掌握时机抢占了无人机控制系统专利的市场地位。大疆在2008年申请了第一项专利,涉及无人机最关键的控制系统。2010年,大疆开始在美国、欧盟、日本等多个国家和地区部署专利,涉及无人机的软件和硬件等各方面的产品,为其产品的全球市场开拓保驾护航。在无人机行业的热点研发技术(例如,飞控系统、导航系统、通信系统以及相关硬件)方面,大疆布局的发明专利最多,这些专利也构成了大疆的基础专利和核心专利。从2011年开始,大疆专利出现井喷式增长,通过前期的技术积累,其专利申请越来越活跃。数据显示,在专利申请方面,截至2019年2月15日,大疆在全球的专利申请数量已超过8700项,全球授权专利超过3000项,连续多年PCT专利申请量居国内前十。特别是在无人机热门市场如美国、欧盟、日本等国家或地区,大疆的授权专利超过1000项。除了专利,大疆在商标和著作权的权利取得与保护方面也做了大量卓有成效的工作,在全球范围内的商标申请量已达3800多项,已获得注册商标1100多项,其中:国内获得注

册商标近200项,国外获得注册商标900余项,已展开商标布局的国家和地区有60多个。通过研发技术的储备和专利布局,大疆在无人机行业筑起坚实的技术壁垒,占据了高端消费级无人机市场,在全球的消费级无人机市场占领了一半以上的市场份额。在国外市场1 000—2 000美元的无人机价格区间,大疆无人机的市场份额为66%;在2 000—4 000美元的无人机价格区间,大疆无人机的市场份额达67%。相比于国外市场,大疆无人机在国内的影响力更强,其中在6 500—9 000元的无人机价格区间,大疆无人机的市场份额接近100%。

2. 强化组织、制度和人员保障

2008年,我国首次将知识产权确立为国家战略,但在当时,国内设置专业知识产权管理部门的企业凤毛麟角。作为2006年刚刚成立的初创型企业,大疆于2009年就成立了知识产权部,统管公司在全球范围内的知识产权工作及其相关法律事务,建立实施包括专利、商标、著作权等在内的全方位知识产权战略,推进知识产权的全流程管理,实现知识产权业务深度渗入公司研发、采购、市场、销售等各个经营环节。在知识产权部的组织协同下,大疆从公司层级建立起完善的知识产权制度及其规范体系,分别负责专利开发、专利撰写、专利实施与许可、技术情报收集、商标和著作权保护、知识产权保护以及其他知识产权相关业务。目前,知识产权部现有专职管理人员31人,均有多年大型集团公司的知识产权从业经验,其中10人有海外留学背景;中国专利代理人14人,拥有中国律师执业资格证的有8人;美国专利代理人4人,拥有美国律师证的有4人;日本专利代理人2人。在专业化组织、制度和人员的支持下,大疆在知识产权质量管控以及知识产权保护等方面均取得了不错的成绩。比如在知识产权(专利)质量控制方面,发明专利的比例是36.9%,PCT国际申请的比例是33.6%,这两者加起来的比例是70.5%。在知识产权保护方面,大疆积极在全球(包括美国和欧洲的海外主要市场)维权,打击仿冒大疆产品外观和技术的无人机产品,涉案侵权产品的销售金额超过1亿美元。上述关键举措都极大地提升了大疆科技创新的全球竞争力,为大疆无人机产品的全球市场开拓奠定了重要基础。

国家知识产权战略的确立是我国知识产权事业发展的重要里程碑,它推动了我国企业尤其是中小企业以及初创企业知识产权保护意识的提升。

《国家知识产权战略纲要》颁布实施的十年,既是我国知识产权文化建设从点到面、从弱到强的十年,也是我国企业知识产权战略不断发展、完善的十年。伴随着知识产权战略的实施,企业的创新能力不断提升,知识产权创造、保护和运用的能力不断增强。大疆的成立及崛起与技术创新和知识产权保护息息相关,它既是对知识产权强大驱动作用的检验,也是对我国知识产权战略引领作用的见证。

6.3 换道超车型产业

6.3.1 华为技术有限公司

华为技术有限公司(以下简称华为)成立于1987年,是一家由员工持有全部股份的民营企业,截至2018年年底有18万名员工,业务遍及全球170多个国家和地区。在过去三十多年的发展历程中,华为从一家生产用户交换机(PBX)的香港公司销售代理,逐渐成长为全球领先的ICT(信息与通信)基础设施和智能终端提供商。作为我国民营企业的标杆,华为一直秉持开放、创新的发展理念,以尊重知识、掌握知识并利用知识产权来支撑其全球化竞争。从"零知识产权"到利用知识产权战略实现换道超车,华为树立了中国企业创新发展的标杆。华为的知识产权战略具体如下:

1. "入世"驱动下知识产权战略框架的形成

华为成立之初只是一家生产用户交换机的香港公司销售代理,从1990年才开始自主研发面向酒店与小企业的PBX技术并进行商用。1992年,华为开始研发并推出农村数字交换解决方案。到1995年,华为的销售额只有15亿元人民币,且主要来自中国农村市场。华为于1995年成立专门的知识产权部门,但按照华为副总裁宋柳平的话来讲,华为当时也不知道它对企业经营有什么价值,只是觉得外国人在做这些事情一定有它的道理。而且当时华为的知识产权管理模式也是基于国内一般企业的传统思维——申请专利。但从华为整个知识产权事业的发展历程来看,1995年知识产权部门的成立是华为知识产权事业发展迈出的第一步。

从1995年到2001年左右,华为开始进入国际市场,先后在印度、瑞典、美国设立了6个研发中心,并在2001年加入国际电信联盟(ITU)。更为关键的是,2001年中国正式加入WTO,标志着中国的产业对外开放进入了一个全新的阶段。在此期间,来自国外企业的专利许可谈判让华为愈发感受到知识产权的重要性。尤其在2003年思科起诉华为侵权事件之后,华为更加坚信知识产权对于企业开拓国际市场的重要性,知识产权是企业实现持续发展必不可少的途径。从此,华为开始系统地、有计划地实施知识产权战略。

华为于1987年在深圳成立,而早在1980年国家就已经成立了深圳经济特区,深圳也成为中国最早实行对外开放的四个经济特区之一。作为我国对外开放的窗口,深圳市政府更加注重企业发展过程中市场化环境的培育。从高盛高华证券公司的分析来看,在公平扶持各个创新公司的同时,深圳政府对市场力量的看重使得各个公司在高效的市场机制下公平竞争,加上深圳的国有企业数目相对较少,民营企业得以真正自力更生。如果说在当时还无法明确深圳市政府在企业市场化竞争环境的营造方面究竟有多大影响,那么,四十多年后的今天,华为、腾讯、万科、比亚迪、中国平安、固高科技、华大基因等企业的崛起则足以表明当时深圳市优越的市场化发展环境。

在市场环境的影响下,尽管当时华为的知识产权基础比较薄弱,但华为一直坚定地认为"要进入国际市场,就必须按照世界的规则来做"。正如华为创始人任正非所说:"要让大家愿意搞原创,必须要尊重知识产权,对知识权益要尊重和认可,不尊重知识产权,人们不愿也不敢从事原创性创新,而热衷于抄袭和模仿,要尊重知识产权就要付出知识产权成本……我们坚持不投机,不存侥幸心理。"[①]基于此,华为形成了知识产权战略的基本框架,即在尊重他人知识产权的基础上保护自主知识产权,参与全球化竞争。在尊重和保护知识产权方面,华为遵守和运用国际知识产权通行规则,依照国际惯例处理知识产权事务,积极真诚地通过交叉许可、商业合作等多种途径解决知识产权问题。例如,法国著名的通信设备供应商阿尔卡特于20世纪初发明了宽带产品DSLAM,华为经过两年的专利交叉许可谈判,与阿尔卡特达

[①] "华为任正非谈中国创新:都在抄袭 不愿原创",https://www.sohu.com/a/51600591_223764,访问时间:2020年4月1日。

成了许可协议,华为支付一定的费用,换来的是消除了在全球进行销售的障碍。2000年以后,华为战略性地开拓海外市场,并且通过海外市场不断取得规模性收入。假如没有与相关海外公司达成许可协议以及营造和平共处的发展环境,其海外市场计划或许很难实现。同友商相互协作、合作发展,虽然付出了一定的专利许可费,但企业也因此获得了更大的收益,实现了更快的发展。比如,华为的销售收入来自全球170多个国家和地区,其中65%以上来自中国以外的国家和地区。正是因为清醒地认识到知识产权和法律遵从在全球化中的重要性,华为才得以在铺满荆棘的全球化进程中一路挺进。从2002年开始,在构建强大研发体系的同时,华为也开始构建强大的法律体系。三十多年来,华为每年都要面对数千起法律诉讼,之所以能在法律纠纷中立于不败地位,正源于其对各国法律的遵从。善用法律武器使华为得以在西方发达市场稳步前进。中国的高科技企业想要走向国际市场,就必须掌握国际市场的游戏规则。华为在全球范围内有600多名资深律师,也与全球各国顶级的法律资源保持着密切的合作,熟练掌握国际知识产权规则是华为应对海外知识产权诉讼、保障海外经营稳定与安全的制胜法宝。

2. 全球开放环境下知识产权战略的实施

2015年,任正非曾说:"华为这28年来,坚持做一个开放的群体,始终没有停止过开放……我们不强调自主创新,我们强调一定要开放,我们一定要站在前人的肩膀上,去摸时代的脚。我们还是要继承和发展人类的成果。"[1]在三十多年的知识产权战略实施过程中,华为一直坚信过于片面地强调完全自主知识产权对企业的全球化发展是有害的。华为的发展始终放眼全球。华为坚信,对于企业而言,创新不是目的,狭隘的"自主"更不是目的,取得商业成功才是目的。华为更主张的是开放性的系统,在国际的主流技术标准上占有一席之地,比如说移动通信的主流国际标准3GPP[2],因为主流的国际标准意味着主流的全球市场,这才是华为需要聚焦的发力点,唯有如此,华为才可能具备全球市场的竞争力,参与全球市场的分配。华为还特别

---

[1] "任正非:华为给员工的好处就是'苦'",https://www.mscbsc.com/viewnews-110439.html,访问时间:2020年4月1日。

[2] 3GPP(第三代合作伙伴计划)的目标是实现由2G网络到3G网络的平滑过渡,保证未来技术的后向兼容性,支持轻松建网及系统间的漫游和兼容性。

强调融入全球化的重要性。国际主流技术标准组织的开放性、协商原则和投票机制,都决定了未来的世界竞争都会是我中有你、你中有我,合作协同、合纵连横是未来的发展方向,华为的目标是要在符合世界潮流的领域拥有重要话语权,而不是狭隘地搞一套与世界不同的标准。这种所谓的"完全自主"知识产权在需要互联互通的工业标准领域是没有价值的,对国家、产业和企业的长远发展是十分有害的。

为了支撑全球开放环境下的知识产权战略发展,华为做出的两大决策是非常重要的:一是加大投入力度,尤其在对标国外企业投入方面要有所作为;二是将研究、标准和专利统一起来管理,尤其是将标准化战略作为全球知识产权战略实施的重要内容。其主要表现为如下几个方面:

(1) 华为高度重视核心技术的自主研发。华为清楚地认识到自主研发是高科技企业的基石,是企业持续发展的原动力,而研发投入反映了企业对科技创新的重视程度,所以华为始终坚持高投入的研发策略,在研发投入上不惜成本。华为坚持每年将10%以上的销售收入用于研发,同时保持45%以上的研发人员投入占比。2018年,华为从事研发的人员有8万多名,研发费用为10 150.9万元人民币,约占全年收入的14.1%。近十年累计投入的研发费用超过4 800亿元人民币。在对比国际企业方面,2015—2018年,华为全球研发投入排名分别为第15、第8、第6和第5位,名次一直在上升;且在同期一直保持国内企业研发投入第一名。华为将大量的研发投入用于基础技术、核心技术和前沿技术,必要时根据业务发展或战略目标调整加大研发投入比例,最高时达到销售收入的15.1%(见表6.3)。

表6.3 华为2011—2018年研发投入情况

	2011年	2012年	2013年	2014年	2015年	2016年	2017年	2018年
研发费用(百万元)	23 696	30 090	30 672	40 845	59 607	76 391	89 690	101 509
占销售收入比重(%)	11.6	13.7	12.8	14.2	15.1	14.6	14.9	14.1
员工数(名)	140 000	155 000	155 000	168 000	175 000	177 000	180 000	188 000
研发人员占比(%)	45	45	45	45	45	45	45	45

资料来源:华为技术有限公司历年年报。

除了华为自身的研发投入,政府也一直通过委托科研项目或者直接对开展的创新与研究项目进行补助的形式来支撑华为的创新发展(见表6.4)。

尽管相比华为自身的研发投入，政府补助的规模较小，但政府在市场化、法制化以及人才的集聚方面为华为的创新发展提供了重要保障。高盛高华证券公司的分析认为，深圳市政府强调市场力量，将政府的影响最小化，因此经济得以快速增长而又不依赖债务杠杆。相比北京和上海，深圳市政府的因公开支和负债在 GDP 中的占比都更小。财政支出被更多地用于鼓励创新，深圳在 2015 年将支持技术革新的拨款由 2011—2014 年的 3 亿—5 亿元人民币调升至 10 亿元人民币，这吸引了大量的人才。而且，深圳作为我国最早的新兴移民城市，源源不断的外来人才为企业发展提供了持续的技术人才保障。此外，深圳每年用于吸引海外高层次创新创业人才的财政投入不少于 10 亿元，而深圳的户籍政策相比北京和上海也更为开放。为更好地吸引人才，深圳市政府还大力发展基础设施建设，打造了包括机场和轨道交通在内的发达的交通网络，不断丰富医疗资源并着力改善城市生活品质。任正非曾指出，深圳市政府做得比较好的一点，是政府基本不干预企业的具体运作，而主要以建立规则为主，在法制化、市场化和基础设施方面为企业提供了最有力的保障。

表 6.4　华为 2011—2018 年接受政府补助情况

单位：亿元

	2011 年	2012 年	2013 年	2014 年	2015 年	2016 年	2017 年	2018 年
不附条件的政府补助（与开展创新与研究项目相关）	10.98	5.88	3.07	4.22	5.39	4.76	6.71	9.69
附条件的政府补助（完成特定的政府研究项目）	5.76	5.23	6.86	5.21	8.46	3.88	3.26	4.44
总和	16.74	11.11	9.93	9.43	13.85	8.64	9.97	14.13

资料来源：华为技术有限公司历年年报。

（2）华为的研究、标准和专利统一由一个团队来进行管理。在高强度研发投入的支持下，经历 30 余年的发展，华为已成为全球最大的专利持有企业之一。截至 2018 年年底，华为在全球累计获得授权专利 87 805 项（90% 以上为发明专利），其中有 11 152 项核心专利是在美国授权的。从数据来看，华为极为重视专利的海外布局。其实，早在 2003 年思科诉华为侵权案件之后，华为已经深刻意识到知识产权对于企业开拓国际市场的重要性，特别是知识产权战略的重要性。WIPO 发布的年度报告显示,2018 年通过该组织提交的国际专利申请超过 25 万项,比 2017 年增长 3.9%,再创纪录。而在通过该组织提交的国际专利申请中,半数以上来自亚洲。其中,华为的专利申请量在企业中位居全球第一,其提交了 5 405 项国际专利申请(见表 6.5)。

表 6.5　华为 2013—2018 年 PCT 专利申请情况

	2013	2014	2015	2016	2017	2018
PCT 申请(项)	2 110	3 442	3 898	3 692	4 024	5 405
企业 PCT 专利申请量排名	3	1	1	2	1	1

资料来源:历年全球 PCT 专利报告。

(3)将技术标准化战略视为知识产权战略的核心。华为一直强调参与主流的国际标准才可能具备全球市场的竞争力,参与全球市场的分配。华为副总裁宋柳平曾介绍,华为研究标准专利的体系,大概有一万多人,最主要的是研发人员。他们的核心贡献不是产品,而是更超前的技术研究成果、形成国际标准的提案,然后才是申请专利。当这些提案被国际的标准组织接受以后,专利就成为国际标准的重要组成部分,就形成了所谓的 Essential Patent(必要专利)的能力。华为 2018 年报数据显示,华为已经加入了 400 多个标准组织、产业联盟、开源社区,担任超过 400 个重要职位。2018 年,华为提交标准提案超过 5 000 篇,累计已提交近 60 000 篇。随着新一代科技革命的发展,华为也在陆续加大在人工智能、数据安全与保护、消费终端等领域的标准投入。

改革开放四十多年来,我国出台了一系列鼓励、支持、引导民营经济发展的政策措施和改革举措,为民营经济提供了发展机遇;民营企业踊跃创业创新,撑起了中国经济的"半壁江山"。改革开放进程中,明晰企业产权无疑是我国民营企业发展最具决定性的因素,而改革开放通过设立经济特区所打造的服务型政府不仅为民营企业的创新和发展营造了市场化、法制化的环境,而且为企业集聚了丰富的资金和人才资源,推动了企业更好、更快地发展。更为重要的是,改革开放为企业发展理念注入了开放的基因。而在经济全球化日益深入的今天,开放式的创新系统不仅能够强化知识产权战略对企业全球市场开拓的支撑性作用,而且能够极大地提升企业发展潜力和市场影响力。

6.3.2 比亚迪股份有限公司

比亚迪股份有限公司(以下简称比亚迪)创立于1995年2月,从二次充电电池制造起步,2003年1月进入汽车行业,同时布局新能源产业,并于2016年10月进入轨道交通产业。公司经过23年的高速发展,员工人数已由成立之初的20人发展到2008年的22万人,并在全球设立了30多个工业园,实现了全球六大洲的战略布局。比亚迪业务布局涵盖电子、汽车、新能源和轨道交通等领域,从能源的获取、存储,再到应用,全方位构建零排放的新能源整体解决方案。

1. 紧抓发展机遇,坚持以创新谋发展

1995年,29岁的王传福放弃了北京有色金属研究总院的"铁饭碗",在深圳正式创立比亚迪,其中一个重要的契机就是看到当时充电电池领域的市场机会。而之所以选择深圳,王传福的话或许能给我们答案,他认为,创新是深圳骨子里的基因,也是比亚迪这样的深圳企业的基因;正是深圳开放、创新、包容的土壤,才使比亚迪、华为、腾讯等一批深圳企业茁壮成长;国家最先给了深圳一个市场化的环境,市场化带来了竞争,竞争让企业有压力,有压力才能有动力不断创新。深圳市政府非常重视高新技术产业和战略新兴产业的发展,在比亚迪发展的过程中多次给予扶持与帮助。手机电池原来是日本企业的天下,日本企业几乎垄断了全球市场,一些美国和欧洲企业都被打垮了。但谁也没想到,在政府的大力扶持和创新驱动下,来自中国的比亚迪用短短几年的时间,靠着质优价低"杀"出了一条"血路",把"巨头"们甩在了身后。比亚迪如今已经成为手机电池的世界第一,占有全球市场30%的份额。

2003年,了解到燃油车带来的环境问题将会越来越突出,电动汽车行业的未来发展大有可图,王传福大胆决策进军汽车行业。也是在2003年,比亚迪通过收购西安秦川有限公司进入汽车市场并且确定了两大业务发展方向:传统燃油汽车与新能源汽车。一个做手机电池的公司要造汽车?王传福这个疯狂的计划不仅让资本市场大为不解(比亚迪的股价两天内暴跌了30%),也遭遇了董事会的一致反对。但正是基于对电动汽车产业未来发展的乐观预期以及对比亚迪创新能力的自信,王传福"冒险"的决定并没有动摇。而事实也证明,王传福的战略决策是正确的,经过十来年的发展,电动汽车已经成为全球范围内汽车行业竞相发展的重要领域。为了抢抓发展机遇,早在"十一五"期间,我国就已经把新能源汽车产业设定为国家的战略性新兴产业,并大力支持新能源汽车行业企业的建设与发展。十几年来,我国出台了大量的激励政策,如新能源汽车免购置税、在购买不同品牌或型号新能源汽车时给予消费者一定的补贴、对于新能源汽车生产企业给予技术和资金支持等,尤其是2017年新出台的补贴新政中,政府着力扶持领先的研发实力较强的企业,而比亚迪作为我国最早涉足新能源汽车领域、实力最强的企业,无疑享受着明显的政策优势。在国家政策的支持下,比亚迪始终坚持以创新求发展的理念,不断发展壮大。从手机电池生产商起家的比亚迪,一步步发展成为今天拥有电池、整车制造,集轨道交通设计、研发、生产于一体,营业额和总市值均过千亿元的新能源汽车龙头企业。2017年,比亚迪新能源汽车销量超过11万辆,连续三年蝉联全球新能源汽车销售冠军,并连续四年蝉联中国新能源汽车销售冠军。

2. 以技术立本,坚持自主品牌发展

自进军汽车行业以来,比亚迪始终遵循自主研发、自主生产、自主品牌的国际化发展路线,并一直以研究和开发新能源汽车作为企业发展的根本目标,立志以强大的电池技术、整车研发能力以及出色的产业整合能力成为新能源汽车的领导者。作为电池生产企业的比亚迪一直默默无闻,但进军汽车市场后一跃成为自主品牌的领先者,这不得不归功于其成功的品牌战略。比亚迪"Build Your Dreams"的商标内涵是"带给你梦想",它希望将中国带入新能源汽车的梦想时代,用电动车技术改变世界。作为国内第一家独立收购轿车整车厂的民营企业,比亚迪汽车从2003年组建的第一天起,就确立了自身的产业目标:打造民族的世界级汽车品牌。王传福认为能否培育拥有自主知识产权的自主品牌,并使之成长为世界名牌,进而以此为基础使企业成长为世界级公司,已成为衡量我国企业是否具有核心竞争力、能否实现可持续发展的重要标志,因此比亚迪将品牌打造放在企业发展战略的关键位置。

在打造自主品牌的过程中,以技术研发为基础的知识产权战略规划和实施有效地支撑了比亚迪品牌价值的提升。比亚迪设有知识产权及法务处，统一管理和处理知识产权和法律事务。经过多年的实践，比亚迪已经形成了"持续积累、合理布局、有效防御、灵活运用"的知识产权战略指导思想。同时，比亚迪坚持"自主创新、有效运用、尊重他人、依法保护"的知识产权方针，倡导"尊重知识产权，激励技术创新"的基本理念，不断完善知识产权制度体系。比如，比亚迪具备完善的知识产权及法务管理制度，并逐步推出了《专利工作管理规定》《禁止侵犯知识产权行为规定》《专利奖酬及处罚管理规定》等内部文件。除了不断完善工作机制和管理制度，比亚迪还成功推行了"专利倍增计划"及"质量提升计划"，并完成了知识产权能力的持续积累和重点技术、项目实施合理布局的阶段性目标；同时，成功向组织知识产权运营及知识产权保护部署工作转型，引领公司创新，推进公司知识产权事业的蓬勃发展，将知识产权工作推向了一个新的高度。比如，比亚迪围绕汽车、轨道交通、新能源和电子四大产业开展专利布局，涉及的技术领域包括汽车、电子、化学、机电、机械、通信等，在有效保护自主创新成果的同时避免侵犯他人的知识产权，公司产品的市场竞争力得到不断提升。比亚迪《2018年度社会责任报告》公布的数据显示，2018年年底，比亚迪累计申请中国专利 20 670 项(其中发明专利 10 161 项，实用新型专利 8 532 项，外观设计专利 1 739 项，港澳台专利 238 项)；累计申请国外专利 3 450 项。累计获授权中国专利 13 657 项，2018 年获授权中国专利新增 1 482 项；累计获授权国外专利 2 273 项，2018 年获授权国外专利新增 452 项。

在知识产权战略的支撑下，坚持品牌国际化发展路线的比亚迪在汽车行业迅速崛起。F0、F3、F3R、F6、S8、DM 等车型(包括相关车型的零部件)覆盖家用轿车市场从低端到高端的各层次的消费人群，从价格到配置均以惠及消费者为前提，也因此在价格上相较于合资品牌更有竞争力，更能赢得市场和消费者的认可，成为我国自主品牌汽车的翘楚。短短几年中，比亚迪汽车先后获得第十七届上海国际汽车工业展览会新车大奖、第 18 届车坛奥斯卡奖等多项殊荣，在行业内也树立了自己的品牌特色。与此同时，"比亚迪"(BYD)这个看上去不太中国化的商标本身就彰显了其品牌国际化发展的野心。2008 年，美国著名投资者巴菲特的高调注资无疑更扩大了比亚迪品牌的世界影响力。此外，比亚迪积极引入战略投资者，力求提升公司在全球资本市场和产品市场的品牌形象。比亚迪先后与中美能源、戴姆勒东北亚投资有限公司签订合同,以入股或合资经营的方式展开战略合作,致力于为国内市场设计、研究和开发新电动车、电力传动系统、车用动力电池和电动车的相关零部件,并逐步扩大比亚迪新能源汽车及其他新能源产品在全球市场的推广效应。美国 EV Sales 数据显示,2018 年上半年,比亚迪新能源汽车全球累计销量第一,达到 71 328 台,占全球市场 9% 的份额,超过位于第二位的特斯拉 644 台,比亚迪的品牌价值正逐渐凸显。

国际市场开拓方面,比亚迪已在全球各地"攻城略地",成为"中国制造"走出国门的主力和标杆。在新加坡,比亚迪新能源客车的市场份额是 100%;在澳大利亚,比亚迪新能源客车的市场份额同样是 100%;在荷兰、英国、意大利等众多发达国家和地区,一样可以看到比亚迪新能源客车的身影。目前,比亚迪新能源汽车的足迹已经遍布全球六大洲的 50 多个国家和地区的超过 170 多个城市。比亚迪以技术立本,以知识产权战略为支撑的自主品牌效应已全面显现。

与华为类似,比亚迪诞生于深圳,一个始终站在中国改革开放最前沿,"因改革而生、因开放而强"的城市。开放、创新、包容的市场化竞争环境既为比亚迪赢得了发展机遇,也不断推动并坚定了比亚迪坚持以创新谋发展的决心和信心。在发展过程中,比亚迪形成了"持续积累、合理布局、有效防御、灵活运用"的知识产权战略指导思想,并将品牌置于企业发展战略的关键位置,强调自主品牌的打造。在知识产权战略的实施过程中,政府部门对新能源等战略型产业的大力扶持则进一步强化了比亚迪知识产权战略对企业发展的支撑性作用,加速了比亚迪打破跨国企业对国内市场的垄断,并不断开拓国际市场的进程。

6.4 转进型产业

6.4.1 青岛红领集团有限公司

成立于 1995 年的青岛红领集团有限公司(以下简称红领),是一家以生产西装为主的服装生产企业。红领和很多国内同行一样,从接外贸代工订单开始,是一个典型的传统外贸加工工厂。2003年以来,面对服装行业产品同质化、价格低等不良市场环境,红领毅然决定向市场要资源、要效益,经过十多年的努力,红领从ERP、CAD、CAM等单项应用到各环节综合集成,进行工厂内部信息化改造及互联网融合创新,打造了下单、设计、生产销售、物流与售后一体化的开放式互联网定制平台RCMTM①,形成"个性化定制+规模化生产"的"红领模式"②,提出了互联网时代的工业方法论,创建了基于物联网等关键技术的智能工厂,形成了以定制为核心的新产业体系。红领创建了中国互联网工业雏形,使企业设计成本减少了90%以上,生产成本仅比规模化生产高出10%,生产周期缩短近50%,库存逐步降为0,经济效益提升数倍。如今,曾经的红领"蝶变"为酷特智能,传统的服装品牌升华为生态平台,实现了新旧动能的接续转换。

1. 由OEM③向ODM④、OBM⑤转型

红领董事长张代理的服装事业起步于改革开放初期。最初他只是贩卖服装的个体户,折腾几年下来积累了不少资本,于1986年创立莱西佳丽服装厂,主要翻版港台成衣生产夹克。因为服装质量好,厂子信誉好,张代理的服装厂很快做大了。9年后,像大多数服装厂商一样,他带领企业走上了贴牌代工之路,并成立红领集团。但随着原材料、劳动力等成本越来越高,红

---

① RCMTM平台是全球唯一的男士正装定制领域的大型供应商平台,它由红领斥数亿元资金、历时十几年精心打造,集精湛的正装定制工艺与先进的信息技术为一体,是专业化、多语言、面向全球的正装定制供应商平台。

② "红领模式"即"C2M+O2O"模式,个性化定制是其核心。简单来说,就是以用户需求为核心来驱动生产,由用户自己设计,通过互联网、云计算、大数据及3D打印等技术来实现智能化制造,并建立自己的销售、配送与售后体系,使用户体验尽可能地好。

③ OEM(Original Equipment Manufacture,原始设备生产商)是在社会化分工、专业化利益驱动下产生的,其基本含义是:按原单位(品牌单位)委托合同进行产品开发和制造,使用原单位商标,由原单位销售或经营的合作经营生产方式。OEM可简称为"代工生产"或"贴牌生产"。这种经营模式在国际上已运作多年并行之有效。企业为了加大其资源在创新能力方面的配置,尽可能地减少在固定资产方面的投入,企业不直接进行生产,通过让其他企业代为生产的方式来完成产品的生产任务。这样,企业只需支付材料成本费和加工费,而不必承担设备折旧和自建工厂的负担,可随时根据市场变化灵活地按需下单。

④ ODM(Original Design Manufacture,原始设计制造商)可以为客户提供从产品研发、设计制造到后期维护的全部服务,客户只需向ODM服务商提出产品的功能、性能,甚至只需提供产品的构思,ODM服务商就可以将产品从设想变为现实。

⑤ OBM(Original Brand Manufacture,原始品牌制造商)即代工厂经营自有品牌,或者说生产商自行创立产品品牌,生产、销售拥有自主品牌的产品。

领发展的瓶颈越来越突出。在这样的大环境下,张代理意识到,"低成本、低价格不是制造业的方向,传统发展方式终将难以为继"。1989年,张代理到德国、日本考察后,深深地为它们个性化定制的生产模式所震惊。尽管张代理彼时已经开始琢磨打造中国本土的个性化定制工厂,但在当时的中国市场环境下,张代理并没有开始做这种模式。他发现了另一个市场机会——自创中高端西服品牌。

1995—2002年,红领开始尝试从现有的OEM模式向产业链上游转型。红领主要采取了三大举措:一是引进国外先进的生产流水线及生产模式,改善企业内部结构,提高产品生产效率与质量。与此同时,建立属于自己的销售体系,使生产与销售充分地配合。二是以高端人才培养为主要着力点,改善企业内部生产体系,同时大力挖掘国内外高品质的设计型人才,吸引国际大师加盟。三是打造属于自己的品牌效应,与此同时,努力寻找国际高端西服品牌合作商,强化自身的品牌效应与高端地位。但由于当时的中国制造业大多都是这类加工生产型企业,长期处于价值链的最低端,不仅收益少,而且严重受制于上下游,导致红领的转型效果并不好。

而在当时,青岛市政府已经开始积极倡导传统产业的转型升级,尤其明确提出:"积极采用计算机辅助设计、计算机辅助制造、计算机辅助工艺、计算机集成制造系统等高新技术和先进实用技术改造纺织服装等传统行业"。后来,青岛市政府进一步将纺织服装作为以信息技术改造传统产业、推动传统工业全面升级的重点对象,强调逐步建立以数字化设计为核心的产品创新体系、以计算机控制为核心的制造业自动化系统、以电子商务为核心的市场营销系统、以财务成本管理为核心的管理信息系统,促进信息技术和传统工业技术创新的融合,鼓励和引导企业开发和应用先进适用技术。

2. 通过打造C2M模式培育自主品牌

2003年,参观完国外工厂之后的张代理,在老红领人几乎一致的反对声下,敲响了从成衣生产到个性化定制转型之战的战鼓。十几年来,红领经历了多次深入骨髓的颠覆。① 红领的所有创新与颠覆,都是以消费者为中心的

---

① 从战略架构上讲,从大规模制造转型为大规模定制,从传统产品输出转型为平台和理念的输出;从组织架构上讲,对组织进行"细胞化"重塑,去除原来的部门、科层、审批和领导化,实现强组织、自组织。

体验变革;从品牌构建角度来看,打造与用户之间强交互的平台和渠道是未来的重点,这种强交互具备以下两个转变:一是从"企业说"到"用户说"。在新的品牌架构关系中,企业与用户的关系不再是主动宣导与被动接受的关系,用户也被纳入品牌构建的链条,所有的品牌语言都是用户语言,传统以企业为主的品牌构建逻辑将逐渐弱化,转而以产品和服务为载体,激活用户对企业品牌构建的主动性和积极性。品牌既是企业的资产,也是用户的"权利",构建从"企业说"到"用户说"的良性交互机制。二是从"企业自创"到"开放共创"。品牌构建的一个重要工作就是品牌内容的生成,在当前的社会环境和企业转型过程中,内容平台的构建必须打破由企业内部策划、生成的传统,实现由企业、用户、利益相关方的共创。企业作为原始"素材库"存在,是一个可以随时编辑的"超级文本",每个目标受众都可以根据自身的产品使用体验进行"编辑",并生成可对外发布的内容,形成品牌内容开放共创的局面。

为了更高效地对接客户需求,红领还斥数亿元资金研发了全球唯一的男士正装定制领域的大型供应商平台 RCMTM,其以个性化定制生产工厂为核心,拥有 3 个全球规模最大的西装、衬衣、西裤生产车间,具备定制行业最强大的产品输送能力;RCMTM 个性化定制加工厂已有近百项实用型生产设备申请国家专利,由全球唯一的远程服装定制系统支配着完整的定制流程。除此之外,RCMTM 拥有全球最全面、数字最庞大的板型数据库,每一个板型数据都是唯一的个人专属品牌密码。

为了坚定持续革新的决心,2017 年,红领集团正式更名为酷特。如今的酷特,将工业化与信息化高度融合,利用大数据来驱动流水线,制造个性化定制产品。酷特工厂车间表面上类似于传统工厂,但核心竞争力则隐藏在各个环节的数据流中。在 C2M 模式的带动下,酷特开始在欧美等海外高端定制市场站稳脚跟。而事实上,早在 2007 年,红领就成立了青岛酷特智能股份有限公司(以下简称"酷特智能"),其中 Cotte Yolan(酷特云蓝)作为酷特智能的核心品牌,是全球个性化定制的供应商品牌、企业治理品牌、个性化定制时尚品牌,拥有"RED COLLAR"(红领)、"CAMEO"(凯妙)、"R. PRINCE"(瑞璞)等定制品牌,为国内市场及美国、欧洲、澳大利亚等海外市场提供个性化定制智能制造服务。酷特智能经过多年的转型实践,在服装个性化智能定制领域,已经摸索出了一条自主创新的发展道路,形成了独特的核心价值,产生了良好的经济效益。

3. 借助独特的定制品牌进行价值输出

从最初的代工厂到铸就业内外广泛关注的"红领现象",红领的发展经历了由窘境到风光的逆袭。"产业升级典范""供给侧改革标杆""互联网+工业"等各种美誉加身,使得红领的成功转型不仅体现为商业上的成功,更重要的是以"个性化定制"为核心的"红领模式"在传统制造业得以推广、复制、应用,在引导传统制造业企业的转型升级过程中展现出巨大的价值。从央视《新闻联播》两次报道"红领模式",《经济半小时》聚焦"红领模式"的专访;中国互联网协会、国家工信部、中央政策研究室、科技部等行业协会和政府机构,清华大学、北京大学、中欧国际商学院、上海交通大学等高校,阿里巴巴、腾讯、用友、海尔、联想、TCL、华为等大企业纷纷到红领调研学习来看,"红领模式"得到了社会的广泛认同。值得一提的是,2015 年,复星旗下专注于产业投资、并购整合的子公司复星瑞哲完成了对红领旗下个性化定制平台酷特智能的战略投资,进一步彰显了红领的巨大品牌价值。复星集团表示未来对红领的投资将追加到 30 亿元。投资将以红领模式为范本,输出红领解决方案,以资本为杠杆,助推中小企业转型升级,提升实体经济的活力。①

除了"红领模式",酷特智能所专注的个性化定制业务、互联网工业研究及企业转型升级解决方案的输出也是红领价值输出的重要方面。酷特智能推出了源点论数据工程(Source Data Engineering,SDE),为传统制造企业升级改造提供"互联网+工业"的解决方案,助其进行智能化、柔性化和个性化定制改造,打造数据驱动的智能工厂。截至 2016 年年底,已有包括德国企业在内的国内外 60 多家传统制造企业与红领建立了合作关系,涵盖化工、自行

---

① 红领能够获得复星集团的投资,除了得益于其在传统产业智能化转型方面的成功探索,山东省政府与复星集团之间建立的战略合作关系也有所助力。2014 年 12 月 22 日,济南市举办了全国工商联十一届三次执委会议暨全国知名民营企业入鲁助推转调创洽谈会,会议指出,山东正处在由大到强战略性转变的关键时期,在新型城镇化建设、推进产业转型升级、重大基础设施建设等方面蕴含着无限商机。在此次会议上,山东省政府与全国工商联签署了《中华全国工商业联合会、山东省人民政府推动民营企业入鲁助推山东转调创战略合作框架协议》,复星集团正是此次山东省政府引入的重点企业。

车、家具、纺织品等多个行业,红领向其输出了整套智能化方案。比如,2016年,红领帮助山东淄博的一家牛仔服装企业海思堡完成了智能化升级。此前,海思堡主要生产相对低端的牛仔裤,出厂单价只有 70 元左右,生产周期长,库存压力大。在红领的帮助下,海思堡迅速建立起基于互联网的全球牛仔定制供应链平台,不仅适应了市场的个性化需求,产品单价提高到 300 元以上,还摆脱了过去"做了再卖"的被动模式,实现了零库存,利润也大幅度提高。2018 年,首个服装定制国家标准——《服装定制通用技术规范》(GB/T 35447-2017)发布,酷特智能是该国家标准的立项提出者和核心起草者之一。

传统产业为中国经济发展和腾飞奠定了坚实的基础,但随着劳动力成本的上涨,传统劳动密集型产业的转型已经成为我国产业发展的重要任务,迫切需要挖掘新的发展动能。红领的转型既得益于企业家对于时下中国服装企业发展受制于上下游产业窘境的不满,迫切希望通过主动改变谋求新的发展;同时,也得益于中国政府对我国传统产业发展阶段的正确研判,通过制定经济、社会、产业发展规划及配套政策引导企业借助信息化手段实现产业转型,并鼓励企业通过实施商标品牌化战略实现价值链攀升。在各方因素的综合作用下,红领确立了知识产权在转型发展中的核心作用,成功实现了由 OEM 向 ODM、OBM 转型,并通过打造 C2M 模式培育了自主品牌。

6.4.2 好孩子公司[①]

好孩子公司(以下简称好孩子)成立于 1989 年,从诞生之初仅有一款婴儿推车,到如今拥有 7 大自主品牌、67 个运营品牌,产品遍销 70 多个国家和地区;从昆山一隅起步,到如今在全球建有 7 大研发中心,拥有来自 34 个国家和地区的 26 000 名员工;从为欧美贴牌生产到打造自主品牌,再到成为国际行业标准的参与者、引领者。创新基因使好孩子在实现品牌价值的同时,引领行业不断发展。

1. 以 OEM 起步,坚持创新基因

同许多企业一样,好孩子也经历了为海外品牌代工生产的阶段。1988

---

① 主要参考中国管理案例共享中心案例库《好孩子公司:后 OBM 时代》。

年,当陆家中学副校长兼数学老师的宋郑还接手一个濒临倒闭的校办工厂时,面对所有工人,他在黑板上写下"我是第一,因为我可以成为第一"。公司生产的第一款产品是"推、摇"两功能推车(XY-2),但由于缺乏流动资金,这款推车没能付诸生产,最后只得将专利转让。1989 年,宋郑还又发明了世界上第一辆集摇篮、推车、学步车及摇椅于一体的四功能童车并注册了商标、品牌与专利,"好孩子"创立。尽管以 OEM 起步,但好孩子 OEM 做得并不多,做得比较多的是 ODM。但即使在 OEM 的最初阶段,公司也并未停止研发活动。为此,好孩子还创造了独特的 OPM(自主产品制造)模式,即除了品牌,其他包括研发、制造、品质管理等,都是自己的。利用这个模式,好孩子在海外建立了自己的研发设计团队,自己生产制造产品,在产业链里打造出了不可替代性。比如,公司 OEM 阶段开发出命名为"爸爸摇、妈妈摇"的 B2000 儿童车。虽然好孩子是一个以 ODM 见长的一个企业,但其成立之初并不是为了 ODM,而是为了做品牌。好孩子从校办工厂起家,但它并不认为自己只是一个工厂,而是认为做 ODM、OBM 只是一个起点,最终是要掌握自己的命运,包括在海外市场的命运。截至 2018 年 5 月,好孩子在欧洲、美洲、亚洲三大洲设立了 7 个研发中心,被称为"行业创新发动机",每年产出新品 450 余个,迄今创造专利 9 200 余项,获得 30 余个国际最高设计大奖(许红洲,2017)。

2. 以并购为手段,加速 OPM 向 OBM 转型

"全球化就是本土化。在中国你是一家中国公司,在美国你是一家美国公司,在欧洲你又是一家欧洲公司,这样你就是一家全球化公司。只有本土化,你才能与当地市场任何一个对手充分竞争。"[①]这是宋郑还对全球化的理解。当面对竞争对手的渠道封闭时,好孩子面临着自主建立渠道的关键瓶颈。品牌收购可以降低渠道商对好孩子的约束力,加强好孩子对国际渠道的控制力。通过品牌收购,快速获得成熟可控渠道,并利用其品牌影响力,削减好孩子在国际上因知名度小而带来的顾客不信任问题,提升好孩子的品牌价值。而同时考虑到本土消费者对品牌的认知是一个长期的过程,所

---

① "入选哈佛案例,好孩子用开放式创新诠释中国制造为什么能",https://baijiahao.baidu.com/s? id=1707971869164795248&wfr=spider&for=PC,访问时间:2020 年 4 月 1 日。

以收购海外童车品牌就成为好孩子的最优选择。2010年在香港上市后,好孩子具备了国际并购实力。2014年,好孩子完成了震动业界的两次并购:先是全资收购欧洲著名高端儿童品牌德国Cybex;之后全资并购美国百年知名婴童品牌Evenflo。这两次并购使好孩子实现了从量变到质变的突破,走上了以自主品牌为主、研产销一条龙垂直整合的发展道路。在欧洲,2014年好孩子自有品牌销售额只有6 800万美元,4年后销量超过了3亿美元,增长4倍多;在美国,2014年,好孩子收购了一个经营每况愈下、亏损严重的百年老企,结果当年就扭亏为盈。经过近4年的重塑升级,好孩子如今在美国童车市场的占有率达到29%,位列美国市场第一。从全球范围来看,2014年前,好孩子自有品牌业务占比只有30%,贴牌业务占比为70%;2018年,其自有品牌业务占比达85%,贴牌业务占比降至15%。好孩子实现了从OPM模式到OBM模式的成功转型。

3. 以技术创新能力为支撑,走技术标准化道路

作为全球儿童用品行业的"领头羊",好孩子的标准制定能力不容小觑。好孩子不仅是国家多个标准化技术委员会的成员,还是全国玩具标准化技术委员会的副秘书长单位,也是美国材料与试验协会(ASTM)、欧洲标准化委员会(CEN)的成员,有权主导或参与所在国家和地区的儿童用品行业标准的制定与修订。截至2016年年底,好孩子共参与了186项国际国内行业标准的制定与修订工作,多次获得中国标准化委员会颁发的"中国标准创新贡献奖"。2017年,在国家标准委和省市标准化管理部门的大力支持下,国际标准化组织(ISO)宣布,批准中国企业好孩子成立ISO/PC 310儿童乘用车项目委员会联合秘书处,领导ISO成员国的行业专家制定儿童乘用车的国际标准。此举措意味着好孩子将有权根据产品技术水平的更新、全球消费者对产品安全要求的提升,组织制定儿童乘用车系列产品的国际标准。以企业身份拥有ISO标准制定工作的主动权,不仅在儿童用品行业绝无仅有,而且在其他行业也是凤毛麟角。

4. 以客户需求为导向,持续打造自主品牌阵营

全球化战略布局基本完成后,好孩子开始着力梳理和构建自主品牌阵营。如今,这个"品牌金字塔"已经逐渐清晰:塔尖以经典的设计,引领都市高端消费人群的生活方式;金字塔的每一层对应不同的消费群体,每一层至

少有两个品牌,可以满足东西方文化背景下的不同需求。合在一起,就对全球的细分市场形成了全覆盖。宋郑还说:"构筑金字塔品牌群,更加有利于我们根据用户需求,对市场深耕细作。同时,也能提升好孩子的影响力和市场占有率。"①面向未来,好孩子战略蓝图的 2.0 版本也已经展开,将在大数据分析、智能制造、高科技产品打造、绿色生态发展、标准创新等 7 个方面加大投资和研发力度。宋郑还说:"好孩子已经聘请了'高手'来主导大数据分析应用体系,深度挖掘用户数据,精准把握用户需求和趋势;将继续全面改进 3 年前(2013 年)启动的智能制造柔性生产线,以满足用户的个性化需求。"②

回顾好孩子的发展历程,不难看出自主知识产权是企业生命力的基本体现。1989 年,企业依靠第一项专利产品——好孩子牌多功能婴儿车,一炮打响,当年扭亏为盈。1993 年,好孩子牌婴儿车登上中国销量第一的宝座,到 2018 年已经连续 25 年全国销量第一,在欧洲连续 12 年保持销量遥遥领先(2006 年,好孩子牌婴儿车产品成为欧洲销量第一),在美国连续 19 年占据首位(1999 年,好孩子牌婴儿车产品开始占据美国销量榜首)。从技术到专利,再到技术标准和自主品牌,好孩子始终将知识产权作为开拓市场的"护身符"。而在这个过程中,国家知识产权战略的实施潜移默化地推动着好孩子不断提升知识产权的创造、运用、保护和管理能力,建设创新型企业,成为全球婴幼儿用品行业的领导者,知识产权的创造、运用、保护和管理也逐渐成为好孩子全球知识产权战略的重要内容。

6.5 战略型产业

6.5.1 中国商用飞机有限责任公司

中国商用飞机有限责任公司(以下简称中国商飞)是我国大飞机产业的核心企业和骨干中央企业,经国务院于 2008 年 3 月批准组建。中国商飞是

---

① "'隐形冠军'走到台前",https://finance.huanqiu.com/article/9CaKrnJYX8k,访问时间:2020 年 4 月 1 日。
② 同上。

实施国家大型飞机重大专项中"大型客机项目"的主体,也是统筹干线飞机和支线飞机发展、实现我国大飞机产业化的主要载体,主要从事大飞机及相关产品的科研、生产、试验试飞,开展大飞机销售及服务、租赁和运营等相关业务。中国商飞按照现代企业制度组建和运营,实行"主制造商—供应商"发展模式,重点加强飞机设计研发、总装制造、市场营销、客户服务、适航取证和供应商管理等能力,坚持中国特色,体现技术进步,走市场化、集成化、产业化、国际化的发展道路,致力于打造更加安全、经济、舒适、环保的大型客机,立志让中国人自主研制的大型客机翱翔蓝天。从2009年"大飞机"项目立项,到2017年在上海浦东国际机场成功首飞,中国商飞坚定地走具有中国特色、体现技术进步的自主创新之路,实施管理创新、技术创新、产品创新、商业模式创新,坚持市场化、集成化、产业化、国际化发展战略,发展具有自主知识产权的干线飞机和支线飞机,实现项目成功、企业成功、产业成功,提高了我国航空工业的制造能力和管理水平,带动了我国相应基础学科取得重大进展,推动了我国相关领域关键技术取得群体突破,促进了我国大飞机产业链和产业集群的形成,发挥了对创新型国家建设的全面带动作用和典型示范效应。中国商飞已成为国际一流的商用飞机制造企业。

1. 以国家战略为引领,坚持中国特色自主创新之路

我国大飞机研制经历了漫长而曲折的进程:20世纪80年代"运十"(中国客机代号:Y-10)下马;之后与美国麦道公司转包生产MD 90飞机,从部分联合研制退化为单纯合作生产;1996年年底波音和麦道合并,项目终止;后来与欧洲进行AE100飞机的联合研发,也无果而终。再加上西方各国一直以来对中国实行技术禁运和封锁,特别是对于涉及国防、航空航天、电子信息、冶金材料等高精尖领域的技术,更是严格封锁,即使在正常的国际技术交流合作中,对方也会设置重重障碍。但作为"现代科技之花",大型民用飞机制造是一个国家工业水平、科技水平和综合实力的集中体现,也是促进本国高技术产业快速发展,提升国家经济实力与核心竞争力的重要战略型产业。伴随我国工业科技水平的不断提升,大飞机研制再一次被提上了日程。从2003年国家组织专项论证,到2006年2月在国务院颁布的《国家中长期科学和技术发展规划纲要(2006—2020年)》中,大型飞机被确定为"未来15年力争取得突破的16个重大科技专项"之一,此次国家重启大飞机研制,无

论是在战略高度还是在前期谋划上都揭开了我国民用航空产业发展的新篇章。作为不具备比较优势且研发周期长、资金投入量大的产业领域,国家在战略层面的引领不仅表明了大飞机研制的重要性,同时也为我国民用航空产业带来了重大发展机遇。2014年,习近平主席在考察中国商飞时就强调:"我们要做一个强国,就一定要把装备制造业搞上去,把大飞机搞上去,起带动作用、标志性作用。中国是最大的飞机市场,过去有人说造不如买、买不如租,这个逻辑要倒过来,要花更多资金来研发、制造自己的大飞机。"①

自此,中国商飞也正式登上我国航空产业的舞台。2008年2月,国务院常务会议审议并通过了《中国商用飞机有限责任公司组建方案》。2008年3月,国务院正式批准组建中国商用飞机有限责任公司。2008年5月11日,中国商飞在黄浦江畔成立。作为承担国产大飞机项目主体的中国商飞,从C919研发项目立项之初,就总结了此前两次国产大飞机研发生产的经验,并提出了一套创新的研发生产思路。和以往两次不同,中国商飞在C919研发项目启动之初,就建立了较为完善的"主制造商—供应商"模式,最大限度地聚集国内外资源打造中国民用机品牌,并带动形成了以中国商飞为主体、以市场为导向、产学研结合的民用机研发体系。中国商飞提出的"主制造商—供应商"模式,不但符合当前国际航空产业的发展趋势,还确保了在研发生产C919飞机的过程中,我国能够完全掌握大飞机的核心技术。

2. 以区域协同为依托,打通航空产业创新全链条

2008年中国商飞成立后,大飞机的自主研制开始走上新征程。为了形成自主、独立的研发能力,中国商飞坚持"自主研制、国际合作、国际标准"的技术路线,攻克了包括飞机发动机一体化设计、电传飞控系统控制律、主动控制技术、全机精细化有限元模型分析等在内的100多项核心技术、关键技术,强化了设计研发、总装制造、客户服务、适航取证、供应商管理、市场营销等核心能力。不仅如此,中国商飞通过大飞机自主研制还掌握了5大类、20个专业、6000多项民用飞机技术,加快了新材料、现代制造、先进动力等领域关键技术的群体突破。

---

① "习近平:把国产大飞机搞上去",https:.//news.qq.com/a/20140524/010404.htm,访问时间:2020年4月1日。

2017年5月，C919首飞成功，标志着我国大型客机项目取得了重大突破。作为我国首次按照国际适航标准研发、拥有自主知识产权的150座级商用干线飞机，C919大型客机的自主研发可谓是举全国之力。为了提升研发能力，中国商飞打造了以区域协同为依托、以产业链互联为主线的全链条技术创新体系，通过多种方式不断强化区域和产业链协同对大飞机研发创新体系的支撑：积极参与国家、地方、行业科技规划的研究与编制；强化与供应商及合作伙伴的利益连接与共同发展；深化与16家机载合资企业合作；利用国家、地方科技创新平台建设，强化行业技术辐射与产学研合作；深化校企合作，累计与47所高校落实近千项课题合作；加强国际交流，参加中欧绿色航空合作项目和中英航空工作组等。据统计，除中国商飞提交的1000余项专利申请外，全国合作单位提交的相关专利申请已累计超过3万项。仅上海飞机设计研究院就针对C919的机头、机身、机翼等结构提交了450多项专利申请。

3. 以辐射带动为手段，推动航空产业集群发展

从2008年5月11日正式挂牌成立，到2017年5月5日C919完成首次试飞，中国商飞在短短不到十年的时间内，完成了国产大飞机的设计、研发、生产、测试和首飞，不但探索出一条自主创新的航空产业发展新路，还以研发C919为契机，全力打造出一个日渐成熟的航空产业发展集群。毫无疑问，大飞机对我国调整经济结构、实现转型升级、提升自主创新能力、转变经济发展方式具有重要的意义，将带动中国民用飞机产业链向"微笑曲线"两端迈进，也将推动我国高端制造业的整体发展。

一架大型商用飞机集成300万到500万个零配件。从上游看，其研制能带动新材料、现代制造、先进动力、电子信息、自动控制、计算机等领域关键技术的群体突破，可拉动众多高技术产业的发展，技术扩散率高达60%。从下游看，大飞机的商业运营对民航运输、航空金融、旅游、物流等产业有着极大的影响。

中国商飞经过多年的发展建设，基本形成了"一个总部、六大中心"的整体布局，逐步增强了设计研发、总装制造、市场营销、客户服务、适航取证和供应商管理六大能力。在大飞机总装基地的带动下，上海将形成完整的航空产业链。来自上海市经济和信息化委员会（浦东新区）信息显示，上海市

浦东新区已形成集设计、制造、配套于一体的商飞产业链。除上海外，中国商飞通过大飞机的研发生产还带动了我国东北、西北、西南、中部等多个地区的航空产业集群发展。据中国商飞介绍，C919的核心部件生产分别由沈阳飞机工业集团、西安飞机工业集团、哈尔滨哈飞工业有限责任公司、四川成飞集成科技股份有限公司、江西洪都航空工业集团负责，最后交由位于上海的中国商飞进行整体组装。上述公司分别是由此前的沈阳飞机工业（集团）有限公司、西安飞机工业（集团）有限责任公司、哈尔滨飞机工业（集团）有限公司、成都飞机工业（集团）有限责任公司、航空工业江西洪都航空工业（集团）有限责任公司等航空设计制造单位改制而来，其所在的沈阳、西安、哈尔滨、成都、南昌，经过多年发展已成为我国航空产业的核心城市。随着C919的生产和交付，我国正在加速形成以上述城市和上海为核心的华东、东北、西北、西南、中部五大航空产业集群。从上述地区的"十三五"规划中不难发现，这些核心产业地区正在加速打造区域一体化的航空产业集群。以华东地区为例，上海、镇江、常州、嘉兴等多个长三角城市均制订了以配套生产C919大飞机为基础的航空产业发展计划，并先后建立了各自的航空产业园区，引进了多家配套生产企业。① 比如，C919项目启动后，镇江市以配套大飞机生产在航空产业展开布局，梳理了所有符合大飞机项目供应商条件的企业名单后，主动与上海进行产业对接；并于2009年启动建设航空航天产业园，总投资超100亿元，已成功引进C919飞机机身后段生产商航天海鹰等数十家企业。镇江航空航天产业园已成为国家级航空产业新型工业化示范基地，园区几十家企业已进入C919供应商名单，C919总装所需约10%的零部件均由园区企业生产。

4. 以产业政策为支撑，营造健康产业生态环境

从大飞机项目的立项到最终成功试飞，政府层面的决策支持是关键，尤其是项目进行过程中实施的产业激励政策，对中国商飞项目的推进、民用航空产业链的建设以及区域层面的产业集聚都发挥了重要作用。比如，借助高新技术企业评定、海外高层次人才创新创业基地以及知识产权试点示范

---

① "中国商飞：支撑强国之翼"，http://www.sohu.com/a/199607800_115376，访问时间：2020年3月1日。

企业建设等政府产业政策,中国商飞在成本、人才培养和引进,尤其是知识产权事业发展等方面充分享受到了产业政策的红利。2018年中国商飞法律部知识产权与风险管理处获授"国家知识产权战略实施工作先进集体"就是对中国商飞知识产权工作最好的肯定。2018年5月,上海市政府进一步与中国商飞签署战略合作框架协议。根据该协议,双方明确了共同推进大飞机重大专项实施、建设大飞机创新谷(大飞机科创中心)、建设航空产业园(航空产业集群)、深化产融结合、推进民用航空产业文化建设、人才培养、培育本地民用航空产业发展等7个具体合作领域,以共同推进国家大飞机战略。在政策带动下,中国商飞在基础设施、资金、人才、税收等方面获得了实实在在的优惠。从人才聚集效果来看,在政策支持下,自2008年5月11日成立以来,中国商飞就始终按照"择优选调一批、大胆使用一批、重点培养一批、海外引进一批"的思路,加大引才用才工作力度。2018年,中国商飞还成立了商飞大学,并与南京航空航天大学签署战略合作框架协议,强化航空专业人才培养。截至2017年年底,中国商飞的员工总数突破10 000人,其中科技人员达6 700人,拥有一支超200人的型号总师、主任设计师、专利总师队伍;在引进与培养高层次科研人才方面,较2016年新聘海外人才和外围专家16人、中央"千人计划"7人,新增11位享受国务院政府特殊津贴专家;在知识产权人才方面,有专职人员5人,兼职人员100多人。

在民用航空产业链建设方面,以最核心的上海市为例,"十二五"期间,上海初步建立了以大型客机和民用航空发动机研制、新支线飞机量产为代表的民用航空产业体系。为了进一步推动上海市航空制造产业链建设,2018年,上海市出台了《上海市航空制造产业链建设三年行动计划(2018—2020)》,明确了以重点项目为牵引、以拓展航空制造产业链为首要任务的工作体系,并提出"加大产业政策对本市航空制造产业链建设的支持力度。对于国家航空重大科技专项研制保障条件建设项目,本市给予配套支持;充分利用产业转型升级发展专项扶持资金,支持航空制造产业链企业的产业能力提升。充分利用国家首台(套)重大技术装备保险补偿机制和本市高端智能装备首台(套)政策,聚焦支持航空装备首台(套)突破。充分运用工业强基、新材料首批次等专项政策,重点支持航空关键部件或系统、复合材料和核心工艺研发及应用。充分运用工业互联网等专项政策,支持航空制造远程运维、智能制造等新模式示范应用"。

区域层面的产业集聚方面,从 2016 年国务院发布《关于促进通用航空业发展的指导意见》开始,国家层面出台了 18 项政策及指导意见支持航空产业发展。与此同时,全国共有 26 个省、自治区和直辖市出台了关于推动航空产业发展的地方性政策,涵盖通用机场建设、航空服务、飞行器制造、航空运输网络建设等多个方面。在众多的政策文件中,加速航空产业集聚是其中的重要内容。在促进航空产业集聚的政策中明确了针对企业、高校、科研院所等各类创新主体的资金、人才等激励举措,极大地优化了航空产业创新发展的生态环境,也为中国商飞大飞机的成功研制和试飞提供了重要保障。

5. 以航空产业技术为支点,开展知识产权战略布局

知识产权是自主创新的重要制度保障。从 2008 年成立之初,中国商飞一直把知识产权工作作为科技创新工作的重要内容,尤其在战略层面,中国商飞会根据自身的发展对公司知识产权战略不断进行调整和优化。2009年,中国商飞以 C919 研发项目为中心,聚焦公司所有在研的关键技术以及未来 C919 研发项目可能覆盖的专业技术领域,进行三级技术分解,然后针对每一项技术开展专利检索,从关键技术布局、针对供应商和竞争对手的专利布局策略、专利运营和技术风险防控等几个方面制定了针对 C919 研发项目的知识产权战略规划框架,这也成为 C919 研发项目未来几年研发工作的重要指引。从 2018 年开始,为了明确 C919 研发项目未来的专利布局和创新资源配置的方向,中国商飞又梳理更新了 C919 研发项目的相关技术图谱,并通过专利可行性分析,明确了相应的专利图谱,进一步确定了项目的重点研发领域。

在战略实施方面,中国商飞更加注重与公司发展需求的结合。笔者通过调研了解到,当前中国商飞知识产权战略实施的重点主要是知识产权风险防控和自主知识产权的保护。在风险防控方面,更多的是风险的防范和化解,尽可能地把研发过程中有可能遇到的知识产权风险降到最低,来确保整个 C919 研发项目的安全运营。在自主知识产权保护方面,主要是专利在国内和国际的布局,包括在主要竞争对手,比如波音、空客所在地的知识产权布局等。从长远来看,考虑到航空产业的战略性地位,知识产权运营也是中国商飞知识产权战略规划的重要内容,中国商飞希望把知识产权作为无形

资产的一个载体,实现知识产权本身的价值,并发挥其跨行业、跨界的溢出效应。

6. 以保护和风险防范为主线,深入落实知识产权管理

知识产权保护和知识产权风险防控一直是中国商飞落实知识产权管理的两条核心主线。自成立以来,中国商飞就非常注重知识产权工作,持续加强自主知识产权的创造、运用、保护和管理,主动防范知识产权风险,深入贯彻落实国家知识产权战略,积极对标国际一流企业,为公司产品研发和发展建设保驾护航。

近年来,围绕国家知识产权战略实施工作的相关要求,中国商飞以开展《企业知识产权管理规范》贯标工作为契机,多措并举,成效显著。在制度层面上,中国商飞先后制定了《公司知识产权五年发展规划》《公司知识产权管理体系建设方案》等规范性文件。在执行层面上,中国商飞积极推进知识产权管理与产品研发深度融合,专利工作主动配合研发工作,并以专利布局保护技术创新成果;同时,深入挖掘专利文献和科技文献中的"富矿",运用专利分析手段,加速产品研发进度,提升自主创新能力。公司还将知识产权保护要求融入公司的相关管理制度,贯穿于飞机产品立项、研发、生产、制造、采购、销售、售后服务全过程,强化过程管控,形成知识产权业务综合保护合力;同时,根据专利、商业秘密、商标、著作权法律的特点,通过定期组织开展专利申请布局、商业秘密和著作权实时登记管理、商标全球注册等举措,确保公司知识产权权益得到充分保护。中国商飞刚成立时专利数量是零,比如,在中国商飞的 ARJ21 新支线飞机首飞之际,中国商飞的专利数量为零,商标也只有涉及 ARJ21 新支线飞机的几个。而截至 2017 年年底,中国商飞共申请专利 1 055 项,其中发明专利申请 701 项(含 PCT 申请 36 项);授权专利累计 538 项,其中发明专利授权 257 项(含 PCT 授权 3 项)。主要围绕 ARJ21 项目和 C919 项目登记技术秘密 12 367 项;核准商标注册 881 项,其中国际核准 796 项,国内核准 85 项。2017 年 1 月,"中国商飞""ARJ21"两项商标被成功认定为上海市著名商标。在风险管理方面,中国商飞定期组织开展专利风险排查,妥善处理潜在的知识产权侵权风险。比如,公司全面梳理 ARJ21 项目机载系统采购合同,研究并起草相关合同知识产权补充条款,制订知识产权法律风险规避预案。此外,中国商飞还强调对内加强管

理,对外加强合作。目前,公司已与国内外多家企业达成战略合作伙伴关系,在对外合资、合作的项目谈判中,明确双方知识产权的权属分配,既实现了双方合作共赢,又保障了己方利益。在知识产权运营方面,中国商飞也在积极探索。以中国商飞上海飞机设计研究院研发的"结冰探测器"项目为例:该技术的研发历时 3 年,能够实时探测结冰的厚度、速度、类型,并且该技术已经提交了 8 项专利申请;值得一提的是,该技术同样适用于铁路、公路、无人机等领域。为了推动该技术向民用领域转移,中国商飞参加了由上海浦东新区知识产权局主办的上海浦东新区"IP 路演",对技术进行推广。

在十几年的发展历程中,中国商飞的知识产权工作从无到有、从有到优。中国商飞先后获得上海市高新技术企业认证,获评第一批国家级知识产权优势企业、上海市知识产权示范企业、上海市专利试点企业、国家知识产权示范企业等荣誉。

战略型产业代表新一轮科技革命和产业变革的方向,是培育发展新动能、获取未来竞争新优势的关键领域。作为战略型产业的典型代表,中国商飞的发展既是我国企业自强不息、不断开拓创新的结果,也是我国政府不断强化政策激励力度、支撑企业打破瓶颈、实现企业乃至产业突破性发展的结果。在基础设施、税收、人才等政策的支持下,中国商飞建立起企业、高校和科研院所多主体参与的自主创新体系,有力支撑了中国商飞知识产权战略的规划和实施。在知识产权强劲的驱动作用以及产业政策的支撑下,中国商飞的发展培育了具有一定市场影响力和特色优势,并有效带动区域经济转型发展的航空产业集群,有力驱动了我国航空产业的整体发展。

6.5.2 中国中车股份有限公司

中国中车股份有限公司(以下简称中国中车)是经国务院同意,国资委批准,由中国北车股份有限公司、中国南车股份有限公司按照对等原则于 2015 年合并组建的。中国中车承继了中国北车股份有限公司、中国南车股份有限公司的全部业务和资产,是全球规模领先、品种齐全、技术一流的轨道交通装备供应商。公司主要经营如下业务:铁路机车车辆、动车组、城市轨道交通车辆、工程机械,各类机电设备、电子设备及零部件,电子电器及环保设备产品的研发、设计、制造、修理、销售、租赁与技术服务。中国中车坚持自主创新、开放创新和协同创新,持续完善技术创新体系,不断提升技术创新能力,建设了世界领先的轨道交通装备产品技术平台和制造基地,以高速动车组、大功率机车、铁路货车、城市轨道车辆为代表的系列产品已经全面达到世界先进水平,能够适应各种复杂的地理环境,满足多样化的市场需求。中国中车制造的高速动车组系列产品,已经成为中国向世界展示发展成就的重要名片。该系列产品现已出口全球六大洲的近百个国家和地区,并逐步从产品出口向技术输出、资本输出和全球化经营转变。

1. 打造了面向全球化的技术创新体系

2014年12月,中国中车经整合成立后,围绕"转型升级、跨国经营"的国际化战略,进行了一系列的知识产权变革,确定了国际化的专利战略,加快了"走出去"的步伐。中国中车的技术创新工作服从和服务于公司跨国经营、全球领先的战略目标,坚持"国家需要至上、行业发展至上"原则,坚持自主创新、开放创新和协同创新,坚持正向设计方向,建立与完善适应国际化发展需要的技术创新体系。当前,中国中车已经构建了以高速列车系统集成国家工程实验室、动车组和机车牵引与控制国家重点实验室、国家重载快捷铁路货车工程技术研究中心、国家轨道客车系统集成工程技术研究中心等11个国家级研发机构和覆盖主机制造企业的20家国家级企业技术中心为主体的产品与技术研发体系,奠定了轨道交通装备行业国家技术与产品创新体系的基础,形成了很强的国际竞争力。同时,中国中车技术创新体系中还包括13家海外研发中心、50个省部级研发机构以及一批专项技术研发中心。中国中车产品技术研发体系基本涵盖了从嵌入式底层软件技术到应用级控制软件技术,从基础技术、行业共性技术到产品关键技术,从系统集成技术到产品工程化实现技术的全技术链;从芯片到板卡,从零件到模块、部件,从系统到整机整车的全产品链。中国中车基本具备了能够满足中国轨道交通装备制造行业技术产品发展需要的,包括设计分析、计算仿真、试验验证、检验测试、信息情报、创新管理等在内的技术创新保障能力。

2. 形成了与时俱进的知识产权管理模式

为了支撑国际化的战略目标,保障相关产品顺利"出海",中国中车一直重视知识产权管理工作。首先,不断完善修订知识产权管理制度,出台了《知识产权管理办法》《利用专利信息提高科技创新能力行动计划》等规章制度,制定了《关于加强重大研发项目知识产权风险防范的意见》等指导文件。此外,不断加强以专利为重点的知识产权工作,确立并实施了"总量适度、质量提高、国际布局"的专利申请策略,以实现专利数量与质量的共同提高。数据显示,中国中车拥有专利数量以年均高于25%左右的速度快速增长,截至2017年上半年,其已累计提交专利申请近3.2万项,包括发明专利申请1.38万项、实用新型专利申请1.64万项和外观设计专利申请1 234项,其中已有2.15万项专利申请获得授权。为了支撑国际化的发展战略,中国中车在专利布局方面也做了具体规划,如加大提交国外专利申请的力度,要求国外专利申请占到专利申请总量的10%,并确立了提交国外专利申请先于国外市场开拓的布局方式。2016年,中国中车共提交国外专利申请303项,比2015年翻了一番。截至2017年上半年,中国中车已提交国外专利申请1 213项,覆盖美国、欧洲、日本、澳大利亚、新西兰、南非、俄罗斯等国家和地区。为了积极响应国家"一带一路"倡议,截至2017年7月底,中国中车已经在"一带一路"沿线的30多个国家提交专利申请100多项。

在专利申请和国际布局的过程中,强化知识产权保护也是中国中车知识产权管理的重要内容。比如,在"复兴号"高铁的研发过程中,中国中车主要采用了两方面的措施来保障其顺利出海:一方面,严格要求研发人员不得利用外方拥有知识产权的技术,并对技术方案与引进技术比对,对于发现的问题要求进行修改;另一方面,在全球范围内检索国际同行的专利,进行侵权风险分析和评估,对可能侵犯他人专利权的技术进行规避设计。中国中车科技管理部知识产权处副处长王乾表示,经过近五年的发展,"在轨道交通领域,中国中车的专利储备已经达到世界领先水平"。

3. 确立了以技术平台为支撑的标准化体系

中国中车建立了先进的轨道交通装备、重要系统和核心部件三级产品技术平台;形成了拥有自主知识产权、具有国际先进水平、融合世界不同标准体系的高速动车组,包括交流传动大功率电力、内燃机车产品技术平台,部分达到国际领先水平的、拥有完全自主知识产权的铁路重载及快捷货运产品技术平台,以及可以满足不同业主需要的城市轨道交通及地铁车辆产品技术平台;形成了牵引与控制系统、网络控制系统、制动系统、走行系统、连接系统、旅客信息系统等重要系统产品技术平台;形成了电机、柴油机、功率模块、网关等产品技术平台。在技术平台的支撑下,中国中车在轨道交通装备技术标准体系建设中发挥了积极的作用,初步形成了国际先进的轨道交通装备产品技术标准体系。企业重组以来,中国中车主持和参与起草、制定和修订国际标准70余项,主持和参与起草国家标准200余项、行业标准近1 000项。同时,中国中车积极参加建设有国际公信力的中国轨道交通行业认证认可体系,加强与欧美等先进地区轨道交通行业互认互信工作,保证中国轨道交通行业企业的国际竞争力。

作为中央企业,中国中车的成立与发展始终与国家发展战略息息相关,但真正推动其成为中国向世界展示发展成就的重要名片的是创新,是其长期以来所坚持的自主创新、开放创新和协同创新,以及在此基础上形成的以支撑市场化战略为目标的知识产权战略。而作为支撑中国中车知识产权战略实施的重要载体,其技术创新体系的构成有赖于政府部门的重要支持;从技术链、产品链到产业链,政府部门有效推动了中国中车的资源整合,极大强化了知识产权战略在企业核心竞争力打造过程中的支撑性作用。

6.6 跨案例比较研究

中国正处于全球产业加速融合发展的关键阶段,随着全球化分工的不断演进,各国产业发展越来越受到外部环境的影响。来自内部与外部的各类因素相互作用,共同影响产业以及产业内部企业创新发展。与此同时,以知识产权制度为核心的产权制度安排极大提升了创新的激励效应,并将各国产业的全球化发展带到了前所未有的高度。尤其以美国、欧盟国家等为代表的发达国家,将技术优势与知识产权制度充分结合,在全球产业价值链中确立了极大的领先优势。通过实施强有力的产业知识产权战略,欧美国家在大部分产业中处于创新领先位置,形成了强大的产业市场竞争优势。改革开放四十多年来,借助于全球领先的劳动力、原材料和土地等成本比较优势以及富有成效的国外技术引进,我国产业创新能力得到显著提升。同时,部分产业个别技术领域企业在技术引进、消化与吸收的基础上,积极开展自主创新,通过逐步推行知识产权战略实现了对发达国家的追赶甚至赶超。然而,总体而言,我国仍在很多重要领域无法掌握核心技术,难以摆脱对发达国家核心技术的依赖。与此同时,作为全球最大的发展中国家,我国产业在不同的区域所面临的环境和条件存在显著的差异,不同细分行业的发展阶段、技术水平等禀赋结构也具有较大异质性。

作为一个收入水平中等偏上的第二大经济体,我国既存在远离世界前沿的追赶型产业,也存在处于世界前沿的领先型产业,还有迅速接近世界前沿的换道超车型产业,以及逐渐失去比较优势、进行产业转移的转进型产业,并且也必须发展虽然目前不具备比较优势但对国防与经济安全重要的战略型产业。各种类型产业的创新方式、所需的产业政策以及因势利导方式各不相同(林毅夫,2019)。新结构经济学强调要素禀赋结构驱动的产业升级与结构转型,主张"有效市场、有为政府"的产业政策。要素禀赋结构经由有效的要素市场价格信号发挥主导作用,帮助政府与企业家更好地识别符合要素禀赋结构的目标产业,这是产业政策获得成功的先决条件,再由有为政府积极地因势利导,就能实现帕累托最优的产业升级(王勇,2019)。因此,在转型发展的特定阶段,面对拥有不同异质性的产业,我国需要实施针对性的产业政策引导方式,并结合前文知识产权战略规划,根据产业创新方式的差异开展针对性的知识产权战略重点①分析,通过积极发挥政府的因势利导作用,加速不同产业的转型升级。

6.6.1 追赶型产业

改革开放四十多年经济的快速发展,从根本上而言也是中国经济追赶发达国家的过程,在产业层面则表现为追赶型产业。过去很长一段时间,中国产业是在技术引进、消化、吸收再创新的基础上发展起来的,而这也在很大程度上导致了中国大部分产业的技术创新并没有在技术前沿领域的范围之内,发达国家仍然掌握这些产业的绝大多数核心技术,控制着产业链条的技术垄断利润。但总体而言,中国追赶型产业发展在面临挑战的同时也迎来

---

① 知识产权战略重点是产业知识产权战略需要着重解决的重大问题和突出问题,这些问题对于实现知识产权战略目标具有关键性的意义和价值。比如产业知识产权管理薄弱但很重要的环节,严重制约产业知识产权和技术创新战略的瓶颈等。总之,战略重点应针对产业急需解决的重大知识产权问题而加以确定。产业知识产权战略不能没有重点,但也不能设立太多,否则将使"重点"变得没有意义。

了前所未有的机遇。党的十九大报告明确指出,我国经济已由高速增长转向高质量发展阶段;中央经济工作会议明确提出"要推进中国制造向中国创造转变,中国速度向中国质量转变,制造大国向制造强国转变",这意味着我国不再追求粗放式的增长,而是更加注重经济发展的质量效益。一言以蔽之,产业创新发展正面临前所未有的重要机遇期。与此同时,《知识产权强国战略纲要》也在紧锣密鼓地制定当中,中国产业发展正处于产业创新与知识产权密切协同的关键时间窗口,主要体现在三个方面:一是市场环境正在向有利于激励创新的方向发展,长期以来知识产权创造脱离市场需求的局面有望得到改观;二是人工智能、大数据、生物基因、新一代数字通信等新技术方兴未艾,为创新创业和传统产业升级提供了前所未有的契机和无限可能;三是国家出台了大量加速产业转型升级的政策举措,为追赶型产业发展提供了资金、人才、技术、平台、服务等各方面的资源保障。牢牢抓住机遇期,补齐创新短板,产业知识产权战略实施大有可为。

1. 支持追赶型产业创新的因势利导政策

目前,追赶型产业在现阶段还是占主导地位的。2018年中国的人均GDP虽然达到了9 750美元,但是依然只有美国的15%、英国的22%、德国的20%、法国的23%、意大利的28%、加拿大的20%、日本的23%。这种人均GDP的差距反映的是劳动生产率水平的差距,代表中国现有产业的技术和附加值水平比发达国家同类产业的水平低,处于追赶阶段。中国的汽车行业、高端装备行业、高端材料行业即属于这种类型。对于追赶型产业,政府产业政策的重点可放在以下四个方面:一是并购。通过并购先进公司,引入技术,再嫁接到中国公司的产品上,从而提升产品质量和产品价格。以吉利汽车为例,吉利汽车是民营企业,技术有限,通过兼并沃尔沃汽车,成为世界最前沿的汽车生产厂家之一。二是在拥有先进技术的国家设立研发中心,吸引当地的工程技术人员来为公司工作,研发新技术。自2008年全球金融经济危机以来,国外经济发展状况不好,就业形势严峻,大量拥有先进技术的工程技术人员得不到好的就业。这时,如果我们到海外设立研发中心,就可以利用当地的高技术人才来研发新技术、引进新技术。三是吸引外资到中国设厂生产。在中华人民共和国成立初期,汽车行业就采用了这种方式——通过招商引资,引进外国的企业和技术。现在有技术的产业和企业也在寻找市场,有很多拥有先进技术的外国企业愿意到中国来设厂生产。此时,中国积极地招商引资,为这些企业提供良好的经商环境,就能吸引企业带着技术来到中国。四是自主研发,在国内自己组织技术攻关。

2. 追赶型产业知识产权战略的实施重点

追赶型产业总体上采取防御型的知识产权战略定位。以专利为例,所谓防御型战略是指产业内企业在市场竞争中受到其他企业,尤其是国际企业的专利战略进攻或者竞争对手的专利对企业经营活动构成妨碍或威胁时,所采取的打破市场垄断格局、改善竞争被动地位的策略。其中,环绕专利战略是防御型战略中最有效的一种,日本企业惯用此方法来获取成功。精明的日本企业往往在参考美国原专利的基础上,采用改造和创新相结合的方法,绕过原专利的权项,开发不抵触的技术,并以此来抢占美国厂商的市场份额。佳能公司就是一个很好的例子,它通过另辟蹊径地开发价廉物美的小型办公和家用复印机,挑战并击败了大名鼎鼎的美国施乐公司。所以,对于试图突破专利壁垒的追赶型产业来说,避开常规的思维发展方式,反向从市场中去寻找突破口,是实施防御型战略的捷径。其战略实施重点主要有以下几点:

(1) 坚持供给创新,质量为先。要坚持把创新摆在追赶型产业发展全局的核心位置,加大研发投入,聚焦突破核心关键技术,进一步增强创新能力,全面提升产品与服务的附加值和国际竞争力。坚持把质量作为产业创新的生命线,加强质量技术攻关,形成高质量知识产权。同时,完善有利于创新的制度环境,推动跨领域、跨行业协同创新,突破一批重点领域的关键共性技术,破解国外知识产权壁垒。

(2) 通过协同创新、模仿创新、企业并购、技术引进等多种方式获取知识产权。在获取知识产权的过程中,要注重资源整合,充分利用国内外高校、科研院所和企业实体在各自领域的先天优势,打通基础研究、试验发展到应用研究的流通渠道。在前端研发投入环节,优化配置效率,尤其要提升基础研究所占的份额;鼓励企业与高校、科研院所开展技术合作,搭建以一流大学和科研机构为核心的网络型研发体系,聚集技术创新力量,同时吸引企业以网络为核心设立研发中心;还可以推动由高校、科研院所和龙头企业共同组建产业应用技术研究中心,建立创新联合体,并通过高效的技术转移服务平台,推动高校和科研院所与企业创新合作的无缝对接,促进创新成果在网络内的快速转让,顺利过渡到产业化阶段。政府部门应以"放管服"改革为契机,积极转变职能,提升服务意识,利用自身在公共服务领域的先天优势,通过提供便利的基础设施、优渥的人才激励政策、优越的营商环境等举措,引领产业链和创新链的资源加速集聚,不断提升产业创新的整体竞争力。

(3)以高新园区或龙头企业为载体,强化创新资源集聚,打造面向全球的产业科技创新体系。充分利用我国高新园区在便利营商环境、集聚全球人才、协同产业链和创新链等方面的先天优势,推动产业不断提升知识产权的创造质量,加强知识产权的转化运用,以及促进知识产权服务业的聚集发展,助力产业知识产权战略实施。鼓励龙头企业借助其平台优势,通过设立海外研发中心、开展海外企业并购、推动企业信息化及智能化转型等方式不断提升企业创新的国际竞争力。在此基础上,扶持行业龙头企业建立技术中心,围绕龙头企业的核心产品,建立产业链上下游企业的技术创新联盟,共同开展关联技术的研究开发,推动产业创新能力的整体提升。

6.6.2 领先型产业

中国产业创新发展的历程是相当曲折的,但随着改革开放的深入和市场经济的发展,部分产业成功实现了追赶,成为全球行业的排头兵。经过改革开放四十多年的发展,通过不断开拓创新,我国家电、无人机、高铁等产业已经成长为全球领先型产业。其中,家电产业最为典型,得益于中国改革开放带来的资本、技术、理念与竞争,在不到40年的时间里,中国从一个家电相对短缺的国家迅速成长为家电产销大国。再比如无人机,早在2015年,中国的大疆无人机就已经占到了世界消费型无人机市场份额的70%,而且中国的无人机制造商仍在进一步壮大,技术也达到世界一流水平,很多国家包括美国等都是从中国进口消费型无人机。在这些领先型产业中,借助其巨大市场优势,中国已经积累了全球领先的人才、资金及技术等要素资源,并在专利全球布局以及品牌的全球化推广等知识产权运营方面取得了令人瞩目的成绩。但同时,我们也发现,在新的产业全球竞争格局下,竞争不断加剧,以创新为核心的商业模式对于知识产权战略的运用提出了更严格的要求,领先型产业如果不能及时识别全球市场竞争的变化,很可能会失去领先优势。仍以家电产业为例,自2018起,整个家电产业就陷入了发展的快速动荡调整期,整个家电产业都逐渐从以往的"非小即大""非强即弱"这种两极分化的模式中脱离出来,转而投入了另一个竞争体系,人们将这种竞争体系称作"搞定用户"的一元竞争体系①,而一元竞争体系极为需要关注客户价值的开源引领创新,尤其在领先型产业所处的全球化市场环境下,如何利用自身优势,充分利用外部机会打造一元竞争体系下的产业知识产权战略,是领先型产业未来发展的重要课题。

1. 支持领先型产业创新的因势利导政策

对于像中国这样的平均收入水平中等偏上的国家,有些产业,像白色家电、高铁、造船等,其产品和技术已经处于国际领先或已接近国际最高水平。这类领先型产业必须依靠自主研发新产品、新技术,才能继续保持国际领先地位。中央和地方政府可以利用财政拨款设立科研基金,或合力设立国家实验室、省、地级的实验室,建立产学研合作体系,支持领先型产业新技术、新产品开发所需的基础科研,帮助企业克服基础科研上的瓶颈。中央和地方政府还可以通过资金支持等方式助力相关行业的企业组成共用技术研发平台,攻关突破共用技术瓶颈,在此基础上再各自开发新技术、新产品。在企业新技术和新产品开发取得突破后,中央和地方政府也可以通过采购帮助企业较快地形成规模化生产能力,以降低单位生产成本,提升产品的国际竞争力。领先型产业需要到世界各地建立研发中心,搭建销售、加工生产、售后服务等网络,以开拓市场;中央和地方政府也需要在人才培训、资金、法律、领事保护上对相关企业的海外拓展给予必要的支持。

2. 领先型产业知识产权战略的实施重点

领先型产业总体上采取积极主动的进攻型知识产权战略。以专利为例,所谓进攻型知识产权战略是指产业内企业积极主动地将开发出来的技术及时申请专利并取得专利权,利用专利权保护手段抢占垄断市场。它是企业利用专利制度建立并扩大自己的专利阵地,取得市场竞争主动权,避免受制

---

① 所谓的"搞定用户"一元竞争体系,就是不论你现在企业的实力是强还是弱,企业的规模是小还是大,在这个充斥着各种各样机会的物联网时代当中,你只需要找到属于自己的差异化定位,你就可以把握住自己的竞争优势。

于人的前提和条件。目前,专利网战略①是国际竞争中最为常见的专利进攻战略。该战略就是围绕着基本专利,将其改进技术及外围相关技术均申请专利,形成一个由基本技术和外围相关技术构成的专利网,进而形成本企业专利壁垒,使竞争对手无法攻破或突围。作为全球专利多元化的霸主,IBM(国际商业机器公司)最擅长使用的就是专利网战略,其专利网战略有两层含义:一是自己拥有基本专利,再开发外围技术或相关技术,形成一个严密的专利防守网;二是自己没有拥有基本专利,但是抢先在基本专利人之前开发出外围技术,对基本专利人形成一个包围圈,使自己在没有掌握基本专利的情况下仍然可以占领市场。此外,对于基本专利人来说,实施专利网战略还可以延长自己的专利保护时间,即使基本专利过了保护期,也仍然可以利用外围专利构建技术壁垒。其战略实施重点主要有以下几点:

(1) 坚持需求引领,打造以质量和品牌为核心的自主创新发展之路。市场需求是驱动领先型产业知识产权战略规划的首要因素。产业内企业应充分与外部优质资源进行合作,积极构建由消费者、供应商及其他市场主体共同组成的面向客户需求的全球开放式创新体系和应用体系,以高质量技术研发支撑科技成果转化和服务品牌打造,尤其是推动以品牌的集群发展和技术的标准化应用为重点的自主创新发展,不断提升产业知识产权的创新驱动力。同时,产业内企业应加大研发投入强度,尤其是基础研究的投入,加强与高校、科研院所合作,通过协同创新将潜在市场需求转化为现实供给,并借助知识产权战略实施将比较优势转化为竞争优势,开拓更大的市场,不断巩固和提升我国产业的核心竞争力。

(2) 实施全球化知识产权战略。相较其他类型的产业,我国的领先型产业已经深度融入全球化市场,并占据了全球产业的中高端价值链。相较国外的相应产业,我国部分产业在资金、人才等方面均具备一定的比较优势,在此前提下,领先型产业的知识产权规划应进一步强化核心技术研发,在与国外产业竞争的关键技术领域积极开展知识产权全球布局,进一步缩小我国产业与国外产业的技术差距。同时,可充分利用已经建立起来的资金、市场等优势资源,通过企业的兼并重组掌握核心技术,不断扩大产业的全球

---

① 专利网战略的本质是通过强化专利布局,控制市场。

份额。

6.6.3 换道超车型产业

现阶段,同时拥有内部优势并面临外部威胁是中国产业转型升级过程中必然要经历的过程。伴随着改革开放的巨大推动力,我国产业创新能力和创新竞争力得到了巨大提升,正是由于产业的不断升级,才造就了以深圳为代表的中国发展奇迹。从初加工时代、科技兴市阶段、高新技术发展阶段再到自主创新阶段,在四十多年的发展过程中,深圳不断蜕变,引领了中国产业不断实现追赶。在国家创新战略的引领下,中国产业创新能力不断提升,涌现出了"大飞机""国产航母""脉冲平顶磁场""量子技术""嫦娥四号"等一批突破性、引领性的重大创新成果。尤其在互联网和移动通信等产品的研发以人力资本为主、研发周期非常短的产业,中国具有换道超车的较大优势,以华为、大疆为代表的企业通过实施强有力的知识产权战略在全球市场竞争中占据了一席之地,甚至在部分领域完成了对欧美国家的超越,实现了换道超车。但与此同时,以美国为首的发达经济体从来没有放弃借助其在技术创新领域的优势打压中国产业升级的进程,通过"301 调查""337 调查"以及技术封锁等各种手段为其全球经济扩张服务。2018 年以来的"中兴事件"和"华为事件"充分彰显了我国在具备换道超车优势的产业所面临的巨大外部威胁,在欧美国家仍掌握关键技术,尤其是对产业链有显著影响的核心技术时,我国换道超车型产业创新发展仍具有相当大的脆弱性。脆弱性意味着优势的程度或强度的减弱。当外部环境对产业优势构成威胁时,优势得不到充分发挥,将出现"优势不优"的脆弱局面。

1. 支持换道超车型产业创新的因势利导政策

信息、通信产业的软件、手机等行业,其研发周期仅为几个月到一年,属于人力资本需求高、研发周期短的换道超车型新兴产业。这种产业又分成重资产和轻资产两类。前者需要大量资本投入,例如三星研发的 DRAM、华为研发的麒麟芯片及程控交换机。后者的资本投入相对较少,例如互联网运用、游戏软件或者像以现有可用的硬件为基础来开发新手机的小米那样。在这类产业的发展上,中国的比较优势在于拥有巨大的国内市场、大量的科技人才和完备的生产加工能力,能够把生产概念迅速变成产品,并已经出现了阿里巴巴、腾讯、华为、小米等成功的企业。就发展阶段而言,中国的换道超车型产业和发达国家在一个起点上,可以与发达国家直接竞争甚至实现对其的超越。地方政府可以针对这类企业发展的需要,提供孵化基地、加强知识产权保护、鼓励风险投资、制定优惠的人才政策和税收政策,支持国内和国外的创新性人才创业,利用中国的优势,推动"换道超车型"产业在当地的发展。

2. 换道超车型产业知识产权战略的实施重点

换道超车型产业总体上采取混合型知识产权战略。以专利为例,所谓混合型知识产权战略是指产业内企业在市场竞争的环境、产品的市场运作过程之中,在时间上和空间上应对各种竞争对手的威胁,所采取的进攻手段和防御手段相结合的策略。混合型专利战略是集合了各种专利战略方案的综合专利战略,在实施专利战略过程中,根据不断变化的市场信息、不同竞争对手的情况以及同一竞争对手情况的变化,及时调整专利战略,形成"强者攻、中者守、弱者跟进"的灵活战略。混合型专利战略要求企业根据自身所处的竞争环境、技术研究能力和经济实力,结合自己的经营发展战略目标,灵活地、主动地加以利用。在竞争日益激烈、科技发展呈现多样化和复杂化的知识经济时代,唯有善于运用攻守兼备的专利战略,才能将高科技公司的价值完全发挥出来。比如华为所采取的知识产权战略就是典型的混合型知识产权战略。一方面,华为在核心领域不断积累自身知识产权,并进行全球专利布局,以保持参与市场竞争所必需的知识产权能力;同时,积极参与国际标准的制定,推动自有技术方案纳入标准,积累基本专利;在上述过程中,华为始终以开放的态度学习、遵守和运用国际知识产权规则,按照国际通行的规则来处理知识产权事务,并以积极友好的态度,通过协商谈判、产品合作、合资合作等多种途径解决知识产权问题,使自己在学习运用知识产权的过程中变得强大。另一方面,华为为了保护自身利益,在和国际巨头的知识产权纠纷中,并不是自甘示弱,而是据理力争。在美国直接运用国家的力量向华为施压的背景下,2020年6月13日,华为正式就专利问题向美国第一大运营商Verizon发难,要求后者为230项专利支付共10亿美元的专利费用。换道超车型产业知识产权战略的实施重点主要有以下几点:

(1) 持续高强度的研发投入是实现换道超车的重要条件。作为创新活力极强的产业,企业应聚焦产业创新发展的热点、焦点和瓶颈技术领域,加大研发投入力度,不断提升创新产出的科学性和前瞻性,并适时根据产业发展动向开展知识产权创造和布局。尤其对于中小微企业,应充分发挥政府、投资机构等投资主体的投入积极性,构建多元化的创新投资体系,引导中小微型企业积极开展技术创新和知识产权战略规划。尤其在产业重大基础技术的研究开发、产业关键和共性技术研究以及技术服务平台建设方面,充分发挥政府资金的导向作用;完善风险投资介入机制,激活风险投资;完善信用评估与担保体系,构建针对处在不同产品阶段的企业价值评估体系,打破融资偏好支持产品开发成熟阶段的局限,满足创新型中小企业的融资需求,充分发挥投融资市场对产业创新的支持能力;以税收优惠等政策鼓励企业加大技术创新投入的强度,发挥企业在研发中的投资主体作用。

(2) 坚持开放融合,以自主创新为主。实现产业赶超的关键在于掌握核心技术,这是全球各国竞争的关键,因此自主研发能力至关重要。换道超车型知识产权战略规划应找准制约产业发展的共性技术,完善政策、平台保障,配备资金、人才资源,打造自主创新体系,不断实现产业技术积累。同时,以更开放的理念、更包容的方式,搭建国际化创新合作平台,高效利用全球创新资源,大力推动我国优势技术和标准的国际化应用,加快推进产业链、创新链、价值链的全球配置,全面提升产业的发展能力。

(3) 具备全球视野。换道超车型产业是创新极其活跃的领域,也是全球化竞争最激烈的领域。在新一轮科技革命的带动下,产业创新的周期将变得更短,谁掌握了关键核心技术,谁就掌握了产业全球化发展的主动权。换道超车型产业的知识产权战略规划应具备全球视野,在对标国际惯例的基础上,不断优化产业知识产权战略实施的市场化环境,推动产业知识产权战略实施与全球产业发展的充分融合,通过全球范围内的企业重组、知识产权布局、知识产权保护和标准化等策略积极开展全球化事务,强化全球化合作,不断提升我国产业创新的国际认可度,打造竞争优势,掌握更多话语权。

6.6.4 转进型产业

由于历史原因,我国制造业的劳动密集型特征表现明显。从宏观层面(即历史趋势)来说,劳动密集型产业在一个国家或地区会随着经济水平的提高而逐渐被"淘汰"。"淘汰"的方式有两种,其中一种是转移出去,从一个国家或地区转移到另一个国家或地区,全球这种大的产业转移已经有三次。第一次是 20 世纪 50 年代,美国将纺织等传统制造业向日本、联邦德国等转移;第二次是 20 世纪 60—80 年代,日本、联邦德国等将附加值较低的劳动密集型产业转移到亚洲"四小龙"等新兴工业化国家和地区;第三次是 20 世纪 90 年代,欧洲及美国、日本等发达国家和亚洲"四小龙"等新兴工业化国家或地区将自身不具有竞争优势的产业向以中国内陆为代表的发展中国家或地区转移。正是因为承接了欧洲及美国、日本等发达国家的这些产业,我国的制造业获得了更快的发展,但随着经济的进一步发展,我国产业转型升级的需求愈发迫切。此外,还有一类产业,比如钢筋、水泥、平板玻璃、电解铝等建材行业,它们是伴随我国经济的高速增长快速发展起来的,产业的机器设备很新,技术相当先进,但随着我国经济进入新常态后,这些产业出现了不少富余产能。对于上述产业,随着我国禀赋结构以及经济发展阶段的转变,过去发展的比较优势已经逐渐消失或弱化,在新时代的高质量发展阶段,产业发展面临着巨大的挑战。但同时,国家层面推进的区域合作以及品牌化升级战略等一系列举措也为上述产业的转型和发展带来了新的契机,互联网经济的互联互通所带来的信息红利以及智能制造技术的不断发展都为需要转进发展的产业提供了升级路径。

1. 支持转进型产业创新的因势利导政策

转进型产业有两种类型,一类是丧失比较优势的产业,另一类是还有比较优势但是产能有富余的产业。对于中国而言,劳动密集型的出口加工产业是前者最典型的代表。面对这种挑战,中国劳动密集型出口加工产业中的一部分企业可以升级到品牌、研发、品管、市场渠道管理等高附加值的"微笑曲线"的两端。从事生产加工的多数企业则只能像 20 世纪 60 年代以后日本和 80 年代以后亚洲"四小龙"的同类产业中的企业那样,利用其技术、管理、市场渠道的优势,转移到海外工资水平较低的地方去创造"第二春",把中国的 GDP 变为 GNP,否则必然会因竞争力丧失、海外订单流失而被淘汰。政府部门应协助加工企业"抱团出海",提供信息、海外经营人才培训、资金支持,与承接地政府合作设立加工出口园区等,帮助企业利用当地廉价劳动力资源优势,提高竞争力。这些加工企业在海外的成功也将给中国相关产业中附加价值比较高的中间部件和机器设备的生产企业提供海外市场,成为中国产业转型升级的拉动力。

2. 转进型产业知识产权战略的实施重点

转进型产业是伴随中国改革开放进程逐渐形成的。不同于其他产业类型,转进型产业往往不会出现类似生物医药或电子通信领域的能够对产业发展产生重大影响的关键或颠覆性创新。对于转进型产业,创新更多地体现在制造工艺的提升,比如运用智能制造技术或开发新的产品制造工艺带来的产品质量提升,进而通过市场销售带来品牌价值的提升。在品牌至上的时代,没有品牌的产品缺乏竞争力,没有品牌意识的企业难以支撑长久的发展。品牌的塑造会为企业带来产品溢价和情感附加值,实现企业的规模化发展。因此,转进型产业总体上采取建立在质量或技术基础上的品牌化战略,通过提升产品制造或设计技术能力或运用已具备的技术实力,积极主动打造产品品牌,并通过品牌影响和制约消费者选购行为,推动产业从低端向高端转型与升级。其战略实施重点主要有以下几点:

(1) 转进型产业是典型的劳动密集型产业,行业进入门槛较低,行业内企业众多,且主要为中小民营企业,多以低附加值加工制造为主,产品同质化程度高,行业集中度低,行业竞争异常激烈。同时,产业内掺杂着 OEM、ODM 和 OBM 等不同市场主体,产业创新基础参差不齐。在产业知识产权战略实施的过程中,应坚持以自主创新为核心,推动产业内企业实现由 OEM 向 ODM、OBM 和 C2M 等发展模式转型,通过打造自主品牌不断提升企业的核心竞争力。在企业转型过程中,积极借助信息化、智能化手段开展企业商业模式创新,打造以品牌价值输出为核心,以系统化解决方案和技术标准化等输出为辅的知识产权战略实施路径。

(2) 品牌的建立有助于企业扩大市场认知度,获得稳定的消费群体,并可以对产品的销售形成支撑。品牌还可以提升企业自身的定价能力,使企业获得更高的品牌溢价。而多品牌经营一方面可以满足多层次的客户定位,另一方面也有利于分散单一品牌运作的经营风险。转进型产业知识产权战略实施应密切关注消费市场,关注市场的需求,并以此为基础,培育自主品牌,在低中高端市场建立自身的品牌布局。此外,可多借助资本力量,采用兼并已有成熟品牌企业的策略,加速转进型产业品牌驱动发展时代的到来。政府部门可鼓励和支撑企业依托品牌优势做大做强,提高国内行业集中度,提升行业整体竞争力。

(3) 转进型产业内掺杂着 OEM、ODM 和 OBM 等不同市场主体,对于具备不同创新基础的产业,知识产权战略规划应有不同侧重点。比如,以 OEM 企业为主的产业应强化技术创新战略,尤其是自主创新战略,通过加大研发投入不断提升企业的核心技术积累,并使企业掌握自主知识产权。对于以 ODM 企业为主的产业,应突出强调开展品牌战略规划,通过打造自主品牌,并积极借助国家"走出去"战略进行优质品牌资源的整合,加快推进产业内企业实现技术与品牌的同步发展,助力产业价值链攀升。对于以 OBM 企业为主的产业,在知识产权战略设计方面则应着重提升品牌的全球影响力,尤其是在迎合客户的多样化需求方面,知识产权战略规划应重点聚焦如何支撑产业内企业提升品牌多样性和打造高端品牌,借助品牌价值不断增加企业产品的市场份额和提升产业的整体竞争力。

6.6.5 战略型产业

战略型产业,尤其战略型新兴产业是以重大技术突破和重大发展需求为基础,对经济社会全局和长远发展具有重大引领带动作用,成长潜力巨大的产业。发展战略型产业是解决技术"卡脖子"问题的需要,也是我国转变经济增长方式、实现结构优化升级和跨越式发展的重要途径。与技术追赶的工业化过程不同,战略型产业的培育和发展,对国家的企业制度、科技制度、产权制度、融资制度、教育制度、财税制度、市场管理制度提出了更多、更高的要求。目前我国战略型产业迅速发展,在部分技术领域取得了重要突破,但仍然没有掌握战略型产业的核心和关键技术,产业层级仍然偏低,并出现了重复建设现象。不仅如此,全球各国均将技术作为战略型产业发展最重要的驱动力之一,其被各国政府视为重要的国家核心资产,围绕着技术的国际竞争也日趋激烈。战略型产业的发展主要呈现出以下五个特点:一是各国竞相谋划布局战略性的新兴和前沿技术,主导未来产业;二是促进这些技术在本国的应用和产业化,在本国形成产业和市场,把技术优势转化为产业优势;三是实现重要产业供应链的安全可控,确保重要原材料和元器件的供给,关键核心技术能够自主开发;四是加强对外国投资关键和敏感技术领域的监管,限制外国资本染指本国技术;五是加强技术出口管制,防止和遏制本国技术流向国外。从发展形势来看,中国战略型产业面临内外部的双重困境,但作为关乎国家国防安全或经济安全的重要产业,以及技术驱动型产业,在当今全球各国竞相争夺科技前沿的今天,中国战略型产业发展更加离不开知识产权制度的激励作用。我国应促进知识产权创造,推动知识产权转化运用,不断提高产业整体的知识产权管理水平,着力优化知识产权保护环境,有效推动产业稳步构筑知识产权比较优势,为战略型产业快速健康发展提供有力支撑。

1. 支持战略型产业创新的因势利导政策

战略型产业可分成两类:一是与国防安全相关的产业,如飞机、大炮、航空母舰等军工产业,研发周期长。比如,新型战斗机的研发周期可能长达30年,航空母舰的研发周期可能是40~50年。二是战略新兴产业,这种产业未必与国防安全直接相关,但其研发周期长,资本投入大。战略型产业往往不符合比较优势,企业没有自生能力。同时,战略型产业有一个特性,即它不能完全依靠市场,需要有政府的保护补贴才能发展起来。目前,中国作为一个中等偏上收入的经济大国,这类产业在国民经济中的占比已经不大,今后应该像发达国家一样由财政直接拨款来补贴这类企业。除了和国防安全相关的军工企业,一些战略型新兴产业,其产业发展方向非常明确,国内又有很大的市场需求,例如核心芯片产业,如果没有国家的支持,中国的企业发展这样的产业还非常缺乏竞争力。但是,如果没有这些核心技术,可能会出现"卡脖子"的问题而影响到经济安全,因此,由国家财政支持来攻关,从长期动态的角度来看有其经济合理性。

对于战略型产业,因为关乎国家长期发展和国防安全,政府应该利用财政资金加以支持。20世纪六七十年代,很多三线建设就属于这种方式。战略型产业的人力资本和物质资本通常非常密集,地方政府很难以自己的力量来支持这种产业的进一步升级和发展,财政支持主要是以中央财政为主,地方财政为辅。不过战略型产业对地方经济具有较强的正外部性,地方政府可以利用这种产业带来的技术力量和相关的产业链"反弹琵琶",结合当地的劳动力或自然资源的禀赋条件,发展符合当地比较优势的产业。在改革开放以后,这样的成功例子不少,例如,四川省绵阳市是三线建设的重要城市,能够生产资本、技术非常密集的飞机发动机、雷达等国防军工产业最前沿的产品。改革开放以来,绵阳市的长虹电器就是利用原来生产雷达的工程技术力量,生产家用彩色电视机,在20世纪八九十年代是国内最有名的彩电品牌。

2. 战略型产业知识产权战略的实施重点

战略型产业总体上采取与换道超车型产业类似的战略,即混合型知识产权战略,但不同的是,由于战略型产业关乎国防与经济安全,其混合型知识产权战略更强调掌握自主知识产权。同时,战略型产业的混合型知识产权战略也更加注重政府作用的发挥,强调政府在产业内企业知识产权创造、运用、保护与管理过程中的因势利导作用,主张通过提供政策性金融支持,逐步提升我国战略型产业的知识产权创造、运用、保护和管理水平,强化知识产权对战略型产业的支撑性作用,培育一批能够有效维护国防或经济安全的具有较强国际竞争力、产业影响力和知识产权优势的企业,建立较为明显的战略型产业知识产权比较优势。其战略实施重点主要有以下几点:

(1)强化政策支撑,优化产业知识产权战略实施环境。要在国家总体区域规划框架内,根据我国不同区域经济发展比较优势,加快制定区域性国家战略型产业发展的协调推进政策,明确各地区的发展方向和重点产业,鼓励立足本地优势,差异化、特色化地发展战略型产业。政府部门需要针对战略型产业给予政策方面的引导,专门制定一系列与战略型产业知识产权相关的扶持政策,通过在知识产权保护、资金扶持、人才引进、税收优惠等方面鼓励相关企业创造、保护和运营专利,逐步优化产业知识产权战略实施环境,夯实战略型产业知识产权战略实施基础。

(2)强化产学研协同,打造面向整个产业链的知识产权战略实施路径。集约集聚是战略型产业发展的基本模式,要以科技创新为源头,打造以战略型产业为核心的自主创新支撑体系。充分利用、协同好区域内外高校、科研院所和上下游配套的产业链和企业创新资源,创新多种产学研合作方式,推动创新主体跨区域、跨体制联合开展产学研合作,充分发挥创新主体的创新要素优势。同时,强化基础研究、试验发展和应用性研究有效衔接,以自主研发为核心,面向整个产业链,积极开展知识产权创造、保护和布局的全过程管理,提升产业集群持续发展能力和国际竞争力。

（3）以龙头企业培育为重点，打造产业知识产权战略实施样板。首先，通过技术创新能力、经济规模、市场控制力和知识产权竞争力的战略重组，积极打造一批具有突出特色和较强的知识产权比较优势的战略型产业龙头企业，利用其比较优势根据市场需求创造或购买高新科技专利。其次，强化推动以专利技术标准化和自主品牌国际化为重要抓手的知识产权运营体系建设，通过知识产权运营提高市场占有率，同时根据国际市场制定具体的市场策略，提升企业的创新国际竞争力。最后，以行业龙头企业为核心，加速区域产业创新资源和创新主体集聚，充分发挥龙头企业对区域战略型产业知识产权战略实施的辐射效应。

第7章 新时代中国知识产权强国战略的前瞻

7.1 新时代背景下知识产权强国战略的研究基础

党的十九大做出了"中国特色社会主义进入了新时代,我国经济发展也进入了新时代"的重要论断,指出新时代我国经济发展的基本特征,就是我国经济已由高速增长阶段转向高质量发展阶段。高质量发展已成为我国新时代发展的核心主题。高质量发展需要创新驱动,创新驱动是引领高质量发展的第一动力,是建设现代化经济体系的战略支撑,也是未来可预见到的时期内经济发展的重要战略。知识产权的发展是创新驱动发展战略的重要组成部分,知识产权的发展推动了创新驱动的发展,创新驱动也促进了知识产权战略的实施,二者交互融合,共同为经济增长提供源源不断的内生性动力(Falvey et al.,2006;徐明华,2003;谢小勇和刘淑华,2016;吕亮,2015;吕薇,2018;马一德,2015)。要想实现高质量发展就需要实施创新驱动战略,也就需要知识产权战略先行,不断完善知识产权制度建设。知识产权战略上升至国家发展战略层面是高质量发展的重要推动力。

2018年3月,美国挑起了针对中国的贸易摩擦,这场贸易摩擦对于中美知识产权与科技服务业的发展是一次历史机遇,中国应当在中美的知识产权摩擦中努力寻求解决和发展之道,逐步建立并完善知识产权制度和相关法律体系。同时,中国处于中等收入国家行列,也正处于新旧动能结构性调整的关键阶段,从原先依靠劳动力和资本驱动的发展模式逐步转变为依靠技术驱动的发展模式,这就需要实施创新驱动发展战略,打造"中国创造"和"中国智造"的名片。创新是经济长期可持续发展的驱动力,并且技术创新是实现经济长期可持续增长的根本动力。在市场经济条件下,知识产权制度是激励技术创新、促进经济创新发展的基础性制度。建设知识产权强国是成为世界创新型大国的必经之路,也是实现经济发展战略的重要保障,更是跨越"中等收入陷阱"的重要手段。改革开放四十多年来,中国经历了从"仿制就是好的"到"创造是更好的",再到如今"创新才是最好的"三个阶段,正在用实际行动践行"创新驱动发展"的理念。但与此同时,中国还面临着基础研发经费占比过低、整体专利质量水平较低、核心技术被国外垄断、创新发展的体制机制不健全等内部问题,以及美国对中国在技术和人才流动方面的遏制等外部问题。如何应对这些挑战,将成为我国未来技术进步道路上的重要话题。在新时代如何实施知识产权强国战略,积极发挥知识产权制度的保障作用以实现创新驱动和高质量发展也就成为一项重要的课题。

7.1.1 知识产权强国战略与经济全球化新趋势

经济全球化是当代世界经济的重要特征之一。在经济全球化背景下,科技创新呈现出不同于以往的新特征。经济全球化既加强了世界各国政府、跨国公司以及相关组织乃至个人在科技方面的合作和相互影响,也加剧了各个国家之间、区域之间的经济竞争,推动了以经济增长为指向的技术创新活动(Maskus 和 Penubarti,1995)。从世界史来看,能否抓住科技革命的机遇,是决定国家兴衰成败的关键。如果错失科技革命的历史机遇,国家的发展速度可能就会受到制约。目前,世界正处于新一轮科技革命前的"拂晓",人类社会进入空前的创新密集时代,科学理论的突破成为各行各业技术创新的源泉,科技创新的速度明显加快,新技术的突破已成为产业加速发展的内在动力,以新技术催生新产品、培育新产业、开拓新市场已成为新时期国际竞争的鲜明特点。世界主要国家为迎接新科技革命,把科技作为国家发展战略的核心,出台了一系列创新战略和行动计划,加大科技创新投入,更加重视通过科技创新来优化产业结构、驱动可持续发展和提升国家竞争力,力图保持科技领域的领先地位,抢占未来发展的制高点。从国际上看,世界政治格局呈现多极化和多样化的特点,知识产权国际格局变化明显加快,有关知识产权的贸易和保护成为全球经济运行的重要组成部分,因而建设知识产权强国是增强我国国际竞争优势、提升我国国际事务领导力的必然要求。

新时代背景下,我国已由高速增长阶段转向高质量发展阶段,在该阶段,我国所面临的经济全球化形势相较以往更加严峻。在加入 WTO 之初,我国劳动力丰富,相对于资本的价格更低,劳动密集型产业是我国具有比较优势的产业;加入全球价值链分工后,由于拥有了广阔的国际市场,我国劳动密集型产业依靠成本优势迅速发展,成为中国经济增长的重要引擎。随着经济的发展,我国资本越来越丰富,居民收入水平也不断提高,资本相对于劳动的价格下降,劳动密集型产业逐渐失去比较优势,资本密集型或知识密集型产业成为新的具有比较优势的产业。然而从劳动密集型产业向资本密集型或知识密集型产业升级面临着很多挑战。作为中等收入国家,由于我国劳动力成本的提高,在低端产业(如纺织服装业等)面对来自越南、孟加拉国等国的竞争压力,正在逐步失去在劳动密集型产业的比较优势,与此同时,尽管我国高端产业的比较优势显著提高,但仍与发达国家存在较大的差距。由于资本密集型或知识密集型产业原本是由发达国家主导的,我国在从低端产业向高端产业升级的过程中会受到发达国家的限制和阻击,而发起以知识产权为焦点的贸易争端是发达国家的重要扼制手段。同时,由于资本密集型或知识密集型产业多是高科技产业,发达国家的技术封锁会使得技术引进与模仿变得更加困难。新时代背景下,随着我国对外开放程度的不断扩大,我国产业以及产业内企业自生发展面临的挑战愈发严峻,越来越需要依靠自主创新实现产业升级。如果无法成功向高端产业迈进,就会陷入被发达国家和更贫穷国家"两头围堵"的境地,从而失去在国际分工中的竞争力。为了避免这种情况的发生并尽快实现产业升级,我国应当加快技术变迁的速度,将提升自主创新能力作为新时期产业升级的主要驱动力,实施知识产权强国战略,应对经济全球化挑战。

7.1.2　知识产权强国战略与经济高质量发展

进入新时代,人民日益增长的美好生活需要和不平衡不充分的发展之间的矛盾,揭示了我国经济发展的阶段性特征,也成为我国经济迈上高质量发展之路的逻辑起点。高质量发展是经济发展的必经阶段,契合经济发展的客观规律,需要我国增强信心、保持定力。不同的经济发展阶段,关注并着力解决的问题必然有所不同,聚焦并追求的目标也必然有所不同。依据要素禀赋的比较优势来选择成本最低的技术创新模式是新结构创新理论的重要要求,改革开放四十多年来,我国通过向发达国家直接购买技术,以及通过购买相关高技术商品和设备等间接方式引进适宜的技术创造了人类经济发展史的增长"奇迹",相较改革开放之初,经济的高速发展推动了我国要素禀赋结构的重大变化。但与此同时,过去劳动力成本低的传统比较优势逐渐丧失,粗放式的经济发展模式难以为继,经济发展对于创新结构的需求也发生了相应变化。经济高质量发展迫切需要实现经济转型和产业升级,而创新是根本驱动力,这也是我国在高质量发展阶段实施知识产权强国战略的重要原因。知识产权强国战略的实施能够为创新驱动发展提供强大的制度支撑,是提升生产能力、提高市场效率、增强企业竞争力、实现协调发展的重大战略安排。

经济发展阶段是一国要素禀赋及其结构的重要体现,也是决定一国未来发展模式的最大实际。实施知识产权强国战略既是我国应对要素禀赋及其结构不断升级、资本越来越多等经济发展现象的重要制度安排,也体现了改革开放以来我国政府积极变革、积极开展战略谋划的因势利导过程,政府的积极有为是改革开放以来我国经济实现高速发展以及高质量转型的重要因素。

新时代背景下,要实现高质量发展,密切协同知识产权战略与不同产业转型发展之间的关系是重中之重,尤其在处理与制造业升级以及新兴产业发展的关系时,应通过强化对技术创新的支持,提升知识产权在生产性服务业以及"互联网+"发展过程中的支撑性作用。

要实现高质量发展,提高知识产权保护水平是重要基础。坚定不移地加强知识产权保护,将更有力地推动我国经济发展转向创新成为第一动力、协调成为内生特点、绿色成为普遍形态、开放成为必由之路、共享成为根本目的的发展。加强知识产权保护不仅是完善产权保护制度最重要的内容,也是提升中国经济竞争力最有力的手段。

要实现高质量发展,提升知识产权的创造和运用能力是关键手段。在我国由知识产权大国向知识产权强国转变的过程中,主要问题在于以专利为主的知识产权质量总体不高,高价值专利还不多。培育高价值专利不仅是构建知识产权运营体系、提高知识产权运用水平的现实选择,也是深入实施创新驱动发展战略和推动经济高质量发展的客观要求。

要实现高质量发展,必须突出企业的市场主体地位。知识产权强国战略的实施应以服务企业为核心,建立完善的技术创新体系和协同创新机制,加快由增长激励向创新激励的转变,提高知识产权制度运行对经济增长的贡献率(Nelson,1993)。

7.2 新时代背景下新结构经济学与知识产权强国战略的实施

7.2.1 推动要素禀赋及其结构的提升是新时代实施知识产权强国战略的内在动力

要素禀赋及其结构是新结构经济学分析问题的起点。一个经济体在每个时点上的产业结构和技术结构内生于该经济体在该时点给定的要素禀赋及其结构。当一个经济体的劳动力相对丰裕时,该经济体具有比较优势的产业就是劳动密集型产业。当一个经济体遵循符合其比较优势的发展战略时,其资本积累速度最快。当资本相对丰富、劳动力相对稀缺时,具有比较优势的产业就是资本密集型产业,此时发展资本密集型为主的产业能够创造出最多的剩余。在现代社会,决定经济结构变迁的根本力量是要素禀赋结构从资本和劳动力比例较低水平向较高水平的提升。随着资本密集型产业的发展,该经济体则需要创新驱动,创新驱动的发展则需要知识产权制度作为保障。知识产权要素是国家发展的战略性资源和国际竞争力的核心要素,以知识产权要素密集为特征的知识产权密集型产业的发展极大地提升了知识产权制度在创新驱动发展中的重要作用,以专利、商标、版权、地理标志等各类知识产权为核心的资源密集业态的发展带动了大量的直接和间接就业,并极大地驱动了各国经济的增长。关注并推动知识产权密集型产业发展已经成为全球各国建设创新型国家的重要支撑和掌握发展主动权的关键。发达国家以创新为主要动力推动经济发展,充分利用知识产权制度维护其竞争优势,而发展中国家积极采取适应国情的知识产权政策措施,促进自身发展。

知识产权强国战略的实施需要根据要素禀赋及其结构的变化推动知识产权密集型产业的发展。区别于其他产业集群,知识产权密集型产业投入了大量的高级生产要素,诸如高层次人才、资本及高强度的研发投入等,拥有不易模仿的核心竞争力,加之产权制度的保护,知识产权密集型产业可以产生较多的附加值,从而对经济发展做出更大的贡献。当前,我国知识产权事业正处于从知识产权大国向知识产权强国迈进的重要转型阶段,知识产权对于经济发展影响的路径是复杂的,并且由于技术的差异而有所不同。企业在产业技术天然禀赋的内因与知识产权制度的外部环境的双重影响下会做出正确的选择,最终形成专利密集型、商标密集型或其他知识产权密集型的产业。因此,我国需要发挥要素禀赋的比较优势,激发产业市场活力。另外,从要素禀赋及其结构的特征来看,大国不同区域以及相同区域的要素禀赋及其结构都呈现出差异性,有利于形成优势互补的产业格局,形成一种能够使不同要素较好地发挥作用的耦合机理。因此,在实施知识产权强国战略的过程中也需要考虑区域性知识产权战略。比如,对于东部地区而言,其创新能力较强,已经进入高收入阶段,这就需要对标发达国家的知识产权战略;而对于中西部地区而言,则需要结合自己的要素禀赋选择适宜的知识产权战略。

7.2.2 发挥"有为政府"和"有效市场"的协同作用是新时代实施知识产权强国战略的重要推动力

新结构经济学认为,一个国家的经济发展是一个作为经济基础的产业、技术不断升级,以及作为上层建筑的制度安排不断完善的结构变迁过程,并以此作为研究的切入点,强调在这个过程中既需要"有效市场"在资源配置上起决定性作用,也需要"有为政府"来克服结构变迁过程中必然存在的市场失灵,弥补市场失灵的缺陷。在此基础上,新结构经济学不仅明确了政府行为的边界与类型,而且进一步探讨在经济转型升级时市场不能做或不能为会出现在什么地方,以及如何来克服,让政府不会因为无知而"无为"或因为无知而"乱为"(林毅夫,2016;王勇和华秀萍,2017)。同时,新结构经济学还明确了"有为政府"至少具有"动态变迁"①和改革两层含义。事实上,从我国改革开放四十多年的轨迹可以发现,每一次重大改革都是在市场经济理论取得重大突破以后产生的,而且每一次重大突破的改革取向都是调整和优化政府与市场的关系。作为市场化改革的重要组成部分,知识产权领域的政府与市场关系的处理在知识产权强国建设阶段变得尤为重要,无论是体制机制还是最基础的知识产权制度供给,新结构经济学所倡导的政府与市场的辩证关系都能够为全面打通二者协同发展的全新格局提供理论支撑。新时代知识产权强国战略的实施是推动产业结构加速变迁的关键要素,通过强化"有效市场"和"有为政府"之间的相互协同,能够推动实现经济高质量发展过程中的质量变革、效率变革和动力变革②。这三方面变革的最终目的均是提高创新驱动水平,实现中国经济的高质量发展。

在推动经济高质量发展和知识产权强国战略实施的过程中,一方面,需要发挥"有效市场"的作用,企业以利润最大化为目标,并基于生产要素之间的相对价格来选择进入哪种产业及采用何种技术。但企业根据要素禀赋结构决定的比较优势进行决策的前提是市场机制的有效与完善,只有价格体系能反映经济体要素的相对丰裕程度,市场达到充分竞争的状态,产业发展才能处于最优状态;另一方面,也需要"有为政府"发挥因势利导的作用,政府通过完善软硬基础设施,解决企业间协调和外部性等瓶颈限制,降低知识产权在产业发展过程中的交易费用和风险。政府在引导产业创新发展的过程中,应避免进行具体技术、产品或标准的选择,而应从设定竞争规则、调节价格信号、培育市场需求方面入手。此外,政府还应进一步严格知识产权保护,加大对知识产权侵权行为的惩治力度,加强对新业态、新领域创新成果的知识产权保护。同时,积极推动开展知识产权区域布局试点,形成以知识产权资源为核心的配置导向目录,推进区域知识产权资源配置和政策优化

---

① "动态变迁"指政府需要在不同的经济发展阶段,根据不同的经济结构特征,克服对应的市场不完美,弥补各种各样的市场失灵,干预、增进与补充市场。

② 质量变革主要体现为提升生产质量和供给体系的质量;效率变革主要包括生产效率、市场效率和协调效率三个方面;动力变革是指经济发展动力的调整,包括创新发展动力、结构发展动力的调整。

调整,促进知识产权工作融入"一带一路"、京津冀协同发展、长江经济带建设等国家战略,重点发展具备知识产权先行优势的区域。

7.2.3 实施政府因势利导的产业政策是新时代实施知识产权强国战略的重要保障

产业政策是指中央政府或者地方政府为了促进某种产业在该国或该地区的发展,而有意识采取的一些政策措施(林毅夫,2017c;林毅夫等,2018)。产业政策的作用过程实际上就是政府行为与市场活动之间的相互作用过程,它也是新结构经济学所着力推动形成的"有为政府"和"有效市场"协同格局的基本手段。新结构经济学理论倡导在产业结构升级过程中发挥政府的因势利导作用,同时倡导使用"产业甄别和因势利导"框架识别具有潜在比较优势的产业,针对不同类型的五类产业,提出针对性的产业政策,实施不同的知识产权战略,从低质量的生产要素转向高质量的生产要素,培育经济发展的新动能,实现经济的高质量发展。

知识产权强国战略的实施关乎我国能否实现经济的高质量发展,也关乎我国能否有效应对经济全球化带来的新挑战,而产业政策是支撑知识产权强国建设的重要抓手。新时代背景下,因势利导的产业政策应以建设产业强国为目标,结合对特定产业、领域、对象的结构性安排,消除产业结构升级中的制约因素,增强产业创新能力、国际竞争力和可持续发展能力,促进资源配置效率和社会福利水平的提升。

首先,实施因势利导的产业政策应该以五类产业为出发点和归宿。对于领先型产业而言,应密切结合产业特性,把握全球新一轮科技革命所引发的产业创新趋势,运用知识产权制度不断提升产业创新的全球竞争力。战略型产业关乎国计民生,其发展往往受到西方发达国家的重重阻碍,尽管很多产业的创新竞争力仍然较弱,但无论是出于国内产业发展安全,还是出于应对外部发展形势的目的,都需要确立并逐步完善以领先(自主)创新模式为核心的知识产权战略。对于换道超车型产业而言,在"互联网+"时代,此类产业的国际竞争异常激烈,其知识产权战略的规划也更为复杂,相关企业应当进一步提高自主创新意识,强化全球知识产权保护意识,结合企业内外部环境,明确自身定位,统筹安排各类知识产权发展规划。而追赶型和转进型产业通常需要建立以渐进式创新为基础的知识产权战略,应结合产业发展阶段,积极通过引进、消化、吸收的方式不断提升产业创新能力和完善产业知识产权战略规划。

其次,因势利导的产业政策应更加重视创新,重点是制定包括研发政策在内的创新政策,并以掌握和推广自主核心技术为核心。当前我国已进入与互联网深度融合的发展阶段,因势利导产业政策的实施需要顺应这种趋势,中国要实现由大变强,关键在于创新。具体而言,从技术角度来看,需要用企业的方式去实现技术的"ABCD"①,并使其项目化、系统化,这将给经济带来颠覆性的变革。因势利导的产业政策重点在于全力推进"中国制造"计划,本质在于把握新一代信息技术与制造业融合发展的趋势,抢占产业竞争制高点。

再次,为支撑低端制造业升级,因势利导的产业政策需要考虑产业的"垂直结构"。在新时代背景下,生产性服务业,包括金融、电信、商业服务(如创新研发)等,作为高质量制造业和消费性服务业的上游产业,为下游产业生产提供中间品,从而在结构转型和产业升级过程中发挥重要的作用。

最后,政府应当通过因势利导的产业政策协调企业之间的关系,从而克服市场失灵。一方面,政府应当通过基础设施建设和相应政策,支持和鼓励企业进行产业升级,进入合适的新产业,避免经济增长停滞。另一方面,政府应当对投机性投资保持警惕,这些投机性投资可能会形成"羊群效应",导致某些"过热"领域(如房地产市场)吸收大量资源,造成资源从制造业部门被配置到低附加值的服务业部门,使得去工业化进程过早出现,脱实向虚。我国正处于产业升级和结构转型的关键阶段,当务之急是降低生产性服务业的行政壁垒,促进结构转型和产业升级。

7.2.4 实现以自主创新能力提升为核心的企业自生发展是新时代实施知识产权强国战略的重要源泉

当今世界,科学技术已成为各国经济社会发展的决定性力量,成为国家综合国力的重要标志。企业间的竞争已不是商品数量和价格的竞争,而主

---

① "ABCD"指:AI,人工智能;Block Chain,区块链;Cloud,"云";Data,大数据。

要是商品技术含量、质量安全性、品牌和成本的竞争。自主创新能力是一个国家的核心竞争力，也是企业生存和发展的关键。只有全面提升我国企业的自主创新能力，掌握更多的自主知识产权，才能突破发达国家及跨国公司的技术垄断，争取更为有利的贸易地位和竞争优势，才能为提升我国国际竞争力和抗风险能力提供重要支撑。企业自生能力的培养与提升是新结构经济学的微观分析基础，只有与其要素禀赋结构相匹配的企业才具有自生能力。从劳动密集型产业到资本密集型产业，再到知识密集型产业和数据密集型产业，企业的发展皆应与所在产业的要素禀赋结构相适应。进入高质量发展阶段，知识已成为一种重要的要素禀赋，同时，企业创新驱动战略所推动的知识产权强国战略的出发点和落脚点应该是企业，企业是产业发展和自主创新的主体。

为更好地增强自主创新能力，需要做好如下三个方面的工作：首先要全方位营造企业自主创新的良好环境。良好的企业自主创新环境是提升企业自主创新能力的必备条件。企业自主创新良好环境的形成，离不开政府制定并实施有利于自主创新的投资、财税、金融、技术转移等方面的政策，知识产权强国建设应立足于此，充分调动知识产权在支撑企业投融资以及技术转移等方面的作用，帮助企业建立与自身要素禀赋结构相匹配的知识产权战略。

其次，要着力构建开放式技术创新体系。建立高效、协同、开放的技术创新体系，对企业技术创新能力的提升至关重要。企业要努力解决科技资源重复分散的现象，着力加强实验室、中试基地等基础条件平台建设，打造一批世界一流的科研开发平台。一是促使企业成为自主创新的主体。一方面，加大科技投入力度，建立有利于自主创新的内部技术开发机构，广泛开展各种形式的自主创新活动，突出企业自主创新的主体地位；另一方面，大力实施知识产权战略和名牌战略，力求掌握具有自主知识产权的关键技术，为经济社会发展提供高科技成果和专利，进而开发更多的名牌产品，在市场竞争中占据主导地位。二是鼓励企业与高校、科研院所形成创新联合体。要发挥高校、科研院所的科技先导作用，鼓励企业与高校、科研院所合作设立实验室或研发机构，促进高校、科研院所技术人才和科技资源优势与企业的资金、生产基地和市场网络优势的对接和互补，加快科技成果向生产力转化的进程。

最后,要充分发挥企业作为投入主体、研发主体、受益主体和风险承担主体的作用,将其作为新时代知识产权强国建设的核心主体。在企业层面,要培育更多的创新型领军企业①。在产业层面,要有新的动能,要加快推进产业由资本密集型向知识密集型转变,由产业链的中低端向中高端迈进。在区域层面,要有"杀手锏",要集中力量在关键领域、"卡脖子"的地方下大功夫,攻克难题,获取自主知识产权,这个层面对一个国家来讲尤为重要。以"中兴事件"为例,中兴因为缺"芯",即缺少芯片研发这一关键技术而受制于人,所以说"卡脖子"技术不仅对整个产业的影响很大,对一个地区乃至一个国家的竞争力的影响也很大。未来,随着数据成为一种要素禀赋②,数据科技革命阶段的企业也需要自主创新以培养和提升其自生能力。

7.3 为世界提供中国知识产权战略经验

改革开放四十多年来,中国已经成为世界第二大经济体、第一大工业国和第一大货物贸易国。中国在对外开放中展现大国担当,从"引进来"到"走出去",从加入WTO到共建"一带一路",为应对亚洲金融危机和国际金融危机做出了重大贡献,对世界经济增长的贡献率连续多年超过30%,成为世界经济增长的主要稳定器和动力源。习近平主席在博鳌论坛上提到中国开放有四个举措,其中之一即知识产权。改革开放四十多年来,从中国知识产权制度建立之初的与世界接轨,到为适应国内经济社会发展确立国家知识产权战略,再到如今迈入高质量发展阶段而提出知识产权强国建设,我国脚踏实地、一步一个脚印地走出了具有中国特色的知识产权事业发展之路。在

---

① 所谓创新型领军企业,是指这些企业不仅要拥有更多的知识产权,而且要有很强的知识产权应用能力,要依靠知识产权提升自身在市场中的自主能力和控制力。

② 林毅夫(2018)认为数据自古有之,在互联网出现、普及之后,因为数码化而被记录、积累,成为可供计算机快速提取、分析的大数据。近几年来,它被广泛地运用于人类社会的生产、生活、管理和社会治理,成为与资本、劳动和自然资源并列的新的要素禀赋。这一新要素禀赋的出现,对世界政治、经济、文化的影响将不亚于15世纪末美洲新大陆的发现,值得社会各界认真研究和关注。参见 林毅夫:大数据开发运用方兴未艾,https://baijiahao.baidu.com/s?id=1614081541124808818&wfr=spider&for=pc,访问时间:2020年3月28日。

知识产权战略的支撑下,"天宫""蛟龙""天眼""悟空""墨子"、大飞机等一批重大科技成果不断涌现。依靠创新驱动所催生的新动能,正在重塑经济增长格局,深刻塑造生产、生活方式,成为中国创新发展的新标志。如今,在国际知识产权规则制定方面,中国的声音越来越响①,"一带一路"建设中的知识产权合作便是鲜活的案例。随着"一带一路"建设走深夯实,中国与"一带一路"沿线国家的知识产权合作取得了长足进步,知识产权也成为拉动中国与沿线国家经贸关系深化升级的新动力。在中国知识产权"走出去"的同时,中国积极同"一带一路"沿线国家分享知识产权领域探索积累的经验,在知识产权教育、宣传培训、信息化建设等多方面展开合作。中国在知识产权方面取得的成绩引人注目②,在从"中国制造"到"中国创造"的过渡进程中取得了长足的进展;同时,中国将知识产权保护置于战略高度,在各个经济领域都注重知识产权保护,并持续数十年表现出政策决心,这些都是值得与"一带一路"沿线国家分享的经验。中国已成为世界知识产权事业发展的主要推动力,在全球知识经济迸发活力的今天,中国可以为世界知识产权事业的发展贡献中国智慧,提供中国知识产权战略经验。

7.3.1 牢牢把握社会主义初级阶段这个最大实际,探索符合本国国情的知识产权战略发展之路

从1978年改革开放至今,中国知识产权事业的发展大体上经历了四个阶段:从无到有,从小到大,从低到高,从大到强。纵览整个发展历程,牢牢把握社会主义初级阶段这个最大实际是中国知识产权事业取得成功的最大经验。在实施知识产权战略方面,美国、日本、韩国等先行国家积累了丰富的经验,作为"他山之石",中国无疑可以而且也应当大胆"拿来"。但由于经济发展阶段、历史传统、人文环境和市场条件等禀赋特征不同,中国在借"石"攻"玉",即借鉴外国经验指导自己制定和实施知识产权战略的过程中,采取了辩证否定,即"扬弃"的态度,从中国的实际国情出发来取舍和定夺。

---

① 国家知识产权局副局长何志敏表示,在中国的发展与推动下,世界知识产权格局已由欧美主导转变为欧美与东亚两足并立。参见"政协委员何志敏:传播中国声音,贡献中国方案",http://ip.people.com.cn/n1/2018/0317/c179663-29873174.html,访问时间:2020年3月28日。

② "世界知识产权组织肯定中国在知识产权方面的成绩",http://news.eastday.com/eastday/13news/auto/news/china/20170316/u7ai6601625.html,访问时间:2020年3月28日。

因为行业标准、知识产权政策和相关法律制度安排等均应充分反映现代中国的社会规范,同时要以现代中国大多数人的信任作为基础;特别是知识产权政策和法律制度,若要保证其权威性和实施的效果,则必须充分反映中国社会规范和民意,否则就会形同虚设。不从中国的具体国情出发,片面强调"与国际接轨",简单移植或照搬外国的行业标准、知识产权政策和法律制度安排的态度与做法是错误的,也是行不通的。

2018年6月,国务院新闻办公室在首次发布的《中国与世界贸易组织》白皮书中指出:加入WTO后,中国建立健全知识产权法律法规,与多个国家建立知识产权工作机制,积极吸收借鉴国际先进立法经验,构建起符合世贸组织规则和中国国情的知识产权法律体系。除了知识产权制度建设,中国在知识产权的创造、保护、运用和管理活动中也始终践行解放思想、实事求是的发展理念,既正确认识自己,也正确认识别人。所谓正确认识自己,就是客观全面地了解本国的基本国情和条件,包括所处的发展阶段,所具有的自然资源、劳动力、资金等禀赋条件;也要了解过去和现在发展面临的主要问题及其产生的主要原因等。通过正确认识自己,中国初步实现了从在知识产权方面的"一穷二白"向知识产权大国的跨越,知识产权创造能力、知识产权保护水平以及知识产权运用效益均取得了重大突破,奠定了知识产权强国建设的坚实基础。所谓正确认识别人,就是对世界上处于不同发展阶段的不同类型的国家进行系统分析,并对本国与这些国家之间的关系包括可比性、差异性、互补性等做出客观判断,明确不同国家之间相互学习和借鉴的基本前提。其中,特别重要的是对本国和其他国家的要素禀赋及其结构的差异性和阶段性特征进行深入细致的研究(林毅夫,2016)。与发达国家不同的是,中国特色社会主义显示出其特有的优势,同时也勾勒出中国知识产权事业发展特有的成功路径。中国从全球视野谋划了在不同发展阶段和特定要素禀赋及其结构环境下的知识产权发展定位,并通过国家经济发展战略、产业与企业发展战略予以落实,在这个过程中,通过政府在基础设施、营商环境、法律制度、行政效率等方面不断改善工作,并制定适合本国的产业政策,不断通过技术创新推动产业升级,中国逐步推动产业由劳动密集型向知识产权密集型转型,全力推动传统产业利用知识产权构建新优势,促进知识产权服务业向高端化发展,从而促进经济增长,提升国际竞争力。

7.3.2 将知识产权战略与国家宏观战略和发展目标相结合,形成知识产权战略实施的强大合力

知识经济是全球经济增长的核心,知识经济的基本特征是创新发展,创新发展的核心制度是知识产权制度。知识产权制度实质上是用来保护和激励创新的,有利于促进经济、社会、文化的发展。知识产权制度的完善有利于更好地保护创新成果。从2008年中国确立国家知识产权战略,到2012年确立实施创新驱动发展战略,再到2015年提出加快知识产权强国建设,中国知识产权战略始终在与国家全局发展战略的协同中不断发展。从国家战略的层面,应依据国家战略制定知识产权战略,更好地为知识产权保护制定相应的体制框架和政策框架,协调各部门之间的关系,充分考虑利益相关方的需求,明确知识产权战略和国家发展目标之间的结合点。与此同时,各地区应结合当地实际,发挥本区域的区位优势和产业优势,将知识产权工作与区域科技创新、产业结构调整和经济发展紧密结合起来,加强区域知识产权工作体系建设,提高企业运用知识产权制度的能力,促进知识产权的转化运用,发挥知识产权在加快转变经济发展方式中的重要作用。实施知识产权战略的最终目标不是建立一个完善先进的知识产权制度本身,而是开发一个能够提升国家创新能力和经济竞争力的工具(Etzkowitz & Leydesdorff,2000)。确立国家知识产权战略,一方面可以提高创新主体的知识产权保护意识,建立高效的知识产权战略实施体制;另一方面可以推动国家文化表现形式(诸如艺术、音乐、电影、手工艺品)在国外的发展以及集体商标、地理标志和原产地标志的制定,扩大本国文化在国外的影响,增强全球化中的国家文化认同感。国家知识产权战略的作用是增强国家生成、保护和运用具有经济价值的知识产权资产的能力。

中国一直重视通过充分调动各方面的积极性,最大限度地形成知识产权战略实施的合力。在战略实施过程中,中央对知识产权工作做出重要指示,给予关心支持。国务院知识产权战略实施工作部际联席会议成员单位精诚合作、协同推进。各级人大代表、政协委员、各民主党派也围绕知识产权工作提出了很好的意见和建议。许多专家学者针对知识产权方面的理论和实践问题展开深入研究。社会各方面积极参与知识产权相关活动,传播知识产权知识,弘扬知识产权文化,形成了人人关心、人人支持、人人参与、人人

受益的知识产权良好氛围,充分体现了"社会主义集中力量办大事"的制度优越性。此外,在推动将知识产权战略与国家宏观战略和发展目标相结合的过程中,中国建立的以知识产权为重要内容的创新驱动发展评价制度对于推动知识产权战略的实施发挥了重要作用。通过完善发展评价体系,中国逐步将知识产权产品纳入国民经济核算,将知识产权指标纳入国民经济和社会发展规划,并根据经济社会发展所处的发展阶段形成了相关指标的动态调整机制,以不断提高知识产权事业发展与经济社会发展的契合度。例如,我国将知识产权的考核纳入干部考核体系,在对党政领导班子和领导干部进行综合考核评价时,注重鼓励发明创造、保护知识产权、加强转化运用、营造良好环境等方面的情况和成效。探索建立经营业绩、知识产权和创新并重的国有企业考评模式。按照国家有关规定设置知识产权奖励项目,加大各类国家奖励制度的知识产权评价权重。

7.3.3 突出政府在创新激励过程中的因势利导作用,通过与时俱进的变革不断为知识产权制度顺利运行保驾护航

知识产权属于市场经济的产物,应当遵循市场经济的规律;而在依靠市场机制发挥知识产权的作用的同时,政府也要发挥积极有为的作用,维护市场经济秩序,保证知识产权制度的良好运行(吴国平,2006)。从中国经济发展的经验来看,政府和市场都在发挥着彼此无可替代的重要作用,例如,在转型过程中,中国采取了与当时国际主流转型方式不同的渐进式双轨制:一方面,对于老的国有企业,由于没有比较优势,在开放的竞争市场中活不下去,就采取"老人老办法",提供转型期的保护补贴,以维持经济的稳定;另一方面,采取"新人新办法",对那些符合比较优势的产业放开准入,政府也因势利导,让这些产业变成中国的竞争优势。同时,为了应对上述过程中产生的问题①,以及经济发展出现的新变化、新形势,中国也在通过不断改革推动市场在资源配置中发挥决定性作用,让市场竞争决定价格和引导资源配置。在这个过程中,中国政府一直在发挥积极引导作用,以克服前进过程中出现的一些因为外部性所出现的市场失灵。

---

① 为了提供转型期的保护补贴,政府保留了很多对市场的干预政策,不仅造成了资源的错误配置,而且产生了一定的寻租和腐败,使收入分配差距不断扩大。

在知识产权领域,中国政府的因势利导同样发挥了重要作用。在知识产权事业的发展过程中,中国政府根据经济社会发展需要通过搭建各类平台,开展试点示范,制定并不断完善各类激励政策来推动知识产权工作与时俱进。其中最重要的是政府在实施知识产权战略过程中对自主创新先行者的激励作用:建立完善知识产权制度的激励机制,加强对知识产权持有者的保护和奖励,树立榜样以激励创新。以专利资助政策为例,从1999年上海市首次出台专利资助政策到后来全国各地、各级资助政策"遍地开花",各地政府因地制宜,对专利资助政策进行适应性调整,极大地刺激了当地专利申请量、授权量的攀升,并有效推动了中国知识产权战略的实施,帮助我国确立了知识产权大国地位。与此同时,面对高质量发展阶段对于创新质量和创新效益的现实诉求,中国政府不断通过改革以持续强化对高水平创新的支持力度,坚持质量第一、效益优先,保持专利申请量适度合理增长,与经济发展水平、科技创新能力协调匹配;进一步优化调整专利资助奖励政策,强化质量导向,加大对培育高价值专利的支持力度;引导创新主体正确认识和合理使用专利制度,发挥各类专利的特点和优势。此外,严厉打击非正常专利申请行为,对利用非正常专利申请套取资助的行为按照相关规定严肃处理。为此,国家知识产权局还发布了《关于开展专利申请相关政策专项督查的通知》,将专利资助范围、标准等问题列入了重点督查工作,明确了"对于专利申请的资助范围应仅限于获得授权的专利申请。对于未授权的国内专利申请,不应给予任何形式的财政扶持"。中国知识产权战略发展的经验表明,在实施知识产权战略的过程中,政府和市场都在发挥着彼此无可替代的重要作用:市场提供实施知识产权战略的动力与需求,而政府则为实施知识产权战略提供牢固的保障。

7.3.4 构建以中国特色为特征的知识产权保护机制,实施严格的知识产权保护

推动知识产权保护法治化,发挥司法保护的主导作用,完善行政执法和司法保护两条途径优势互补、有机衔接的知识产权保护模式,紧密结合中国特色社会主义所处发展阶段的特定环境,稳步推进实施更为严格的知识产权保护,是中国知识产权事业发展的重要经验。

首先,中国政府和司法部门严格履行中国加入 WTO 的承诺。改革开放四十多年来,中国知识产权保护不断加强,营商环境明显改善。早在 2008 年 6 月,中国就发布了《国家知识产权战略纲要》,专门做出实行严格保护知识产权制度的战略部署。其一,在法律制度建设方面,相继对《中华人民共和国专利法》《中华人民共和国商标法》《中华人民共和国著作权法》《中华人民共和国反不正当竞争法》等进行修订,构建了符合 WTO 规则和中国国情的知识产权法律体系,为知识产权保护提供了法律保障。2019 年 10 月 22 日,国务院颁布的《优化营商环境条例》提出,国家建立知识产权侵权惩罚性赔偿制度,推动建立知识产权快速协同保护机制,健全知识产权纠纷多元化解决机制和知识产权维权援助机制,加大对知识产权的保护力度。其二,在司法体系建设方面,中国分别在北京、上海、广州成立知识产权法院,并在 15 个城市设立知识产权法庭,"三审合一"在全国法院普遍推行,促进了知识产权案件裁判标准、尺度的统一和质量的提升。特别是在 2013—2018 年,全国法院审结知识产权民事、行政和刑事案件近 80 万件。其三,在行政执法方面,重新组建国家知识产权局,加强执法力量,加大执法力度,建立了行政联合执法、跨区域执法协作机制。可以说,知识产权大保护、严保护、快保护、同保护的格局已基本形成。其四,在运行绩效方面,中国知识产权保护"双轨制"模式具有反应灵活、可及性强、程序简便、成本低、专业性强等优点,对营造改革开放的良好环境、提高社会知识产权保护意识发挥了积极作用。

同时,中国在知识产权保护方面还注重开展与相关国际组织和境外执法部门的联合执法,加强知识产权司法保护的对外合作,推动我国成为知识产权国际纠纷的重要解决地,构建更有国际竞争力的开放创新环境。具体措施包括:完善规制知识产权滥用行为的法律制度,制定相关反垄断执法指南;完善知识产权反垄断监管机制,依法查处滥用知识产权排除和限制竞争等垄断行为。经历改革开放以来四十余年的发展,中国知识产权保护工作取得了重大突破,有效地支撑了经济社会的发展。2018 年 4 月,习近平主席在博鳌亚洲论坛 2018 年年会开幕式的主旨演讲中强调,加强知识产权保护是完善产权保护制度最重要的内容,也是提高中国经济竞争力最大的激励。同时,习近平主席进一步将加强知识产权保护列为四项扩大开放的重大举措之一。当前,中国已建立起以国际知识产权保护规则为基本框架、以《中华人民共和国专利法》《中华人民共和国商标法》《中华人民共和国著作权法》《中华人民共和国反不正当竞争法》等法律为基本内容并辅以《国家知识产权战略纲要》等纲领性文件为指引的知识产权保护理论体系。这些举措充分表明:中国一直在努力完善相关知识产权法律制度,不仅是为了履行国际义务、满足国际规则的要求,更体现出中国在不断根据自身发展情况,积极构建和丰富中国特色知识产权理论体系。为了适应新时代背景下高质量发展的要求,2018 年 6 月,国务院发布了《关于积极有效利用外资推动经济高质量发展若干措施的通知》,进一步强调加大知识产权保护力度,严厉打击侵权假冒行为,加大对外商投资企业反映较多的侵犯商业秘密、商标恶意抢注和商业标识混淆不正当竞争、专利侵权假冒、网络盗版侵权等知识产权侵权违法行为的惩治力度,重申外商投资过程中技术合作的条件由投资各方议定,各级人民政府工作人员不得利用行政手段强制技术转让。

7.3.5 参与构建互利共赢的知识产权国际规则,加快知识产权的国际化发展,服务对外开放大局

为了实现由知识产权大国向知识产权强国转变,我国积极借鉴国外的先进经验和技术,实施"引进来"和"走出去"的策略,在掌握已有技术的基础上不断进行研发和创新,促进产业升级,提高成熟产业的附加值,而对于我们仍未掌握的不成熟技术,则学习和借鉴国外的先进经验,积极引进国外的先进技术和装备,进行消化、吸收以及自我创新,有重点地开发自主知识产权,提升知识产权附加值和国际影响力。此外,实施专利质量提升工程,培育一批核心专利;加大轻工、纺织、服装等产业的外观设计专利保护力度;积极参与国际标准的制定,推动有知识产权的创新技术转化为标准(Mansfield,1994);支持研究机构和社会组织制定品牌评价国际标准,建立品牌价值评价体系;支持企业建立品牌管理体系,鼓励企业收购海外知名品牌。改革开放四十多年来,中国在知识产权国际化方面不断前进,积极推动制定更加公平、合理的国际知识产权规则;积极参与联合国框架下的发展议程,推动《TRIPs 协定与公共健康多哈宣言》落实和《视听表演北京条约》生效,参与《专利合作条约》《保护广播组织条约》《生物多样性公约》等规则修订的国际谈判,推进加入《工业品外观设计国际注册海牙协定》和《马拉喀什条约》

的进程,推动知识产权国际规则向普惠包容、平衡有效的方向发展。同时,我国加强知识产权对外合作机制建设;加强 WIPO、WTO 及相关国际组织的合作交流;深化同主要国家知识产权、经贸、海关等部门的合作,巩固与传统合作伙伴的友好关系;推动相关国际组织在我国设立知识产权仲裁和调解分中心;加强国内外知名地理标志产品的保护合作,促进地理标志产品的国际化发展;积极推动区域全面经济伙伴关系和亚太经济合作组织框架下的知识产权合作,探索建立"一带一路"沿线国家和地区知识产权合作机制。另外,我国加大对发展中国家知识产权的援助力度;支持和援助发展中国家的知识产权能力建设,鼓励向部分最不发达国家优惠许可其发展急需的专利技术。

中国知识产权战略发展的经验表明,知识产权不仅是创新驱动发展的"刚需",也是国际贸易的"标配"。中国应积极参与 WIPO、WTO 等框架下的多边、双边事务,持续贡献更多的中国智慧和中国方案;深化与"一带一路"沿线国家和地区的知识产权国际合作,促进沿线国家的经贸往来和科技文化交流,努力将"一带一路"建设成为和平之路、繁荣之路、开放之路、创新之路、文明之路;深入推进知识产权周边外交,加强中美欧日韩、金砖国家、中非、中国-东盟等小多边合作,以及一系列双边合作,积极构建多边、周边、小多边、双边"四边联动、协调推进"的知识产权国际合作新格局,持续提升我国在知识产权国际事务中的话语权、影响力以及应对各种纠纷的能力,在依法保护外资企业合法知识产权的同时,也让中国的知识产权在国外得到有效保护,更好地支撑扩大开放。当前,尤其要坚决反对某些西方国家对知识产权规则的滥用和以保护知识产权之名行贸易保护主义之实,切实维护国家利益和企业的正当权益。

历史总是给人们以汲取智慧、继续前行的力量。改革开放四十多年来,中国越来越完善的知识产权保护,以及越来越好的创新环境、营商环境,驱动中国经济迅速转型;越来越多的中国创新者开始拥抱世界,寻找合作共赢的新市场、新机遇。中国无疑为世界贡献了宝贵的知识产权战略经验。

参 考 文 献

[1] 白雪洁,李爽.要素价格扭曲、技术创新模式与中国工业技术进步偏向——基于中介效应模型的分析[J].当代经济科学,2017,39(01):30—42.

[2] 包英群.中国平板显示产业创新能力研究[D].电子科技大学,2016.

[3] 曹冲.北斗导航产业发展现状与前景分析[J].卫星应用,2018(04):10—13.

[4] 曹文泽,王迁.中国知识产权法制四十年:历程、特征与展望[J].法学,2018(11):3—16.

[5] 陈斌开,伏霖.发展战略与经济停滞[J].世界经济,2018,41(01):52—77.

[6] 崔伟.美国知识产权战略特点及对我国的启示[J].国际技术经济研究,2004(03):22—25.

[7] 戴觅,茅锐.产业异质性、产业结构与中国省际经济收敛[J].管理世界,2015(06):34—46.

[8] 单晓光.开放引领,打造高标准知识产权保护高地[N].文汇报,2018-07-16(002).

[9] 单晓光.中美贸易战中的知识产权问题分析[J].人民论坛·学术前沿,2018(17):18—26.

[10] 单晓光,姜南,漆苏.知识产权强国之路——知识产权密集型产业研究[M].上海:上海人民出版社,2016.

[11] 单晓光,许春明.知识产权制度与经济增长:机制·实证·优化[M].北京:经济科学出版社,2009.

[12] 董爱军.信息产业链创新的模式研究[D].武汉理工大学,2011.

[13] 董慧梅,李月,汪建苇,侯卫真.高新技术产业创新能力的前沿型分析法[J].管理现代化,2016,36(05):58—60.

[14] 樊春良.改革开放40年来中国科技体制改革与发展研讨会会议综述[J].科学学与科学技术管理,2018,39(06):3—6.

[15] 范德成,杜明月.基于TOPSIS灰色关联投影法的高技术产业技术创新能力动态综合评价——以京津冀一体化为视角[J].运筹与管理,2017,26(07):154—163.

[16] 付才辉.构建我国自主创新的新结构经济学学科体系——综述、架构与展望[J].制度经济学研究,2015(04):1—80.

[17] 付才辉.新结构经济学理论及其在转型升级中的应用[J].学习与探索,2017(05):133—145.

[18] 付丽娜,彭甲超,易明.基于共同前沿生产函数的区域创新资源配置效率研究[J].宏观经济研究,2020(04):85—102.

[19] 高煜,赵培雅.差异还是趋同:经济高质量发展下区域技术进步路径选择——基于东中西部地区要素禀赋门槛的经验研究[J].经济问题探索,2019(11):1—13.

[20] 葛天慧.日本"知识产权立国"战略及启示[J].中国发明与专利,2010(03):44—46.

[21] 龚刚,魏熙晔,杨先明,赵亮亮.建设中国特色国家创新体系 跨越中等收入陷阱[J].中国社会科学,2017(08):61—86.

[22] 古祖雪.国际知识产权法:一个新的特殊国际法部门[J].法学评论,2000(3):69—73.

[23] 郭凯明,颜色,杭静.生产要素禀赋变化对产业结构转型的影响[J].经济学(季刊),2020,19(04):1 213—1 236.

[24] 国家知识产权局学术委员会.产业专利分析报告(第63册)——智能制造[M].北京:知识产权出版社,2018.

[25] 国家知识产权局知识产权发展研究中心.2017年中国知识产权发展状况评价报告[R].2018.

[26] 国家知识产权局知识产权发展研究中心.知识产权强国建设——战略环境、目标路径与任务举措[R].2016.

[27] 国家知识产权战略纲要实施十年评估工作组.《国家知识产权战略纲要》实施十年评估报告[M].北京:知识产权出版社,2019.

[28] 韩秀成.沧桑巨变:知识产权与改革开放四十年[J].知识产权,2018(09):18—28.

[29] 韩秀成,李牧.关于建设知识产权强国若干问题的思考[J].管理世界,2016(5):1—8.

[30] 侯建,陈恒,李丽,李奉书.高技术产业研发创新与非研发创新的异质门槛效应研究[J].管理学报,2018,15(03):392—398.

[31] 贾根良.演化发展经济学与新结构经济学——哪一种产业政策的理论范式更适合中国国情[J].南方经济,2018(01).

[32] 姜南.专利密集型产业创新效率体系评估研究[J].科学学研究,2014,32(07):1003—1011.

[33] 姜南,单晓光,漆苏.知识产权密集型产业对中国经济的贡献研究[J].科学学研究,2014,32(08):1157—1165.

[34] 蒋绚.制度、政策与创新体系建构:韩国政府主导型发展模式与启示[J].公共行政评论,2017,10(06):86—110.

[35] 黎峰.要素禀赋结构升级是否有利于贸易收益的提升?——基于中国的行业面板数据[J].世界经济研究,2014(08):3—7.

[36] 李宾,曾志雄.中国全要素生产率变动的再测算:1978~2007年[J].数量经济技术经济研究,2009,26(03):3—15.

[37] 李丹,王欣.辽宁省高技术产业创新能力评价研究[J].科技管理研究,2016,36(07):83—88.

[38] 李飞跃.技术选择与经济发展[J].世界经济,2012,35(02):45—62.

[39] 李清彬,金相郁,张松林.要素适宜度与中国区域经济协调:内涵与机制[J].中国人口·资源与环境,2010,20(07):55—59.

[40] 李瑞清."抢注"现象与引发的思考[J].中国市场,1998(07):70—71.

[41] 李伟,夏向阳.专利促进政策对区域专利增长的影响分析——以宁波为例[J].科学学研究,2011,29(08):1176—1183.

[42] 李系,刘学文,王勇.一个中国经济发展的模型[J].经济学报,2014,1(04):1—48.

[43] 廖湘岳,刘敏.高技术产业创新能力评价与提升研究[J].科技风,2014(02):69,71.

[44] 林青宁,毛世平.协同创新模式与农业科研院所创新能力:研发禀赋结构的双门槛效应[J].研究与发展管理,2018,30(06):84—92.

[45] 林炜.企业创新激励:来自中国劳动力成本上升的解释[J].管理世界,2013(10):95—105.

[46] 林毅夫.自生能力、经济转型与新古典经济学的反思[J].经济研究,2002(12):15—24,90.

[47] 林毅夫.后发优势与后发劣势——与杨小凯教授商榷[J].经济学(季刊),2003(03):989—1004.

[48] 林毅夫.新结构经济学——重构发展经济学的框架[J].经济学(季刊),2011,10(01):1—32.

[49] 林毅夫.繁荣的求索:发展中经济如何崛起[M].北京:北京大学出版社,2012.

[50] 林毅夫.新结构经济学文集[M].上海:上海人民出版社,2012b.

[51] 林毅夫.中国的奇迹[M].上海:格致出版社,2012c.

[52] 林毅夫.新结构经济学与中国发展之路[J].中国市场,2012d(50):3—8.

[53] 林毅夫.中国经济发展奇迹将延续[J].求是,2012e(08):64.

[54] 林毅夫.新结构经济学:反思经济发展与政策的理论框架[M].北京:北京大学出版社,2012.

[55] 林毅夫.解读中国经济(增订版)[M].北京:北京大学出版社,2014.

[56] 林毅夫.中国经验对新兴经济体的启示[J].共产党员(河北),2016(17):28.

[57] 林毅夫.新结构经济学、自生能力与新的理论见解[J].武汉大学学报(哲学社会科学版),2017a,70(06):5—15.

[58] 林毅夫.新结构经济学的理论基础和发展方向[J].经济评论,2017b(03):4—16.

[59] 林毅夫.产业政策与我国经济的发展:新结构经济学的视角[J].复旦学报(社会科学版),2017c,59(2):148—153.

[60] 林毅夫.金融创新如何推动高质量发展:新结构经济学的视角[J].新金融评论,2019(04):34—45.

[61] 林毅夫,付才辉.新结构经济学导论[M].北京:高等教育出版社,2019.

[62] 林毅夫,付才辉,王勇.新结构经济学新在何处[M].北京:北京大学出版社,2016.

[63] 林毅夫,潘士远,刘明兴.技术选择、制度与经济发展[J].经济学(季刊),2006(02):695—714.

[64] 林毅夫,任若恩.东亚经济增长模式相关争论的再探讨[J].经济研究,2007(08):4—12,57.

[65] 林毅夫,孙希芳,姜烨.经济发展中的最优金融结构理论初探[J].经济研究,2009,44(08):4—17.

[66] 林毅夫,张军,王勇,寇宗来.产业政策:总结、反思与展望[M].北京:北京大学出版社,2018.

[67] 林毅夫,张鹏飞.适宜技术、技术选择和发展中国家的经济增长[J].经济学(季刊),2006(03):985—1006.

[68] 刘冬冬,董景荣,王亚飞.行业特征、要素禀赋结构与技术进步路径选择——基于中国装备制造业的实证检验[J].科研管理,2017,38(09):132—141.

[69] 刘飔,孟勇.市场化进程如何影响地区产业集聚的创新绩效——来自中国高技术行业的经验证据[J].经济经纬,2020,37(01):105—113.

[70] 刘志彪.从后发到先发:关于实施创新驱动战略的理论思考[J].产业经济研究,2011(04):1—7.

[71] 龙小宁.中国的知识产权与创新发展:基于定量研究的讨论[J].当代会计评论,2018,11(01):101—122.

[72] 龙小宁,林菡馨.专利执行保险的创新激励效应[J].中国工业经济,2018(03):116—135.

[73] 吕亮.创新驱动发展与知识产权战略实施[J].法制与社会,2015(25):250—251.

[74] 吕薇.新时代中国创新驱动发展战略论纲[J].改革,2018(02):20—30.

[75] 马一德.创新驱动发展与知识产权战略研究[M].北京:北京大学出版社,2015.

[76] 毛昊.中国专利质量提升之路:时代挑战与制度思考[J].知识产权,2018(3):61—71.

[77] 梅术文,王超政.中、日国家知识产权战略比较[J].中华商标,2010(04):45—51.

[78] 欧阳志刚,陈普.要素禀赋、地方工业行业发展与行业选择[J].经济研究,2020,55(01):82—98.

[79] 潘士远.技术选择、模仿成本与经济收敛[J].浙江社会科学,2008(07):8—17,125.

[80] 潘士远,林毅夫.发展战略、知识吸收能力与经济收敛[J].数量经济技术经济研究,2006(02):3—13.

[81] 清华大学中国科技政策研究中心.中国人工智能发展报告2018[R].2018.

[82] 任保平.新常态要素禀赋结构变化背景下中国经济增长潜力开发的动力转换[J].经济学家,2015(05):13—19.

[83] 任晓猛,付才辉.发明专利一定越多越好吗?——新结构经济学视角下的理论讨论与微观证据[J].财经论丛,2020(04):105—113.

[84] 申长雨.知识产权强国建设:战略环境、目标路径与任务举措研究报告[R].2014.

[85] 世界知识产权组织.世界知识产权指标(WIPI)年度报告[R].2018.

[86] 宋河发,曲婉,刘峰.建设知识产权强国面临问题分析和战略任务与政策措施研究[J].中国科学院院刊,2016,31(9):989—997.

[87] 覃成林,李超.要素禀赋结构、技术选择与中国城市现代产业发展[J].产业经济研究,2012(03):18—25.

[88] 唐未兵,傅元海,王展祥.技术创新、技术引进与经济增长方式转变[J].经济研究,2014,49(07):31—43.

[89] 唐晓燕.适宜技术引进与产业技术创新:以制造业为考察对象[J].求索,2011,000(001):28—30.

[90] 田力普.国内外知识产权最新形势分析[J].知识产权,2014(1):3—7.

[91] 王磊,魏龙."低端锁定"还是"挤出效应"——来自中国制造业GVCs就业、工资方面的证据[J].国际贸易问题,2017(08):62—72.

[92] 王丽莉,文一.中国能跨越中等收入陷阱吗?——基于工业化路径的跨国比较[J].经济评论,2017(03):33—71.

[93] 王淇.韩国知识产权政策体系初探[J].科技促进发展,2017(10):90—95.

[94] 王珊珊,任佳伟,许艳真.开放式创新下新兴产业创新特点与能力评价指标研究[J].科技进步与对策,2014(19):57—61.

[95] 王威,綦良群.基于结构方程的区域装备制造业产业结构优化影响因素研究[J].中国科技论坛,2013(12):71—77.

[96] 王勇.不确定性下的动态科研行为:一个代表者模型[J].世界经济文汇,2002(02):59—69.

[97] 王勇.内生宏观经济政策、技术引进与经济发展:方法论视角的理论进展[J].浙江社会科学,2008(06):27—34.

[98] 王勇."新结构经济学"的新见解[J].经济资料译丛,2013(2):99—106.

[99] 王勇.新结构经济学中的"有为政府"[J].经济资料译丛,2016(2):1—4.

[100] 王勇.新结构经济学思与辩[M].北京:北京大学出版社,2017.

[101] 王勇."垂直结构"下的国有企业改革[J].国际经济评论,2017b(05):6,11—30.

[102] 王勇.论有效市场与有为政府:新结构经济学视角下的产业政策[J].学习与探索,2017c(04):100—104.

[103] 王勇.产业动态、国际贸易与经济增长[J].经济学(季刊),2018,17(02):753—780.

[104] 王勇.从新结构经济学角度看我国当前的财政政策调整[J].学习与探索,2019(08):132—137.

[105] 王勇,楚天舒.不确定性下的创新、技术传递、人口政策与经济增长:一个随机一般均衡模型[J].经济科学,2002(05):79—86.

[106] 王勇,樊仲琛,李欣泽.禀赋结构、创新研发与产业升级[R].新结构经济学研究院工作论文,2019.

[107] 王勇,华秀萍.详论新结构经济学中"有为政府"的内涵——兼对田国强教授批评的回复[J].经济评论,2017(03):19—32.

[108] 王勇,沈仲凯.禀赋结构、收入不平等与产业升级[J].经济学(季刊),2018,17(2):357—380.

[109] 王勇,张宏伟.生命周期与科研行为:一个微观动态模型[J].世界经济,2002(11):34—44.

[110] 卫平,范佳琪.技术创新路径选择对高技术产业出口影响研究[J].工业技术经济,2019,38(09):3—8.

[111] 魏玮,郝威亚.劳动力技能结构与技术进步引致的经济增长——基于中国经验的实证研究[J].经济与管理研究,2015,36(11):33—39.

[112] 闻雷.日本的知识产权战略[J].中国科技成果,2004(4):34—35.

[113] 吴国平.中国知识产权战略中的政府角色[J].知识产权,2006(06):39—43.

[114] 吴汉东.知识产权战略:创新驱动发展的基本方略[N].中国教育报,2013-02-22(004).

[115] 吴秀娟,吴诗禾,黄和亮.浆造纸产业创新能力的评价指标体系研究[J].林业经济问题,2009(06):514—518.

[116] 吴延兵.自主研发、技术引进与生产率——基于中国地区工业的实证研究[J].经济研究,2008(08):51—64.

[117] 吴忠涛,张丹,龚艳.西安高新区战略性新兴产业创新能力评价研究[J].统计与信息论坛,2014(11):84—90.

[118] 谢小勇,刘淑华.知识产权强国建设基本问题初探[J].中国科学院院刊,2016,31(9):998—1005.

[119] 徐朝阳,林毅夫.发展战略与经济增长[J].中国社会科学,2010(03):94—

108,222.

[120] 徐明华.知识产权强国之路[M].北京:知识产权出版社,2003.

[121] 许海云,张娴,张志强.从全球创新指数(GII)报告看中国创新崛起态势[J].世界科技研究与发展,2017(05):4—13.

[122] 许红洲.好孩子集团从贴牌代工到走上自主品牌之路——"隐形冠军"走到台前[J].商业文化,2017(01):17—18.

[123] 许岩,尹希果.技术选择:"因势利导"还是"适度赶超"?[J].数量经济技术经济研究,2017(8):55—71.

[124] 杨楠.河南省高新技术产业自主创新能力评价[J].科学管理研究,2012(01):30—34.

[125] 杨起全,吕力之.美国知识产权战略及对中国的启示[J].标准生活,2005(3):5—6.

[126] 杨汝岱.中国制造业企业全要素生产率研究[J].经济研究,2015,50(02):61—74.

[127] 杨汝岱,姚洋.有限赶超与经济增长[J].经济研究,2008(08):30—42,65.

[128] 杨书臣.日本知识产权战略浅析[J].日本问题研究,2004(02):9—14.

[129] 杨延超.人工智能对知识产权法的挑战[J].治理研究,2018,34(05):120—128.

[130] 杨子荣,王勇.新结构金融学理论与应用[J].金融博览,2018(05):34—35.

[131] 姚惠泽,石磊.要素价格扭曲抑制了江苏经济增长吗?——基于技术创新的中介效应分析[J].苏州大学学报(哲学社会科学版),2019,40(06):85—91.

[132] 易显飞,张扬.技术创新模式与知识产权保护[J].长沙理工大学学报(社会科学版),2005(03):23—25.

[133] 尹锋林,肖尤丹.以人工智能为基础的新科技革命对知识产权制度的挑战与机遇[J].科学与社会,2018,8(04):30—40.

[134] 雍海英,高山行.我国中药专利创造性的现状分析[J].中草药,2005,36(6):801—804.

[135] 余长林,王瑞芳.知识产权保护、东道国特征与外商直接投资:一个跨国的经验研究[J].世界经济研究,2009(10):59—67.

[136] 余泳泽.我国技术进步路径及方式选择的研究述评[J].经济评论,2012(06):128—134.

[137] 余泳泽,张先轸.要素禀赋、适宜性创新模式选择与全要素生产率提升[J].

管理世界,2015(09):13—31.

[138] 袁航,茶洪旺,郑婷婷.创新数量、创新质量与中国产业结构转型互动关系研究——基于PVAR模型的实证分析[J].经济与管理,2019(2):78—85.

[139] 袁嘉琪,卜伟,杨玉霞.如何突破京津冀"双重低端锁定"?——基于区域价值链的产业升级和经济增长效应研究[J].产业经济研究,2019(05):13—26.

[140] 袁江,张成思.强制性技术变迁、不平衡增长与中国经济周期模型[J].经济研究,2009(12):17—29.

[141] 约瑟夫·熊彼特.经济发展理论[M].何畏,等,译.北京:商务印书馆,1997.

[142] 张陈宇,孙浦阳,谢娟娟.生产链位置是否影响创新模式选择——基于微观角度的理论与实证[J].管理世界,2020,36(01):45—59.

[143] 张冀新,胡维丽.基于"四三结构"的战略性新兴产业创新能力非均衡判别与评价[J].科技进步与对策,2018,35(21):65—72.

[144] 张江雪,蔡宁,毛建素,杨陈.自主创新、技术引进与中国工业绿色增长——基于行业异质性的实证研究[J].科学学研究,2015,33(02):185—194.

[145] 张鹏,李悦明,张立琨.高技术产业发展的影响因素及空间差异性[J].中国科技论坛,2015(06):100—105.

[146] 张平,李秀芬.产业技术选择与要素禀赋耦合效应研究[J].工业技术经济,2017,36(02):10—15.

[147] 张倩男,赵玉林.我国高技术产业发展的重点领域——基于需求收入弹性基准的选择[J].科技进步与对策,2007(10):64—67.

[148] 张钦红,骆建文.上海市专利资助政策对专利申请量的影响作用分析专利促进政策对区域专利增长的影响分析——以宁波为例[J].科学学研究,2009,27(5):682—685.

[149] 张苏秋,顾江.要素禀赋差异、行业异质性与区域创意能力——基于省级面板数据的实证研究[J].商业研究,2020(02):52—61.

[150] 张亚斌,吴江,易先忠.知识产权保护与南北技术扩散[J].世界经济研究,2007(01):8—11.

[151] 张玉敏.知识产权法制三十年[J].法学杂志,2009,30(02):14—17.

[152] 张月玲,叶阿忠,陈泓.人力资本结构、适宜技术选择与全要素生产率变动分解——基于区域异质性随机前沿生产函数的经验分析[J].财经研究,2015,41(06):4—18.

[153] 张志强. 动态外部性、产业异质性与中国区域产业的协同发展[J]. 产业经济评论(山东大学), 2014, 13(03):116—143.

[154] 赵立新. 国外知识产权战略浅析[J]. 技术与创新管理, 2006(5):41—43.

[155] 赵秋运, 王勇. 新结构经济学的理论溯源与进展——庆祝林毅夫教授回国从教30周年[J]. 财经研究, 2018(9):4—40.

[156] 赵志强. 连云港市科技创新能力建设及评估体系研究[D]. 南京:南京林业大学, 2004.

[157] 中国信息通讯研究院. 2017年中国人工智能产业数据报告[R]. 2018.

[158] 朱丹. 浅谈知识产权治理体系现代化[J]. 中国发明与专利, 2017(11):13—18.

[159] 左中梅, 王智源, 盛四辈. 中日韩知识产权战略比较研究[J]. 学术界, 2011(01):214—222, 288—289.

[160] Acemoglu, D., P. Aghion, and F. Zilibotti. Distance to frontier, selection, and economic growth [J]. Journal of the European Economic Association, 2006, 4(1): 37-74.

[161] Acemoglu, D., U. Akcigit, H. Alp, and N. Bloom. Innovation, reallocation and growth [J]. American Economic Review, 2018, 108(11): 3 450-3 491.

[162] Acemoglu D., Zilibotti F. Information accumulation in development [J]. Journal of Economic Growth, 1999(4):5-38.

[163] Aghion, P., A. Bergeaud, M. Lequien, and M. Melitz. The impact of exports on innovation: theory and evidence [R]. NBER Working Paper, 2018, 24600.

[164] Aghion, P., P. Howitt. A model of growth through creative destruction [J]. Econometrica, 1992, 60: 323-351.

[165] Akcigit, U., and W. Kerr. Growth through heterogeneous innovations [J]. Journal of Political Economy, 2018, 126(4): 1 374-1 443.

[166] Allred B. B., Park W. G. The influence of patent protection on firm innovation investment in manufacturing industries [J]. Journal of International Management, 2007, 13(2):91-109.

[167] Atkinson A. B., Stiglitz J. E. A new view of technological change [J]. The Economic Journal, 1969, 79(315):573-578.

[168] Boldrin, M., D. Levine. Quality ladders, competition and endogenous growth [R]. WUSTL Working Paper, 2009.

[169] Brandt, L., J. Biesebroeck, and Y. Zhang. Creative accounting or creative

destruction? firm-level productivity growth in chinese manufacturing [J]. Journal of Development Economics,2012, 97(2): 339-351.

[170] Christensen,C. The innovator's dilemma[M]. Harvard Business School Press, 2000.

[171] Chu A. C. , Cozzi G. , Galli S. Stage-dependent intellectual property rights [J]. Journal of Development Economics, 2014, 106:239-249.

[172] Dang J. ,Motohashi K. Patent statistics:a good indicator for innovation in China? patent subsidy program impacts on patent quality [J]. China Economic Review,2015,35: 137-155.

[173] De Long J. B. ,Summers L. H. Equipment investment and economic growth [J]. Quarterly Journal of Economics,1991,106(2):445-502.

[174] Etzkowitz H. ,Leydesdorff L. The dynamics of innovation:from national systems and "Mode 2" to a triple helix of university-industry-government relations [J]. Research Policy,2000,29(2):109-123.

[175] Falvey R. , Foster N. , Greenaway D. Intellectual property rights and economic growth [J]. Review of Development Economics,2006,10(4):700-719.

[176] Freeman C. Technology, policy, and economic performance: lessons from Japan [M]. London:Pinter Publishers,1987.

[177] Fu C. H. , Lin J. Y. , lin W. The optimal innovation structure in economic development:a theory and evidence of new structural economics on innovation [J]. Center for New Structural Economics in Peking University Working Papers,2015.

[178] Glaser B. G. The Discovery of Grounded Theory [M]. New York: Aldine Publishing Company,1967.

[179] Gould D. M. ,Gruben W. C. The role of intellectual property rights in economic growth [J]. Journal of Development Economics. 1996,48(2):323-350.

[180] Grossman G. M. , Helpman E. Endogenous innovation in the theory of growth [J]. Journal of Economic Perspectives,1994,8(1):23-44.

[181] Grossman G. M. , Helpman E. Endogenous product cycles [J]. Economic Journal,1991a,101(408):1 214-1 229.

[182] Grossman G. M. , Helpman E. Innovation and growth in the global economy [M]. Cambridge:MIT Press,1991b.

[183] Grossman G. M. , Helpman E. Quality ladders in the theory of growth [J].

Review of Economic Studies,1991c,58:43-61.

[184] Herrendorf, B. , and A. Valentinyi. Endogenous sector——biased technological change and industrial policy[R]. NBER Working Paper,2018.

[185] He, Z. , T. Tong, Y. Zhang, and W. He. A database linking chinese patents to China's census firms [J]. Scientific Data, 2018,5: 180042.

[186] Ju J. D. , Lin J. Y. , Wang Y. Endowment structures, industrial dynamics, and economic growth [J]. Journal of Monetary Economics,2015,76:244-263.

[187] Keller W. International technology diffusion [J]. Journal of Economic Literature, 2004, 42(3):752-782.

[188] Keun L. Economics of intellectual property in the context of a shifting innovation paradigm: a review from the perspective of developing countries [J]. Global Economic Review,2013(11):29-42.

[189] Klette, T. , and S. Kortum. Innovating firms and aggregate innovation [J]. Journal of Political Economy,2004, 112(5): 986-1018.

[190] Kongsamut, P. , S. Rebelo, D. Xie. Beyond balanced growth [J]. Review of Economic Studies. 2001, 68: 869-882.

[191] Lee J. W. Capital goods imports and long-run growth [J]. Journal of Development Economics,1995,48(1):91-110.

[192] Lee K. Schumpeterian analysis of economic catch-up: knowledge, path-creation, and the middle-income trap [M]. Cambridge:Cambridge University Press,2013.

[193] Lin, J. Economic development and transition: thought, strategy, and viability [M]. Cambridge:Cambridge University Press,2009.

[194] Lin, J. Industrial policies for avoiding the middle-income trap: a new structural economics perspective [J]. Journal of Chinese Economic and Business Studies,2017, 15 (1): 5-18.

[195] Lin, J. , Z. Liu, and B. Zhang. Endowments, technology choice and structural change [R]. INSE Working Paper,2019.

[196] Lin J. Y. , Wang Y. Structural change, industrial upgrading and middle-income trap [J]. Journal of Industry,Competition and Trade,Special issue on Development Policies, edited by Dani Rodrik,2019.

[197] Liu Q. , Qiu L. D. Intermediate input imports and innovations: evidence from Chinese firms' patent filings [J]. Journal of International Economics, 2016, 103:166-183.

[198] Lundvall B. A. National systems of innovation: toward a theory of innovation and interactive learning [M]. London: Anthem Press, 2010.

[199] Mansfield E. Intellectual property protection, foreign direct investment, and technology transfer [J]. World Bank discussion paper, 1994(9).

[200] Maskus K. E., Penubarti M. How trade-related are intellectual property rights? [J]. Journal of International Economics. 1995, 39(3): 227-248.

[201] Nelson R. R. National innovation systems: a comparative analysis [M]. London: Oxford University Press, 1993.

[202] Oecd. Main science and technology indicators [EB/OL]. [2016-10-17]. http://www.oecd.org/sti/msti.htm.

[203] Pack H. Endogenous growth theory: intellectual appeal and empirical shortcomings [J]. Journal of Economic Perspectives, 1994, 8(1): 55-72.

[204] Rivera-Batiz L. A., Romer P. M. International trade with endogenous technological change [J]. European Economic Review, 1991, 35(4): 971-1 001.

[205] Romer, P. Endogenous technological change [J]. Journal of Political Economy, 1990(98): 71-102.

[206] Sawada N. Technology gap matters on spillover [J]. Review of Development Economics, 2010, 14(1): 103-120.

[207] Varsakelis N. C. The impact of patent protection, economy openness and national culture on R&D investment: a cross-country empirical investigation [J]. Research Policy, 2001, 30 (7): 1 059-1 068.

[208] Wang Y., Wei S. J. Sandwich effect: challenges for middle-income countries [J]. INSE Working Paper, 2019.

[209] Wei S. J., Xie Z., Zhang X. B. From "Made in China" to "Innovated in China": necessity, prospect, and challenges [J]. Journal of Economic Perspectives, 2017, 31 (1): 49-70.

[210] WIPO, INSEAD, Cornell University. The global innovation index 2017: innovation feeding the world [R]. Geneva: WIPO, 2017.

[211] Zhang G., Chen X. The value of invention patents in China: country origin and technology field differences [J]. China Economic Review, 2012, 23(2): 357-370.

后 记

改革开放四十多年来,中国经济持续、快速、健康发展,出现了中国经济增长的"奇迹",进入新时代的中国更需要高质量发展,这就需要知识产权的保驾护航。知识产权战略是创新驱动发展的重要制度安排,产业是创新驱动发展的核心,而服务于产业创新是知识产权战略发挥作用的关键路径。随着知识产权在产业全球化竞争中的作用日益凸显,知识产权驱动产业发展的模式已经成为全球经济发展的主流。在新时代背景下,经济转型和产业升级是我国面临的重大挑战,依托创新驱动转型升级是发展的重要手段,知识产权战略是重要抓手。在全球范围内,无论是传统产业升级,还是高新技术产业快速发展,都逐步转向依托核心专利技术或品牌的知识产权密集型业态发展。知识产权制度是市场经济的产物,面对我国市场化改革进程中"市场失灵"和"政府失灵"交织的现象,迫切需要一套成熟的经济理论来引导知识产权战略不断优化,尤其是推动知识产权战略与产业创新发展的充分融合,通过基于经济视野的知识产权战略的规划和实施来持续提升我国产业竞争力。

本著作正是在此背景下从新结构经济学角度对知识产权战略的探索。根据新结构经济学理论,要素禀赋及其结构决定产业结构,乃至一系列的上层建筑结构,知识产权制度是上层建筑结构中的重要组成部分。就发展阶段而言,中国现在所处的发展阶段意味着我国有越来越多的产业开始接近世界技术前沿水平,甚至已经成为世界领先的产业,而这些领先型产业的技术进步则主要依靠自主创新,因此知识产权保护对于这类产业的升级就显得尤其关键。此外,对于那些现阶段仍以技术模仿为主的追赶型产业,或者具有换道超车潜力的产业,抑或是失去比较优势需要把产业转移出去的转进型产业,甚至是涉及国防安全与经济安全的战略型产业,都需要从动态发展的角度去考虑知识产权对这些不同类型产业的不同作用。因此,如何从国家的层面和产业的层面制定与发展阶段相适应的合理的知识产权战略,是一个具有非常重要学术价值与实践价值的研究课题。本著作的主要目的即基于新结构经济学的视角,重点结合上述五类产业的划分,来系统诠释我国的知识产权战略。

关于如何从新结构经济学视角来探讨知识产权战略的思路最早产生于2018年10月,彼时林毅夫教授参加第六届三江知识产权国际论坛,提出"中国2025年要成为高收入国家,知识产权是重要保证"。但是如何从经济学角度进行深入研究,尤其是从新结构经济学视角进行研究尚属国内外空白。为了研究此课题,我们成立了由北京大学新结构经济学研究院和江苏省知识产权研究中心人员组成的课题组,北京大学新结构经济学研究院是中国第一个以社会科学自主理论创新为宗旨的机构,是国家首批高端智库试点单位之一;江苏省知识产权研究中心是江苏省第一家专门从事知识产权理论与应用研究的科研机构,也是在国内外有影响力的知识产权研究交流平台和政府决策的重要智库。两个机构的人员合作研究新结构经济学视角下的知识产权战略的确能够发挥各自的比较优势。从2018年10月开始,课题组就着手搜集材料,进行实地调研,其间我们在江苏省知识产权研究中心和北京大学新结构经济学研究院进行多次讨论,对提纲和写作思路进行多次交流,对内容进行多次修改,最终形成本书的初稿。在初稿的基础上,我们又进一步征求研究创新驱动、新结构经济学和知识产权方面的专家建议,并于2019年12月最终成稿。

本专著得到以下基金的支持:国家自然科学基金面上项目"基于市场导向的高校专利商业化战略形成机制及驱动策略研究"(项目编号:71573108),国家社会科学基金一般项目"新结构经济学视角下我国跨越中等收入陷阱的路径研究"(项目编号:18BJL120),中国博士后科学基金面上项目"发展战略的产业选择与中等收入陷阱:新结构经济学视角"(项目编号:2018M620001),国家社会科学基金重点项目"新形势下我国制造业转型升级路径与对策研究"(批准号:20AJL017)。

这本书凝聚了无数人的心血。在此,我们要感谢北京大学新结构经济学研究院院长林毅夫教授对我们的指导并为本书撰写序言,江苏省知识产权局局长支苏平,韩国首尔国立大学教授李根,复旦大学经济学院教授寇宗来以及国家知识产权局国际合作司前司长、WIPO 中国办事处前主任、顾问吕国良先生也认真阅读了书稿并撰写推荐语。同时,江苏省知识产权研究中心程龙多次参与书稿和提纲的讨论,对书稿的完善给予了大力支持;国家知识产权局运用促进司副司长李昶多次对书稿提出很好的修改建议;北京大学新结构经济学研究院和江苏省知识产权研究中心的马绍娜、张骞、郑洁、李欣泽、樊仲琛、赫英淇、孙华平、龙兴乐、王浩、孙莹琳、翁东辰、魏智武、杨润华、王晓涵等在研讨会举办过程中提供了许多帮助并贡献了许多有益的修改建议,在此一并表示感谢!知识产权实践如何与经济学理论相结合,尤其是与新结构经济学理论相结合,是一个重大的课题。我们渴望经济学界和知识产权学界的人支持我们的追求;我们呼唤更多的人参与进来,让我们携手努力,共同展望这个未来!

唐恒　王勇　赵秋运
2021 年 12 月 12 日